cão senso

JOHN BRADSHAW

cão senso

Tradução de
JOSÉ GRADEL

Revisão técnica de
TOMÁS SZPIGEL

9ª edição

EDITORA RECORD
RIO DE JANEIRO • SÃO PAULO
2023

CIP-BRASIL. CATALOGAÇÃO NA FONTE
SINDICATO NACIONAL DOS EDITORES DE LIVROS, RJ

B79p
9ª ed.
Bradshaw, John, 1933-
Cão senso: como a nova ciência do comportamento canino pode fazer de você um verdadeiro amigo do seu cachorro / John Bradshaw; tradução José Gradel. – 9ª ed. – Rio de Janeiro: Record, 2023.

Tradução de: Dog sense
Inclui índice
ISBN 978-85-01-09555-8

1. Cão. 2. Relação homem-animal. I. Título.

12-2778
CDD: 636.7
CDU: 636.7

Título original em inglês:
DOG SENSE

Copyright © John Bradshaw, 2011

Todos os direitos reservados. Proibida a reprodução, armazenamento ou transmissão de partes deste livro através de quaisquer meios, sem prévia autorização por escrito.

Texto revisado segundo o novo Acordo Ortográfico da Língua Portuguesa.

Direitos exclusivos de publicação em língua portuguesa para o Brasil adquiridos pela
EDITORA RECORD LTDA.
Rua Argentina, 171 – 20921-380 – Rio de Janeiro, RJ – Tel.: (21) 2585-2000
que se reserva a propriedade literária desta tradução

Impresso no Brasil

ISBN 978-85-01-09555-8

Seja um leitor preferencial Record.
Cadastre-se em www.record.com.br e receba informações sobre nossos lançamentos e nossas promoções.

EDITORA AFILIADA

Atendimento direto ao leitor:
sac@record.com.br

Para Alexis (1970-1984),
um cachorro de verdade

Sumário

Prefácio — 9
Agradecimentos — 13
Introdução — 17

CAPÍTULO 1. De onde vieram os cães — 27
CAPÍTULO 2. Como os lobos se tornaram cães — 59
CAPÍTULO 3. Por que os cães infelizmente voltaram a ser lobos — 105
CAPÍTULO 4. Castigo ou recompensa? A ciência do treinamento de cães — 139
CAPÍTULO 5. Como os filhotes se transformam em cães de estimação — 171
CAPÍTULO 6. Você é amado pelo seu cachorro? — 203
CAPÍTULO 7. A força cerebral canina — 243
CAPÍTULO 8. Simplicidade emocional — 279
CAPÍTULO 9. Um mundo de cheiros — 295
CAPÍTULO 10. Problemas com *pedigrees* — 327
CAPÍTULO 11. Os cães e o futuro — 357

Notas — 375
Leituras suplementares — 393
Índice — 395

Ginger

Prefácio

Nunca cheguei a conhecer o primeiro cachorro ao qual me afeiçoei. Foi o *cairn terrier* do meu avô, Ginger, um típico *cairn* de patas longas do começo do século XX, separado por apenas algumas gerações de seus antepassados que trabalhavam. Ginger morreu bem antes de eu ter nascido, e cresci em um lar sem animais de estimação. Ouvir histórias sobre Ginger foi, por algum tempo, o mais perto que cheguei de ter um cachorro.

Meu avô, que era arquiteto, gostava de andar. Ele caminhava o trajeto de ida e volta para seu escritório na cidade industrial de Bradford, assim como até as obras das igrejas e moinhos que projetava, trabalho no qual se especializou. Mas caminhava sobretudo por diversão, fosse nos pântanos do Yorkshire, no Lake District ou na Snowdonia. Sempre que podia, levava Ginger com ele. A família dizia que Ginger, mais alto do que deveria ser pelas características da raça, tinha ganhado aquelas patas mais longas que o normal graças a todo aquele exercício. Na realidade, nas fotografias que tenho dele, Ginger é bastante fiel à sua raça e se parece com o *cairn terrier* escolhido para fazer o papel de Totó no filme *O mágico de Oz*, de 1939. Só muito tempo mais tarde, quando me interessei de maneira profissional por cães de *pedigree*, é que notei o quanto a raça mudara nas décadas que haviam transcorrido, inclusive as patas, que se tornaram significativamente mais curtas. Duvido que muitos cães modernos da raça *cairn* desfrutem da quantidade de exercício que meu avô tanto apreciava, apesar de os *cairn* de hoje terem menos tendência para apresentar doenças hereditárias do que muitas outras raças.

Ginger tinha o "caráter" genuíno de um *yorkshire*, e a família colecionava histórias sobre ele, porém o que mais me assombrou era a liberdade que lhe davam, apesar de viverem perto do centro da cidade. Na hora do almoço, quando meu avô estava no trabalho, permitiam que Ginger desse uma volta pelo bairro. Pelo visto, ele tinha uma rotina. Primeiro atravessava a rua até o Lister Park, onde farejava postes, interagia com outros cães e, no verão, tentava persuadir os ocupantes dos bancos do parque a dividir com ele seus sanduíches. Depois atravessava os trilhos do bonde na Manningham Lane e ia, a passo lento, para os fundos da loja onde vendiam peixe com batatas fritas, e lá uma arranhadela na porta de trás produziria um punhado de restos de fritura e batatas. Então Ginger voltava para casa, o que significava atravessar um cruzamento movimentado. De acordo com a lenda familiar, quase sempre havia ali um guarda de trânsito que dirigia o tráfego e "que solenemente parava os carros para permitir que Ginger atravessasse em segurança".

Não voltei a Bradford por muitos anos, mas, se outras cidades podem ser tomadas como exemplo, o Lister Park agora deve estar cercado de caixas de areia para cães, a maior parte dos que andam por ali deve usar coleira, e o canil municipal de Bradford deve ser chamado para agarrar qualquer cachorro que vagueie pelo parque e, com mais razão, pelas ruas próximas. Os bondes já se foram há muito tempo, é claro, e os sinais substituíram os guardas de trânsito. Duvido que algum "agente de apoio da comunidade", vestido com seu colete de segurança, se atreva a parar um carro para que um pequeno *terrier* marrom atravesse a rua, mesmo que ele ou ela tenha vontade de fazer isso.

Setenta e tantos anos se passaram desde que Ginger podia vagar pelas ruas e conquistar a afeição de quem encontrasse, inclusive dos guardas de trânsito. Durante o mesmo período, quase sem que se notasse, houve mudanças enormes nas atitudes da sociedade em relação ao melhor amigo do homem.

Tais atitudes ainda eram bastante tranquilas enquanto eu crescia na Grã-Bretanha dos anos 1970. Meu primeiro cachorro, uma mistura de labrador com *jack russell* chamado Alexis, também perambulava pelas ruas, embora estivesse mais interessado no sexo oposto do que em lanches ao meio-dia. Apesar de nossos melhores esforços para mantê-lo à vista,

Alexis conseguia escapar de vez em quando e, assim, ao contrário de Ginger, foi parar algumas vezes em canis da polícia (naqueles tempos, a polícia no Reino Unido ainda era responsável pelos cães perdidos). Mas ninguém se preocupava muito com isso. Hoje em dia, é difícil encontrar essa tolerância com os cachorros e com seu comportamento, particularmente nas cidades, e "ter cachorro" é uma escolha que está, cada vez mais, de volta às suas raízes na vida do campo. Depois de muitos milênios, ao longo dos quais o cão foi o animal mais próximo do homem, os gatos vêm se tornando os animais de estimação mais apreciados em muitos países, inclusive nos Estados Unidos. Por que isso está acontecendo?

Em primeiro lugar, atualmente espera-se que os cães sejam mais bem controlados do que eram antes. Nunca escassearam especialistas que dissessem aos donos como tomar conta de seus cachorros. Quando tive meu segundo cachorro, uma mistura de labrador com *airedale terrier* chamado Ivan, resolvi que ele se comportaria melhor do que Alexis. Eu precisava aprender sobre treinamento de cães, mas fiquei chocado ao descobrir a abordagem adotada pelos treinadores da moda, como Barbara Woodhouse, que pareciam ver o cachorro como um ser que precisava ser dominado a cada instante. Isso não fazia sentido para mim — a graça de ter cachorros como animais de estimação é que se transformem em nossos amigos, não em nossos escravos. Enquanto pesquisava, descobri que esse tipo de treinamento se impusera a partir das ideias do coronel Konrad Most, oficial da polícia e pioneiro no treinamento de cães, que há mais de cem anos decidira que um homem só poderia controlar um cachorro se este estivesse convencido de que o homem lhe era fisicamente superior. Most tirou essa ideia da leitura de biólogos seus contemporâneos que estudaram os bandos de lobos selvagens: naquele tempo, pensava-se que as alcateias eram lideradas por um indivíduo que dominava os outros pelo medo. A biologia, na época a minha profissão, parecia opor-se aos meus instintos de como deveria ser meu relacionamento com os meus cachorros.

Para meu alívio, esse dilema foi resolvido na última década. Sabe-se agora que a alcateia — sempre o critério último para interpretar o comportamento canino — é um grupo familiar harmônico, exceto quando a intervenção humana o torna disfuncional. Como consequência disso, os treinadores modernos mais esclarecidos abandonaram o uso da punição e se apoiam em métodos baseados na recompensa, que têm suas raízes na psicologia comparada. No entanto, por alguma razão, os treinadores da escola antiga continuam a dominar a mídia — em grande parte, suspeito, porque seus métodos de confrontação contribuem para um espetáculo mais excitante.

Ainda que uma compreensão mais simpática da mente do cão seja aplicada ao treinamento, embora ainda de forma improvisada, a saúde física dos cães vem sendo minada progressivamente. Embora se façam mais e mais demandas ao cachorro da família, em termos de higiene, de controle e de comportamento, a criação de cães que possam adaptar-se a esse nicho cada vez mais exigente tem sido deixada nas mãos de amadores, cujo objetivo primário é produzir cachorros com boa aparência. Ginger, apesar de vir de uma linhagem com *pedigree*, tinha atrás dele pouco mais de dez gerações desde os caçadores de ratos escoceses e irlandeses, que não pertenciam a nenhuma raça em particular, e, como resultado, teve uma vida longa e sadia. Hoje em dia, o *cairn terrier* corre o risco de tornar-se vítima da consanguinidade voltada à conquista de prêmios em exposições, ameaçado por mais de uma dúzia de doenças hereditárias, tal como a doença de Legg-Calvé-Perthes, com nome exótico, mas que parece ser excruciantemente dolorosa.

Agora os biólogos sabem muito mais sobre como os cães funcionam do que sabiam até mesmo há uma década, mas essa nova compreensão tem se mostrado lenta para ser absorvida pelos donos e, na verdade, ainda não fez uma diferença importante para as vidas dos próprios cães. Depois de ter estudado o comportamento dos cães por mais de vinte anos, assim como desfrutado de sua companhia, senti que era tempo de alguém se levantar em defesa do cachorro: não uma caricatura do lobo em pele de cachorro, pronto a dominar seu dono ingênuo ao menor sinal de debilidade deste, nem o animal troféu, que coleciona fitas e prêmios para seu criador, mas o cachorro de verdade, o animal de estimação que só quer ser um membro da família e aproveitar a vida.

Agradecimentos

Passei a melhor parte dos últimos trinta anos estudando o comportamento canino, primeiro no Waltham Centre for Pet Nutrition, depois na Universidade de Southampton e finalmente no Anthrozoology Institute da Universidade de Bristol. Boa parte do que aprendi sobre cachorros foi através da observação direta, particularmente nos primeiros tempos. Porém muito me foi ensinado pelas colaborações e discussões com muitos colegas de trabalho e estudantes de pós-graduação. A pesquisa original descrita neste livro deve muito a eles, embora, é claro, eu assuma total responsabilidade pelas interpretações aqui apresentadas. São eles: Christopher Thorne, David Macdonald, Stephan Natynczuk, Benjamin Hart, Sarah Brown, Ian Robinson, Helen Nott, Stephen Wickens, Amanda Lea, Sarah Whitehead, Gwen Bailey, James Serpell, Rory Putman, Anita Nightingale, Claire Hoskin, Robert Hubrecht, Claire Guest, Deborah Wells, Elizabeth Kershaw, Anne McBride, Sarah Heath, Justine McPherson, David Appleby, Barbara Schöning, Emily Blackwell, Jolanda Pluijmakers, Theresa Barlow, Helen Almey, Elly Hiby, Sara Jackson, Elizabeth Paul, Nicky Robertson, Claire Cooke, Samantha Gaines, Anne Pullen, Carri Westgarth e muitos mais, demasiado numerosos para relacionar aqui. Dois deles merecem menção especial: Nicola Rooney, que, ademais de produzir uma pesquisa de nível internacional sobre comportamento e bem-estar dos cães nos últimos doze anos, tem sido a vida social e a alma do meu grupo de pesquisas; e Rachel Casey — talvez a principal veterinária behaviorista do Reino

Unido e, indiscutivelmente, a campeã infatigável do treinamento e da terapia comportamental de cães com base em evidências. Devo agradecimentos também à School of Veterinary Medicine, da Universidade de Bristol, em especial aos professores Christine Nicol e Mike Mendl, e ao Dr. David Main, pela ajuda ao Anthrozoology Institute e à sua pesquisa.

Nosso trabalho tem contado com a cooperação de milhares de voluntários, tanto donos de cães como seus cachorros, a quem expresso minha gratidão. Da mesma forma, grande parte de nossa pesquisa teria sido impossível sem as facilidades e a ajuda proporcionadas pelas principais instituições de beneficência atuantes no Reino Unido que se dedicam à realocação de animais: a Dogs Trust, a Blue Cross e a Royal Society for the Prevention of Cruelty to Animals (RSPCA).

Há muitos outros intelectuais acadêmicos e especialistas em cães com quem tive apenas breves encontros, mas cuja obra publicada deu-me enorme inspiração. Consegui mencionar muitos deles nas notas finais a este livro. Como qualquer outro ramo da ciência, o estudo sistemático do comportamento canino abrange muitos enfoques e opiniões, que algumas vezes podem ser expressos de forma bastante enérgica. Existe, contudo, uma diferença crucial entre a ciência que estuda os cachorros e o folclore canino: os cientistas estão prontos a avaliar evidências reunidas por outros e a mudar suas concepções, se tais avaliações indicarem que devem fazê-lo. Os cientistas que pesquisam cães não estão no negócio de vender opiniões como se fossem fatos; eles contribuem para um corpo de conhecimento que, apesar de nunca completo, continuamente ganha força nas discussões em andamento entre numerosos especialistas. Estou agradecido a todos eles, mesmo àqueles cujas teorias, hoje em dia, estão desacreditadas ou fora de moda. A ciência avança por meio da substituição de uma hipótese por outra que melhor se ajuste aos dados: sem a primeira delas, que atua como estímulo ao pensamento criador, a segunda poderia nunca ter sido concebida.

Condensar toda essa ciência em um livro de tamanho razoável não foi fácil, mas meu agente Patrick Walsh e Lara Heimert, minha editora da Basic Books, muito me ensinaram sobre como atingir um público mais amplo do que a comunidade acadêmica, para quem, no passado, eu escrevia prioritariamente.

Fiquei assombrado e encantado com a forma como os desenhos de meu velho amigo Alan Peter deram vida às minhas descrições de cães e canídeos. Ele é não apenas um artista maravilhoso, como também um hábil treinador de cães de caça (e falcoeiro). Assim sendo, foi capaz de trazer, para a tarefa de ilustrador, seu conhecimento de uma vida inteira sobre os cães, sobre como se movem e sobre como interagem.

Finalmente, agradeço à minha família: minha mulher, Nicky, tem sido uma fonte constante de apoio ao longo de todos os anos de minha carreira acadêmica e, em especial, durante o ano e pouco que levei para escrever este livro; não há como agradecer-lhe o suficiente. Obrigado também ao meu irmão Jeremy, por encorajar-me a começar este livro. A Netty, Emma e Pete, obrigado por refrescarem meu cérebro com música; a Tom e Jez também, que o fizeram com visitas a pequenas cervejarias, com vinho Rioja e com jogos de críquete.

Introdução

O cão tem sido nosso fiel companheiro por dezenas de milhares de anos. Hoje em dia, os cães vivem ao lado dos seres humanos em todo o planeta, com frequência como parte integrante de nossas famílias. Para muitas pessoas, um mundo sem cachorros é impensável.

No entanto, os cães hoje se encontram, sem nada terem feito para isso, à beira de uma crise: lutam para acompanhar o ritmo sempre crescente de mudanças na sociedade humana. Há apenas cem anos, a maior parte dos cães trabalhava para viver. Cada uma das raças (ou tipos) de cães se ajustou, ao longo de milhares de anos e do correspondente número de gerações, a uma tarefa para a qual foi criada. Primeiro e antes de mais nada, os cães foram ferramentas: sua agilidade, seu pensamento rápido, seus sentidos aguçados e sua capacidade sem paralelo de comunicar-se com os seres humanos os tornaram adequados a uma extraordinária diversidade de serviços — caçar, pastorear, vigiar e muitos outros, cada um deles importante componente da vida econômica. Em resumo, os cães tinham que trabalhar pelo seu sustento: com exceção dos poucos cãezinhos de estimação, que eram brinquedos dos muito ricos, a companhia proporcionada pelos cães era incidental; recompensadora, decerto, mas não sua razão de ser. E então, há poucas dezenas de gerações, tudo começou a mudar — e essas mudanças ainda se aceleram hoje em dia.

De fato, não se espera que a maioria dos cães trabalhe: a única função deles é serem animais de estimação. Embora muitos tipos de cães de trabalho tenham se adaptado com sucesso, outros ainda não se adequaram a esse novo papel, e assim talvez seja bastante surpreendente que nenhuma das raças que mais ficaram famosas como animais de estimação tenha sido específica e exclusivamente projetada como tal. Até agora, os cães deram o melhor de si para ajustar-se às muitas mudanças e restrições que lhes impusemos, em particular a nossa expectativa de que nos acompanhem quando queremos e de que não estejam por perto quando assim desejamos. No entanto, as rachaduras inerentes a essa situação estão começando a se alargar. Conforme a sociedade humana muda e o planeta fica cada vez mais superlotado, há sinais de que o apreço pelos cães como animais de estimação diminui e de que sua adaptação a um novo estilo de vida pode ser uma verdadeira luta — particularmente em ambientes urbanos. Afinal, os cães, como seres vivos que são, não podem passar por uma reengenharia a cada década, como se fossem computadores ou carros. No passado, quando suas funções eram, em grande parte, rurais, aceitava-se que fossem intrinsecamente desalinhados e que necessitassem ser comandados de maneira especial. Hoje, pelo contrário, muitos cães mascotes vivem em ambientes urbanos circunscritos, e espera-se, ao mesmo tempo, que se comportem melhor que a média das crianças e que sejam tão confiáveis quanto os adultos. Como se essas novas obrigações não fossem suficientes, muitos cachorros ainda manifestam as adaptações que os tornaram adequados às suas funções originais — traços que agora exigimos que abandonem como se nunca tivessem existido. O *collie* que pastoreia as ovelhas é o melhor amigo do pastor; o *collie* doméstico, que tenta pastorear as crianças e persegue bicicletas, é um pesadelo para seu dono. Os novos e irrealistas padrões a que muitos seres humanos submetem seus cães advêm de vários equívocos fundamentais sobre o que são os cães e o que foram projetados para fazer. Precisamos chegar a entender melhor sua natureza e suas necessidades para que seu lugar na sociedade humana não fique mais restrito.

Nossas expectativas, que mudam com rapidez, não são o único desafio que os cães enfrentam hoje em dia. A maneira pela qual agora controlamos sua reprodução também representa uma grande ameaça para o bem-estar deles. Ao longo de grande parte da história humana, os cães foram criados para desempenhar papéis que a humanidade lhes atribuiu — mas, não importa se a tarefa deles era pastorear, vigiar, buscar a caça ou puxar veículos, sua estabilidade e funcionalidade eram consideradas bem mais importantes que seu tipo ou aparência. No final do século XIX, no entanto, os cães foram agrupados em raças independentes, reprodutivamente isoladas umas das outras, e a cada uma delas foi atribuída uma aparência ideal, ou "padrão", pelas associações de criadores. Para muitos cães, essa categorização rígida não funcionou bem; pelo contrário, trabalhou contra a sua necessidade de adaptarem-se a seu novo papel primordial de companheiros. Cada criador se esforça não para reproduzir o animal de estimação perfeito, mas, antes, para reproduzir o cão de aparência perfeita, que fará sucesso na exposição. Esses cães vencedores são considerados reprodutores premiados e fazem uma contribuição genética muito desproporcionada para a próxima geração — o que resulta em raças "puras", cuja aparência idealizada oculta sua saúde deteriorada. Nos anos 1950, a maior parte das raças ainda tinha uma saudável gama de variação genética; por volta do ano 2000, apenas vinte ou vinte e cinco gerações depois, muitas delas tinham sido levadas, pela consanguinidade, a uma condição em que surgiram centenas de deformidades, doenças e desvantagens de origem genética, que comprometem potencialmente o bem-estar de cada cão de *pedigree*. No Reino Unido, a crescente brecha entre criadores de cães e aqueles que se preocupam com o bem-estar deles finalmente tornou-se pública em 2008, resultando no afastamento das instituições de beneficência — e, depois, na saída do canal de televisão BBC, que até então transmitia o evento — da Crufts, a exposição internacional de cães sediada pelo Kennel Club do Reino Unido. Conquanto esses protestos sejam um primeiro passo, os próprios cães não sentirão nenhum benefício até que os problemas criados pelo excessivo endocruzamento* sejam revertidos e os animais passem a ser criados pensando-se na sua saúde e no seu papel na sociedade, e não na sua aparência.

---

*Cruzamento entre indivíduos de genética semelhante e de parentesco muito próximo. [N. do T.]

Em última instância, as pessoas vão precisar mudar de atitude se quiserem melhorar o destino dos cães. Até agora, no entanto, nem especialistas nem proprietários de cachorros tiveram suas noções preconcebidas desafiadas pela fartura da produção de uma nova ciência canina que está surgindo. Grande parte do debate público, seja sobre os méritos do exocruzamento *versus* os do endocruzamento, seja sobre a eficácia dos métodos de treinamento, tem levado até hoje a pouco mais do que à afirmação e à corroboração de opiniões arraigadas. E é nisso que a compreensão científica torna-se essencial, pois ela pode dizer-nos o que os cães *realmente* são e quais são *realmente* suas necessidades.

A ciência é uma ferramenta essencial para compreender os cães, mas, infelizmente, a contribuição do estudo sistemático do comportamento canino para o bem-estar do cão tem sido, de certa forma, confusa. Essa ciência, que se originou nos anos 1950, estabeleceu-se para proporcionar uma perspectiva racional sobre o que é ser um cachorro — uma perspectiva ostensivamente mais objetiva do que a tradicional visão centrada nos seres humanos, antropomórfica, da natureza do cão. Apesar dessa tentativa de distanciamento, os cientistas que estudam cães ocasionalmente compreenderam-nos mal — e com isso os cientistas até mesmo deram, a outros, aval para causar um dano aos próprios animais cuja natureza eles se esforçavam por revelar.

A ciência prejudicou os cães sem querer ao aplicar uma abordagem zoológica comparativa aos estudos do comportamento canino. A zoologia comparada é uma maneira já estabelecida e geralmente válida de compreender o comportamento e as adaptações de uma espécie por meio de comparações com outra. As espécies que são intimamente relacionadas, mas que possuem diferentes estilos de vida, com frequência podem ser mais bem compreendidas através da zoologia comparada, porque as diferenças em sua aparência e em seu comportamento espelham aquelas mudanças no estilo de vida. Isso também pode valer para espécies que chegaram a ter vidas similares, mas que são geneticamente não relacionadas. Esse método tem tido muito sucesso em colaborar para desenredar os mecanismos da evolução em geral, particularmente agora que as similaridades e as diferenças no comportamento podem ser comparadas com as diferenças entre o DNA de cada espécie, de modo a identificar a base genética do comportamento.

Mas, apesar de as aplicações da zoologia comparada serem habitualmente benignas, elas trouxeram um dano considerável aos cães, desde que um especialista após outro veio interpretando o comportamento dos cães como se fossem, sob a superfície, pouco diferentes de seu ancestral, o lobo. Os lobos, que na maior parte das vezes têm sido retratados como animais perversos, que lutam pela dominação sobre outros membros de sua própria espécie, foram eleitos como único modelo digno de confiança para entender o comportamento dos cães.[1] Essa suposição leva, de forma inevitável, à ideia equivocada de que o cão está sempre tentando dominar seu dono — a não ser que este seja implacável no controle do bicho. A confusão entre o comportamento do cão e o do lobo, como se fossem indistintos, ainda é amplamente promovida em livros e em programas de televisão, mas pesquisas recentes mostraram não só que essa confusão é simplesmente infundada, como também que os cães que entram em conflito com seus donos normalmente são motivados pela ansiedade e não por um excesso de ambição de poder. Como esse equívoco fundamental se infiltrou em quase todas as teorias sobre o comportamento dos cães será o primeiro aspecto a ser tratado neste livro.

Apesar do emprego infeliz da zoologia comparada, descobertas científicas mais recentes poderiam, se propriamente aplicadas, beneficiar consideravelmente os cães. Embora a ciência do comportamento canino tenha ficado em segundo plano nos anos 1970 e 1980, os anos 1990 viram o ressurgimento desse campo, que vem progredindo até os dias de hoje. Depois de quase cinquenta anos de total abandono, esse aumento do interesse científico pelo cão doméstico foi guiado, em parte, pelo crescente papel que os cães desempenham ao detectarem materiais tais como explosivos, drogas e outras substâncias ilícitas (que farejam mais eficazmente do que qualquer máquina) e pelo presente entendimento de que os seres humanos precisam compreender melhor como os cães desempenham essas tarefas. O renovado interesse pelos cães também se deveu à mudança do foco de atenção do chimpanzé para o cão doméstico por parte de alguns primatologistas que tentaram obter novos dados sobre a forma como trabalham a mente animal e a mente humana. Uma contribuição suplementar veio de veterinários e de outros médicos que desejam melhorar as terapias hoje disponíveis para tratar cães com desordens comportamentais. Finalmente, não se deve esquecer que muitos biólogos também amam os cães. Uma vez ultrapassado o estigma profissional de trabalhar com os assim chamados animais artificiais, esses cientistas com frequência ficam entusiasmados de poder aplicar seus conhecimentos para melhorar a vida do cão.

Ao descortinar a vida interior dos cães, a nova escola da ciência do comportamento canino tem o potencial de proporcionar aos donos de cachorros novas maneiras de pensar sobre seus animais de estimação e de relacionar-se com eles. Graças aos esforços dessa nova comunidade de cientistas, agora temos uma compreensão muito melhorada sobre como trabalha a mente do cão — mais especificamente, sobre como os cães reúnem e interpretam as informações do mundo ao seu redor e sobre como reagem emocionalmente a situações que variam. Parte dessa pesquisa revelou diferenças assombrosas entre cães e pessoas, sugerindo que tanto é desejável como possível, para os donos de cães, "pensar como o cão", em vez de simplesmente presumirem que, seja o que for que estejam percebendo ou sentindo, o cão deles deve estar percebendo e sentindo a mesma coisa.

Muito embora a nova ciência do comportamento canino tenha o potencial de colocar o papel do cão na sociedade humana de volta nos trilhos, poucos resultados de pesquisa têm sido postos à disposição do público até agora, além de obscuros textos acadêmicos. Neste livro, tento traduzir para os leitores comuns — e para os amantes de cães — as emocionantes descobertas dos novos estudos. Fazer isso me exige derrubar muita sabedoria convencional sobre os cachorros e sobre como devemos interagir com eles. Na primeira metade do livro, mostro que a explicação mais atualizada sobre as origens do cachorro, apesar de confirmar que o lobo é realmente seu único ancestral, revela uma imagem muito diferente da natureza do cão daquela que tínhamos apenas há duas décadas. Os cães podem ter sido construídos a partir do DNA do lobo, mas isso não significa que eles são impelidos a comportar-se ou a pensar como lobos; na verdade, a domesticação transformou as mentes e os comportamentos dos cães até o ponto em que tais comparações podem ser um obstáculo, mais que uma ajuda, a qualquer compreensão genuína de nossas mascotes.

A nova ciência do comportamento canino tem implicações dramáticas para os seres humanos — e para nossa escolha de métodos melhores e mais humanos de treinar nossos animais. Aqui, uma palavra de alerta: este livro não é um manual de adestramento. Mais que isso, seu objetivo é mostrar de onde vieram as ideias modernas sobre treinamento de cães, para que os próprios donos possam efetivamente avaliar se os manuais de treinamento ou os instrutores que escolheram realmente sabem do que estão falando.

Depois de revisar a história das origens do cão, explorarei o que pode ser chamado de "força cerebral" dos cães. Os cientistas recentemente voltaram sua atenção para crenças que os donos de cães têm sobre as faculdades emocionais e intelectuais de seus animais, e as descobertas estão demonstrando o quão exatas e igualmente o quão equivocadas tais crenças podem ser. É aspecto integrante da natureza humana atribuir sentimentos não apenas aos animais, mas também aos objetos inanimados. Falar, por exemplo, de um "céu irado" ou do "mar cruel". E, no entanto, até poucas décadas atrás, só era possível adivinhar as emoções que os diferentes animais pudessem ter. Muitos cientistas, além do mais, costumavam considerar as emoções como demasiado subjetivas para serem acessíveis a um estudo sério. Apesar de a inteligência animal ter sido estudada por mais de cem anos, dificilmente alguém considerou que valia a pena estudar os cães, talvez até o fim do século XX. Desde então, a pesquisa mudou significativamente o modo pelo qual entendemos as mentes dos cães. A nova ciência revela que eles são mais espertos e mais tontos do que sempre pensamos. Por exemplo, cães têm uma capacidade quase misteriosa de adivinhar o que os seres humanos estão a ponto de fazer, por conta de sua extrema sensibilidade à nossa linguagem corporal, mas também estão presos ao momento, incapazes de projetar as consequências de suas ações para adiante ou para trás no tempo. Se os donos fossem capazes de apreciar a inteligência e a vida emocional de seus cães pelo que realmente são, e não pelo que imaginam que são, então os cães não seriam apenas mais bem compreendidos — seriam mais bem tratados também.

Assim como estudos científicos sobre cães podem esclarecer as atitudes humanas quanto às mentes dos cães, podem também nos dizer como os cães experimentam e interpretam o mundo ao seu redor. Em termos físicos, um cão e seu dono ou dona vivem na mesma casa, visitam o mesmo parque para se exercitar, viajam no mesmo carro, encontram os mesmos amigos e conhecidos. No entanto, os tipos de informação que chegam ao cérebro do cachorro e ao do dono, em cada uma dessas situações, são profundamente diferentes. Nós somos criaturas visuais; os cães se apoiam primariamente em seu sentido do olfato. Chamamos os ruídos de alta frequência, que não podemos ouvir (por exemplo, os guinchos dos morcegos), de "ultrassom"; se pudessem, os cães zombariam de nossa incapacidade para ouvir tais sons, que captam com perfeição. Para apreciar totalmente o mundo de nossos cães, precisamos que a ciência nos diga o que podem ou não detectar, o que acham agradável e o que objetariam, se pudessem. Por exemplo, não creio que o seu cachorro tenha se incomodado com as cores que você escolheu para decorar sua casa, mas o nariz dele provavelmente se sentiu insultado pelo cheiro da tinta que secava.

Se a nossa falta de compreensão sobre a natureza dos cães muitas vezes compromete o seu bem-estar, isso é insignificante se comparado aos problemas que criamos para os cachorros de *pedigree* com o endocruzamento excessivo. Padrões de criação rígidos encorajam os criadores a eliminar todos os traços que não se adaptem ao tipo "perfeito". Na teoria, isso deveria permitir que os criadores selecionassem traços que produzissem animais saudáveis e bem-ajustados, mesmo que uniformes. Na prática, entretanto, levou ao surgimento de um extenso leque de defeitos congênitos que comprometem o bem-estar de grande número de cães de muitas raças. A ciência, por sorte, pode ajudar a trazer a criação de cachorros de volta ao rumo certo. Apesar de estar além do escopo deste livro proporcionar um manual detalhado de genética canina, o penúltimo capítulo consigna os princípios subjacentes pelos quais os criadores deveriam orientar-se para a criação de cães de *pedigree* e enfatiza o que afeta diretamente o bem-estar dos cachorros.

Nos capítulos finais do livro, trato de como a ciência pode ajudar os cachorros a se adaptarem à vida do século XXI. Hoje, a maior parte da atenção dedicada à criação de cachorros se concentra em dotá-los de características superficiais, mais do que práticas. Muitos cães de estimação são, em essência, refugos dos canis de criadores, postos de lado por terem pouca probabilidade de alcançar a perfeição exigida pelo padrão da raça: os filhotes que nunca serão campeões nas exposições são os que se tornam mascotes. Certamente, as necessidades do cão de estimação merecem mais atenção do que isso. Como donos e amantes de cães, precisamos pensar, de forma construtiva, sobre como criar cães cujo propósito primordial não é mais pastorear ovelhas, ir buscar a caça ou ganhar prêmios em exposições caninas, mas sim tornarem-se obedientes, saudáveis, felizes e gratificantes cães de estimação da família.

Ao escrever este livro, tentei promover o maior entendimento e uma melhor apreciação do lugar especial que os cachorros ocupam na sociedade humana. Se esses objetivos puderem ser alcançados, eles devem percorrer um longo caminho na direção de sustentar e reforçar nosso relacionamento com nossos amados companheiros nas próximas décadas que se desdobram.

CAPÍTULO 1

De onde vieram os cães

"O lobo na sua sala" é uma imagem forte que relembra aos donos de cachorros que seu fiel companheiro, por baixo da pele, ou do pelo, é um animal e não uma pessoa. Os cães na verdade são lobos, pelo menos no que se refere ao DNA: ambos os animais compartilham 99,96% de seus genes. Seguindo a mesma lógica, pode-se muito bem dizer que os lobos são cães, mas — oh surpresa — ninguém faz isso. Os lobos, de maneira geral, são retratados como selvagens, ancestrais e primitivos, ao passo que os cães tendem a ser colocados no papel de derivados do lobo, artificiais, controlados e subservientes. No entanto, os cães, em termos de números absolutos, são muito mais bem-sucedidos no mundo moderno do que os lobos. Assim, o que ganhamos ao saber que cães e lobos dividem um antepassado comum? Muitos livros, artigos e programas de televisão sobre o comportamento canino têm afirmado que compreender o lobo é a chave para compreender o cão doméstico. Eu discordo. Minha perspectiva é a de que a chave para a compreensão do cão doméstico é, em primeiro lugar, entender o cão doméstico, opinião que compartilho com um crescente número de cientistas em todo o mundo. Ao analisar o cão como um animal por si mesmo, e não como uma versão inferior do lobo, temos a oportunidade de entendê-lo — e de refinar nossas relações com ele — como nunca se fez antes.

Decerto, é inegável que os cachorros compartilham muitas de suas características básicas com outros membros da família canina (os *Canidae*), da qual faz parte o lobo. Os cães evoluíram dos canídeos e devem a estes qualidades tais como sua anatomia básica, seu refinado sentido do olfato, sua aptidão para buscar a caça e sua capacidade de formar vínculos sociais duradouros. Até certo ponto, portanto, comparar os cães a seus ancestrais selvagens pode ser esclarecedor, mas quando o lobo é tomado como único ponto de referência disponível, nossa compreensão dos cães fica prejudicada.

No nível mais fundamental, os cães distinguem-se pelo fato de que, à diferença dos lobos e dos outros canídeos, se adaptaram para viver ao lado dos seres humanos como resultado do processo de domesticação. Como os cachorros foram alterados pela domesticação, muitas das sutilezas e sofisticações do comportamento do lobo parecem ter-se perdido, restando um animal ainda reconhecível como um canídeo, mas não mais como um lobo. A domesticação alterou o cão de modo considerável, tal como não aconteceu com qualquer outra espécie domesticada. É evidente que os cães têm uma ampla gama de formas e tamanhos; na verdade, há mais variações de tamanho entre os cães domésticos do que em todo o resto da família canina vista em seu conjunto. Mas esse não é, de forma alguma, o único efeito profundo da domesticação. Talvez o mais importante, tanto para nós como para os cachorros, seja a capacidade que eles têm de se vincularem conosco e de nos conhecerem, numa medida que nenhum outro animal pode igualar. Saber o que aconteceu durante a domesticação é, portanto, um elemento-chave para compreender o cão.

Para entender completamente o cão doméstico, precisamos olhar para além do processo de domesticação — até mesmo para além do lobo — para estudar toda a história do cão. Precisamos saber de onde ele veio e como eram todos os seus antepassados — e não apenas seu parente vivo mais próximo, o lobo. É claro que é impossível, em última instância, conhecer com precisão como os ancestrais do cão doméstico se comportavam, seja examinando seus antepassados imediatos (lobos que viveram há mais de 10 mil anos) ou os mais distantes (canídeos sociáveis, precursores do lobo, no Plioceno, vários milhões de anos atrás). Todos estão extintos. Podemos, no entanto, ter alguma ideia de como se comportavam examinando a gama de comportamentos característica dos canídeos sociáveis de hoje. Na verdade, um exame pormenorizado do comportamento dessas espécies não só lançaria luz sobre os primeiros ancestrais do cão, como também ajudaria a entender por que, fora o lobo, nenhum dos outros canídeos foi permanentemente domesticado com sucesso.

Análises de DNA não deixam dúvida de que o cachorro descende apenas (ou pelo menos quase inteiramente) do lobo cinzento, o *Canis lupus*. O primeiro sequenciamento abrangente de DNA maternal de cães, lobos, coiotes e chacais, publicado em 1997, não apresentou evidências de que os cães tivessem ancestrais em qualquer espécie que não a do lobo cinzento.[1] Nenhuma das dezenas de investigações realizadas desde então contradisse esse fato. No entanto, ainda existe uma relativa falta de dados sobre o DNA paterno, mais difícil de analisar, e é possível que alguns poucos tipos de cães reivindiquem descender de outros canídeos através de sua linhagem paterna.

Geneticamente, cães e lobos têm muito em comum — mas o mero fato de que duas espécies tenham uma superposição considerável em seu DNA não significa que seu comportamento vai ser o mesmo. Na verdade, muitos animais com DNA similar são drasticamente diferentes uns dos outros, sobretudo em termos de comportamento. Sabemos disso graças à "revolução" do DNA, que levou ao sequenciamento dos genomas dos seres humanos, dos caninos, dos felinos e de um número crescente de outras espécies. Muitas dessas sequências apresentam um notável grau de similaridade. Por exemplo, o seu DNA e o do seu cão são idênticos em cerca de 25% de sua extensão, o que talvez não seja surpreendente já que ambos são mamíferos. Aproximadamente os mesmos 25% também são encontrados nos camundongos. Os outros 75% explicam por que os cães, os camundongos e as pessoas têm aparências — e comportamentos — muito diferentes uns dos outros.

Espécies relacionadas de maneira muito mais próxima, umas com as outras, do que nós estamos com os cães podem compartilhar quase todas suas sequências inteiras de DNA, e é tentador presumir que estariam, portanto, restritas à mesma gama de comportamento. Mas o DNA não controla diretamente o comportamento; antes, especifica a estrutura de proteínas e de outros constituintes das células, e, desse modo, uma mudança mínima no DNA pode levar a uma enorme mudança na conduta. Por exemplo, não existe um "mapa" para o cérebro; cada neurônio do cérebro surge de interações entre milhares de sequências de DNA. Uma mudança em uma "letra" nessas sequências pode ter um efeito imenso sobre o modo segundo o qual o cérebro funciona, ou nenhum — simplesmente ainda não sabemos o suficiente sobre como o DNA e o comportamento interagem. Tomemos dois macacos intimamente aparentados: o chimpanzé e o *bonobo*. Chimpanzés comuns compartilham 99,6% de seu DNA com os *bonobos* e, mesmo assim, o comportamento social desses dois tipos de grandes macacos não poderia ser mais diverso. Os chimpanzés comuns são onívoros, com frequência caçam outros tipos de símios e seus grupos sociais estão baseados em alianças entre machos, que são muito agressivos com estranhos e podem até matá-los, se tiverem a oportunidade. Os *bonobos*, por outro lado, são vegetarianos, vivem em sociedades centradas em grupos de fêmeas aparentadas, raramente demonstram agressividade e nunca foram observados matando algum animal na selva. Quase idênticas na genética, as duas espécies são muito diferentes no comportamento.

Como os *bonobos* e os chimpanzés, os cães e os lobos cinzentos compartilham a maior parte de seu DNA, mas parece haver pouca razão para presumir que, por isso, eles devam inevitavelmente compartilhar também os mesmos sistemas sociais. Na verdade, a domesticação parece ter dissolvido, nos cães, muitas das particularidades de comportamento específicas dos lobos, deixando os primeiros com um repertório de conduta que tem mais coisas em comum com espécies a eles aparentadas, mas um pouco mais distantes, como o coiote (*Canis latrans*), e até mesmo com alguns parentes mais distantes da mesma família, como o chacal dourado (*Canis aureus*).

Mesmo para os biólogos mais antigos, as diferenças entre a conduta dos cães e a dos lobos eram óbvias. Muitas dessas diferenças se manifestam socialmente: os cães, por exemplo, claramente não são animais que vivem em matilha (mesmo quando eles formam grupos, estes não se comportam de maneira coerente) e são muito mais favoráveis que os lobos quanto a formar relacionamentos com pessoas. Ao longo dos anos, muitos biólogos eminentes, inclusive o ganhador do Prêmio Nobel Konrad Lorenz e até o próprio Charles Darwin, ficaram impressionados com a flexibilidade do comportamento dos cães e também com a enorme diferença de tamanho entre as raças menores e as maiores. Ambos sugeriram que os cães domésticos devem constituir algum híbrido de dois ou até mesmo vários tipos de canídeos. Lorenz, no seu encantador livro *Man Meets Dog*,* estava convencido de que os lobos eram demasiado independentes por natureza para explicar a indiscriminada simpatia mostrada por muitos cães e propôs que a maior parte das raças de cachorros que se originaram na Europa descendia predominantemente dos chacais. Mais tarde, mudou de ideia, tendo entendido que não havia evidências do cruzamento espontâneo entre cães e chacais (como sem problemas acontece entre cães e lobos) e que certos pormenores do comportamento do chacal não se ajustavam ao dos cães (o uivo do chacal, por exemplo, não se parece em nada com o do cão).

Não obstante os melhores esforços desses cientistas para determinar por que os cães são tão diferentes dos lobos em seu comportamento, o enigma não foi resolvido e permanece, em grande parte, sem resposta até hoje. Mas talvez algumas pistas possam ser reunidas se olharmos mais atrás no tempo evolutivo e pensarmos nosso cão doméstico não como produto de uma espécie, o lobo cinzento, mas de toda uma família, os *Canidae* (também chamados, até aqui, de família canina, mas a partir deste ponto mencionados como canídeos, para evitar confusão com o cão doméstico). Muitas das espécies canídeas têm vida social sofisticada, a qual, quando comparada à dos cães, pode potencialmente lançar luz sobre as origens da conduta do cão: os coiotes, por exemplo, são

---
*E o homem encontrou o cão..., Lisboa, Relógio d'Água, 1997. [N. do T.]

muito mais promíscuos que os lobos, uma característica compartilhada pelos cães. Apesar de os traços comportamentais de outros canídeos não serem tão bem compreendidos ou tão bem divulgados como os do lobo cinzento, mesmo assim eles têm muito a dizer sobre quando — e como — o comportamento canino pode ter se originado.

Rastrear os canídeos até suas origens revela que sua inteligência social possivelmente foi um dos primeiros traços que distinguiram os antigos antepassados do cão. É provável que os canídeos tenham evoluído primeiro há 6 milhões de anos na América do Norte, onde podem ter substituído outro tipo de mamífero assemelhado ao cão, o *borophaginae*. Este era um animal grande, do porte da hiena, dotado de enormes mandíbulas que esmagavam ossos e que se especializou em comer carniça. Os canídeos originais, que provavelmente se pareciam mais com raposas do que com cães, devem ter sido pequenos Davis para os pesados Golias *borophaginae*, ganhando deles em velocidade, em astúcia e em inteligência, o que, em última instância, levou os últimos à extinção. Avançando cerca de 1,5 milhão de anos, vamos descobrir que os canídeos sobreviventes haviam se espalhado por todo o mundo, já divididos em vários tipos, um dos quais era o ancestral dos cães, lobos e chacais de hoje — chamado coletivamente de *Canis*.[2] Subsequentemente, uma diversificação posterior produziu três vertentes evolutivas, e qualquer uma delas poderia ter culminado em um animal doméstico, pois não há nada no comportamento de nenhuma das linhagens dos canídeos que sugira que eles não pudessem ter produzido um animal adequado à domesticação. Na verdade, é provável que pelo menos duas das três vertentes hajam produzido animais domésticos e inteiramente possível que o lobo não tenha sido a única espécie de sua linhagem a ser domesticada.

A primeira divisão evolutiva dentro do gênero *Canis* ocorreu na América do Norte e talvez (cerca de 1 milhão de anos atrás) tenha dado origem ao coiote atual, ainda confinado àquele continente. Outro grupo surgiu na América do Sul, onde vive até hoje, e foi classificado como *Dusicyon*, em vez de *Canis*. De forma um pouco enganosa, esses animais são conhecidos coletivamente como raposas da América do Sul, embora sejam aparentados de forma bem distante com a mais conhecida raposa vermelha, famosa pela caça que lhe fazem na Inglaterra. Todas as outras seis espécies de *Canis* evoluíram no Velho Mundo, mais provavelmente na Eurásia, apesar de algumas possivelmente terem evoluído na África. Quatro delas são chacais, a despeito de uma delas, o chacal de Simien, algumas vezes ser chamada erroneamente de lobo da Etiópia. Tais espécies incluem o chacal dourado, que Lorenz pensou que poderia ser a origem de algumas raças de cães, e o lobo cinzento (*Canis lupus*), que é o ancestral de nossos cães domésticos. Dos canídeos da Eurásia, apenas o lobo cinzento alcançou a América do Norte, tendo migrado através da ponte de terra de Bering, há 100 mil anos, durante um dos períodos em que o Alasca esteve unido à Ásia.

Muitas dessas espécies parecem ser, em uma abordagem superficial, candidatas potenciais para a domesticação, graças a várias ferramentas sociais que compartilham com o cão doméstico. Todas elas podem, quando as condições são favoráveis, viver em grupos familiares ou "bandos". Todas parecem capazes de adaptar seu estilo de vida — vivam sozinhos ou em pequenos ou grandes grupos — especificamente às circunstâncias em que se encontrem.[3] (Hoje em dia, a "circunstância" mais importante para todos os canídeos selvagens, com frequência, são as atividades de nossa própria espécie, seja a perseguição direta, seja a provisão incidental de comida em depósitos de lixo.) O consenso atual é que o genoma canídeo é como um canivete suíço,[4] um *kit* de ferramentas sociais que permaneceu resistente à mudança evolutiva e pode ser usado para lidar com uma ampla variedade de circunstâncias, variando da vida solitária, quando os tempos estão difíceis, até a constituição de sociedades complexas, quando a comida é abundante e a perseguição é mínima. O sucesso do cão doméstico em adaptar-se tão bem à vida com os seres humanos pode ser visto, portanto, não como um conjunto específico de mudanças que começou apenas com o lobo cinzento, mas antes como um novo uso para esse antigo *kit* de ferramentas sociais dos canídeos — que permitiu ao cão socializar-se não apenas com outros membros da sua espécie, mas também com indivíduos da nossa.

Chacais dourados

Apesar de agora estarmos certos de que o lobo cinzento é o único ancestral do cão doméstico, este compartilha seus ancestrais primitivos com muitos outros parentes que ainda vivem, cada um dos quais pode oferecer-nos uma nova perspectiva sobre esses antigos antepassados. A linhagem do cão, afinal de contas, recua muito além do lobo cinzento: especificamente, chega até os canídeos que agora estão extintos, mas foram, eles próprios, ancestrais de todos os canídeos vivos de hoje. Cada um destes últimos tem algo a dizer sobre como os canídeos podem adaptar-se para adequar-se a diferentes circunstâncias — isto é, construir seus grupos sociais — e, portanto, cada um deles proporciona um diferente conjunto de pistas sobre como era o "*kit* de ferramentas" canídeo, quando surgiu há 5 milhões de anos. Uma vez que todos esses canídeos carregam o mesmo "*kit* de ferramentas", o fato de nenhum deles, fora o lobo, ter sido domesticado com sucesso também precisará ser levado em conta.

O chacal dourado (*Canis aureus*) é um dos parentes mais sociáveis do cão e, portanto, um candidato aparentemente ideal para a domesticação. É o único tipo de chacal encontrado no Crescente Fértil, o berço da civilização, que foi cenário de muitos processos de domesticação (inclusive a de ovelhas, a de cabras e a de gado bovino). Todos os outros chacais estão restritos à África. Como muitos outros canídeos, o chacal dourado mostra uma considerável flexibilidade em seus arranjos sociais. Alguns poucos caçam sozinhos, mas a maioria vive em duplas, macho e fêmea, com frequência ligando-se pela vida inteira, que pode durar de seis a oito anos. Se um dos parceiros morre, o outro raramente encontra um novo companheiro. Muitas vezes, alguns membros da primeira ninhada que um casal produz ficam com seus pais até que venha a próxima ninhada, no ano seguinte, e os ajudam a criar os novos filhotes, antes de saírem em busca de seus próprios companheiros alguns meses mais tarde. Eles protegem os mais jovens na toca enquanto seus pais estão fora caçando, ou, se eles mesmos caçam alguma coisa, levam para dividir com os filhotes. Os filhotes têm mais probabilidade de sobreviver se os irmãos e irmãs mais velhos ficam na toca para ajudar, de modo que a contribuição destes é valiosa. Os chacais com frequência caçam aos pares, o que os capacita a enfrentar presas maiores do que poderiam encarar sozinhos, e algumas vezes os filhotes ajudantes podem caçar com eles, formando-se um grupo de três ou quatro. Os membros da família possuem um vocabulário rico para comunicar-se entre si, como os lobos. Com base em sua riqueza de aptidões sociais, parece não haver razão pela qual o chacal dourado não pudesse ter sido domesticado como o lobo cinzento.

Na verdade, uma recente descoberta arqueológica proporciona pistas de que o chacal dourado talvez tenha sido domesticado na Turquia. Em Gobekli Tepe, um sítio arqueológico do início do período neolítico descoberto em uma colina da região sudeste daquele país, há o que talvez fosse um templo — uma combinação de enormes pedras, erigida há 11 mil anos, mais de duas vezes mais antiga que o Stonehenge. Essas pedras, anteriores à agricultura e às ferramentas de metal, estão cobertas de desenhos talhados altamente estilizados de pessoas, animais e pássaros. Algumas têm a forma de um T, com a cabeça do T representando a cabeça de uma pessoa e a parte vertical, o corpo. Muitos dos animais retratados são po-

Pilar de pedra em forma de T, que representa a cabeça e o torso de um homem, em Gobekli Tepe, sítio arqueológico na fronteira entre a Turquia e a Síria modernas. O braço gravado na pedra vertical parece estar segurando um canídeo.

tencialmente ameaçadores — leões, cobras, aranhas, abutres, escorpiões. A ausência de animais domesticados não surpreende: essas pedras foram gravadas por caçadores-coletores, muito antes que qualquer animal viesse a ser domesticado para alimentação. Algumas das gravuras claramente retratam animais similares a cães, que os arqueólogos rotularam como raposas, apenas outro tipo de animal potencialmente nocivo. Porém, em uma das pedras, há uma "raposa" retratada no colo de um homem, que é lugar de animal de estimação, e não de um inimigo. Essa posição torna improvável que a gravura retrate uma raposa vermelha, pois esse animal é solitário e, portanto, péssimo candidato à domesticação. E, apesar de ser difícil ter certeza, a figura também não se parece muito com um lobo: sua aparência, assemelhada à da raposa, e sua cauda espessa tornam mais provável que se trate de um chacal, e o único chacal nativo daquela área é o chacal dourado. Quem sabe a ideia de Konrad Lorenz de que o chacal fosse a origem do cão esteja apenas parcialmente equivocada? Talvez os chacais tenham sido domesticados, há mais de 10 mil anos, mas revelaram-se menos adaptáveis a viver na companhia de seres humanos do que os lobos e, assim, extinguiram-se ou regressaram à vida selvagem.

Para encontrar um exemplo similar de domesticação fracassada, mas que sobreviveu à história registrada, precisamos viajar para a América do Sul. Por coincidência, esse exemplo também envolve uma "raposa", de um grupo de cães parecidos com a raposa que evoluiu na América do Sul há aproximadamente 3 milhões de anos. A raposa cinzenta da Patagônia (*Dusicyon culpaeus*) foi domesticada, ou pelo menos domada, isto é, vive com seres humanos, mas se reproduz apenas em liberdade. Esse animal chegou a ser conhecido como lobo-guará. No final do século XVIII, Charles Hamilton Smith, soldado inglês que se tornou cientista e explorador, notou que esses animais podiam ser encontrados em aldeias de caçadores-coletores. Eles acompanhavam os homens em expedições de caça, apesar de não se poder dizer que fossem demasiado úteis; com frequência regressavam à aldeia depois de algumas horas. Lá, eles revolviam o lixo procurando por comida ou saíam para caçar por si mesmos e comiam quase tudo que encontravam, inclusive peixes, caranguejos, moluscos, lagartos, sapos e cobras. Lá pela metade do século XIX, contudo, os lobos-guará haviam desaparecido, substituídos pelos cães, muito mais obedientes e úteis, que os europeus tinham trazido para o continente. É difícil entender por que os lobos-guará não progrediram até a domesticação completa, porque se conhece muito pouco sobre os hábitos de seu ancestral selvagem, a raposa cinzenta. No entanto, nenhuma das raposas sul-americanas normalmente forma grupos de mais de dois indivíduos, de modo que é provável que suas aptidões para a socialização estivessem demasiado subdesenvolvidas para que se adaptassem e mantivessem relações com os seres humanos.

Na América do Norte, com exceção do imigrante lobo cinzento, o mais provável candidato à domesticação era o coiote (*Canis latrans*). A imagem tradicional desse membro da família do cão é a do caçador solitário, mas o coiote, na verdade, é um animal muito sociável, cujo

Raposa *culpeo*.

apetite pelo gado bovino levou-o a ser perseguido pelos seres humanos. Abandonados à própria sorte, os coiotes vivem em casais e, como os chacais dourados, podem transformar-se em pequenos grupos quando a prole de um ano fica com os pais para ajudar com a próxima ninhada. Isso é mais passível de suceder quando grandes presas, como o alce ou o veado de cauda branca, estão acessíveis, criando a necessidade e a oportunidade para que os coiotes cacem em grupo. Nisso eles podem rivalizar com os lobos em termos da complexidade de sua vida social. Mesmo assim, nem eles nem os lobos nativos da América do Norte, como veremos, jamais foram domesticados. A razão pode ser simples: na época em que os seres humanos colonizaram a América do Norte, já possuíam cães e, portanto, não precisavam de uma alternativa. É possível, no entanto, que alguns genes do coiote tenham encontrado seu caminho até os cães americanos modernos. O contrário certamente ocorreu, na medida em que cerca de 10% dos coiotes "selvagens" carregam genes de cães domésticos. Embora seja possível que se trate de progênie de acasalamentos entre coiotes fêmeas e cães machos, é improvável que um cão doméstico fosse suficientemente audacioso para impressionar uma fêmea coiote selvagem. É mais provável que essa progênie seja resultado de cruzamentos em que

Uma família de coiotes.

coiotes machos impuseram-se a cadelas, cujos filhotes depois fugiam e se uniam à população local de coiotes. Os mais tratáveis desses filhotes poderiam subsequentemente vir a cruzar com outros cães, inserindo os genes dos coiotes de forma permanente na população de cães.

Finalmente, nossa jornada nos leva à África, o lugar de nascimento de nossa própria espécie e uma área onde a domesticação era altamente plausível. Esse continente é rico em canídeos, havendo ali quatro espécies de chacais (o chacal dourado entre elas), assim como o cão selvagem africano, decerto um rival para a pretensão do lobo cinzento de ser o mais sociável dos canídeos. As matilhas de cães selvagens africanos são maiores que as do lobo; até cinquenta indivíduos já foram vistos caçando juntos, conquanto o número típico de adultos em um grupo seja de oito. Nas pradarias abertas, que o cão selvagem africano prefere, a caça cooperativa é essencial para a sobrevivência. Somente um grupo pode defender o produto da caça de outros grandes predadores, como os leões e as hienas. (Não que os cães selvagens africanos sejam particularmente pequenos; são do tamanho de um *pastor-alemão* pequeno, mas com a pele malhada e orelhas em pé.) Depois da caça, a comida é dividida

Um bando de cães selvagens africanos.

amigavelmente entre todos os indivíduos da matilha. Se existem filhotes na toca, cada indivíduo comerá mais do que o normal e regurgitará algo para alimentar os jovens depois de voltarem para casa.

Na maior parte do ano, os relacionamentos entre os indivíduos de uma matilha de cães selvagens africanos são amigáveis. Todas as manhãs e todas as noites, eles compartilham um ritual de saudação, correndo em círculos com excitação, esfregando seus focinhos nas caras uns dos outros (uma mímica da conduta de mendicância de que se valiam quando eram filhotes) e produzindo um chiado que os faz soar mais como um grupo de macacos do que como uma matilha de cães. Quando os adultos já ficaram suficientemente excitados com toda essa conversa, vão caçar juntos. Membros do bando ocasionalmente discutirão uns com os outros, mas brigas sérias são raras — até que uma das fêmeas entre no cio. Quando está pronta para acasalar, a fêmea dominante torna-se seriamente agressiva em relação às outras fêmeas adultas, e sabe-se que pode infligir ferimentos sérios nas outras. Como resultado, ela normalmente é a única fêmea da matilha que produz uma ninhada a cada ano; se uma das outras fêmeas também produz uma ninhada, a fêmea dominante pode tentar matar os filhotes da outra, muito embora algumas vezes os filhotes se misturem e ambas as mães cuidem deles.

Apesar dessa violência ocasional dentro das matilhas de cães selvagens africanos, o alto nível de cooperação observado em bandos de cães selvagens sugere que deveria ser fácil domesticá-los. Eles possuem, por exemplo, um vocabulário complexo de vocalizações — gorjeios, gritos mendicantes, ganidos, guinchos, choradeiras, lamúrias, gemidos, rosnados e latidos que seriam ideais para a comunicação com uma espécie tão vocal como a nossa, bem mais do que os tão taciturnos lobos. Ao que tudo indica, porém, não há nenhuma evidência de que alguma vez se tenha tentado domesticar essa espécie. Considerado no contexto mais amplo da domesticação como um todo, no entanto, esse fracasso pode ser bem pouco surpreendente. Apesar de a humanidade ter evoluído na África e, portanto, ter uma história muito mais longa ali do que em qualquer outro canto, quase todas as domesticações significativas de animais tiveram lugar em outros continentes. Foi sugerido que a raça humana precisava sair de sua "zona de conforto" evolutiva antes de tornar-se suficientemente motivada para domesticar animais (ou mesmo cultivar plantas). Talvez o cão selvagem africano simplesmente estivesse no lugar errado para vir a tornar-se parte de nosso mundo.

Não obstante as histórias dos canídeos variarem de um lugar para outro e de uma espécie para outra, dois dos primos distantes do cão — o chacal dourado e a raposa cinzenta da América do Sul — proporcionam vislumbres tantalizantes de domesticações que parecem haver começado mas que nunca foram completadas. Cada qual ocorreu em um continente diferente — na Eurásia e na América do Sul — e em sociedades muito diversas. Isso aponta outra vez para a importância do "*kit* de ferramentas" canídeo, que data de 5 milhões de anos — sociabilidade flexível, um bom nariz, perícia na caça — como a chave para a adequação dos canídeos à domesticação. E, no entanto, nenhum desses experimentos de domesticação teve sucesso a longo prazo.

As domesticações se produzem somente quando uma necessidade humana se encontra com uma espécie adequada, presumindo-se que a necessidade em questão está apoiada em recursos suficientes. Tais condições parecem reunir-se muito raramente, como confirmado pelo pequeno número de espécies mamíferas que a humanidade domesticou totalmente — número que dificilmente chega a dois dígitos. É muito possível que todas as espécies de que se falou até agora pudessem ter sido domesticadas. Apenas as condições para a domesticação nunca foram tão ideais, ou não puderam ser mantidas por tanto tempo, como as que favoreceram a criação do cão doméstico.

Finalmente, precisamos voltar-nos para o lobo cinzento, o único canídeo que foi domesticado com sucesso — se, por sucesso, queremos dizer que isso durou até o mundo moderno. Na verdade, o cão doméstico é muito bem-sucedido: os 400 milhões ou mais de cachorros que há no mundo são mil vezes mais numerosos que os lobos. Há poucas centenas de anos atrás, é provável que houvesse cerca de 5 milhões de lobos no mundo; hoje existem apenas entre 150 mil e 300 mil. Se deixarmos de lado por um momento o procedimento artificial da "domesticação", poderíamos dizer que o lobo evoluiu para o cão, deixando para trás uns poucos vestígios altamente totêmicos de seu passado, que pendem por um fio nas regiões selvagens. Alguns lobos foram capazes de tirar vantagem da dominação do globo pelo homem e tornaram-se cães. Outros não, e permaneceram lobos.

 Nenhuma explicação do comportamento canino pode dar-se ao luxo de ignorar o lobo, não só porque muitos livros sobre cachorros põem tanta ênfase em sua natureza parecida com a do lobo — mas também porque os próprios lobos têm sido fundamentalmente mal compreendidos. Já se escreveu muito sobre o lobo cinzento, mas grande parte dessa produção é errada ou, pelo menos, não ajuda a compreensão do comportamento dos cães domésticos modernos. No passado, o lobo foi avaliado como o animal grupal por excelência, e suas alcateias têm sido retratadas como essencialmente despóticas, controladas rígida e agressivamente por um casal "alfa". Logicamente, portanto, como descendente do lobo, pensou-se que o cão seria lobo debaixo da pele

Uma família de lobos cinzentos.

— decerto menos agressivo por natureza, mas, mesmo assim, nascido com a expectativa de que deva, no devido tempo, procurar "dominar" todos ao seu redor, tanto caninos como humanos. A última década, no entanto, viu uma radical reavaliação do bando de lobos — de como ele se constrói e das forças evolutivas que o guiam. Nossa concepção do cachorro, portanto, há muito está a merecer uma revisão. Se os lobos não são déspotas, como sabemos agora, então por que deveríamos presumir que os cães domésticos são impelidos a controlar seus donos?

Como a maior parte dos demais canídeos, os lobos cinzentos são animais altamente sociais e têm uma forte preferência por viver em grupos. Isso não significa que indivíduos não vivam sozinhos de tempos em tempos, mas normalmente não o fazem por escolha. Um lobo solitário pode ter sido afastado de seu bando, ou pode ter sido forçado a alimentar-se por si mesmo quando não havia comida suficiente para alimentar dois lobos que viajassem juntos. Mas, sempre que possível, os lobos tentam viver juntos. Mesmo lobos que comem em depósitos de lixo o fazem em grupo, comumente de três a cinco indivíduos. (O gato selvagem, ancestral do gato doméstico, também foi observado ocasionalmente alimentando-se de lixo, mas sempre sozinho.) Sem dúvida, é essa sede por companhia que, entre outros fatores, tornou possível que os lobos fossem domesticados.

Embora sejam, no essencial, animais sociáveis, lobos também se adaptam de forma notável quando estão em jogo as suas condições de vida — outro traço que, talvez ainda mais que a própria sociabilidade, faz deles bons candidatos à domesticação. Os lobos se juntam quando as condições locais o permitem e seguem seus próprios caminhos solitários em tempos de adversidade. Podem viver sozinhos ou em pequenos grupos; quando se reúnem as condições adequadas, podem formar-se grupos maiores, de seis a dez adultos. Como regra, esses grupos maiores constituem-se apenas onde a presa principal disponível também é grande — tipicamente o alce americano, o caribu ou o bisão. Embora um lobo solitário provavelmente possa matar um caribu, sobretudo se for um caribu já velho, muito jovem ou doente, o lobo se arrisca a ser ferido e, assim, está mais inclinado a procurar uma presa menor, menos perigosa. A caça em grupo é, com certeza, o modo mais seguro e mais eficiente de dominar grandes animais. Mas isso não parece ser a principal explicação da existência dos bandos. O que, com certeza, é mais importante para determinar a formação de grandes grupos é que esses grandes animais proporcionam muito mais comida do que um único lobo pode consumir. No verão, quando presas alternativas estão acessíveis, as grandes alcateias tendem a fragmentar-se em unidades menores, e talvez se reúnam outra vez no outono. É essa flexibilidade que, hoje em dia, é vista como o segundo fator importante que permitiu que os lobos — alguns deles, pelo menos — se adaptassem a viver com os seres humanos.

A natureza das alcateias é decisiva para compreender a conduta social dos lobos e, assim, a herança comportamental dos cães domésticos. Até pouco tempo atrás, porém, pensava-se erroneamente que os grupos de lobos fossem organizações competitivas. Agora, sabe-se que a maioria dos "grupos" de lobos é, na verdade, composta de grupos familiares. Tipicamente, um macho solitário se acasalará com uma fêmea solitária — cada um deles ou ambos terão deixado recentemente uma alcateia — e criarão uma ninhada juntos. Em muitas espécies, os jovens vão embora, ou são expulsos, quando têm idade suficiente para se defenderem sozinhos, mas isso não acontece com os lobos. Desde que ninguém passe fome, os filhotes podem ficar com os pais até que cresçam. Uma vez que tenham experiência bastante, participarão em pé de igualdade nas caçadas, e assim surge uma alcateia. Com frequência os membros jovens ainda farão parte do grupo quando a próxima ninhada nascer. Ajudarão seus pais a criar seus irmãos e irmãs: trarão comida para os filhotes e cuidarão deles quando os outros membros do bando estiverem caçando. Na contramão de muitas noções sobre o comportamento do lobo, a cooperação — e não a dominação — parece ser a essência da alcateia.

A biologia moderna exige explicações para o comportamento aparentemente altruísta exibido pelos lobos adultos mais jovens que atuam em uma alcateia. Por lógica, um gene que influencia um animal a ajudar outro a se reproduzir deveria desaparecer, já que serão os animais que não carregam a versão "não egoísta" do gene que deixarão mais descendentes. Sendo assim, a reprodução cooperativa deve ter vantagens no longo prazo que pesem mais do que suas desvantagens. Os biólogos têm discutido, pelas últimas cinco décadas, sobre quais poderiam ser os melhores aspectos dessas vantagens e como eles são expressos, mas a teoria da seleção de parentesco, proposta pela primeira vez nos anos 1960, explica por que a reprodução cooperativa tem mais probabilidade de ocorrer em famílias do que em conjuntos aleatórios de indivíduos.

Ao atribuir um benefício à cooperação observada no interior das alcateias, os cientistas foram capazes de utilizar a teoria da seleção de parentesco para dar sentido a uma conduta que, de outro modo, seria ininteligível. Oferecer cooperação a um animal não aparentado implica riscos, mesmo tratando-se de animais tão espertos como os lobos. Existe, afinal de contas, a possibilidade de que o favor não seja retribuído. Por outro lado, fazer um favor a um parente próximo — digamos, um filho ou uma filha — traz vantagens genéticas. Mesmo que esse favor nunca seja retribuído, quem fez o favor, ainda assim, promove a sobrevivência de alguns de seus próprios genes, especificamente aquelas versões que são idênticas no parente. (Em um filho ou filha, haveria uns 50% de sobreposição; a outra metade vem do outro progenitor.) Essa vantagem não parece suficiente para promover a abstinência de reprodução por toda a vida — o único mamífero que pratica tal abstinência é o rato-toupeira-pelado, que se entoca debaixo de ásperos desertos onde um único par reprodutor não tem possibilidade de sobreviver por muito tempo, mesmo com a ajuda de outro. Mesmo assim, a seleção de parentesco parece ser suficientemente forte para dar alento à abdicação temporária de reproduzir, fazer com que valha a pena para os descendentes ajudar seus pais até que o grupo familiar fique demasiado grande para sustentar-se e os filhos mais velhos partam para começar famílias próprias.

 A seleção de parentesco explica que, quando os membros mais jovens da alcateia parecem colocar de lado, deliberadamente, seus próprios direitos de reprodução, na verdade atuam em seu próprio interesse — mas as vantagens dessa conduta não são puramente familiares. Além da vantagem que obtém com a seleção de parentesco, também é mais seguro para os próprios lobos não deixar sua alcateia enquanto ainda são muito jovens. Sua falta de experiência significa que suas chances de formar seu próprio bando são bastante pequenas. Isso explica as raras ocasiões em que foram registrados casos de lobos não aparentados que se uniram a alcateias já existentes: parece que, em tais casos, eles são recrutados como substitutos, quando um dos membros mais experientes do grupo, talvez um dos fundadores originais, parte ou morre.

 Alcateias que se formam de modo natural, no ambiente selvagem, são normalmente entidades harmônicas, onde a agressão é a exceção e não a regra. Como em qualquer família, existem ocasionais conflitos de interesse dentro das alcateias, mas, em geral, os pais precisam fazer muito pouco para manter a ordem entre seus descendentes já crescidos. Os jovens são essencialmente voluntários — eles poderiam deixar a família dos pais e estabelecer a própria, mas escolhem não fazê-lo;

preferem ficar a salvo dentro da unidade familiar até que sejam mais velhos, mais experientes e assim tenham mais chances de sobreviver aos riscos que envolve encontrar um companheiro e um novo lugar para viver. Regularmente reforçam seus vínculos com os pais e, ao mesmo tempo, asseguram-lhes que são ajudantes, e não rivais, levando a cabo um ritual bem específico: o mais jovem rasteja levemente quando se aproxima do pai ou da mãe, as orelhas para trás e junto à cabeça, a cauda mantida baixa e abanando. Depois, empurra com o focinho uma das faces do pai ou da mãe, em uma simulação da conduta de pedir comida que seguia quando era filhote. (Isso é muito similar ao ritual de saudação do cão selvagem africano, e assim, possivelmente, uma conduta canídea muito antiga, anterior à evolução tanto do lobo como do cão selvagem.)

A imagem de uma alcateia harmoniosa não é o retrato da sociedade de lobos que encontraremos na maioria dos livros sobre conduta canina. Os primeiros biólogos que estudaram os lobos baseavam a maior parte de suas ideias em pesquisas com grupos em cativeiro, que eram mais fáceis de observar. Algumas dessas alcateias eram montagens aleatórias de indivíduos não aparentados, enquanto outras eram fragmentos de alcateias, nas quais faltavam um ou ambos os pais, compostas basicamente de quaisquer indivíduos disponíveis para que o zoológico fizesse sua exposição. O que quase todas essas alcateias tinham em comum era que sua estrutura fora rompida de forma irrevogável pelo cativeiro, de modo que os lobos eram lançados em um estado de confusão e conflito. Além do mais, a não ser que seus captores humanos decidissem separá-los, nenhum deles tinha a oportunidade de partir. Como resultado, as relações que se impunham eram baseadas não na confiança há muito estabelecida, mas na rivalidade e na agressão.

O verdadeiro retrato da sociedade dos lobos surgiu apenas quando os lobos tornaram-se animais protegidos, quando se permitiu que as alcateias se formassem e se desenvolvessem por vários anos, sem ficarem fragmentadas pela perseguição continuada. Aproximadamente na mesma época, tecnologias melhores para rastrear e observar os lobos em liberdade tornaram-se acessíveis: GPS, transmissores de rádio em miniatura, com baterias suficientemente robustas para permitir o rastreamento por toda uma temporada, e assim por diante. Em uma década, as descrições da sociedade dos lobos mudaram, passando da imagem de um grupo hierárquico dirigido por dois tiranos, um macho e uma fêmea, à de um grupo familiar harmonioso onde, salvo acidentes, os adultos mais jovens da família voluntariamente ajudavam seus pais a criar seus irmãos e irmãs mais novos. A coerção foi substituída pela cooperação como princípio subjacente.

Essa mudança radical em nossa concepção do comportamento da alcateia exigiu que também reavaliássemos os sinais sociais de que os lobos se valem. Nas condições do zoológico, sinais que os lobos mais velhos usariam normalmente para lembrar seus descendentes de que deviam cooperar, em vez disso tornaram-se os precursores da luta intensa e generalizada, vindo a ser rotulados como "indicadores de dominação". De forma similar, as condutas de coesão que os lobos adultos jovens seguiriam normalmente para vincular-se a seus pais prestavam-se agora a tentativas desesperadas de evitar o conflito e assim chegaram a ser rotuladas como de "submissão".

Contrariamente a teorias de longa data sobre o comportamento dos lobos, acredita-se agora que a conduta "submissa" pode não ser nada disso. Uma conduta de "submissão" efetiva deveria, por definição, indicar a um atacante que não vale a pena insistir na ação — e, de fato, quando lobos de alcateias diferentes se encontram, o menor deles tentará evitar ser atacado exibindo tal conduta. No entanto, isso raramente funciona, e, se o lobo menor não consegue fugir, será atacado e, com frequência, morto pelo maior. Lobos de bandos diferentes não têm interesses comuns: competem por comida e provavelmente têm parentesco muito distante, se tiverem. Mesmo assim, se a conduta de "submissão" fosse uma indicação de submissão de verdade, teria que funcionar nessas circunstâncias, pois o lobo atacante coloca-se em risco de ser ferido mesmo que vença. O fato de que essa conduta não funciona nessas circunstâncias indica que não se trata de uma conduta "submissa". Além do mais, quando é desempenhada entre membros da mesma família, na maior parte das vezes *não* é precedida por qualquer modalidade de ameaça provinda do animal a que é dirigida. Mais que isso, tal conduta de hábito manifesta-se de forma espontânea e reforça o vínculo entre os membros do bando. Somente em "alcateias" constituídas artificialmente, mantidas em zoológicos, as condutas "submissas" chegam a ser uma resposta padrão à ameaça. Presumivelmente, lobos mais jovens e mais fracos aprendem, por tentativa e erro, que tais condutas (algumas vezes) funcionam nessas circunstâncias antinaturais, sob as quais as lealdades da alcateia foram totalmente desfeitas e eles não têm para onde fugir.

Os lobos recorrem a dois sinais que costumavam ser classificados como "de submissão": o "ativo" e o "passivo". Cães domésticos valem-se de sinais muito similares, e esses também são conhecidos como de "submissão ativa" e de "submissão passiva". Poder-se-ia esperar que qualquer reinterpretação desses sinais, no lobo, haveria logo de ser seguida por uma reavaliação do que significam quando manifestados por cães, mas isso tem acontecido muito lentamente.

A conduta "ativa" é a mais comum entre lobos e, antes de ser um sinal de submissão, é, na verdade, um sinal de renovação de vínculos, e os cientistas agora a designam, de maneira muito mais apropriada, como conduta de afiliação. Nela, o lobo se aproxima com uma postura baixa, mantendo a cauda baixa; suas orelhas estão levemente puxadas para trás, e sua cauda e quartos traseiros sacodem entusiasticamente. Essa conduta faz parte da "cerimônia de grupo", que tem lugar quando a alcateia se reúne, ou vem como precursora de uma expedição coletiva de caça. Nessas circunstâncias, pode ser desempenhada tanto pelos pais (os chamados "alfas") como por seus descendentes, confirmando-se seu papel como um mecanismo através do qual vínculos de afeição são reforçados. É difícil imaginar como essa conduta foi alguma vez rotulada de comportamento "submisso". Um lobo que desempenhe a conduta de afiliação na verdade está em uma posição bastante boa para atacar o destinatário dessa homenagem — um rápido giro da cabeça e poderia enterrar seus dentes na garganta do outro lobo. Portanto, aceitar a *performance* da conduta de afiliação traduz uma expressão

Um lobo (à esquerda) desempenha a conduta de afiliação.

de confiança da parte do seu destinatário bem mais do que da parte de seu executante. É inegável que os integrantes mais jovens da família executam esse procedimento com seus pais muito mais vezes do que acontece em sentido inverso, mas esse comportamento é típico de todos os relacionamentos entre pais e filhos e não implica que os filhos se permitam ser "dominados" por seus pais. Na verdade, simplesmente reflete a assimetria do relacionamento entre pais e filhos. Os pais são os únicos que cada um dos jovens lobos terá e, portanto, a ligação entre eles é integral. Os pais podem ter outros filhotes, e decerto os terão, de modo que sua ligação com seus filhotes tem que ser inevitavelmente compartilhada.

Igualmente se impõe com urgência a necessidade de reinterpretar a outra conduta submissa do lobo, menos comum, a "submissão passiva". Ao contrário da conduta de afiliação, essa pode ser realmente um sinal de submissão, derivada de um comportamento infantil no qual o filhote rola sobre si mesmo para permitir que sua mãe lhe massageie a barriga e estimule a urinação, coisa que o filhote ainda não consegue fazer por conta própria. Essa conduta, que parece ter sido adotada pelos lobos adultos como forma de evitar possíveis ataques, é a de um lobo que se deita, rola sobre suas costas e expõe seu abdome

A conduta de barriga para cima.

para inspeção, feita por outro lobo. Alguns biólogos de lobos agora se referem a ela como "a conduta de barriga para cima", que é mais descritiva e nada presume sobre sua função. Mesmo assim, essa conduta tem precisamente as características que se esperariam de uma submissão, uma vez que o lobo que a executa coloca-se em uma posição na qual fica à mercê do outro.

Entre os lobos, a conduta de barriga para cima é mais rara do que a conduta de afiliação e é mais comumente vista nos lobos que estão em cativeiro do que em lobos que vivem na natureza. Quando observada nos zoológicos, é provavelmente desempenhada por lobos que ficam na periferia dos "bandos" em cativeiro, muitas vezes se envolvem em brigas e raramente uivam em grupo. Esses são os mesmos lobos que, quase certamente, haveriam de separar-se do bando e viver por conta própria, se a cerca que circunda sua prisão não estivesse ali.[5] Continuamente estressados, por serem obrigados a permanecer enclausurados com outros lobos que ameaçam atacá-los a cada instante, esses desamparados tentarão qualquer tática que possa desviar a agressão. Nos casos em que a conduta de afiliação falha, comportar-se como um filhote indefeso evidentemente funciona, de modo que aprendem a fazê-lo quando estão desesperados. Portanto, entre os lobos, essa conduta pode ser produto do cativeiro — de nenhuma maneira um procedimento normal do comportamento adulto, mas antes um sinal trazido artificialmente da infância para a idade adulta sob circunstâncias antinaturais.

Estudos realizados sobre alcateias de lobos selvagens deixaram claro que as interpretações tradicionais da "submissão" do lobo — tanto a agressão dentro do bando quanto o comportamento "submisso" que é uma tentativa de neutralizar ou desviar essa agressão — refletem mecanismos de cativeiro e, portanto, não podem ser aplicadas aos lobos enquanto espécie. Bandos de lobos que não foram manipulados pelo homem e aos quais se permite que cuidem de seus próprios assuntos são, por assim dizer, geralmente pacíficos. Isso não significa que tudo que se escreveu sobre a agressão entre lobos está errado. Por exemplo, é fato inegável que os lobos — em cativeiro ou não — podem ser muito violentos e agressivos entre eles quando querem ser. Em liberdade, mesmo que os relacionamentos dentro dos bandos sejam normalmente agradáveis, a agressão contra intrusos, apesar de pouco frequente, não é reprimida e é potencialmente fatal. No entanto, no cativeiro a "identidade" do bando não existe ou está severamente rompida, o que resulta na expressão de comportamentos que, normalmente, restringem-se apenas às escaramuças entre membros de diferentes bandos.

A observação de bandos de lobos em cativeiro levou não só a avaliações erradas sobre o comportamento do lobo, como também a mal-entendidos fundamentais sobre a estruturação das próprias famílias de lobos — equívocos que também deformaram a concepção do leigo sobre os cães. Nos bandos de lobos em cativeiro, o par reprodutor é convencionalmente chamado de "macho alfa" e "fêmea alfa". Muitos treinadores de cães pegam carona nessa concepção e insistem em que os donos devem imprimir seu próprio status de "alfa" sobre seus cães, que, caso contrário, seriam levados a querer o status de "alfa" para si mesmos. Graças ao novo entendimento sobre como os lobos selvagens constroem seus bandos, no entanto, tornou-se claro que o status de "alfa" vem automaticamente com o fato de ser pai ou mãe. Assim, o termo "alfa", aplicado a um lobo pai em um bando normal não diz muito sobre o status do lobo além do seu papel de pai.[6] É significativo apenas quando usado para designar o eventual vitorioso da guerra que é endêmica nos grupos de lobos em cativeiro, entre os quais não vigoram, como já se disse, os laços familiares que assegurariam a paz a um bando que vive em liberdade. Qual desses dois modelos aponta para o modo mais apropriado de compreender os cães de estimação e seus relacionamentos com seus donos? O modelo "alfa", construído a partir do bando cativo antinatural, ou o modelo "da família", baseado no comportamento de lobos aos quais se permitiu fazerem suas próprias escolhas quanto a com quem viver e com quem não conviver? O modelo da família é produto de milhões de anos de evolução e permitiu a formação e o refinamento de um elaborado conjunto de sinais que serve para manter a paz. O modelo alfa surge apenas em agrupamentos sociais artificiais, sobre os quais a evolução nunca teve a oportunidade de intervir e nos quais os indivíduos têm que recorrer a cada partícula de sua inteligência e adaptabilidade apenas para sobreviverem às incessantes tensões sociais inerentes a tais agrupamentos.

Deixando de lado, por um momento, essas objeções sobre as conhecidas concepções de hierarquias entre os lobos, devemos identificar duas razões suplementares para entender que o comportamento dos lobos não pode ser o único elemento para a compreensão do comportamento dos cães. Os cientistas estudaram (inadvertidamente, para sermos justos) os lobos errados (no continente errado) e 10 mil anos tarde demais.

O lobo americano do leste, uma subespécie do lobo cinzento, é o lobo mais estudado de todos e há muito tempo o que se produziu sobre ele vem sendo usado para interpretar o comportamento dos cães.[7] Até bem pouco tempo atrás, os pesquisadores tacitamente presumiram que o lobo americano do leste era o parente próximo do cão doméstico e, portanto, que os estudos sobre esses lobos americanos eram muito relevantes para a compreensão do que faz um cão funcionar. No entanto, o advento da tecnologia do DNA forçou uma reavaliação dessa comparação entre o cão e o lobo americano do leste.

Afora os híbridos de cão e lobo, criados de forma deliberada, não tem sido possível rastrear, até o lobo americano do leste, o DNA de nenhum dos cães que vivem nas Américas, nem mesmo o dos cães "nativos", que já estavam lá antes da chegada de Colombo. Essa ausência de provas não se deve à falta de esforços para consegui-las. A primeira de tais análises genéticas foi feita com o cão careca mexicano, o *xoloitzcuintli* (ou *xolo*). Os conquistadores espanhóis descobriram esse cachorro quando chegaram pela primeira vez ao México, onde era usado para uma variedade de propósitos, inclusive como companhia e como alimento. E também se acreditava que tivesse poderes curativos. Para evitar a contaminação dessas supostas propriedades através do cruzamento com cães europeus, os *xolos* eram criados em segredo, em lugares isolados espalhados por todo o México ocidental. Com isso, seus descendentes sobreviveram até os dias de hoje. Poderiam esses cães ser relíquias de uma antiga domesticação de lobos do Novo Mundo? O seu DNA mitocondrial (herdado através da linhagem da fêmea) prova o contrário: é mais similar ao dos cães (e lobos) europeus, não sendo semelhante ao dos lobos americanos.

Apesar de a composição genética do *xolo* sugerir que essa raça se originou na Europa, e não na América do Sul, é possível que o continente americano tenha produzido outros cães nativos. De fato, os *xolos* modernos examinados pelos cientistas poderiam não pertencer a nenhuma raça antiga; em vez disso, poderiam ter sido fac-símiles reinventados pelos criadores a partir de cruzamentos entre raças europeias — uma possibilidade que explicaria por que o DNA dos *xolos* modernos é do tipo europeu. Assim, os pesquisadores genéticos voltaram sua atenção para o DNA extraído do tutano de ossos de cachorros com mais de mil anos de idade, encontrados em escavações arqueológicas no México, no Peru e na Bolívia, bem como para o DNA dos ossos de cachorros enterrados no *permafrost* (solo congelado) do Alasca, antes da descoberta daquela região pelos europeus no século

XVIII. Em ambos os casos, o DNA era muito mais similar ao dos lobos europeus do que ao dos lobos americanos.

Muito embora a pesquisa sobre as origens dos cães modernos esteja longe de concluir-se, a evidência disponível torna claro que comparações entre o cão doméstico e o lobo americano do leste devem ser tratadas, no mínimo, com cuidado. E, como a pesquisa até aqui foi centrada quase que inteiramente sobre o DNA materno, os descendentes de um acasalamento entre um lobo americano macho e uma cadela doméstica não teriam sido selecionados. Alguns cachorros americanos poderiam, portanto, carregar genes de lobo americano de um ou mais antepassados machos muito distantes. A pesquisa deverá ser capaz de resolver isso logo. O que fica claro, no entanto, é que nenhuma fêmea de lobo americano do leste foi domesticada com sucesso. É impossível determinar, milhares de anos depois, se a razão para esse resultado está em que os lobos americanos do leste eram intrinsecamente difíceis de domesticar ou em que os primeiros colonizadores das Américas, por terem trazido seus próprios cachorros com eles da Ásia, não viram a necessidade de domesticar outras raças. Mais que isso, sendo eles próprios caçadores, teriam considerado os lobos locais como competidores. Seja qual for a explicação, permanece o fato de que a vasta maioria dos cães domésticos tem um relacionamento muito longínquo com o lobo americano do leste, separados como estão por 100 mil anos de evolução. Por isso as comparações entre o comportamento dos lobos e o dos cães devem ser tratadas com cuidado: a maior parte dos estudos foi feita com um tipo de lobo que, se fosse aparentado de forma um pouco mais distante com o cão doméstico, provavelmente seria considerado uma espécie diferente.

O ceticismo sobre as comparações entre lobos e cães justifica-se mais ainda pelo fato de que, embora a análise de DNA indique que os cães descendem dos lobos cinzentos eurasianos, nenhum dos lobos que foram estudados nos últimos setenta anos, americanos ou europeus, pode possivelmente ser considerado *antepassado* do cão doméstico: os dois certamente tiveram um ancestral comum há muitos milhares de anos, mas não há evidências sugestivas de que os lobos modernos se pareçam rigorosamente com esses ancestrais comuns. Na verdade, a lógica dita precisamente o oposto.

Os lobos selvagens, como existem hoje, são quase certamente bem diferentes, em seu comportamento, de seus ancestrais — e dos ancestrais dos cães. Logo que a agricultura e a vida sedentária começaram a sério, todos os lobos que não tinham sido domesticados tornaram-se, de forma inevitável, uma ameaça para os rebanhos de gado recém-formados e, assim, foram perseguidos pelos seres humanos. Até que as armas de fogo passassem a ser amplamente acessíveis, no século XVIII, os esforços humanos para erradicar os lobos eram bastante ineficazes, mas depois disso foi possível exterminar os lobos em regiões inteiras. Por exemplo, a população de lobos na Noruega e na Suécia declinou, de forma dramática, a partir dos anos 1840 em diante. O DNA dos lobos da Escandinávia de hoje mostra que são descendentes de animais russos imigrantes, que se mantiveram em áreas isoladas durante o século XX, até que o moderno movimento conservacionista deu-lhes espaço para se moverem até regiões há não muito tempo abandonadas pelos seus primos. Esse padrão de extermínio localizado, ou pelo menos de severa redução da população, repetiu-se em toda a Europa, e os poucos lobos que sobreviveram com certeza devem ter sido aqueles que eram mais desconfiados das pessoas. Os lobos de hoje são, portanto, os descendentes dos mais selvagens entre os selvagens, ao passo que os cães de hoje devem ter derivado de um tipo de lobo muito mais domável, que não se encontra mais na natureza e sobre o qual não sabemos quase nada.

Assim, embora o DNA dos cães nos diga que eles são incontestavelmente lobos, grande parte dos estudos científicos sobre o comportamento do lobo produzidos no século XX deve ser considerada, agora, como de significado dúbio para nossa concepção do comportamento do cão. A maior parte dos lobos que foram objeto desses estudos vivia em condições que, agora sabemos, eram não só altamente artificiais, mas também muito estressantes para muitos dos animais envolvidos e que, desse modo, induziram uma conduta excessivamente anormal.

DE ONDE VIERAM OS CÃES • 57

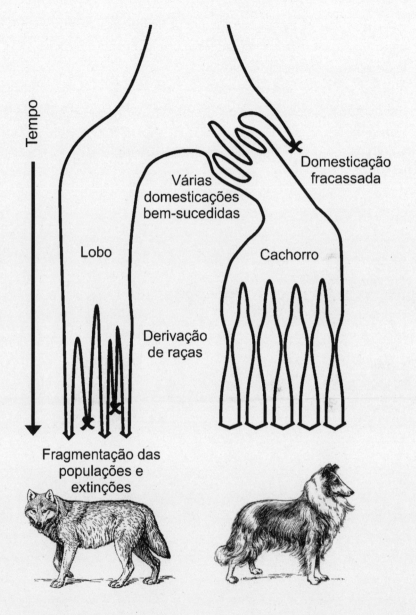

Uma representação simplificada da evolução do lobo e do cão doméstico. "Gargalos" genéticos ocorreram em cada uma das domesticações (uma domesticação fracassada é mostrada); quando os cães foram divididos em raças; e quando muitas populações locais de lobos foram extintas, deixando os sobreviventes isolados uns dos outros em diferentes partes do mundo.

Além disso, não temos razão para supor que qualquer desses lobos se assemelhe com precisão ao tipo de lobo originalmente domesticado. Tais lobos não existem mais. Estão longe de serem considerados extintos, uma vez que têm milhões de descendentes vivos, nossos cachorros, mas não existem mais na natureza. Seus equivalentes selvagens mais próximos são provavelmente os cães ferozes, cães domésticos que reverteram a uma existência selvagem ou semisselvagem. Esses também são descendentes diretos do ancestral selvagem do cão e têm um estilo de vida similar ao dele, independente.

Já que as comparações com o lobo não são tão válidas como pareciam ser há apenas uma década, meu enfoque volta-se para ampliar a busca pelas características biológicas que compõem a verdadeira natureza do cão. Algumas das características que possibilitaram a domesticação podem, na verdade, ser muito mais antigas do que o próprio lobo, recuando muitos milhões de anos, até espécies há muito extintas, que foram antepassadas de lobos, chacais e cães selvagens. Todas essas espécies atuais têm características em comum, que decerto compartilham com seus ancestrais comuns: vivem em grupos familiares (onde jovens adultos frequentemente ajudam seus pais a criar a próxima ninhada), têm excelente olfato, são muito inteligentes e adaptáveis, e são caçadores ou comedores de carniça, ou ambos.

Em última instância, pode não haver nada de especial no lobo que o tenha selecionado para a domesticação: talvez tenha sido apenas o canídeo sociável que estava no lugar certo na hora certa.[8] Infelizmente, tanto o lugar como a hora estão, até o momento, envoltos em mistério — mas o que é certo é que o aberrante e atípico comportamento dos lobos modernos em cativeiro provavelmente não tem nenhum valor para que se possa melhor compreender tanto o comportamento daqueles lobos ancestrais quanto o dos cães domésticos. Em vez de nos concentrarmos exclusivamente no lobo cinzento, deveríamos considerar o cão como um canídeo cujo parente vivo mais próximo é um lobo. A posse do *kit* de ferramentas canídeo é que foi vital para a bem-sucedida domesticação do cão — uma história cujas raízes estão intimamente entrelaçadas com as nossas.

CAPÍTULO 2

Como os lobos se tornaram cães

A história da domesticação do cão — sua evolução, a partir do lobo, até chegar à sua própria e única subespécie de canídeo — assemelha-se àquela do nosso próprio ingresso na civilização, a partir dos caçadores-coletores, do Mesolítico aos tempos modernos. Já havia cães domésticos muito antes que qualquer outro animal fosse domesticado, de modo que é provável que o cão tenha sido mais modificado em relação a seus antepassados do que qualquer outra espécie animal sobre a terra. O processo de domesticação fez com que se perdessem muitas particularidades da espécie dos antepassados, mas, mesmo assim, os cães conservam algumas das características daquela linhagem mais antiga que deu origem igualmente ao cão, ao chacal, ao coiote e ao lobo. Os cães são, de alguma maneira, parecidos com cada um desses outros, mas também são singulares: foram os únicos canídeos totalmente domesticados. E muito do que os faz singulares foi-lhes trazido pelo próprio processo de domesticação. A história dessa domesticação, portanto, oferece uma contribuição essencial para nossa compreensão do que nossos cães são — e do que eles não são.

No decorrer da última década, aprendemos muito sobre a domesticação do cão. A sequenciação do DNA individual de centenas de cães forçou uma reavaliação de dados anteriores referentes ao processo de domesticação. Embora ainda haja surpresas pela frente, o amplo escopo de como isso aconteceu já está bem estabelecido, assim como boa parte dos detalhes.

Além disso, temos novas perspectivas sobre quando e onde o cão pode ter sido domesticado. Podemos estar razoavelmente seguros de que houve várias, possivelmente muitas, tentativas de domesticação do lobo cinzento em diversas partes do mundo, mas também de que os produtos de alguns desses episódios de domesticação — em lugares que não a América do Norte — conseguiram sobreviver, ao passo que outros não. O processo de descoberta ainda está em andamento: ossos antigos e fósseis anteriormente identificados como pertencentes, de forma inequívoca, aos lobos, agora estão sendo reexaminados, pois talvez possam na verdade ser provenientes de cães primitivos, semelhantes a lobos. No entanto, a evidência tem sido suficientemente clara para determinar a separação entre o lobo e o cão em um momento bem anterior do processo evolutivo, há milhares de anos, conferindo assim mais tempo para que o lobo e o cão se distinguissem — uma análise que mina ainda mais a ideia de que o comportamento do cão é simplesmente um subconjunto da conduta do lobo.

Enquanto conseguimos uma melhor compreensão de como e em que os cães são diferentes dos lobos, também aprendemos mais sobre como nós, seres humanos, contribuímos para que o cão se diferenciasse. A domesticação dos cães foi mostrada como um processo complexo, mais cheio de idas e vindas do que a de qualquer outro animal, que levou não só a transformações radicais da forma e do tamanho dos corpos dos cães, mas igualmente a uma reorganização quase total de seu comportamento. Ademais, apesar de os seres humanos terem orientado esse processo, foi somente no último século e meio, e apenas no Ocidente, que obtivemos absoluto controle sobre ele. Por 10 mil anos ou mais, à medida que os propósitos humanos para os quais os cães eram valorizados mudaram e proliferaram, os cães coexistiram e coevoluíram conosco. Em essência, eles se domesticaram tanto como nós os domesticamos.

Quando foi domesticado o cão? Até 15 anos atrás, pensava-se que a resposta era simples. Os vestígios mais antigos de cães, encontrados pelos arqueólogos, eram datados por carbono em não mais de 12 mil anos, 14 mil no máximo. Essa linha do tempo situava os primeiros cães antes do começo da agricultura, há cerca de 10 mil anos atrás, e muito antes da domesticação de qualquer outro animal. De modo que o cão foi, por essa simples razão, considerado um caso especial: o pioneiro de todas as domesticações subsequentes, tais como as das cabras, das ovelhas, dos bois e dos porcos. Por conta de haverem sido domesticados tão cedo na história dos seres humanos, existe pouca evidência detalhada de como os lobos se tornaram cães — uma escassez de informação que deixou muito lugar para a especulação sobre por que e onde tal domesticação se fez pela primeira vez. Até 15 anos atrás, no entanto, pelo menos o "quando" parecia bem fixado: não haviam sido encontrados ossos que pertencessem inequivocamente a um cão e que tivessem mais de 14 mil anos, de modo que a domesticação deve ter ocorrido não antes de aproximadamente 15 mil anos atrás.

Então, em 1997, uma equipe de cientistas norte-americanos e suecos fez uma afirmação assombrosa: eles haviam sequenciado o DNA de cães e lobos vivos, e as descobertas indicavam que a domesticação do cão poderia ter ocorrido mais de 100 mil anos antes.[1] Se isso fosse verdade, significaria que os cães já eram companheiros do homem não somente no começo da agricultura, mas bem no amanhecer de nossa própria espécie — logo que os seres humanos modernos saíram da África, onde tinham evoluído, e encontraram os lobos cinzentos (que não existem na África) pela primeira vez. Esse anúncio disparou uma pequena epidemia de especulações sobre a possível coevolução do homem e do cão. A maioria dos arqueólogos rejeitou a ideia, assinalando a completa ausência de vestígios caninos que pudessem ser datados de antes de 14 mil anos atrás. Mas não havia nada intrinsecamente errado com os dados de DNA, mesmo que sua interpretação ainda estivesse aberta a debates. Ao que parecia, os cães se uniram a nós já em nossas origens pré-agrícolas.

Desde 1997 tem havido um fluxo contínuo de estudos mais detalhados do DNA de cães e lobos, e, como resultado desses estudos, nossas conclusões sobre o momento exato da domesticação do cão mudaram e ainda estão mudando hoje em dia. A tecnologia do DNA é relativamente nova, e, muito embora possa dar respostas inequívocas, quando usada para identificação (por exemplo, confirmando o parentesco de um filhote em particular em uma disputa sobre *pedigrees*), sua utilização na reconstrução de eventos ocorridos há muito tempo fica muito mais aberta a interpretações. Diferentes tipos de DNA podem dar respostas distintas. Por exemplo, a história contada pelo tipo de DNA contido no núcleo da maior parte das células dos mamíferos (a organela subcelular onde o DNA paterno e o materno se misturam) com frequência é diferente da história contada pelo tipo associado a outras partes da célula, tais como a mitocôndria (que contém apenas DNA materno). Na medida em que novas análises apareceram e foram integradas ao quadro geral, a estimativa de que os cães possam ter sido domesticados há mais de 100 mil anos foi, desde então, revisada para baixo de forma considerável, a ponto de ficar entre 15 mil e 25 mil anos.

Uma razão para essa drástica revisão para baixo é que foram encontrados problemas no método usado para calcular quanto tempo se passou desde que dois animais tiveram um antepassado comum. O DNA mais comumente usado para esse propósito não vem do núcleo, mas sim da mitocôndria (cujo conteúdo genético é abreviado na forma DNAmt). Muito ocasionalmente, só uma vez a cada poucos milhares de anos, o DNA mitocondrial muda, de modo que mãe e filha, que de outra forma teriam um DNAmt idêntico, exibem sequências que diferem em apenas uma posição (isso se aplica apenas às mães — os pais não passam adiante qualquer DNAmt aos seus descendentes, machos ou fêmeas). Ao contrário de outros tipos de mutação, essas mudanças não têm efeito sobre a saúde ou sobre a fecundidade do animal, e assim são passadas adiante "silenciosamente" através das gerações, espalhando-se por todos os descendentes da filha. Contando o número de diferenças entre o DNAmt de dois indivíduos da espécie, os cientistas podem estimar a quantidade de tempo em que as linhagens dos dois indivíduos vêm divergindo e, assim, podem ter uma ideia de há quanto tempo viveu sua antepassada fêmea compartilhada mais recente. Quanto maior o número de mutações distintas, mais antiga deve ser a linhagem comum dos dois animais.

Os erros são introduzidos nesse tipo de datação de DNAmt quando os cientistas, tendo determinado quantas mutações genéticas não compartilhadas existem entre dois indivíduos, tentam descobrir com que frequência tais mutações podem ter sobrevivido em ambos os animais. A regularidade dessas mutações varia de um tipo de animal para outro. No entanto, os cientistas sabem, pelos registros fósseis e pela datação por carbono, que o antepassado do cão, o lobo, desviou-se do coiote cerca de 1 milhão de anos atrás. Uma simples comparação entre o número de diferenças entre o cão e o lobo e entre o lobo e o coiote sugere que o cão e o lobo estiveram separados por aproximadamente um décimo desse tempo — em outras palavras, por mais ou menos 100 mil anos. Esse cálculo, no entanto, apoia-se sobre as mutações no DNAmt que ocorreram, na mesma razão, em animais domésticos e selvagens. Desde o estudo de 1997, ficou claro que as mutações de DNAmt verificam-se com mais frequência em animais domesticados do que em animais selvagens. O mesmo método comparativo utilizado no estudo de 1997 tem, consistentemente, superestimado o tempo decorrido desde a domesticação para quase todos os animais aos quais foi aplicado: por exemplo, o DNA do porco, domesticado provavelmente há 9 mil anos, sugere um tempo de domesticação entre 60 e 500 mil anos; e o do cavalo, mais de 300 mil anos, em vez de perto de 6 mil anos. A taxa de mutação, portanto, deve ser mais rápida após a domesticação do que durante a vida selvagem, acelerando-se na razão em que o DNAmt muda, de uma vez a cada poucos milhares de anos para uma vez a cada poucas centenas. Estudos de outras espécies sugerem que essa taxa acelerada é um efeito colateral de níveis cronicamente altos de hormônios do estresse, causado por viverem os animais domesticados em condições de superlotação e em estreita proximidade com o homem. Assim, o cálculo de centenas de milhares de anos a mais tem muita chance de ser superestimado, talvez por um fator de cinco ou mais, baixando o intervalo de tempo desde a domesticação do cão para um número muito mais realista, de aproximadamente 20 mil anos.

Além de comparar o DNA do cão com o do lobo, os cientistas podem examinar quanta variação existe entre diferentes tipos de cães, como forma de determinar há quanto tempo eles estão por aí. No entanto, esse procedimento também parece sugerir que os cães foram domesticados muito mais cedo do que 20 mil anos atrás. Uma análise recente do DNA referente ao sistema imunológico do cão produziu uma estimativa de várias centenas de milhares de anos desde a domesticação — um número ainda mais improvável que os 100 mil anos indicados pelo DNAmt, já que antecede a evolução de nossa própria espécie. Por outro lado, tal estimativa presume que a mutação é a única fonte da variação e que todos os cães descendem de um único casal de lobos. Um grau similar de diversidade poderia ocorrer se, digamos, vários lobos houvessem sido domesticados, cada qual dotado de um DNA diferente. Mas isso só tem probabilidade de ter acontecido se cada um desses lobos tivesse vivido em uma parte diferente do mundo — uma suposição que, por sua vez, implica vários episódios de domesticação.

As aparentes contradições entre a evidência arqueológica e as provas de DNA podem ser reconciliadas se admitirmos não apenas um episódio primordial de domesticação, mas vários, em diferentes partes do mundo. Agora já se pode examinar o DNA de dentes de cães fossilizados, encontrados em sítios de sepultamento neolíticos. Embora apenas poucas dúzias de indivíduos tenham sido sequenciadas até agora, os resultados tendem a confirmar que, de fato, os lobos foram domesticados em vários lugares diferentes, possivelmente em muitos.

Os cientistas também começaram a encontrar provas para a teoria de domesticações múltiplas ao examinarem um tipo diferente de DNA, extraído de cães vivos. O DNA que codifica o sistema imunológico é herdado dos dois progenitores, não apenas da mãe, como o DNAmt. A diversidade muito maior no DNA do sistema imunológico sugere que os cães têm muito mais antepassados que antepassadas; em outras palavras, os cães em geral parecem ter muitos lobos machos como antepassados, mas apenas algumas antepassadas lobas fêmeas. Assim, o material genético dos machos "extras" deve ter sido introduzido depois que a domesticação começou. É presumível que as primeiras cadelas de cão doméstico devem ter se mostrado atraentes para os lobos machos e que, ocasionalmente, com eles se acasalaram. Além disso, seus filhotes teriam nascido na proximidade dos seres humanos. E se a contribuição genética de seu pai lobo não os fizesse demasiado intratáveis, eles terão sobrevivido para contribuir para o genoma do cão. Não há razão pela qual um acasalamento entre um cachorro macho e uma fêmea de lobo também não produzisse filhotes, mas eles nasceriam selvagens e, portanto, seria mais provável que contribuíssem para o genoma do lobo, e não para o do cão.

Graças a recentes avanços científicos, agora sabemos que a diversidade do genoma do cão moderno não é tão incompatível com a evidência arqueológica sobre a domesticação do cão. Mesmo assim, ainda existe uma discrepância — possivelmente de 5 mil a 10 mil anos — entre a data mais provável sugerida pelo DNA (20 mil anos atrás ou mais) e a data mais antiga com que concorda a maior parte dos arqueólogos (14 mil anos). A razão desta discrepância provavelmente descansa no tipo de evidência que os arqueólogos aceitam como evidência da domesticação. Restos humanos e ossos de lobos têm sido encontrados juntos em sítios que chegam a meio milhão de anos atrás, muito antes que os seres humanos modernos evoluíssem, mas os arqueólogos não consideram esses sepultamentos conjuntos como sinais de domesticação. Antes, procuram vestígios de animais que sejam claramente distinguíveis dos lobos (por exemplo, animais dotados de crânio mais largo, com focinho mais curto, com dentes menores) ou sinais de que tais animais, ainda que por outros meios indistinguíveis dos lobos, tivessem um lugar especial na sociedade humana — preferentemente ambos.

Provavelmente o primeiro exemplo arqueológico bem estabelecido de um cachorro que tanto é biologicamente distinto dos lobos como conectado de forma específica aos seres humanos é o túmulo, datado de 12 mil anos e situado onde agora é o norte de Israel, de um ser humano com uma das mãos apoiada no corpo de um filhote. Não apenas a posição do filhote mostra que tinha uma relação íntima com aquela pessoa, mas seus dentes também são significativamente menores do que os de qualquer lobo que vivesse por ali naquela época, o que indica que devia vir de uma linhagem familiar doméstica.

Nem os sinais físicos da domesticação nesse filhote, tão diferente de sua contrapartida selvagem, nem o manifesto laço de união entre o animal e seu dono podem ter surgido da noite para o dia. Antes disso, o filhote precisaria ter sido precedido por muitas gerações de cães que fizeram a transição do lobo selvagem ao cão de estimação domesticado. Tais transições podem ser virtualmente invisíveis para a arqueologia, mas a subsequente e rápida aparição de cães em todo o Velho Mundo é compatível com a ideia de que não houve uma única domesticação, mas várias. Nos dois milênios seguintes, depois desse sepultamento realizado há 12 mil anos, outros sepultamentos similares — tanto de seres humanos e cães juntos como de cães enterrados sozinhos — ocorreram em várias partes da Europa. Esses sítios foram encontrados, entre outros lugares, no Reino Unido, sugerindo que os cães também se espalharam com rapidez a partir de seus pontos de origem, que estão bem mais a leste. Os cientistas também acreditam que, aproximadamente no mesmo período, os seres humanos estavam conseguindo outros cães domésticos, provavelmente provenientes de outro foco de domesticação no leste da Ásia, além da Sibéria, na direção do que hoje é o Alasca. (Na época, Sibéria e Alasca eram parte de uma única porção de terra, conhecida como *Beríngia*, que, dependendo do período, alcançava até 965 quilômetros de norte a sul.) Esses cães acompanharam uma das primeiras levas de colonizadores, que desceu a costa oeste da América do Norte e depois foi para o interior: os mais antigos restos de cães encontrados nos Estados Unidos, em Danger Cave, no estado de Utah, têm talvez 10 mil anos de idade. Enquanto isso, na outra metade do mundo, os seres humanos levaram cachorros com eles quando se dirigiram aos mais longínquos recantos do sudeste da Ásia: o DNA dos 800 mil cachorros de rua encontrados em Bali hoje em dia mostra que são descendentes de cães que chegaram ali por via terrestre, antes que Bali se tornasse uma ilha, há 12 mil anos.

Essa aparição bastante rápida dos cães em todo o mundo, no registro arqueológico, pode ser explicada por muitos processos de domesticação independentes que se produziram quase de forma simultânea — mas também é plausível que, na realidade, a domesticação do cão tenha começado muito antes do que a arqueologia indica. O momento em que o cão realmente se tornou um animal domesticado, segundo os arqueólogos, pode na verdade refletir não o começo da transição a partir do lobo, mas a culminação de uma mudança fundamental no relacionamento entre o homem e o cão, que já houvesse levado milhares de anos para desenvolver-se. Esse processo não poderia estar completo até que o cão se tornasse parte integrante da cultura humana e também até que ele não precisasse mais conservar a fisionomia do lobo, porque muitas de suas necessidades essenciais estavam sendo atendidas pelo seu dono. Assim, a discrepância de 5 mil anos entre a data de domesticação mostrada pelo registro arqueológico e aquela indicada pelo DNA do cão pode ser explicada por uma extensão de tempo em que a domesticação foi se fazendo gradualmente. Esses cães mais primitivos, ou protocães, como às vezes são chamados, teriam sido indistinguíveis dos lobos em termos de aparência física e provavelmente eram tratados de modo estritamente utilitário. Por exemplo, eles podem ter sido "propriedade" comunal, como são os cães de aldeia hoje em dia, em vez de haverem possuído um único "dono".

Com certeza, qualquer teoria pré-domesticação que proponha vários milhares de anos de coexistência entre lobos e pessoas antes da transformação dos primeiros em cães domésticos deve explicar a falta de evidências arqueológicas sobre esse período, digamos, de 20 mil a 15 mil anos atrás. Se os cães existiram durante esse período, talvez até mesmo antes disso, por que estão ausentes das sepulturas humanas por todo esse tempo e, de repente, começam a aparecer em túmulos por todo o mundo no decorrer de "apenas" um par de milênios? O próprio registro arqueológico pode ter a resposta.

O primeiro sepultamento de cães conhecido tem mais de 14 mil anos. Localizado em Bonn-Oberkassel, na Alemanha, foi descoberto em uma pedreira em 1914 e parece constituir-se do esqueleto parcial de um cão enterrado ao lado de dois seres humanos. Infelizmente a eclosão da Primeira Guerra Mundial levou à perda de grande parte desse material: uma única peça da mandíbula sobreviveu, e a disposição de seus dentes mostra claramente que não pertencia a um lobo. A evidência arqueológica indica que, a partir de então, os sepultamentos de cães tornaram-se quase lugar-comum. (Outros tipos de animais também eram enterrados — mas não tão frequentemente como os cães.)[2] Alguns cães eram sepultados ao lado de pessoas; outros tinham túmulos dedicados a eles. No que hoje é o sudeste dos Estados Unidos, os enterros de cães eram tão comuns, durante o período entre 9 mil e 3 mil anos atrás, que é a sua relativa raridade em sítios de sepultamento *posteriores* que os arqueólogos sentem que precisam explicar e não o contrário.

A humanidade já vinha enterrando seus mortos por dezenas de milhares de anos antes de começar a sepultar seus cães. Muitos túmulos humanos antigos contêm vestígios de animais; alguns podem ter chegado ali por acidente, mas muitos neles foram obviamente incluídos com deliberação, o que indica um forte vínculo emocional entre os seres humanos primitivos e os animais que viviam ao seu redor. Considerem essa descrição do conteúdo de um túmulo escavado há 28 mil anos na Rússia, com os despojos mortais de um menino, de uma menina e de um homem de 60 anos. Enterrados com eles havia milhares de peças de chifres de veados, dentes de ursos polares, dentes de mamutes, que provavelmente foram incorporados em colares ou como enfeites de suas roupas há muito desintegradas. Ao lado do menino havia uma escultura de um mamute feita com o marfim de um dente daquele animal. Em outra tumba próxima, foi encontrada uma pequena escultura de um cavalo feita de marfim (naquela época o cavalo era um animal caçado, não domesticado). Essas pessoas claramente tinham um relacionamento importante com seus animais, que incluía representá-los em sua arte e possivelmente exibi-los em seus ritos religiosos. No entanto, esse relacionamento parece ter sido apenas o que envolve caçador e presa.

A ausência de cães em conhecidos sítios de sepultamento, mais antigos que 14 mil anos, quase certamente significa que os cães eram, antes disso, bastante raros. Se a cultura representada nesse túmulo grupal da Rússia tivesse utilizado cães para caçar, parece provável que também haveria evidência de cães nessa tumba ou em monumentos similares — ossos ou, como no caso do cavalo, algum tipo de representação. A inexistência de tais traços é indicação de que a sociedade em que viveram essas pessoas não tinha cães domésticos. Se os tivesse, esses vestígios de cães teriam sido com certeza indistinguíveis de vestígios de lobos; mas, a verdade é que não há traço de qualquer animal semelhante ao lobo, doméstico ou selvagem, no túmulo grupal russo, mesmo que houvesse, quase com certeza, lobos selvagens nas vizinhanças. Na verdade, muito poucas tumbas encerram traços de lobos antigos.

Diferentemente dos túmulos de cães, que, como observamos, tornaram-se bastante comuns depois que apareceram pela primeira vez no registro arqueológico, os túmulos de lobos — tanto sós como acompanhados de seres humanos — parecem ter sido extremamente raros em toda a antiga história humana. (Se comuns, teriam proporcionado evidências sobre os primeiros estágios da domesticação, quando os ossos de protocães não se poderiam distinguir dos ossos de lobos.) Dentes de lobo são encontrados, junto com os de outros predadores, em muitos sepultamentos de seres humanos, mas seu significado em geral é pouco claro — e, de qualquer modo, muitos devem ser provenientes de animais que foram mortos por suas peles. As estreitas relações emocionais que os caçadores-coletores evidentemente mantinham com os animais que caçavam não se estendiam, ao que tudo indica, a seus competidores na caça, entre os quais os lobos. Assim, há muito pouca evidência arqueológica que sugira qualquer tipo de relacionamento entre seres humanos caçadores-coletores e lobos — tanto animais selvagens como aqueles já a caminho da domesticação — até que os cães apareceram subitamente em sepulturas há mais ou menos 14 mil anos.

Entre os poucos túmulos de lobos que foram descobertos, um é bastante estranho e pode proporcionar evidência sobre a transição do lobo ao cão. Arqueólogos russos encontraram recentemente, em um cemitério perto do lago Baikal, o que identificaram como um lobo enterrado com um crânio humano entre suas patas. É provável que o túmulo date de apenas 7.500 anos atrás, época em que podem ter existido cães na região. O que é notável sobre esse lobo é que não era do lugar; parece ser um lobo da tundra e, se for assim, deve ter viajado vários milhares de quilômetros antes de terminar seus dias nessa tumba. Mas e se o animal não for um lobo?

O túmulo de um lobo perto do lago Baikal, na Sibéria; patas do animal envolvem um crânio humano.

O suposto lobo da tundra enterrado perto do lago Baikal, longe de casa, é, acredito eu, de forma mais plausível, o descendente de um lobo da tundra "sociável", que foi adotado, muitas gerações antes, como animal de estimação. Sob o ponto de vista dessa interpretação, essa tumba nos dá um vislumbre tentador do processo de domesticação em ação. É pouco provável que tal processo seja assinalado por uma transição uniforme de um grupo de lobos para os cães de hoje; pelo contrário, foi antes, pode-se supor, um processo acidental, ao longo do qual várias domesticações se fizeram, em diferentes lugares e em diferentes épocas. O "lobo" na tumba pode, na verdade, ser um protocão, produto de uma tentativa tardia de domesticação realizada no norte gelado, que foi trazido para o sul, onde viveu e morreu ao lado de seus primos mais "domesticados" — os descendentes de domesticações anteriores — que, então, eram reconhecíveis como cães.

Os arqueólogos descobriram alguns outros túmulos de "lobos" que podem na verdade ser protocães. Por exemplo, há 8.500 anos no que hoje é a Sérvia, um pequeno tipo de cão doméstico era utilizado como alimento, como atestam muitos ossos quebrados e crânios encontrados ali em fossas de lixo. Outro tipo de cão (maior), da mesma área e aproximadamente da mesma época, era enterrado ileso em tumbas adequadas, o que sugere uma função que incluía a companhia. Ainda mais pertinente, no entanto, é a evidência — da mesma localização e do mesmo período — de restos que parecem ser de lobos. Podem ter sido lobos selvagens, mas também é possível que fossem um terceiro tipo de cão, que, diferentemente dos outros dois, não se distinguia muito, na aparência, de seu antepassado selvagem.

Poucos traços de protocães têm sido encontrados em sepulturas humanas, mas existe alguma coisa no registro fóssil que apoie a ideia de uma domesticação gradual e casual? Até recentemente, os arqueólogos relutavam em identificar crânios com aparência de crânio de lobo, com mais de 14 mil anos de idade, como pertencentes a qualquer outra coisa que não um lobo, de modo que protocães que fossem encontrados não eram rotulados como cães. O mais antigo crânio de cão foi escavado em Eliseevich, na planície russa, à beira de uma pilha de crânios de mamute, e também foi datado ao redor de 14 mil anos. Tinha aproximadamente o tamanho do crânio de um *husky siberiano* e parece ter sido enterrado de forma acidental e não deliberadamente. No entanto, três novos crânios recém-descobertos, como o cão de Eliseevich, são intermediários entre o crânio dos lobos e o dos cães primitivos. Todos os três são muito similares ao cão pastor da Ásia Central de hoje em dia (é claro que os crânios nada nos podem dizer sobre a textura ou a cor da pelagem do cão). O mais velho desses crânios, de Goyet, na Bélgica, tem impressionantes 31 mil anos de idade, mais que o dobro da idade do mais antigo túmulo de cães. Os outros dois, encontrados na Ucrânia, têm provavelmente apenas 13 mil anos, sendo contemporâneos das primeiras tumbas de cães. Assim, o exemplar de Goyet é uma espécie de anomalia. Poderia ter sido um antepassado direto dos cães de hoje? Ou é nosso único registro de uma domesticação muito precoce do lobo, que fracassou, e por isso a ausência de restos sepultados de cães pelos próximos 17 mil anos?

Existe mais uma pequena peça de evidência que sugere um relacionamento entre o homem e o cão há mais de 20 mil anos. Nas profundezas da caverna de Chauvet, situada na região francesa de Ardèche, famosa por sua arte pré-histórica, uma trilha de pegadas, com a extensão de cinquenta metros, impressas por um menino de 8 a 10 anos, ao lado de pegadas de um grande canídeo, indica uma estreita relação entre os dois. As pegadas do canídeo são intermediárias entre as do cão e as do lobo. A fuligem da tocha que o menino estava carregando data o evento de 26 mil anos atrás, fazendo dessas pegadas provavelmente as mais antigas pegadas humanas da Europa. Com um pouco de concentração, podemos imaginar um menino e seu fiel (proto)cão aventurando-se no interior da caverna para contemplar as espetaculares representações de animais selvagens pintadas em suas paredes.

Evidências como as acima mencionadas são, em última instância, demasiado inconsistentes para dar-nos uma ideia definida de quando ou onde começou a domesticação do lobo. Mesmo assim, esse processo deve ter sido repetido várias vezes, em vários lugares da Europa e da Ásia, por um período de muitos milhares de anos, até o ponto em que os cães domésticos já se tivessem firmado em alguns cantos do mundo, ao mesmo tempo que os lobos iam sendo arrancados da vida selvagem

Pegadas de uma criança e de um canídeo na caverna de Chauvet, na região de Ardèche, na França.

alhures. Algumas dessas tentativas deram certo. Outras decerto fracassaram, sem deixar traços nos cães de hoje. O hábito de sepultar cães junto com humanos, por alguma razão que ainda não está clara, parece haver sido adotado somente depois que a domesticação já estava bem avançada, senão teriam sido encontrados túmulos humanos, datados de entre 25 mil e 15 mil anos atrás, com ossos de protocães, indistinguíveis dos ossos de lobos.

No entanto, podemos dizer com certeza que os primeiros cães confirmados como tais — há 14 mil anos — logicamente não representam o começo da domesticação, mas antes o fim de sua primeira fase, assinalando o ponto em que os cães se tornaram fisicamente distintos dos lobos. Antes disso, por certo ocorreram mudanças nos cérebros dos lobos que os adaptaram a viver com os humanos, mas que deixaram poucos ou nenhum traço em seus crânios para que os arqueólogos os identifiquem hoje. Questões ainda permanecem em aberto: quanto tempo essas mudanças duraram, quantas dessas primeiras associações entre cães e lobos fracassaram, quantos lobos deixaram seus traços nos cães de hoje?

Já que só podemos explicar a diversidade dos DNAs dos cães lançando a hipótese de que domesticações singulares de lobos se perfizeram em diferentes partes do mundo, as populações de "protocães", em seu começo, devem ter vivido isoladas umas das outras e é de se supor que assim permaneceram por milhares de anos. No entanto, conforme a domesticação progredia, esses cães primitivos vieram, talvez, a tornar-se manejáveis o suficiente para poderem viajar com os humanos nas migrações em grande escala, facultando-se dessa forma que indivíduos de uma população de protocães se encontrassem e começassem a cruzar com indivíduos de outra população. É provável que a resultante agitação do banco de genes do cão se tenha iniciado há mais de 10 mil anos, de tal modo que até vestígios de cães suficientemente antigos para estarem fossilizados podem ter sua origem em populações de lobos que vivessem a uma distância de muitas centenas ou mesmo milhares de quilômetros.

Graças a essa complicada linha do tempo da domesticação, ficou impossível determinar a localização dos seus episódios originais. O próprio lobo é um animal afeito a migrações, mesmo que não tenha se beneficiado com ter sido transportado pelo homem. As migrações de lobos, inclusive depois de o cão ter sido domesticado, resultaram na incidência de DNAs quase idênticos entre indivíduos de regiões tão afastadas como a China e a Arábia Saudita. Assim, o DNA dos lobos modernos proporciona apenas pistas fracas sobre onde pode ter se dado a domesticação.

Deixando o lobo de lado e abordando o problema da localização pelo extremo oposto, outros biólogos analisaram recentemente o DNA de "cães de aldeia". A esperança dos cientistas era a de que esses cães terminassem sendo os descendentes diretos dos primeiros lobos a serem domesticados na região, e a presunção era a de que, sendo cães que dependiam de seres humanos, tinham muito menos probabilidade que os lobos de haver percorrido longas distâncias desde então.[3] Um estudo recente sugeriu que, como os cães de aldeia do sul da China têm a maior variedade de DNA encontrada até hoje, foi lá que a domesticação deve ter ocorrido. Mas pesquisas subsequentes revelaram que os DNAs de cães de aldeia são quase tão diversos na Namíbia, onde o lobo selvagem

Cães de aldeia.

mais próximo está a 4.800 quilômetros de distância.[4] Para terem chegado tão longe e por terem se tornado tão disseminados (existe pouca diferença entre o DNA de cães de aldeia da Namíbia e de Uganda), esses cães devem ter tido considerável ajuda dos humanos; talvez tenham acompanhado os seres humanos em suas várias migrações pela África. Também se pode pensar que houve uma quantidade substancial de cruzamentos entre populações de cães de aldeia aparentemente localizadas, o que resultou em um gradual gotejamento de maior diversidade em seu DNA — mesmo em lugares tão isolados como a Namíbia.

Apesar do número de pesquisas considerável e contínuo, ainda não existem respostas seguras para a pergunta: onde o cão foi domesticado? Deve ter acontecido em áreas em que se encontram lobos. No entanto, a América do Norte está eliminada, já que o DNA dos lobos norte-americanos é bastante diferente do DNA dos cães domésticos. Isso deixa a maior parte da Europa e da Ásia como lugares possíveis. Além desse consenso, há muita conjectura e mesmo discordâncias entre os vários pesquisadores que procuram uma resposta definitiva.[5]

O cenário mais provável é que os lobos foram domesticados em vários lugares diferentes, possivelmente através da Ásia, inclusive o Oriente Médio, embora uma ou mais origens europeias também sejam plausíveis. Tomada pelo seu valor nominal, a evidência arqueológica aponta pelo menos para uma origem no Crescente Fértil, e esse é o cenário preferido por alguns dos especialistas em DNA. No entanto, uma interpretação do DNA sugere uma domesticação precoce que teria ocorrido no sul da China, onde se fez um número bem menor de investigações arqueológicas. Cada uma das equipes de especialistas em DNA tem suas próprias amostras de cães e lobos, e até agora essas amostras os têm levado a resultados diferentes. Não é fácil conciliar suas explicações, mas a conclusão mais provável é a de que não houve um único ponto de origem e que os lobos ingressaram na sociedade humana em vários lugares distantes da Ásia e da Europa. Alguns deixaram pouca ou nenhuma descendência. Outros prosperaram e talvez tenham cruzado com outras raças quando os seres humanos começaram a levar cães com eles quando viajavam.

Apesar de ainda não sabermos onde, exatamente, se originou o cão, está claro que nossos cães modernos não rastreiam sua ancestralidade até nenhum tipo particular de lobo. Cães são o resultado de uma mistura de muitos tipos diferentes de lobos da Ásia e da Europa. O único lobo que definitivamente não é ingrediente da receita é o lobo americano do leste. Assim, não há nenhum lobo vivo que possa servir como modelo perfeito para a compreensão dos cães e do modo como estes se comportam. Além disso, o longo período em que se produziu a domesticação implica que os cães tiveram a oportunidade de mudar radicalmente desde que se separaram dos lobos há 10 mil ou mais gerações. Durante o mesmo período, seu ambiente também sofreu uma transformação considerável.

A evolução do cão não se deu de repente, e as forças que a conduziram também foram alteradas durante o longo período de coexistência do cão com o homem. Na verdade, durante esses muitos milhares de anos, nós mudamos quase tanto como os cães. A história do cão está ligada à nossa trajetória de caçadores-coletores a modernos habitantes de cidades, e as funções dos cães também mudaram durante esse tempo. Diferentemente do que aconteceu com algumas outras espécies, a domesticação do cão serviu a mais de um propósito. Os cães desempenharam muitas funções na sociedade humana, e assim a história de sua domesticação é necessariamente complexa: uma série de passos sem um plano coerente que lhes fosse subjacente, mas cada qual deles significativo para a nossa compreensão dos cães que temos hoje em dia.

Infelizmente, os estágios iniciais da domesticação do cão datam de tanto tempo que pouco sabemos sobre como isso aconteceu. Dado que o cão foi o primeiro de todos os animais domésticos, a ideia de uma domesticação deliberada parece artificial — de onde teria surgido, afinal, uma ideia tão radical? O cenário mais provável é que as associações entre o homem e o lobo tenham surgido espontaneamente em vários lugares, ao longo de milhares de anos, muito antes que os registros arqueológicos pudessem mostrar quaisquer cães que fossem distintos dos lobos na aparência. Muitas dessas associações desapareceram, talvez com as mudanças das condições ambientais ou dos costumes humanos. Outras, provavelmente apenas uma pequena minoria, duraram o suficiente para que os "lobos de aldeia" se transformassem nos protótipos dos cães domésticos. O "lobo de aldeia" se pareceria tanto com um lobo selvagem que os dois seriam indistinguíveis nos registros arqueológicos.

Apesar das dificuldades para entender o processo pelo qual os cães foram domesticados, podemos obter algum conhecimento estudando o processo de domesticação de outros animais, onde a evidência é mais detalhada e melhor preservada, porque a domesticação ocorreu mais tarde. A história do porco é um exemplo instrutivo. Nossos porcos domésticos modernos descendem do javali selvagem: não obstante os registros arqueológicos assinalarem uma única domesticação na Turquia, o DNA indica seis outras domesticações, cada qual independente da próxima e verificando-se em uma população diferente de javalis. Sete civilizações diferentes domesticaram o porco de forma independente ou uma delas o fez primeiro, depois do que a ideia espalhou-se de uma área para outra, cada qual delas recorrendo à sua população local de javalis selvagens para conseguir a matéria-prima? Sucede que essa é a pergunta errada, porque ambas as alternativas têm fundamento no conceito de que a domesticação é um processo deliberado e cumulativo.

Com o benefício da retrospectiva, as primeiras domesticações parecem ter sido feitas de episódios casuais, que progrediam aos trancos e barrancos e às vezes retrocediam. Esse cenário certamente se aplica ao porco doméstico. Mais de 2 mil anos se passaram entre os primeiros porcos que se distinguiam dos javalis selvagens e os que mostravam clara evidência de terem sido criados (por exemplo, uma alta taxa de fêmeas adultas em relação a machos adultos, já que o abate de machos quando jovens maximiza a produtividade). Que tenha levado quase cem gerações de seres humanos para se conseguir uma única domesticação não sugere a existência de um plano deliberado. Mais precisamente, as mudanças graduais observadas nos ossos de porcos recuperados em escavações desse período indicam que, no começo, os porcos se alimentavam do lixo ao redor das aldeias, onde também serviam como úteis suprimentos ambulantes quando a caçada fracassava. Os porcos também podem ter servido para limpar o ambiente de dejetos humanos, inclusive fezes: o "banheiro de porcos" (casinha construída sobre o chiqueiro) ainda é encontrado em algumas partes de Goa (Índia) e da China, e tudo indica que já foi muito difundido na Ásia.

As prováveis origens da domesticação do porco esclarecem o processo em geral. A domesticação é, quase certamente, fruto da atuação tanto dos animais como dos seres humanos. No caso do porco, cada grupo humano estabelecido perto de uma população de javalis selvagens era uma fonte potencial de domesticação: uma vez que a aldeia tivesse crescido até um certo tamanho, alguns javalis com o temperamento adequado para tolerar a proximidade dos seres humanos se mudariam para lá, explorariam a nova fonte de comida e seriam eles mesmos explorados como alimento. Em muitos casos, esses arranjos terminavam temporariamente: quando, por exemplo, a escassez de comida resultasse no consumo de todos os porcos da aldeia. Mas o ciclo completo podia reiniciar-se facilmente em tempos melhores, se ainda houvesse javalis selvagens nas vizinhanças. A domesticação poderia ter se realizado muito mais tarde, presumivelmente quando as condições estivessem dadas para as pessoas da aldeia — por exemplo, quando sua cultura permitisse a propriedade individual ou familiar (e não mais a propriedade comunal), o que protegeria os animais do abate quando o alimento estivesse escasso. O estágio seguinte teria sido a evolução dos métodos de criação, tais como cercas para proteger os porcos em cativeiro dos predadores, e o abate seletivo dos machos mais beligerantes, o que reduziria o risco de ferimentos para seus captores humanos.

Como não há indícios de que os cães foram inicialmente domesticados como animais destinados à alimentação, os aspectos concretos de sua história decerto foram diferentes, mas sua transição de selvagens a domesticados foi tão gradual e fortuita como a do porco. Se este levou 2 mil anos para transformar-se de parasita em animal de cultura, tudo leva a pensar que o cão levou o mesmo tempo, talvez ainda mais. Sem experiência anterior de domesticação, é improvável que os seres humanos tenham iniciado deliberadamente o processo de domesticar lobos. Um cenário muito mais viável é que os próprios lobos iniciaram o processo. Na verdade, tenho a firme convicção de que os pioneiros do longo caminho percorrido até os cães de hoje foram lobos, que passaram a explorar um novo nicho, uma nova concentração de comida proporcionada pelo homem, quando os seres humanos começaram a viver em aldeias em vez de estarem constantemente em movimento. Esses lobos, então, evoluíram para adaptar-se ao nosso novo estilo de vida, o que terá exigido deles aptidões muito diferentes das que eram necessárias para caçar em campo aberto.

Viver perto de aldeias teria demandado uma tolerância à proximidade de seres humanos que nenhum lobo moderno pode suportar — e provavelmente poucos lobos primitivos puderam fazê-lo —, mas os seres humanos quase certamente teriam ajudado a selecionar esse traço de comportamento. De início, aqueles lobos que se adaptaram a alimentar-se dos restos do homem prosperaram e produziram descendência, ao passo que os lobos que não se adaptaram não se reproduziram ou deixaram a aldeia para reunir-se a seus primos selvagens. É difícil imaginar como os humanos caçadores-coletores teriam podido intervir ativamente neste processo. Selecionar quais machos iriam se acasalar com quais fêmeas, por exemplo, teria sido inviável em um estágio tão tênue. No entanto, os humanos provavelmente intervieram, de um modo muito menos deliberado — mas que mesmo assim acelerou a separação entre os lobos de aldeia e os lobos selvagens.

Os seres humanos pelo menos toleraram os lobos que gravitavam em torno de seus assentamentos, porque de outro modo tal transição nunca teria ocorrido. Houve ocasiões, é claro, em que ter por perto um grande carnívoro foi perigoso. Os muito jovens e os enfermos teriam corrido um risco específico, com a proximidade de um animal que fora, talvez há apenas algumas gerações, um caçador selvagem, e que às vezes ficava sem carniça para devorar. Qualquer lobo que ameaçasse ferir um ser humano deveria ser expulso ou mesmo morto e somente aos lobos que não representassem nenhuma ameaça aparente seria permitido permanecer na aldeia por muito tempo.

A hipótese da domesticação dos animais atraídos pelo lixo é um começo, mas não pode ser a história completa, porque parece improvável que os lobos fossem capazes de sobreviver contando somente com os subprodutos dos primeiros assentamentos humanos. Os cães de aldeia modernos podem obter a maior parte de seu alimento no lixo, mas são muito menores do que os lobos; e as aldeias modernas são bem maiores e mais produtivas do que devem ter sido as aldeias de caçadores-coletores. A teoria dos comedores de lixo depende, criticamente, do fato de os caçadores-coletores terem ou não a capacidade de produzir, de forma regular, suficiente excedente de alimentos para fazer com que revirar o lixo valesse a pena. Os lobos são grandes e requerem uma grande quantidade de energia — mais ou menos 2 mil calorias por dia, equivalentes a pouco mais de um quilo de carne. Parece improvável que, 20 mil anos atrás, qualquer assentamento humano pudesse produzir tal excedente de carne dia após dia. No entanto, deve ser lembrado que os lobos não são estritamente carnívoros; são perfeitamente capazes de subsistir com uma dieta vegetal suplementada com ossos ou restos de carne ocasionais. Eles podem até mesmo ter contribuído para a higiene da aldeia ao desempenharem a mesma função do banheiro de porcos de hoje; mesmo que atualmente essa ideia nos pareça repugnante, explicaria a lamentável tendência que alguns cães modernos têm de comer fezes.[6] Tenham os lobos de aldeia explorado ou não essa fonte insalubre de calorias, mesmo assim é difícil imaginar que vários lobos, até mesmo só um casal deles, pudessem sobreviver o suficiente para gerar descendentes dependendo apenas do lixo. Na verdade, parece ilógico que qualquer animal desistisse da caça, um meio de vida para o qual evoluíra por milhões de anos, pelas incertezas de aproveitar o lixo de uma espécie que ainda não tinha tanta habilidade como ele para obter carne.

Portanto, o aproveitamento do lixo, apesar de ser uma contribuição plausível, não é suficiente, por si só, para explicar a transição entre parasita e domesticado. Fuçar o lixo ao redor de acampamentos de caçadores-coletores não deveria proporcionar uma fonte confiável de comida nem mesmo para lobos pequenos, e assim tenho fortes suspeitas de que deve ter havido alimentação deliberada por parte dos próprios caçadores-coletores. É claro que tal conduta dos seres humanos requer uma explicação: por que eles dariam seus recursos a animais que não desempenhavam nenhuma função clara dentro da comunidade?

Se os seres humanos encorajavam os lobos a permanecerem por perto, ao alimentá-los de forma deliberada, então é possível que parte da motivação por trás disso esteja na característica humana aparentemente universal de usar os animais como mascotes. Manter animais de estimação não é apenas um fenômeno moderno. É hábito amplamente praticado em sociedades contemporâneas de caçadores-coletores e pode-se pensar que foi uma característica de muitas sociedades pré-agrícolas também. Em contextos contemporâneos, esses "animais de estimação" são obtidos quando animais selvagens muito jovens são descobertos pelos caçadores em um ninho ou toca e são trazidos para a aldeia para serem criados pelas mulheres e crianças. À medida que crescem, alguns desses animais vão fugir e voltar à vida selvagem; outros ficarão demasiado grandes ou violentos e serão mandados embora, ou mesmo mortos e comidos. Aparentemente, é raro que os "animais de estimação" procriem com sucesso na aldeia, de modo que cada geração deve ser obtida novamente da natureza. Esses não são, portanto, animais de estimação no sentido comum da palavra, mas os caçadores-coletores dedicam-lhes o mesmo nível de cuidado, quando jovens, que os donos de um novo gatinho ou filhote de cão no mundo desenvolvido.

Os caçadores-coletores modernos têm um gosto notavelmente variado por animais de estimação. Em algumas de suas sociedades, tais como os penan de Bornéu e os huaorani da floresta tropical amazônica, não parece haver preferência por um animal ou outro. Virtualmente qualquer jovem ave ou mamífero de tamanho manejável pode ser adotado, de modo que, em qualquer tempo, pode haver dúzias de espécies diferentes em uma única aldeia — papagaios, tucanos, patos selvagens, guaxinins, pequenos veados, roedores variados, gambás e macacos. Outras sociedades podem atribuir importância especial a uma espécie particular. Por exemplo, os guajás da Amazônia são uma sociedade matriarcal na qual todas as mulheres têm macacos como animais de estimação; a chefe da tribo possui vários, e as adolescentes normalmente cuidam de apenas um. Tratam seus macacos pelo menos tão bem como suas próprias crianças, possivelmente melhor. Os bebês de macacos recém-capturados são alimentados no seio, sempre ganham petiscos e são levados para todos os lados — a matriarca geralmente tem dois ou três sobre a cabeça e os ombros, como se fosse uma espécie de manto vivo. Em outras culturas, na Polinésia, na Melanésia e nas Américas, são os cachorros que são tratados dessa maneira, observando-se inclusive a amamentação de filhotes lado a lado com bebês humanos.

Graças às evidências contemporâneas, a mais direta das quais vem dos povos aborígines da Austrália, podemos adivinhar que nossos antepassados achavam os filhotes tão atraentes quanto achamos hoje. Não há lobos cinzentos nem outros canídeos na Austrália; em seu lugar estão os *dingos*, que na verdade são descendentes de cães que regressaram à vida selvagem há vários milhares de anos. Os aborígines eram caçadores-coletores-cultivadores até recentemente. Não possuíam animais domésticos, mas tinham uma antiga tradição de pegar filhotes de *dingos* da natureza e criá-los como bichos de estimação. Alguns eram recolhidos de ninhadas encontradas por acaso, durante viagens de caça; outros eram capturados deliberadamente, como parte de cerimônias religiosas. Esses filhotes eram muito valorizados e bem cuidados, mas quando cresciam se tornavam um incômodo: roubavam comida e ficavam demasiado violentos, sendo em geral expulsos logo depois que se tornavam sexualmente maduros. Assim, nunca se constituiu uma população de *dingos* domesticados — e a tradição continua até os dias de hoje.

A persistência da tradição de criar *dingos* como animais de estimação na Austrália sugere que, na ausência de considerações práticas (ou, às vezes, apesar delas), os seres humanos ficam com filhotes simplesmente porque eles são fofos. Os *dingos* são claramente um dreno dos recursos humanos — não um bem. Originalmente, os cientistas especulavam que os aborígines australianos usavam os *dingos* como companheiros de caça, mas, na verdade, eles atrapalham as caçadas, a ponto de os aborígines trazerem mais carne para casa se não levarem os *dingos* com eles. Além disso, os *dingos* muitas vezes são mais numerosos que os habitantes humanos de uma aldeia e, assim, têm de competir pela comida; sua fome pode ser tão intensa que precisam ser deliberadamente excluídos nos horários das refeições. Mesmo assim, o hábito de amansar grande número desses animais persistiu por centenas de anos, talvez por milhares de anos, de modo que devem ter algumas características que os redimem aos olhos de seus hospedeiros. Na verdade, os *dingos* figuram mais nas artes e nas narrativas espirituais dos aborígines do que qualquer outro animal, com a eventual exceção das cobras. Embora o respeito pelos *dingos* de qualquer idade esteja há muito encapsulado na cultura aborígine, o hábito de conservar jovens *dingos* perto de si certamente deve ter começado como uma exagerada suscetibilidade à fofura dos filhotes.

Portanto, parece inteiramente possível que, em um ou dois lugares, talvez há 20 mil anos, tenham existido grupos de caçadores-coletores em que os filhotes de lobos tirados da vida selvagem vieram a ter uma significação social similar à dos animais de estimação dos caçadores-coletores contemporâneos. A alimentação e o cuidado com os jovens lobos, tão difíceis de explicar caso seus pais fossem meramente fuçadores de lixo, teriam ficado por conta dos aldeões, de início para seu próprio divertimento e depois para conquistar a estima social — tanto quanto, por exemplo, ter macacos como mascotes traz status às mulheres dos guajás. Ademais, o relacionamento íntimo entre o filhote de lobo e seu cuidador teria capacitado o filhote a socializar-se com humanos assim como com os de sua própria espécie — desde que, claro, ele estivesse habilitado para ambas as coisas.

Existe uma coisa na qual o cão é diferente dos outros animais de estimação dos caçadores-coletores. Ao passo que o cão acabou domesticado, aqueles outros "bichos de estimação" — de roedores e papagaios a macacos — são apenas animais domados, muitos dos quais criados isolados de sua própria espécie e que provavelmente não saberiam reproduzir-se mesmo que tivessem a oportunidade: daí a necessidade de serem continuamente substituídos por jovens exemplares selvagens. O lobo, no entanto, tornou-se domesticado porque ficou perto dos seres humanos por escolha, formando-se um relacionamento recíproco. Para que a domesticação começasse, um lobo teria que ser criado por humanos desde filhote e depois ficar na aldeia (ou voltar para ela, mas isso parece improvável) para produzir seu primeiro filho. (Habitar a aldeia seria necessário apenas para as fêmeas; os filhotes poderiam até mesmo ter lobos selvagens como genitores, mas seria essencial que as fêmeas estivessem completamente domadas, de modo que os filhotes pudessem nascer na aldeia.)[7]

De fato, comparando lobos e cães de hoje, podemos ver que os cães se adaptaram à presença humana de uma maneira notável. A mais assombrosa diferença entre cães e lobos hoje em dia, além de sua aparência, é a facilidade com que os filhotes de cães domésticos adotam uma identidade dual, coisa que os filhotes de lobos de hoje parecem incapazes de fazer. Essa capacidade do cão de adotar uma identidade dual — parte humana e parte lobo — é essencial para explicar a transição de animal de estimação primitivo a animal verdadeiramente domesticado. Talvez seja o atributo distintivo que destacou o lobo cinzento, de todos os outros candidatos possíveis entre os canídeos, para a domesticação bemsucedida. Talvez a transformação única do lobo cinzento em animal doméstico tenha pouco que ver com sua capacidade de formar bandos ou sua habilitação para comunicar-se por linguagem corporal (nenhuma das quais, como já vimos, são traços exclusivos do lobo cinzento). Talvez o lobo cinzento apenas tenha sido capaz de criar vínculos sociais com os seres humanos, e os outros canídeos não.

É inteiramente possível que algum acidente genético — algum tipo de mutação — tenha conferido, a certos lobos, a capacidade de socializar com duas espécies simultaneamente, de compartilhar seu comportamento social com humanos *e* com outros lobos, enquanto suas preferências sexuais permaneciam voltadas para sua própria espécie. Até o homem aparecer, essa mudança hereditária não teria trazido vantagens (ou desvantagens) para os lobos que a carregassem. Mas quando as sociedades de caçadores-coletores, em lugares onde também havia lobos, se desenvolveram até o ponto em que o hábito de ter "animais de estimação" tornou-se corrente, esses lobos das proximidades, com o mecanismo de socialização alterado, estavam pré-adaptados para a coexistência com a humanidade. Por um lado, assim, as sociedades que por acaso adotaram lobos, nos lugares em que os mecanismos de socialização destes haviam sido alterados, encontravam animais que podiam reproduzir-se com sucesso em um ambiente conformado pelo homem. Por outro lado, as sociedades que escolheram canídeos como o chacal dourado como protótipo do seu animal de estimação puderam domá-los como indivíduos, mas nunca tiveram sucesso em criá-los, porque seus mecanismos de socialização ainda estavam adaptados apenas a seu estilo de vida selvagem original.

Que evidência temos da existência desses lobos especiais, facilmente socializáveis? É simples: ela está ao nosso redor, sob a forma dos cães modernos, os únicos descendentes vivos dos lobos socializáveis que, suspeito, existiram há 20 mil anos. É claro que os lobos modernos são bem diferentes dos lobos primitivos que estou descrevendo; os lobos cinzentos de hoje são muito difíceis de domar e nem se pode cogitar de que convivam com gente. Até mesmo lobos domados não parecem formar vínculos específicos com seres humanos em particular. Os lobos modernos, no entanto, não são descendentes dos lobos que se tornaram cães.

Os cães de hoje são, se minha hipótese for correta, descendentes de uma pequena fração da população de lobos original, produtos de uma mutação que separou os lobos da maior parte dessa fração que se habilitou a socializar tanto com seres humanos como com outros lobos. Embora essa pequena fração tenha ido viver entre os seres humanos, transformando-se talvez em cães, a maioria dos lobos nunca pôde seguir esse caminho, porque mostravam uma natural desconfiança com respeito ao homem. Em essência, o que sugiro é que essa capacidade de socializar com gente não é, como de hábito se presume, uma *consequência* da domesticação. Em vez disso, eu a concebo como uma pré-adaptação crucial, mesmo que acidental, que antes abriu caminho para a domesticação.

A principal diferença entre o cão e o lobo não está em sua aparência, mas em como se comportam, e particularmente em como se comportam em relação aos humanos. O DNA e os ossos não nos podem contar como esses cães primitivos se comportavam ou como eram realmente suas interações cotidianas com pessoas. Decerto, a domesticação afetou a aparência externa do animal, mas nos estágios bem iniciais isso é incidental. O que define um animal como o cão é o que acontece debaixo da pele — especificamente, como o comportamento de seus antepassados foi alterado para capacitá-lo a viver com desembaraço em ambientes conformados pelo homem.

Apesar de sabermos muitíssimo sobre o comportamento atual dos lobos americanos do leste e de sabermos cada vez mais sobre as populações remanescentes de lobos da Europa, tais informações não lançam muita luz sobre o comportamento dos primeiros cães domésticos. Os lobos modernos estão relacionados apenas de forma muito distante com o cão doméstico e têm estado sob intensa pressão da seleção, particularmente nas últimas centenas de anos, por parte daqueles que desejam exterminá-los. Portanto, não surpreende que os lobos selvagens de hoje sejam muito avessos ao convívio com humanos e que os lobos domados tendam a permanecer imprevisíveis e potencialmente agressivos com gente ao longo de suas vidas. Ao perseguirmos os lobos, selecionamos aqueles indivíduos que naturalmente desconfiam de nós; portanto, é muito difícil derivar qualquer conhecimento sobre cães primitivos do que sabemos sobre os lobos contemporâneos. Além do mais, nem mesmo podemos replicar a domesticação, tirando lobos da vida selvagem e cruzando-os seletivamente para torná-los mais parecidos aos cães. Como os lobos que foram os antepassados diretos dos cães domésticos estão, em sua forma original, extintos, isso seria impossível.

Uma recente modificação de um canídeo vem sendo amplamente utilizada para proporcionar indicações de como os lobos podem ter se transformado em cães. Trata-se da raposa prateada, uma variedade de cor da raposa vermelha selvagem que é criada em fazendas de peles. É comum que as raposas prateadas sejam mantidas em gaiolas e sejam minimamente domadas, menos ainda domesticadas. Mas, nos anos 1950, um grupo de cientistas russos começou a criá-las seletivamente, usando apenas os indivíduos mais mansos de cada geração.[8] No início, poucas raposas podiam ser tocadas, mesmo por uma pessoa que oferecesse um saboroso pedaço de comida. No entanto, depois de algumas gerações de cruzamentos apenas de animais que tolerassem o manuseio, surgiram algumas raposas que buscavam ativamente contato com as pessoas. De fato, após 35 gerações, a maior parte das raposas estava se comportando de maneira notavelmente canina — agitando as caudas, ganindo para atrair a atenção, farejando e lambendo as mãos e os rostos de seus cuidadores. Algumas, inclusive, eram levadas como animais de estimação para casa, por membros da equipe, que informavam que as raposas prateadas podiam ser tão obedientes e leais como os cães domésticos. O objetivo dos geneticistas de produzir raposas mais fáceis de manusear parece que melhorou a vida delas também. Livres do medo e da ansiedade incessantes de ter de encontrar-se com uma espécie estranha (nós!) todos os dias de sua vida, as novas raposas de fazenda "domadas" exibem níveis de hormônios de estresse quatro vezes mais baixos do que as da versão "selvagem" original. Uma redução similar na reatividade e na suscetibilidade ao estresse é evidente quando os cães são comparados com lobos — uma redução que pode ser rastreada até a mudanças no hipotálamo, a parte do cérebro que, entre várias funções, se preocupa com a reatividade emocional. Tais mudanças são, provavelmente, uma consequência direta da seleção pela mansidão, de modo que, nesse sentido, as raposas de fazenda domadas podem muito bem ser similares aos lobos que se adaptaram a viver perto dos assentamentos humanos e a ali buscar alimento.

A descoberta mais interessante da experiência com a raposa siberiana foi que as raposas de fazenda tornaram-se mais fáceis de serem domadas porque o período que precede o momento em que os animais ficam com medo de novas experiências foi bastante dilatado. A maioria dos jovens mamíferos passa por um período em suas vidas em que são naturalmente curiosos e confiantes. E é durante esse estágio, em que ainda estão sendo cuidados por seus pais, que estes ficam atentos em assegurar que tais características não coloquem os filhotes em risco. À medida que vão ficando mais velhos e mais independentes, os filhotes tornam-se muito mais desconfiados de qualquer coisa incomum e muito mais propensos a fugir depois de uma inspeção inicial. Nas raposas de fazenda, a seleção pela mansidão correspondeu a uma extensão dessa fase de "confiança", que termina quando as raposas têm aproximadamente seis semanas de idade, mas que dura quase nove semanas para a variedade "domada". Essas três semanas a mais são suficientes para permitir que um manuseio regular seja possível, produzindo uma raposa que confia na pessoa que cuida dela em vez de temê-la.

Outra descoberta da experiência com a raposa siberiana tem sido usada para afirmar o efeito da domesticação sobre a aparência dos canídeos, apesar disso ser bastante infundado. A aparência de algumas das raposas mansas produzidas no experimento é diferente daquela da variedade selvagem; algumas das raposas mansas, mas não todas, apresentam, o que é bastante incomum, certas características de cães, tais como rabos encaracolados, orelhas pendentes e manchas brancas na pele. Algumas autoridades pretendem que tais aspectos vêm com a domesticação, que a seleção pela mansidão inevitavelmente traz com ela todas essas transformações da aparência. Infelizmente, os dados não sustentam essa ideia. É verdade que mais raposas "mansas" têm orelhas pendentes do que as "selvagens", mas ainda é uma pequena minoria (menos de um quarto de 1%). Menos de uma em cada dez raposas mansas tem o rabo encaracolado. Menos de 15% têm uma "estrela" branca na testa. Como tais mudanças tornaram-se ligeiramente mais comuns nas raposas "mansas" continua um mistério, mas elas são bem raras, e provavelmente nos dizem pouco ou nada sobre a domesticação.

Embora o experimento com a raposa siberiana tenha produzido raposas mansas, existe uma significativa diferença entre essas raposas e os cães domésticos em termos de até que ponto elas são — ou, ao que parece, podem ser — "domesticadas". Nos cães, o processo de entendimento com os seres humanos não afeta as relações sociais normais com outros cães. Em contraste, quando as raposas desenvolvem um relacionamento com seres humanos, elas parecem perder o interesse em conviver com outras raposas. As raposas vermelhas — a mesma espécie das raposas de fazenda — são animais bastante sociáveis e frequentemente vivem em grupos de quatro a seis indivíduos. No entanto, as raposas de fazenda mansas são animais solitários — tão devotados como cães, mas tão independentes como gatos. Isso contrasta tanto com o cão doméstico quanto com o gato doméstico, cujos relacionamentos sociais podem desenvolver-se, e na verdade normalmente se desenvolvem, a um só tempo com seres humanos e com seres de sua própria espécie (e talvez de outras espécies também).

Assim, se as raposas mansas podem nos dizer algo sobre o cão, é que sua mansidão, apesar de ser um útil primeiro passo, não é a mesma coisa que uma domesticação completa. A mansidão permite a substituição de um conjunto de respostas sociais — destinadas a seres da mesma espécie — por outro — dirigido a seres humanos. Os cães, ao contrário, precisam desempenhar ambos para continuarem funcionando como integrantes de sua própria espécie enquanto simultaneamente criam e travam relacionamentos com seus donos humanos. Nada no experimento com a raposa de fazenda siberiana lança qualquer luz sobre como essa aptidão pode ter aparecido durante a domesticação do cão.

O experimento com as raposas mostra que a seleção pela mansidão pode ser extremamente rápida — na verdade, parece rápida o suficiente para sugerir um primeiro passo plausível na domesticação do lobo. A diferença essencial entre o que aconteceu com os dois animais está em que, como é claro, as raposas eram uma população cativa e isolada que foi deliberadamente selecionada pela mansidão. Os lobos que mostravam razoável tolerância com os seres humanos, por outro lado, selecionaram a si mesmos para serem os antepassados dos cães domésticos: aqueles que eram facilmente domados podiam começar a reproduzir-se na proximidade de seres humanos; os que não podiam voltavam para a população selvagem. O aparecimento de condutas parecidas com as do cão entre raposas mansas — tais como lamber o rosto e as mãos de homens e mulheres, ou ganir — também dá fundamento à ideia de que o repertório social do cão lhe vem não exclusivamente do lobo, mas antes de uma ancestral gama de possibilidades herdada pelos canídeos como um todo.

As raposas de fazenda nos dizem que a variação natural na mansidão no interior de uma espécie pode ser suficiente, em pelo menos um dos canídeos, para produzir indivíduos que poderiam ser os antepassados de um animal doméstico. Esse experimento, portanto, nos proporciona um modelo para a distinção inicial entre lobos selvagens e aqueles que eram naturalmente mansos o suficiente para conviver com gente. Os recursos que esses lobos foram capazes de obter dos seres humanos devem ter bastado para permitir-lhes adotar uma nova maneira de reproduzir-se. Em vez de escondê-los em uma toca, a mãe loba intrinsecamente "mansa" deve ter, de alguma forma, permitido o acesso de seres humanos aos seus filhotes, de modo que a condição de animal domado e a seleção pela mansidão, nas gerações subsequentes, puderam avançar mais. Subjacentes aos primórdios da mansidão estão transformações na produção de hormônios do estresse e na reatividade a eles, alterações que são evidentes da mesma maneira nas raposas de fazenda mansas e nos cães. No entanto, as raposas de fazenda nada nos dizem sobre o modo pelo qual os cães obtiveram a aptidão para travar relacionamentos sociais simultaneamente com sua própria espécie e com seres humanos. E também nada nos dizem sobre como os cães adquiriram sua notável diversidade de formas e tamanhos. E, no entanto, essa mesma diversidade faculta-nos outra abordagem, muito diferente, para entender as fases subsequentes da domesticação do cão, depois que os lobos domesticáveis deram início a sua associação com a humanidade.

Em vez de comparar cães com lobos, ou de tentar reconstruir o processo de domesticação, podemos descobrir informações importantes sobre como o cão chegou a ser o que é examinando as diferenças entre raças e tipos de cães modernos. As maneiras pelas quais os cães diferem uns dos outros podem proporcionar pistas de como essas mudanças na aparência podem ter acontecido. Como cães de tamanhos diferentes apareceram muito cedo na história da domesticação, pelo menos há 10 mil anos, é possível que os processos que levaram à diversificação de formas do corpo do cão sejam os mesmos que permitiram que a domesticação avançasse além da doma. E como é sabido que muitas das diferenças entre raças e tipos de cães manifestam-se em decorrência de alterações nos ritmos pelos quais o corpo e o comportamento se desenvolvem no começo da vida (alterações que se refletem tanto na aparência externa do cão como na forma segundo a qual sua conduta é organizada), o surgimento dessas diferenças superficiais é, assim, indiscutivelmente, o mais importante processo subjacente que produziu os cães de hoje.

Os cães têm tantas formas e tamanhos que há muito constituem um quebra-cabeça para os zoólogos. Mas, na verdade, muitas das mudanças podem ser explicadas por um mecanismo biológico comum, designado pelo termo técnico *neotenização*. Grosseiramente, isso se refere ao fenômeno pelo qual o crescimento de algumas partes do corpo cessa enquanto outras partes continuam a crescer no ritmo normal. Se todo o esqueleto para de crescer antes do habitual, mas os órgãos internos continuam a amadurecer, o resultado é um animal menor do que o comum, mas ainda capaz de reproduzir-se. Assim, por exemplo, o esqueleto de um *lhasa apso* adulto é similar ao de um filhote de dogue alemão, mas o dogue continuará a crescer por muitos meses mais até que se torne sexualmente maduro. Se o crescimento do esqueleto for alterado seletivamente, o resultado é uma mudança de forma, bem como uma redução de tamanho. Assim, o crânio de um pequinês adulto tem, no essencial, as mesmas proporções que o crânio de um feto de lobo, mas seu corpo é mais parecido com o do cão. Nos cães "toy", o crescimento de todo o esqueleto se detém no que seria, para um lobo, um estágio muito inicial. Nos cães de cara chata, o crescimento de partes do crânio é demorado para manter as proporções do crânio de um feto lupino.

Atualmente estamos começando a compreender um pouco mais sobre a fisiologia que fundamenta essas diferenças na aparência dos canídeos. O fato é que o crânio e o esqueleto do lobo mudam de forma dramática entre sua gênese no feto e sua forma final no adulto sob a influência de vários hormônios. Grande parte da variação de tamanho, nos cães de hoje, resulta decerto de mudanças nos estágios de crescimento durante os quais esses hormônios são produzidos, de quanto deles é produzido e de quão eficazes são ao cumprirem sua função. Graças a todo o trabalho que está sendo realizado para deslindar o genoma canino, logo será possível identificar como essas mudanças atuam.

O mesmo princípio de desenvolvimento seletivo demorado que governa o crescimento dos cães pode ser convocado para explicar como a domesticação moldou o comportamento do cão. Por exemplo, os cães continuam a brincar mesmo quando são adultos, ao contrário da maior parte dos animais. Como o comportamento de lobos jovens é mais flexível que o dos lobos adultos, o cão tem sido comparado a um lobo que nunca cresceu, exceto no importante detalhe de que ele se torna sexualmente maduro e assim pode se reproduzir. Em certo sentido, seu desenvolvimento comportamental foi detido. A história das raposas de fazenda lança uma importante luz sobre esse processo, ao contar-nos que os lobos domáveis provavelmente diferiam dos lobos indomáveis por terem contado com um período mais demorado de aprendizagem social no começo de suas vidas, de tal modo que a tolerância ao contato humano teve tempo de se desenvolver. Os cães, por sua parte, são como lobos domáveis nos quais o desenvolvimento do comportamento foi ainda mais demorado, a ponto de deter-se no que seria o estágio juvenil do lobo, em que a conduta é mais flexível e pode dessa forma ser adaptada com muito mais facilidade às demandas dos seres humanos. Alguns simples ajustes dos botões que controlam o desenvolvimento dos cérebros e da conduta podem, em teoria, explicar grande parte da transição de lobo selvagem a lobo domado, de animal domado a animal domesticado, e daí à diversificação de cães em tipos de diferentes tamanhos e formas.

Uma outra diferença entre cães e lobos pode ser explicada por uma mudança seletiva no desenvolvimento dos dois animais: os cães tornam-se sexualmente maduros um pouco *antes* que os lobos. Os cães também são férteis ao longo do ano inteiro, ao contrário dos lobos, que só são sexualmente ativos no inverno, o que leva ao nascimento dos filhotes na primavera. Essas duas diferenças provavelmente são consequência da transição do ambiente selvagem, com seu suprimento de comida sazonal, mas previsível, para as sociedades humanas primitivas, onde a comida era mais abundante, em média, porém mais imprevisível; os protocães que podiam reproduzir-se a qualquer tempo depois de seu primeiro aniversário teriam vencido a competição com aqueles que esperavam, como os lobos, até seu segundo inverno.

Pela mesma razão pela qual precisavam ser mais oportunistas ao aproveitar as chances de se reproduzirem, os cães também são muito menos exigentes do que os lobos em sua escolha de parceiros sexuais. Isso é evidente a partir do DNA do cromossomo Y (paterno) dos cães de hoje, que é muito mais diverso do que seu DNA mitocondrial (materno). Como os lobos conservam o vínculo de casal, os machos e fêmeas têm a mesma probabilidade de contribuírem para o DNA da geração seguinte. Dadas as tendências promíscuas dos cães machos, alguns deles podem gerar, potencialmente, mais de cem ninhadas em sua vida, enquanto muitos outros não deixam nenhuma descendência. As cadelas estão limitadas pelo fato de poderem produzir apenas uma ninhada por ano. Além disso, a variabilidade no sucesso reprodutivo do macho parece ter-se fixado antes da criação das raças modernas no século XIX, o que sugere ser a promiscuidade do macho um traço antigo, e não recente, dos cães.

A promiscuidade do cão macho deve ter sido um dos fatores que ajudaram o homem, primeiro de forma acidental, mas depois cada vez mais deliberadamente, a impor suas próprias pressões de seleção sobre a espécie canina. Algumas dessas escolhas devem ter sido simplesmente caprichos, como a preferência por uma cor particular de pelo ou uma cara "fofa" — qualidades sem nenhuma consequência para o processo de domesticação. Mas outros aspectos da conduta humana — tais como ter cuidados especiais com a ninhada de uma cadela apreciada por sua aptidão para ser treinada e por sua lealdade — devem ter impulsionado esse processo.

Nos primeiros estágios da domesticação e com certeza até o ponto em que os cães se tornaram fisicamente distintos dos lobos — a intervenção humana na criação decerto não foi um processo consciente e, na verdade, pode ter sido casual, como é até hoje no caso dos cães de aldeia. Os registros arqueológicos indicam que, em algumas áreas, os cães podem ter desaparecido completamente em algumas sociedades, apenas para serem substituídos, centenas de anos mais tarde, por cães imigrantes de outros lugares. Outras sociedades podem tê-los rejeitado, mesmo quando estavam disponíveis: embora o Japão tenha sido povoado pela humanidade há 18 mil anos, não existe nenhum registro de cães na região até quase 10 mil anos atrás. Presumivelmente os novos habitantes do Japão consideraram inadequados os cães disponíveis na antiga China, por alguma razão hoje em dia impenetrável.

Apesar da quase certa ausência de pressões seletivas por parte dos seres humanos nos primórdios, com o decorrer de vários milhares de anos os lobos devem ter feito algum tipo de progresso hesitante no sentido de se transformarem em um animal que tivesse muitas das características comportamentais dos cães de hoje, mesmo que ainda se parecesse muito com um lobo. Algumas mudanças físicas, no entanto, provavelmente teriam começado a ocorrer nessa época. Depender do homem para uma provisão de comida bastante errática teria favorecido a redução do tamanho do corpo. Quando os cães foram levados para climas mais quentes, os que tinham pelos mais curtos e mais pálidos devem ter eliminado da competição os que eram dotados dos pelos escuros e longos do lobo, produzindo-se uma configuração que sobrevive nos cães de aldeia até os dias de hoje.

Muitas das outras configurações que vemos nos cães de hoje também são antigas. Há 10 mil anos, a utilização de cães — e, portanto, eles próprios — havia se espalhado pela maior parte da Europa, da Ásia, da África e das Américas; logo depois disso, e em muitas partes do mundo, apareceram tipos reconhecidamente distintos de cães. Nos 2 mil anos seguintes, esses tipos se diversificaram com rapidez, de modo que, no tempo em que a arte representativa tornou-se generalizada, há 5 mil anos, já havia cães para vários propósitos. Galgos de patas longas e focinhos compridos, superficialmente similares aos modernos *salukis* ou *greyhounds*, eram destinados a caçar.[9] Mastins pesados, com grandes cabeças, eram usados como cães de guarda e para intimidação de um modo geral. Foram desenvolvidos cães de caça que se guiavam sobretudo pelo olfato, adaptados para descobrir e seguir presas grandes em matas fechadas. Depois, descobriu-se que cães maiores eram úteis como animais de carga, seja levando peso nas costas, seja, como era muito praticado por alguns nativos norte-americanos, puxando um *travois*.* Pequenos cachorros parecidos ao

---

*Armação composta de duas varas, amarradas em uma ponta, arrastada pelo animal com a carga sobre ela. [*N. do T.*]

terrier mantinham à distância ratos e camundongos e caçavam animais que se escondem em tocas, como coelhos e texugos. Cães de colo, similares ao cão maltês de hoje, foram registrados pela primeira vez em Roma há mais de 2 mil anos, mas é provável que já houvesse cães de colo na China naquela época, talvez antepassados diretos do pequinês e do *pug* de hoje. A chegada dos cães de colo completou o processo de gerar a notável variação de tamanho do cão; qualquer um que fosse menor, ou maior, provavelmente não teria sido biologicamente viável nos tempos anteriores ao cuidado veterinário. Os cães de colo foram também os primeiros cachorros a serem procriados unicamente para companhia, embora, por muitos séculos, esses animais inteiramente de estimação tenham sido raros se comparados aos cães destinados a propósitos mais utilitários.

Podemos estar razoavelmente seguros de que havia um intuito deliberado na procriação de todos esses cães, pelo menos durante os últimos 5 mil anos, pelo simples expediente de só se permitir que as cadelas se acasalassem com machos escolhidos do mesmo tipo. Alguns machos eram evidentemente favorecidos em detrimento de outros: biólogos moleculares encontraram muito mais variedade no DNA mitocondrial (materno) de cães do que no DNA do cromossomo Y (paterno), o que indica que, durante toda a história do cão, muito menos machos do que fêmeas deixaram descendência que tenha sobrevivido. Os machos favorecidos, portanto, devem ter sido apreciados e levados a acasalar com muitas cadelas, como acontece hoje na criação de cães de *pedigree*. A escolha do macho algumas vezes deve ter sido baseada na conformação do corpo (por exemplo, no caso dos cães criados para alimento), mas sobretudo em algum tipo de conduta desejada nos filhotes, como a adaptação ao pastoreio, a capacidade de caçar ou a guarda.

Os cães quase certamente já eram procriados deliberadamente há 5 mil anos, e acasalamentos baseados nas preferências dos próprios cães

Travois para cachorro dos índios norte-americanos.

é que teriam mantido diversificada a população canina. O cuidado com os cães deve ter sido muito mais caótico do que é hoje, de modo que muitos acasalamentos também teriam sido não planejados — e a prole resultante, caso terminasse mostrando-se útil, seria aproveitada. Tabus contra criar filhotes que não fossem "puros-sangues" deviam ser raros, ao contrário do que acontece hoje. Assim, sem nenhum planejamento deliberado, um nível saudável de variação genética manteve-se nos tipos de cães e também entre esses tipos. A transferência de cães de um lugar para outro por comerciantes teria assegurado que a maior parte das populações caninas de diferentes locais não ficasse reprodutiva ou geneticamente isolada, conservando-se a diversidade no plano local e também no plano global. Na ausência de um conhecimento veterinário, a seleção natural teria continuado como principal força a orientar o desenvolvimento dos cães em geral; as taxas tanto de reprodução quanto de mortalidade deviam ser muito mais altas do que são hoje, pelo menos no Ocidente. Cães que fossem muito inclinados a doenças ou enfermidades, ou que tivessem outras desvantagens, tais como

98 • CÃO SENSO

Cães medievais.

dificuldades no parto, deixariam pouca descendência, e suas linhagens talvez desaparecessem.

Na medida em que o mundo moderno se desenvolveu, o mesmo aconteceu à reprodução deliberada de cães, com propósitos que eram cada vez mais diversos e estritos em definição. Por exemplo, uma especialização maior dentro da gama existente de tamanhos e formas teve lugar na Europa medieval, onde a importância da caça para a nova aristocracia levou à criação de muitos tipos especiais de cães de caça, cada um com suas variações locais — cães que caçavam veados, lobos, javalis, raposas, lontras — *bloodhounds*, *greyhounds* e *spaniels*, para mencionar apenas alguns, muito embora esses não fossem necessariamente os antepassados diretos das raças que levam o mesmo nome hoje em dia.

O DNA mitocondrial de algumas raças modernas mostra que sua identidade recua no tempo em uma linha contínua por pelo menos quinhentos anos e talvez muito mais. Algumas dessas raças antigas são orientais, inclusive o *shar-pei*, o *shiba inu*, o *chow-chow* e o *akita*. Outras, entre as quais o galgo afegão e o *saluki*, têm suas origens no Oriente Médio. Um terceiro grupo (o *malamute* do Alasca e o *husky* siberiano) são cães do Ártico, ao passo que uma raça africana, a *basenji* (recentemente confirmada, através do seu DNA do cromossomo Y, como única e antiga), forma o quarto grupo. Pode-se supor que algumas das raças do norte da Escandinávia, tais como o cão caçador de renas norueguês, derivaram de cruzamentos de lobos com cães há muitas centenas de anos e mesmo há alguns milhares de anos.

As raças especializadas podem ter sido usadas, originalmente, para outros fins que não os mais padronizados, como rastrear e caçar. Vários tipos de cães, como o *chow-chow* e o cão gordo da Polinésia, foram desenvolvidos com o fim específico de proporcionar alimento ao homem. Outros, como o cão de pelo longo da Manchúria, possivelmente foram criados também por conta de sua pelagem. Criar cães não é, em princípio, um modo eficiente de obter comida ou vestimenta, de modo que devemos presumir que sempre houve algum significado social vinculado a esses usos: a carne de cachorro pode ter sido apreciada como uma iguaria e seu pelo pode ter tido um cunho social superior ao da pele de animais caçados, como a gazela.

Não importa o que pensemos sobre esses usos dados aos cães, eles atestam a extrema adaptabilidade do cão às voltas e mais voltas da civilização humana. Os cães têm sido adaptados, ou adaptaram-se por si mesmos, a todos os tipos de papéis de maneira não igualada por qualquer outro animal doméstico, e tal flexibilidade deve estar no cerne do duradouro poder do relacionamento entre homens e cães. Embora a maior parte dos cães seja valorizada hoje em dia primariamente por seu companheirismo, pelo menos no Ocidente, também devemos lembrar que, em termos históricos, muitos cães eram criados sobretudo porque eram úteis. Algumas dessas funções devem ter surgido e desaparecido em poucos séculos. Hoje ficaram quase esquecidas, apenas como uma nota de rodapé à associação do cão com o homem (ver o boxe intitulado "*O turnespete*"). Outras persistem até hoje, como caçar, pastorear e vigiar.

As restrições europeias à reprodução de cães eram comparativamente frouxas no começo e se desenvolveram bem tarde. O fato de as poucas raças "antigas" geneticamente isoladas virem de lugares tão distantes (e nenhuma da Europa) sugere que sejam vestígios de cães que foram levados, pelas migrações humanas, para longe da Ásia e do sul da Europa e, depois disso, não vieram a cruzar com imigrantes mais recentes, dos quais os mais notáveis teriam sido os diversos tipos de cães desenvolvidos na Europa, durante a Idade Média, e depois espalhados pelo colonialismo. Tal isolamento genético indica um grau maior de intervenção humana na reprodução desses cães do que no caso de outros tipos, apesar de não ser possível dizer quanto disso pode ter sido conseguido por selecionarem parceiros puros-sangues para o acasalamento e quanto disso terá sido resultado do sacrifício ou do simples abandono de filhotes acidentalmente mestiços. Pelo contrário, o DNA de cães modernos indica que o cruzamento entre dois tipos diferentes de cães era comum na Europa e na América. Muitos desses cruzamentos terão sido acidentais, mas registros históricos também comprovam algumas reproduções deliberadas a partir de combinações improváveis de raças, apenas para ver se poderia surgir algum novo tipo útil.

Com exceção das poucas raças "antigas", o cruzamento de raças de cães continuou a se fazer por toda a Europa. A ideia de que um cão deve acasalar somente com outros cães idênticos é comparativamente nova, datando de apenas 150 anos na Europa e espalhando-se com rapidez por outros continentes. Hoje em dia, para que um cão seja registrado como pertencente a uma raça específica, seus pais, avós e muitas gerações mais também devem ter sido registrados na mesma raça — restrição conhecida como "barreira da raça". Embora muitos cães mestiços e híbridos continuem a nascer no Ocidente, estes têm muito menos chance do que os cães de *pedigree* de encontrar lares e criar uma descendência própria.

O *turnespete* (gira-espeto)

O único propósito desse cão de "raça" inglesa era correr em um aparelho parecido com uma roda de *hamster* que, através de um sistema de cintas e polias, lentamente fazia girar um pedaço de carne que assava sobre uma fogueira. Esse aparelho foi mencionado pela primeira vez na metade do século XVI e havia desaparecido em meados do século XIX, substituído por meios mais eficientes de assar a carne sem queimá-la. Na realidade, métodos puramente mecânicos para girar espetos tornaram-se disponíveis no século XVII — Leonardo da Vinci fez esboços de um deles. E assim o emprego continuado de cães com esse propósito por mais duzentos anos pode refletir não uma consideração estritamente utilitária, mas uma preferência da parte dos ingleses para utilizar cães sempre que possível. Os cães certamente recebiam nomes — Fuddle, um dos cães gira-espetos da estalagem Popinjay Inn, em Norwich, até mesmo teve um poema escrito em sua homenagem. Aos domingos, pelo visto, era costume levá-los à igreja, onde serviriam como aquecedores de pés nos frios dias de inverno. Não há evidência de que o *turnespete* foi alguma vez uma raça específica, no moderno sentido de um *pool* de genes fechado. De pernas curtas e atarracados, os cães gira-espetos eram provavelmente selecionados de uma variedade de *terriers*, incluindo, de acordo com um registro, cães caçadores de texugos. No entanto, o único espécime sobrevivente, um cachorro empalhado exibido no Abergavenny Museum, em Gales, mais parece um *dachshund*.

Hoje em dia, suscetibilidades modernas seriam atingidas por tal uso de cães. Imaginem como esses cães deveriam sentir-se frustrados, correndo interminavelmente para lado nenhum, enquanto o atormentador aroma da carne que assa os rodeava. No entanto, seu uso continuado, mesmo quando substitutos mecânicos se tornaram disponíveis, pode ser explicado por uma atitude afetuosa para com esses obstinados pequenos trabalhadores, mais que por uma simples relutância quanto a adotar novas tecnologias. E não continuamos a dar rodas de correr para camundongos, *hamsters* e esquilos-da-mongólia engaiolados, com a desculpa de que "precisam de exercício"?

O cruzamento seletivo é a terceira fase da transição do lobo para o cachorro moderno, havendo cada qual dessas fases sido estimulada por uma pressão seletiva diferente. A primeira foi a seleção inicial pela mansidão, a partir dos lobos que já estavam pré-adaptados a limpar os detritos do homem. Como vimos, esse processo deve ter sido no essencial passivo: os lobos que iam aos poucos tolerando a interação com o homem isolaram-se reprodutivamente de seus primos selvagens e tornaram-se protocães. Na segunda fase, a escolha deliberada feita pelo homem para favorecer funções específicas começou a tornar-se um fator de seleção, através da tentativa de isolar um tipo de cachorro de outro. No entanto, esse raramente foi o fator que definia quais cães teriam descendentes e quais não, dado que a seleção deliberada ocorreu como exceções isoladas, em um cenário de alguns cruzamentos deliberados e muitos cruzamentos acidentais. Contrastando com isso, na terceira e mais recente fase da transição do lobo ao cão, observa-se uma explosão de seleção deliberada: cães são acasalados com outros virtualmente idênticos em uma tentativa de criar raças "ideais" — a maior parte das quais são apreciadas por sua aparência e não pela sua funcionalidade.

A domesticação tem sido um processo longo e complexo, e, apesar das evidentes diferenças entre tipos de cães, hoje em dia cada cão que existe é produto dessa transição. O que certa vez fora apenas mais um indivíduo dos canídeos sociais selvagens — o lobo cinzento — foi alterado radicalmente até o ponto de tornar-se um animal único. No decorrer dessa mudança, o cão perdeu muitos de seus atributos parecidos com os do lobo, tanto que não há razão para presumir que as características que definem os cães de hoje derivaram especificamente dos lobos. Essas características, em sua maior parte, são produto da domesticação ou aspectos comuns a todos os canídeos, que antecedem, no tempo, a evolução do lobo cinzento.

Quaisquer que sejam as pressões seletivas que os governem, muitas das características que distinguem os cães domésticos dos canídeos selvagens podem ser atribuídas a mudanças no ritmo em que seu corpo e seu comportamento amadureçam. Como se viu anteriormente, os cães são, sob muitos aspectos, similares aos canídeos jovens. Embora eles se transformem em adultos, no sentido estrito de que se tornam capazes de se reproduzir, permanecem imaturos em muitos outros aspectos. Padecem de uma espécie de desenvolvimento demorado, o que explica a maneira pela qual dependem de seus donos humanos para tudo na vida.

Assim, apesar das diferenças entre raças, os cães são reconhecidamente cães — e não só até onde isso diz respeito a nós, humanos. É evidente que os cães reconhecem outros cães como tais, mesmo quando a disparidade de tamanho e de forma entre eles faça parecer implausível que o consigam. Os cães de todas as raças, ou quase todas, devem, portanto, reter algum repertório social comum que os capacita a reconhecerem uns aos outros como cães e a engajarem-se em uma comunicação pelo menos rudimentar. A pergunta, portanto, é: até que ponto as aptidões sociais do cão são um produto da domesticação e o que foi herdado diretamente do lobo — ou possivelmente de ainda antes na história evolutiva dos canídeos?

CAPÍTULO 3

Por que os cães infelizmente voltaram a ser lobos

Os cães de hoje claramente não têm a aparência de lobos, mas com muita frequência seu comportamento é interpretado como se ainda fossem lobos. Na verdade, agora que sabemos com certeza que o lobo é o único antepassado do cão, parece impossível evitar tais comparações. A ideia de que os cães retêm a maior parte do caráter essencial do lobo não só é antiquada, como também reflete alguns conceitos equivocados sobre o comportamento do lobo, porém muito entranhados, que a ciência apenas começa a derrubar. Apesar dessas falhas na teoria cão-lobo, no entanto, ela ainda é amplamente utilizada para assessorar o treinamento de cães, com consequências infelizes tanto para os cães como para seus donos.

Por mais de cinquenta anos, o conceito de que o cão é um lobo envolto em uma embalagem atraente dominou o treinamento e o cuidado com cães, e isso teve resultados que se mostraram, para dizer o mínimo, confusos. Algumas orientações que se desdobram logicamente desse conceito equivocado são inofensivas, mas outras, se aplicadas com rigor, podem trazer danos ao vínculo entre o cão e seu dono. Além disso, equiparar os cães com os lobos permite que treinadores e donos de cachorro justifiquem a punição física do cão, a partir da analogia de que os lobos progenitores adquirem controle sobre sua prole através da agressão.

O conceito de que o comportamento do cão mudou pouco em relação ao dos lobos também não é consistente com a evidente afabilidade da grande maioria dos cães. A maior parte dos cachorros adora encontrar-se com outros cachorros, e a maioria deles ama gente. Esta pode parecer uma afirmação óbvia, mas, da perspectiva de um biólogo, exige explicação. Afinal de contas, gatos vizinhos muitas vezes passam a vida inteira evitando-se uns aos outros, enquanto muitos cães tentam saudar todo o cão que encontram na rua. De onde vem essa afabilidade generalizada?

A sociabilidade do cão é ainda mais notável quando comparada à de seus antepassados. Lobos de diferentes bandos tentam evitar-se; quando se encontram, quase sempre brigam, às vezes até a morte. Isso não é incomum — os biólogos modernos consideram todo comportamento cooperativo como excepcional, porque o comportamento padrão de todo animal deve ser defender a si mesmo e a seus recursos essenciais — sua comida, seu acesso ao acasalamento, seu território — contra todos os outros animais, e particularmente contra os de sua própria espécie, já que esses devem ser seus mais diretos competidores. Os lobos não são uma exceção a essa regra, e qualquer lobo que falhasse ao competir dessa forma acabaria, se todos os outros fatores permanecessem iguais, produzindo menos descendência do que seus vizinhos. Logicamente, portanto, qualquer gene que predisponha um lobo a colocar os interesses de outros lobos antes dos seus tenderia decerto a desaparecer. É claro que a seleção por parentesco significa que bandos de lobos compostos de grupos familiares cooperam entre si, porque essa cooperação os capacita a propagar seu material genético mais efetivamente. Mas grupos não relacionados por parentesco, que compartilham menos genes, ou se evitarão ou lutarão se ocorrer um encontro.

Os cães, ao contrário dos lobos, são extraordinariamente extrovertidos — e, no entanto, até mesmo esse traço foi interpretado como ajustado à ideia da subjacente natureza lupina do cão. Cães que são evidentemente não relacionados — de raças diferentes, por exemplo — normalmente ficam felizes de se encontrarem quando se exercitam com seus donos.

No entanto, muitos treinadores da velha escola e especialistas em cães diriam que eles são amigáveis apenas porque foram treinados para sê-lo. No interior de cada cão, afirmam eles, espreita um lobo selvagem, capaz de atacar a qualquer momento a garganta de qualquer cão que encontre, a não ser que seu dono permaneça atento a seu controle. Apesar de haver sido amplamente desacreditada por biólogos e por veterinários behavioristas, há mais de um quarto de século, essa ideia ainda conta com uma aceitação surpreendentemente grande. Muitos manuais de treinamento ainda enfatizam a necessidade de uma constante vigilância a partir do momento em que os cães jovens começam suas inexoráveis tentativas de dominar ou controlar todos ao seu redor, sem importar que sejam cães ou seres humanos. A única resposta, dizem eles, é assegurar, desde o primeiro dia, que os cães saibam que seu dono é o chefe — posição que, supõe-se, os seres humanos sejam capazes de assumir ao imitarem o modo pelo qual os lobos dominantes controlam seus bandos.

É claro que a fácil sociabilidade dos cães requer um exame mais demorado. Enquanto não tivermos realmente acesso ao mundo dos lobos antigos domáveis, dos quais os cães descendem, talvez fosse melhor deixar de lado, para esse efeito, toda a questão das origens do cão. Colocada de forma simples, a pergunta poderia ser: de que forma os cães organizariam sua vida, se tivessem essa escolha, longe da interferência da humanidade? Claro que essa não é uma pergunta fácil de responder, porque há muito poucos cães que vivem livres da supervisão humana. Os cães raramente sobrevivem muito tempo longe dos assentamentos humanos, sobretudo porque a domesticação praticamente destruiu sua capacidade de caçar com sucesso. Apesar de alguns elementos da conduta de caça terem permanecido em algumas raças de trabalho, poucos cães possuem a capacidade inata de colocar todos esses elementos juntos para localizar, caçar, matar e consumir presas regularmente — e certamente não o conseguiriam se tivessem que competir com outros predadores.

Embora seja raro encontrar cães que não estão sob o domínio de seres humanos, há um número suficiente deles para que possamos começar a formar um quadro de como poderia ser uma sociedade autônoma dos cães. Em todo o mundo existem milhões de cães, genericamente chamados de cães selvagens ou de "cães de aldeia", que estão praticamente fora do controle direto do homem. Vivem nas fronteiras da sociedade humana, revolvem depósitos de lixo e esmolam restos de comida, mas fora isso são independentes das pessoas e certamente não mostram lealdade a nenhum dono humano. Tais cães são comuns nas regiões tropicais e subtropicais: recebem nomes diferentes, como os cães párias ou pi da Índia, o cão de Canaã de Israel, o cão da Carolina do sudeste dos Estados Unidos e os cães de aldeia da África, parecidos com os *basenjis*. O DNA desses cães sugere que muitos são na verdade nativos de suas áreas. (Ao contrário, o DNA dos cães da América tropical sugere uma descendência de cães europeus puros-sangues fugidos.) Existem também vários tipos únicos de um lugar particular, como o cão cantor da Nova Guiné, o *kintamani* de Bali, e o *dingo* australiano — o único cão completamente selvagem que, sabe-se, descende de cães domésticos.

Por causa de sua singularidade, a história do *dingo* oferece um exemplo terrível dos sistemas sociais formados pelos cães quando abandonados à própria sorte. Há algum tempo, entre 5 mil e 3.500 anos, uma única cadela doméstica prenhe — que provavelmente descendia dos cães de tamanho médio que originalmente evoluíram dos lobos na Ásia — chegou à península de Cape York, a ponta mais ao norte da Austrália continental, e fugiu para a mata. Mais tarde, sua prole se uniu a alguns outros cães, trazidos por comerciantes desde a Nova Guiné, através do estreito de Torres, por onde ela mesma deve ter vindo. Ao chegarem à Austrália, esses cães fugidos encontraram pouca resistência dos carnívoros locais (marsupiais) e logo se tornaram o predador dominante. Assim, tornaram-se capazes, e ainda o são, de adotar numerosas e diferentes modalidades de estrutura social canina: muitos indivíduos permanecem solitários fora da temporada de acasalamento, ao passo que outros formam grupos de até doze indivíduos.

Conquanto sua readaptação à vida selvagem proporcione um vislumbre convincente de como os cães poderiam organizar-se na ausência da intervenção humana, o *dingo* é um estudo de caso problemático. A

Lixeiros urbanos.

conduta social dos *dingos* tem sido estudada em profundidade apenas no cativeiro, onde mantêm uma estrutura de bando na qual algumas vezes apenas um casal se reproduz. Como entre os lobos, essa restrição de reprodução pode ser uma distorção do cativeiro e da mistura forçada de indivíduos não relacionados. Além disso, os *dingos* tiveram a experiência de viver na natureza por vários milhares de gerações— período suficientemente longo para se tornarem selvagens outra vez, para perderem as condutas características de seus antepassados cães de aldeia. O que sabemos sobre o *dingo*, portanto, não é o ideal para compreender como os cães domésticos se organizariam caso pudessem fazê-lo sem as restrições geradas pelo cativeiro. Seriam melhores, para esse fim, estudos sobre cães que não tivessem revertido tão inteiramente à natureza.

Até aproximadamente dez anos atrás, os poucos estudos sobre cães selvagens ou "cães de aldeia" que foram publicados pintavam um quadro enganador da organização social deles. Seus agrupamentos pareciam ser meros aglomerados de indivíduos, com pouca coordenação de atividades. Nenhuma evidência convincente foi encontrada de comportamento cooperativo dentro dos "bandos" de cães selvagens. Em vez disso, pesquisadores testemunharam cães que brigam por comida que facilmente poderia ser compartilhada. De modo similar, fêmeas prenhes deixavam seus bandos para ter os filhotes e regressavam apenas quando estes já podiam se defender, e os machos não tomavam parte nos cuidados com os mais novos.

A razão pela qual esses primeiros estudos sobre cães selvagens revelaram "sistemas" sociais tão competitivos era, decerto, com o favor da retrospectiva, óbvia: a maior parte dessas pesquisas foi conduzida em países ocidentais, tais como os Estados Unidos, a Itália e a Espanha, onde cães selvagens são geralmente considerados como um incômodo e nunca se lhes permite estabelecerem-se em algum lugar por tempo suficiente para desenvolverem sua própria cultura social. Os "bandos" que se formam são geralmente compostos de indivíduos não relacionados, sem nada da assistência mútua dos parentes próximos que tipicamente beneficia o bando de lobos inter-relacionados. Sempre sob risco de serem baleados, presos ou envenenados, e impedidos de ter acesso a seus suprimentos de comida (depósitos de lixo, por exemplo), esses cães provavelmente nunca tiveram tempo de estabelecer relacionamentos permanentes com outros cães e menos ainda de desenvolver uma cultura de conduta cooperativa. Para prosperar, a conduta cooperativa apoia-se com certeza nas circunstâncias certas — interação regular com os mesmos indivíduos, acesso a suficiente comida e a abrigo consistente, bem como uma estrutura baseada em laços familiares. Só então um grupo será bastante coerente para atuar junto contra outros grupos sem colocar em desvantagem nenhum de seus membros. Por conta dos contextos em que esses primeiros estudos sobre cães selvagens foram conduzidos, eles não apresentam qualquer indicação sobre como se originou a enorme afabilidade dos cães domésticos.

Em resumo, uma compreensão adequada da conduta sociável dos cães domésticos requereria estudos sobre cães selvagens que não tivessem sido perseguidos e que, assim, pudessem formar grupos estáveis sem temer o homem. Cientistas descobriram o que necessitavam em

Bengala Ocidental,[1] onde os aldeões permitem que cães selvagens vivam ao lado deles e geralmente toleram sua presença mesmo que os cães escolham descansar justamente na porta da frente de uma casa. Cães como esses da moderna Bengala Ocidental parecem ser pouco diferentes dos cães que viveram no Crescente Fértil do Oriente Próximo, onde se pensa que surgiu a civilização moderna há 10 mil anos. A conduta deles pode, portanto, ser similar àquela de alguns dos primeiros cães domesticados. Além de removerem o lixo, esses "cães párias", às vezes, recebem comida. Mas alimentar não constitui propriedade. Trata-se de animais independentes, que vivem um estilo de vida parasita, como o do pombo urbano.

Cães párias.

A independência dos cães párias de Bengala Ocidental, mantida por muitas gerações, lhes dá todas as oportunidades de demonstrarem a estrutura social natural do cão — alguns aspectos da qual espelham a dos lobos. Embora uma dada cidade possa suportar a presença de várias centenas de indivíduos, os cães tendem a agrupar-se em grupos familiares menores, de cinco a dez membros, assim como os lobos ou mesmo outros canídeos. No entanto, alimentam-se sozinhos, já que não há no local presas grandes disponíveis que requeiram a caça comunal, e assim talvez seja levemente enganador referir-se a tais grupos como "bandos" no sentido dos lobos. No entanto, eles compartilham um território comum, que defenderão contra membros de grupos vizinhos. Até aqui, tanto como os lobos.

Contudo, apesar de, sob alguns aspectos, as estruturas sociais dos cães selvagens serem similares às dos lobos, seus comportamentos sexuais e parentais são radicalmente diferentes. Tomada como um todo, a conduta reprodutiva desses grupos selvagens é bastante diferente daquela do lobo cinzento e muito mais parecida com aquela de outras espécies da família do cão, que têm vidas sociais muito menos estruturadas, tais como a do coiote. Em um bando de lobos, apenas um macho e uma fêmea, convencionalmente chamados de par "alfa", procriam. Mas quando uma fêmea de cão pária entra no cio, ela é cortejada por muitos machos, a maior parte dos quais vinda de fora do próprio bando dela. Às vezes, até oito machos lutam por sua atenção. Embora ela rejeite alguns, vários outros podem ser julgados aproveitáveis, e ela provavelmente copulará e se "atará" com cada um deles, por vezes com mais de um no mesmo dia. Depois que o acasalamento termina, um desses machos quase sempre formará o casal e ficará com a cadela até que os filhotes nasçam. Alguns machos acasalados até ajudam na alimentação dos filhotes, regurgitando comida para eles. Se o macho de um casal é usualmente o pai de todos os filhotes, de alguns ou até mesmo de nenhum deles, isso fica pouco claro, de modo que só nos resta adivinhar seus motivos para investir seu tempo em ficar com a fêmea. Talvez sua esperança seja a de que, se ajudar com a ninhada, ela lhe concederá direitos exclusivos de acasalamento para a próxima vez. Assim, cada "bando" de cães de aldeia anualmente se fragmenta em pares, cada qual deles cuida de sua prole separadamente até que o casal e seus jovens adolescentes retornam ao grupo. Quando a próxima temporada de acasalamento chega, cada adulto pode formar um casal diferente daquele de que participou no ano anterior. Ao contrário dos bandos de lobo, não há uma consistência aparente na estrutura familiar, nem os jovens adultos ajudam seus pais a criar a ninhada do ano seguinte.

Os "bandos" de cães párias são, em muitos aspectos, bastante diferentes dos bandos de lobos selvagens — nem se parecem com os bandos artificiais de lobos que se reúnem com frequência nos zoológicos. Em muitos grupos há várias fêmeas adultas, e elas usualmente são tolerantes umas com as outras, mesmo na temporada de acasalamento. Ao contrário do que sucede entre lobos no cativeiro, nenhuma parece querer monopolizar o melhor dos machos ou impedir as outras de se reproduzirem. Indicadores ritualizados de dominação e submissão similares aos dos lobos aparentemente nunca são usados, nem pelos machos nem pelas fêmeas, apesar de parecer que os cães se reconhecem uns aos outros — uma capacidade essencial para manter a coesão de um grupo — e regularmente intercambiam o que parecem ser sutis sinais de saudação. No entanto, tudo faz crer que há algum tipo de hierarquia: o par reprodutor mais velho é o mais agressivo, particularmente em face de qualquer macho solitário. Possivelmente, o macho do casal encara esses machos solitários como potenciais futuros rivais; já a fêmea pode ficar preocupada com a segurança dos filhotes.

Outra diferença notável é que os bandos vizinhos de cães párias parecem ser capazes de conviver de forma amigável, enquanto bandos de lobos que vivem próximos uns dos outros tentam evitar-se sempre que possível — e, quando se encontram, quase sempre brigam. Muito embora a agressão entre integrantes de grupos diferentes de cães selvagens de Bengala Ocidental ocorra de tempos em tempos, em muitos desses confrontos ambos os cães acabam por submeter-se um ao outro e depois regressam às suas próprias áreas. Esses cães não se mostram motivados por nenhum desejo de dominar ou deslocar seus vizinhos, que devem ocasionalmente competir com eles por comida. E isso acontece mesmo com aqueles com os quais tenham certeza de não estar relacionados. Em resumo, a natureza altamente competitiva de lobos não relacionados por parentesco deve ter sido completamente apagada dos cães selvagens.

Os estudos realizados em Bengala Ocidental nos dizem muito sobre o modo como os cães prefeririam organizar suas vidas. Não parecem capazes de adotar a estrutura de "bando familiar" que é típica do lobo. Apesar de constituírem vínculos com membros da família, esses laços são muito mais frouxos do que entre os lobos; mais importantes são os vínculos entre a mãe (e em certa medida o pai) e os jovens dependentes. À medida que se tornam adultos, os adolescentes compartilham território com seus pais, mas não os ajudam a criar seus irmãos e irmãs mais novos. Embora as hierarquias de dominação sejam evidentes, elas indicam apenas quais cães têm prioridade de acesso à comida e ao abrigo, e não quais deles se reproduzem com sucesso. Assim, a despeito das condições de relativa superlotação em que vivem os cães selvagens, eles não se comportam nem como lobos em cativeiro, nem como lobos selvagens. Não existe o menor fiapo de evidência de que estejam constantemente motivados para assumir a liderança do bando de que fazem parte, como diria a teoria ultrapassada do bando de lobos.

A afabilidade dos cães que não estão relacionados uns com os outros e que não fazem parte do mesmo bando deve ter sido um componente necessário da domesticação. Por exemplo, cães domésticos vivem muito mais perto uns dos outros do que os lobos — uma característica que deve ser produto de sua adaptação para explorar um novo e mais centralizado suprimento de comida. Grandes predadores como os lobos não podem permitir-se viver em altas densidades, porque nunca conseguiriam encontrar suficiente comida. Por isso os bandos de lobos raramente têm mais de vinte e poucos membros e defendem territórios muito grandes. Os cães que acompanhavam os caçadores-coletores, apenas recentemente domesticados a partir dos lobos, podem ter sido igualmente intolerantes. No entanto, tão logo os seres humanos começaram a viver em grandes aldeias permanentes, os cães tiveram a necessidade de criar modos de coexistir com outros cães a eles não relacionados. A alternativa debilitante era a constante vigilância e as lutas frequentes. Apesar de exibirem essa mesma característica hoje em dia, e por isso poderem trazer algum entendimento ao processo de domesticação, a situação dos cães párias está longe de ser parecida com a de um cão de estimação que vive em um lar típico. Na verdade, os cães de estimação são normalmente castrados, e mesmo aos cães destinados primariamente à reprodução não se lhes permite formar laços de casal duradouros com a parceira de sua escolha.

Dado que os cães párias não organizam suas sociedades da mesma maneira que os lobos, é bem improvável que os cães de estimação venham a fazê-lo — mas permanece a remota possibilidade de que, de alguma forma, entre os cães de estimação possa ter evoluído outra vez o desejo de dominação que caracteriza os lobos nos zoológicos e é tão prezado por alguns dos treinadores de cães da velha escola. Para verificar essa possibilidade, meus alunos e eu fizemos observação e pesquisa em um abrigo para cães sem lar em Wiltshire, no Reino Unido.[2] Tais cães servem à observação como um estágio intermediário entre o cão selvagem e o cão de estimação porque todos eles iniciaram suas vidas em circunstâncias domésticas, antes que lhes fosse permitido o acesso irrestrito a outros cães de condição similar. Qualquer época que fosse, havia nesse abrigo por volta de vinte cachorros, normalmente machos castrados, cujo comportamento em relação às pessoas era considerado demasiado imprevisível para que lhes fosse conseguido um lar. À noite, os cães ali abrigados dormem em canis espaçosos compartilhados por quatro ou cinco deles, mas durante o dia têm acesso a um terreno grande com árvores e arbustos, cheio de brinquedos e equipado com túneis através dos quais eles podem correr de uma parte do terreno para outra.

Se qualquer grupo de cães de estimação tivesse a oportunidade de estabelecer uma hierarquia como a dos lobos, isso aconteceria em um abrigo como esse em Wiltshire, onde os cães têm oito horas por dia de interação não regulada com animais da mesma condição. No entanto, muitas horas de observação não revelaram nada disso. Havia muito comportamento competitivo para registrar: alguns cães rosnavam ou latiam, fingiam morder os pescoços dos outros, tentavam montá-los, ou caçavam uns aos outros em volta do terreno. Outros reagiam rastejando, olhando para outro lado, lambendo os beiços ou fugindo. Essa conduta, porém, verificava-se em grande medida entre uma minoria dos cães, aos quais terminamos por chamar de "cães do interior". Três cães, "os eremitas", ficavam fora do caminho dos demais e, consequentemente, quase nunca interagiam, de modo que era difícil saber qual era seu status, se é que o tinham. Sete outros, "cães do exterior", não evitavam ativamente os "cães do interior", mas sempre lhes abriam caminho. Os relacionamentos entre os "cães do interior" eram inconsistentes — mostrou-se impossível para eles construir qualquer tipo de hierarquia, menos ainda quaisquer dos tipos de hierarquia que se pensa haver entre lobos. Mais de um terço das interações tinha lugar entre apenas quatro pares de cães: — Ronnie com Benson (os dois eram cruzamentos de *collie*), Jack (um *springer*) com Eddie (uma *collie* de pelo crespo), Mickey Brown (um cruzamento de *pastor-alemão*) com Branston (uma cadela *collie/spaniel*), e Dingo (outro cruzamento de *pastor-alemão*) com Tarkus (uma cadela *weimaraner*). Não ficou claro exatamente por que esses pares de "companheiros" se formaram — nenhum deles, pelo que sabemos, eram relacionados — mas tais ligações certamente não eram previsíveis por qualquer aspecto do comportamento do lobo. No entanto, revelam que os cães, ao contrário dos lobos, acham fácil estabelecer relacionamentos harmoniosos com cães com os quais não são relacionados por parentesco e com os quais não se encontraram até que ambos fossem adultos.

Nosso estudo sobre os cães do abrigo não conseguiu descobrir nenhuma evidência de que os cães têm inclinação para formar qualquer coisa que se assemelhe a um bando de lobos, particularmente quando são deixados à sua própria sorte. Isso reforça todas as outras evidências científicas que indicam que a domesticação destituiu os cães da maior parte dos aspectos mais conhecidos da sociabilidade lupina e só deixou atuante a propensão a preferir a companhia de parentes à de não parentes — propensão compartilhada por muitos animais e certamente não restrita a lobos ou mesmo a canídeos. Mesmo assim, muitos especialistas em cães e no treinamento destes persistem em tomar o lobo como ponto de referência essencial para a compreensão dos cães de estimação — apesar do fato de que o lobo a que se referem não seja o lobo selvagem, que valoriza as lealdades familiares acima de tudo, mas, antes, o lobo cativo, que se encontra em batalha constante com lobos a ele não relacionados por parentesco, com os quais é obrigado a viver.

    Apesar de todas as evidências que indicam que cães e lobos organizam suas vidas sociais de forma bem diferente, muitas pessoas ainda se agarram a comparações equivocadas e desatualizadas entre cães e lobos. Portanto, a pergunta deve ser feita ainda uma vez: o comportamento do lobo tem algo de útil a nos dizer sobre o comportamento dos cães de estimação?

O conceito equivocado de que os cães se comportam como lobos poderia ter menor importância se, o que é grave, não interpretasse mal as motivações do cão para estabelecer relacionamentos sociais. A ideia mais penetrante — e perniciosa — em que buscam apoio as técnicas modernas de treinamento de cães é a de que o cão é levado a estabelecer uma hierarquia de dominação onde quer que se encontre. Essa ideia levou a inúmeros equívocos sobre os relacionamentos sociais desses animais, tanto entre cães no âmbito de um lar como entre cães e seus donos.

    A sabedoria convencional sustenta que cada cachorro sente uma necessidade avassaladora de dominar e controlar todos os seus parceiros sociais. Na verdade, a palavra "dominação" é usada amplamente em descrições de comportamento canino. Sobre os cães que atacam pessoas a quem conhecem bem ainda se diz, de maneira universal, que sofrem de "agressão por dominação." O termo algumas vezes até mesmo é usado, incorretamente, para descrever a personalidade de um cão. Vejam essa citação retirada do *site* da American Dog Trainers Network [Rede Norte-americana de Treinadores de Cães]: "Um cachorro dominador sabe o que quer e se dispõe a consegui-lo de qualquer maneira ao seu alcance. Ele tem charme; muito charme. Quando isso não funciona, ele tem persistência, com P maiúsculo. E quando tudo o mais falha, ele tem atitude."[3] Na verdade, essa é apenas a descrição de um cachorro indisciplinado, não adestrado, mas de certa forma encantador. Não diz nada sobre como são os relacionamentos desse cão com outros cães — nada sobre seus relacionamentos, "dominantes" ou de outro tipo. Outros usos imprecisos ou enganadores do termo "dominância" abundam no treinamento de cães. Por exemplo, o famoso treinador norte-americano Cesar Millan referiu-se a cães que tentavam "dominar" gatos, e, de um cão que caçava a luz de um ponteiro a laser, foi dito que tentava "dominá-la",[4] comportamento que um biólogo imediatamente classificaria de predatório, não social.

Usada adequadamente, "dominação" expressa algo bem diferente dos significados atribuídos ao termo por treinadores de cães e outros especialistas. O termo simplesmente descreve um relacionamento entre dois indivíduos em um momento particular no tempo; não analisa como essa situação surgiu, não faz prognósticos sobre quanto ela provavelmente durará ou sobre a personalidade dos indivíduos em questão. Na verdade, um biólogo tenderia a apontar que, se pusermos o indivíduo que domina (entre os dois mencionados) em outra situação social, ele poderia deixar de ser "dominante". Além do mais, o termo é apenas uma descrição — não diz nada sobre o fato de os dois animais envolvidos estarem de alguma maneira conscientes de que o relacionamento deles é de "dominação".

Chamar os cães de "dominantes" sugere que seus relacionamentos podem ser ajustados a uma hierarquia. O conceito de "hierarquia" é o corolário de "dominação", sempre que um grupo consiste em mais de dois indivíduos. Se observarmos que cada par tem um relacionamento de dominação e se esses relacionamentos podem ser dispostos de um modo linear tal que cada indivíduo esteja subordinado a todos os outros acima dele, então uma hierarquia pode ser estabelecida. Algumas vezes, nenhuma hierarquia pode ser construída: esse é o caso, por exemplo, quando indivíduos que deveriam estar "bem abaixo" na hierarquia, de acordo com a maior parte de seus relacionamentos, mesmo assim "dominam" um indivíduo que "domina" muitos outros e, portanto, deveriam estar "bem acima" na hierarquia. Além disso, assim como os relacionamentos de dominação de pares que compõem a hierarquia podem não ser apreciados como tais pelos indivíduos envolvidos, a hierarquia também pode não ser visível para os que dela participam, mesmo que seja evidente para um observador externo.

Há pouca evidência de que a hierarquia seja uma fixação própria dos cães, tanto em seus relacionamentos com outros cães como nos que mantêm com seus donos. Examinemos primeiro o que *é* a hierarquia. Vamos presumir que os relacionamentos de dominação sejam baseados em quanto de um dado atributo — digamos, a capacidade de lutar — um cão possua. O cão que tiver mais dessa "qualidade" deveria ser dominante sobre todos os outros cães de sua família e poderia ser rotulado de "alfa"; o cão com a segunda maior capacidade de lutar deveria ser dominante sobre todos os outros, exceto o alfa, e convencionalmente rotulado de "beta"; e o cão com a menor quantidade dessa capacidade de lutar — aquele que é subordinado a todos os outros cães — seria rotulado de "ômega". Em uma família de quatro cães, a hierarquia poderia parecer-se com a hierarquia linear do diagrama adiante.

Os relacionamentos entre animais normalmente não chegam a ser tão simples quanto esse elegante arranjo hierárquico. Alguns podem resolver-se pelo combate; outros, graças a uma maior capacidade de resolver problemas revelada por um dos cães envolvidos. Outros ainda podem ser históricos, no sentido de que o cão "subordinado" foi trazido para a família quando filhote e nunca desafiou nenhum dos adultos mais velhos. Quando essas complexidades se aplicam, é possível distinguir relacionamentos consistentes entre pares de cães, mas impossíveis de dispor segundo uma hierarquia linear, como no diagrama adiante (hierarquia circular).

O pensamento tradicional presume que a hierarquia canina se origina no lobo e, mais especificamente, no lobo em cativeiro — mas agora sabemos que essa concepção é fundamentalmente equivocada. Pensava-se que a estrutura típica de um "bando" de lobos em cativeiro fosse composta de duas hierarquias (ver diagrama na pág. 121), uma para cada sexo, apesar de que, em bandos maiores, essas não sejam inteiramente lineares, já que os relacionamentos de dominação entre os jovens e entre os filhotes são, com frequência, indistintos. No entanto, agora se pensa que essas "hierarquias" são uma consequência do cativeiro, visto que a estrutura de um bando natural de lobos depende em

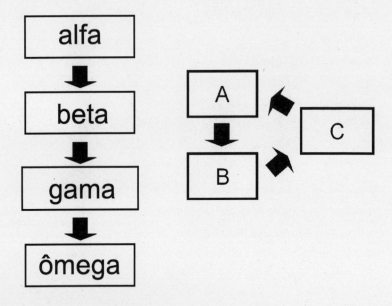

muito das lealdades familiares que, em nenhuma hierarquia baseada na agressão, são de forma alguma aparentes (ver diagrama na pág. 121).

Na natureza, portanto, um lobo dominante (ou alfa) é apenas o lobo que lidera o bando, geralmente porque é a mãe ou o pai da maioria ou de todos os outros integrantes do bando. A maneira normal de um lobo tornar-se "dominante" é simplesmente ficar suficientemente maduro e experiente para ser capaz de encontrar uma companheira e então reproduzir. O termo "dominante" assim torna-se sinônimo de "mãe" ou "pai", ou ocasionalmente "madrasta" ou "padrasto", se um dos membros do par reprodutor morre e é substituído antes que o bando se desfaça.

Como é claro que os lobos de hoje em dia são quase certamente muito mais desconfiados do homem do que o foram os antepassados selvagens do cão doméstico, deveríamos logicamente considerar se é provável que o agrupamento social preferido pelos lobos de hoje — o bando fundado na família — também terá sido a estrutura social preferida dos lobos que se tornaram cães há dezenas de milhares de anos.

POR QUE OS CÃES INFELIZMENTE VOLTARAM A SER LOBOS • 121

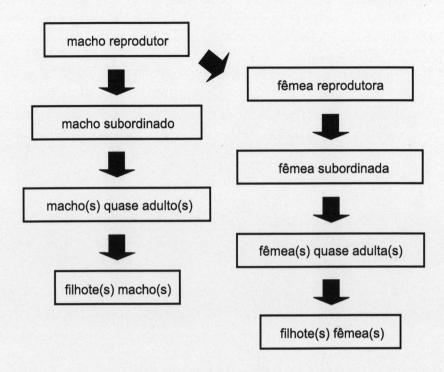

Hierarquias de um bando de lobos em cativeiro.

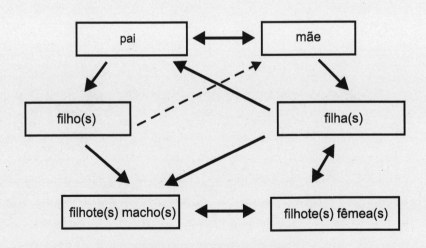

Estrutura familiar do bando de lobos selvagens.

É, naturalmente, impossível ter certeza de como esses lobos antigos organizavam suas sociedades, uma vez que as estruturas sociais não se fossilizam. No entanto, podemos estar seguros de que os lobos viviam em bandos naquela época, como agora, porque a unidade familiar é a base para os bandos onde quer que ocorram entre os canídeos; grupos familiares são, inerentemente, mais estáveis do que os grupos formados por indivíduos não relacionados por parentesco.

Como provavelmente foi compartilhada com os lobos antigos, a estrutura dos canídeos, baseada de forma intrínseca na família, é, quase com certeza, a matéria-prima com a qual a domesticação teve que trabalhar. Nesse caso, a explicação mais viável de como temos sido capazes de domesticar cães está em que fomos capazes de nos inserir naquela estrutura familiar. Com isso, não quero dizer "família" no sentido genético, o que é claramente impossível. Quero dizer "família" no sentido de um grupo cujos membros vivem juntos e são capazes de cooperar porque se conhecem bem uns aos outros. Os integrantes de uma família não precisam ser relacionados geneticamente para que essa venha a funcionar. Por exemplo, quando um bebê humano adotado cresce, ele se comporta em relação a seus pais adotivos como se fossem seus pais genéticos. Apesar de o bebê poder, talvez, chegar a saber que tem outros pais, biológicos, esse conhecimento não desfaz os laços criados entre o bebê e os adultos que tomaram conta dele. A razão é que, em nossa espécie, o reconhecimento dos membros imediatos da família está baseado sobretudo na familiaridade, mesmo que cheguemos a sobrepor a isso o conhecimento consciente de nossos relacionamentos genéticos reais. Biologicamente, como uma espécie em que é longo o período de dependência da infância, estamos preparados para travar nossos laços familiares com quem cuida de nós e nos trata com afeto. Nossa capacidade instintiva de distinguir quem é, de verdade, relacionado geneticamente conosco é relativamente fraca (muito mais fraca do que em espécies com pouco ou nenhum cuidado dos pais).

De forma muito similar às crianças, que se vinculam a quem delas cuida independentemente de sua conexão biológica, os filhotes, à medida que crescem, chegam a considerar como "família" os que cuidam deles, tanto caninos como humanos. Essa capacidade deve ser um produto da domesticação, pois, apesar de os cães se vincularem aos seres humanos dessa forma, é difícil que os lobos façam o mesmo, ainda que sejam separados de sua mãe e dos irmãos e sejam criados por gente. A domesticação deve ter introduzido uma fluência muito maior no processo segundo o qual as lealdades "familiares" são aprendidas, de tal modo que os seres humanos podem ser incorporados a essas lealdades, assim como outros cães, sejam ou não esses cães, na verdade, parentes genéticos.

Como os lobos e outros canídeos compartilham uma estrutura social fundamentalmente cooperativa — e como esse sistema social, ao que tudo indica, mostrava-se crítico à domesticação de cães por seres humanos —, é ilógico sugerir que o processo de domesticação substituiu esse sistema cooperativo por uma estrutura de "dominação" baseada no egoísmo e na agressão. A domesticação, ao fazer com que os cães passassem a viver muito perto uns dos outros, deveria tê-los tornado *mais* tolerantes e não menos. Por essa única razão, os conceitos de "dominação" e "hierarquia", tão prezados por muitos membros da comunidade de treinadores de cães, são fundamentalmente implausíveis. Além disso, tal conduta hierárquica não é prontamente aparente em bandos naturais de lobos, e estudos sobre cães selvagens tampouco encontraram estruturas hierárquicas — a maior parte da conduta competitiva dos cães selvagens é sazonal e observável no contexto de acasalamento e reprodução, e não no estabelecimento de relacionamentos permanentes de "dominação". Tomados como um todo, parece que o uso dos termos "dominação" e "hierarquia", para explicar a conduta dos cães de estimação, não pode mais ser justificado.

Rejeitar a ideia da dominação como uma orientação natural da conduta do cão não é o mesmo que dizer que os cães nunca são competitivos — claro que são, quando têm de ser. Coloquem-se vários cães não castrados, do mesmo sexo, que não se conheçam, em um lugar pequeno e eles provavelmente estabelecerão uma "hierarquia" temporária, baseada em ameaças ou mesmo em combates, particularmente se podem sentir a presença de um membro do sexo oposto por perto. Esse resultado ocorreria com quase todas as espécies, sem nada ter que ver com o fato de o cão descender do lobo (embora lembre o conflito que se observa em alguns bandos de lobos em cativeiro constituídos artificialmente). No entanto, tais situações são muito antinaturais, pois parecem quase planejadas para provocar conflito: nada nos dizem sobre o que passa pela cabeça dos cães quando vivem em uma família de muitos cães, quando se encontram com outro cão no parque ou, já que falamos nisso, como encaram seus donos humanos.

O velho modelo de "dominação" da conduta canina é baseado em três conceitos, todos — agora se sabe — falsos. Primeiro, deriva do modo como os lobos se comportam quando vivem em cativeiro e em grupos constituídos artificialmente, e não da conduta natural de lobos que vivem em bandos selvagens. Segundo, os cães selvagens ou "cães de aldeia", quando se lhes permite estabelecer grupos familiares, não se comportam de forma alguma como lobos — nem cativos, nem selvagens. Esses cães selvagens, que estão muito mais próximos dos antepassados de nossos cães de estimação do que qualquer lobo, são muito mais tolerantes uns com os outros do que seria qualquer outro canídeo moderno que vivesse na mesma alta densidade demográfica; inicialmente essa tolerância foi uma consequência da domesticação e conservou-se pela necessidade dos animais de permanecerem tolerantes para sobreviverem entre as pessoas. Terceiro, embora a dominação baseada na competição e na agressão ocorra entre lobos em cativeiro, os cães mantidos sob condições similares não estabelecem hierarquias.

Em última análise, o comportamento de lobos em cativeiro é de pouca ou nenhuma importância para a compreensão da conduta do cão. Não apenas é sabido, agora, que o comportamento de lobos em cativeiro é antinatural, como também ficou claro que a domesticação alterou de forma radical o repertório social das espécies selvagens. Os cães escolheram um trajeto evolutivo bem diferente daquele do lobo — de modo que, se quisermos entender a conduta do cão, precisaremos fazê-lo em termos fundamentalmente diferentes.

Como a prática de explicar o comportamento dos cães referindo-se a um de seus antepassados, o lobo, foi desacreditada, precisamos de uma alternativa se quisermos entender não apenas por que os cães se comportam da forma que o fazem, mas também como interpretam *nosso* comportamento e a ele respondem. Até anos recentes, grande parte de nossa compreensão de como nos relacionarmos com os cães girou em torno da noção de hierarquia. Na verdade, muitos animais, não só os lobos, parecem construir seus grupos de um modo hierárquico. Mas, com frequência, tais hierarquias são construídas pelos cientistas para seus próprios objetivos — por exemplo, para testar se os animais que mais lutam também são os de maior sucesso na reprodução (e, mais vezes do que se poderia esperar, não são). O fato de que uma hierarquia possa ser observada pelos cientistas não significa que qualquer dos *animais* envolvidos tenha qualquer consciência dessa hierarquia. Em resumo, o uso de *qualquer* modelo hierárquico, sobre lobos ou outros animais, presume que eles se comportam do modo como se comportam porque respondem à sua própria concepção dessa hierarquia.

A questão dos cães entenderem ou não a noção de hierarquia — e seu próprio lugar nela — tem uma implicação muito profunda no que diz respeito ao modo como nos relacionamos com eles. Se os cães entendem essa ideia, então os métodos de treinamento baseados em conceitos como "redução do status" e "colocar o cão no seu lugar" têm um fundamento lógico e, portanto, deveriam ser efetivos. Mas se os cães não têm nenhum conceito sobre seu próprio status, então tais métodos provavelmente emitem uma mensagem diversa da que se pretendia transmitir. Muitos desses métodos envolvem infligir punições ao cachorro. Assim, a questão de que os cães entendam ou não as hierarquias não é apenas um exercício acadêmico: pode ter consequências reais para o bem-estar deles.

Para determinar se os cães compreendem o conceito de hierarquia, precisamos refinar nossa análise. Em vez de tentar adivinhar o que os cães pensam, baseados em nosso conceito obsoleto do que eles possam ter herdado de seus antepassados selvagens, talvez seja mais útil retornar aos princípios básicos: os objetivos fundamentais dos cães na vida. Sabemos do que os cães *precisam*. No nível mais básico, eles precisam de comida, de água e de oportunidades para acasalar e criar descendência, assegurando assim a sobrevivência de seus genes. Em situações domésticas, todas essas necessidades são atendidas pelos seres humanos. Então a próxima pergunta é: o que *querem* os cães? Esses desejos geralmente hão de ter relação com algo de que os cães precisaram durante sua história evolutiva (mas não necessariamente agora), envolvendo tanto coisas de que precisaram para sobreviver como os meios de adquiri-las. Por exemplo, um carnívoro faminto deseja (e precisa) comer, mas, mesmo que não esteja com fome, com frequência ele vai *querer* procurar alimentos para o caso de sua sorte mudar e ele não encontrar nada para comer por um tempo. Em uma escala de tempo mais longa, ele também pode *querer* controlar um território para buscar alimentos, onde tenha direitos exclusivos de caça. Quando jovem, ele pode *querer* brincar com objetos, o que poderá em última instância melhorar suas habilidades para caçar, mesmo que ele, quase com certeza, nunca esteja consciente dessa conexão: o "querer" é suficiente para promover sua sobrevivência. Alguns desses "desejos" podem ser satisfeitos sem prejudicar nenhum outro indivíduo da espécie. Por exemplo, brincar de luta entre os integrantes de uma ninhada é mutuamente benéfico: ambos os participantes melhoram suas habilidades competitivas e, como são proximamente relacionados, a sobrevivência de seus genes melhora duas vezes.

Muitos dos "desejos" dos cães colocam indivíduos em conflito uns com os outros. Dois animais não podem saciar sua fome se só houver comida suficiente para um; se todo o espaço disponível já estiver ocupado, um recém-chegado não pode obter um território exclusivo sem deslocar um titular já existente do território. O quadro de dominação descreve um conjunto de procedimentos pelos quais tal conflito é evitado. Alguns indivíduos, ao se mostrarem capazes de se impor sobre outros, garantem para si prioridade no acesso a todos os recursos — seus "desejos" são satisfeitos primeiro. No entanto, o conceito de dominação é desnecessariamente restritivo quando se trata de pensar sobre como o conflito pode ser resolvido sem recurso à violência.

Uma alternativa ao modelo de dominação pode explicar melhor como os cães evitam que disputas se manifestem: o modelo do potencial de retenção dos recursos (Resource Holding Potencial — RHP). De acordo com esse modelo, sempre que surge um conflito de interesses, pensa-se que cada cão toma suas decisões considerando as respostas a duas perguntas: "quanto quero esse recurso (comida, brinquedo etc.)?" e "qual é a probabilidade de que o outro cão me vença se lutarmos por ele?". Um fator que cada cão deve levar em conta ao responder à última pergunta é: quanto parece que meu oponente deseja o recurso? Isso abre a porta para a possibilidade de "blefe"; animais que ameaçam primeiro e mais enfaticamente podem vencer, mesmo que não sejam maiores que seu oponente. Se dois cães se conhecem, então suas memórias de disputas prévias também estão disponíveis para serem levadas em conta. Se não, eles podem utilizar informações que tenham reunido durante encontros com cães de aparência similar, talvez até durante disputas entre outros cães que eles tenham presenciado. No entanto, o conhecimento prévio não é absolutamente necessário: usa-se o modelo RHP da mesma forma quando os dois cães se encontram pela primeira vez.

O modelo RHP pode, portanto, ser aplicado a muito mais situações do que o modelo de dominação. Meus estudos mostraram que os cães levam em conta, realmente, o quanto o outro cão deseja (ou pelo menos aparenta desejar) uma coisa em particular.[5] Dentro de grupos de cães que vivem juntos, são os cães machos, particularmente, que ilustram esse princípio. Por exemplo, em um grupo de buldogues franceses, uma das quatro cadelas parecia ter prioridade no acesso à comida — mesmo que ela não fosse a mais velha nem a mãe da ninhada mais recente (uma descoberta que também contradiz o modelo do lobo). O único macho do grupo se submetia a ela em relação à comida, mas normalmente tinha prioridade de acesso aos brinquedos e era o primeiro a farejar qualquer cão macho não familiar. Entre cinco *pastores de Shetland*, os dois machos permitiam que qualquer das três fêmeas se alimentasse primeiro, mas não davam prioridade em nenhum outro contexto, inclusive no acesso às pessoas e a outros cães, fossem machos ou fêmeas. Observações como essas proporcionam ainda mais evidências de que o mero status não pode ser o princípio orientador para compreender-se a competição entre cães por recursos. Se assim fosse, um dos cães integrantes desses grupos deveria ter imposto o direito de acesso prioritário a tudo, por medo de que, se não o fizesse, demonstraria fraqueza, fazendo um convite para que um dos outros cães o desafiasse. A esse respeito, os cães parecem obedecer a uma das "regras" importantes do modelo RHP: se outro cão parece querer muito alguma coisa, e você não, não vale a pena entrar em disputa por isso.

O modelo RHP básico tem uma desvantagem significativa quando aplicado aos cães. Os cães parecem tentar, diligentemente, avaliar as intenções dos outros, mas muitos parecem não ter ouvido falar em outra importante "regra" do RHP: não entre em uma briga se seu oponente é bem maior do que você. Muitos animais são extremamente bons em medir o tamanho e a força de seus oponentes, mesmo quando a diferença é bastante pequena. Entrar em combates desnecessários com aqueles que são maiores que você decerto resultará em ferimentos. Deveríamos esperar que essa regra se aplicasse ainda mais aos cães, dado o enorme leque de tamanhos entre as raças maiores e menores, que é maior do que em qualquer outra espécie de animal. Mas não é assim. Alguma vez na vida, todos já testemunhamos um cão pequeno e briguento que se defronta com um cão maior no parque e o obriga a recuar. Estudos mais sistemáticos que fiz já resolveram isso:[6] como dois cães se confrontam pela primeira vez e qual deles se retirará primeiro não se pode prever com base em qual deles é maior ou mais pesado. O tamanho parecia não ter qualquer influência nos relacionamentos entre cães que observamos no abrigo de Wiltshire. Assim, diferentemente de todo o reino animal, os cães parecem prestar pouca atenção ao tamanho quando consideram se devem ou não começar um confronto com outro cão que não conhecem. Os cães variam em termos de quão audaciosos são nessas situações, como se esse atributo fosse parte de sua "personalidade". O modelo RHP, portanto, deve ser modificado para ser aplicado aos cães: quando um cão está decidindo como proceder em um encontro com outros, a aparente motivação do outro cão parece merecer maior importância do que seu tamanho real e sua força.

A pouca atenção que os cães dão ao tamanho do oponente quando competem sobre recursos pode ser um produto da domesticação. Na natureza, a agressão surge quando há muito em jogo — isto é, quando um animal corre perigo de perder seu território, quando está com muita fome ou muita sede e outro animal o impede de comer ou beber, e quando compete com outros pelo acesso a um receptivo representante do sexo oposto. Os cães de hoje enfrentam esses problemas com muito menos frequência, se é que os enfrentam: o seu acesso a todos esses recursos são controlados pelos seres humanos, e assim a exigência de se mostrar muito cuidadoso antes de dar início a uma luta que não se pode vencer, imposta aos animais selvagens pela seleção natural, já não é tão importante para os cães. Mesmo assim, dar início a brigas em quaisquer circunstâncias é arriscado para os cães por três razões. Primeiro, porque podem ficar gravemente feridos, o que, antes do advento da moderna cirurgia veterinária, poderia ter consequências mortais. Segundo, porque seus donos humanos, no caso da maior parte das raças pelo menos, tendem a valorizar a tolerância com outros cães e a criar animais que sejam tolerantes à proximidade de outros. Terceiro, porque cães com limiares geralmente altos de agressividade, ou seja, que demoram mais a entrar em estado agressivo, oferecem menos riscos para os seres humanos, particularmente para as crianças.

Por conta dos vários incentivos que recebem para não dar início a brigas, é improvável que a agressão seja a estratégia padrão para qualquer cão doméstico quando este se encontre com outro de sua própria raça. Assim, a maioria dos donos é capaz de exercitar seus cães em áreas públicas sem temer que eles tentem "dominar" qualquer cão desconhecido que encontrem. Mesmo em primeiros encontros, a maior parte dos cães prefere usar a sinalização para neutralizar qualquer agressão potencial: armas poderão ser levantadas brevemente, mas depois tornarão a ser baixadas, quando os dois participantes decidirem não chegar muito perto um do outro ou aproximar-se para farejar já que o risco é baixo.

À medida que dois cães ficam mais familiarizados um com o outro, aprenderão a procurar sinais específicos que indiquem como o outro vai reagir a uma dada ação. Por exemplo, se um filhote é trazido para uma família que já possui um cão mais velho, que gosta de sua comida mas tem pouco interesse por brinquedos, o filhote aprenderá que tentar roubar comida causa um rosnar de advertência, mas que agarrar um brinquedo debaixo do focinho do outro cão não traz consequências. Assim, um relacionamento harmonioso deve ser construído entre os dois, no qual cada um conhece e respeita as preferências e peculiaridades do outro. O modo como isso ocorre não precisa envolver uma inteligência altamente sofisticada por parte de nenhum dos dois; é possível que o simples aprendizado seja suficiente. Se há três ou mais cães na família, no entanto, é provável que cada cão possa depender de suas observações sobre os outros dois cães ao interagirem, assim como sobre suas próprias interações com eles, como parte da informação de que pode se valer para prever como os outros dois se comportarão em uma situação particular.

Sobretudo, quando os cães aprendem sobre outros cães, não o fazem da mesma maneira que os seres humanos quando estabelecemos nossos próprios relacionamentos. É improvável que os cães sejam capazes de associar eventos (a não ser que ocorram com poucos segundos de distância um do outro) ou de realizar uma viagem mental pelo tempo. Não há evidência de que os cães possam realmente antecipar o futuro para prever o que outro cão fará em seguida, ou até mesmo que possam lembrar incidentes específicos do passado que envolvam aquele cão. Antes, os cães parecem aperfeiçoar continuadamente simples "regras de ouro" que os capacitam a conviver uns com os outros: "evite aquele cachorro quando ele estiver comendo" ou "brincar de cabo de guerra com esse cachorro é divertido porque ele me deixa ganhar algumas vezes, mas não é divertido com aquele outro porque ele sempre quer levar o brinquedo embora".

Observações suplementares relativas às interações dos cães podem proporcionar mais pistas sobre como eles controlam seu próprio comportamento quando se encontram com outros cães. Cada ciclo de aperfeiçoamento das "regras de ouro" dos cães tem um efeito ligeiramente menor que o ciclo anterior. Ou, para dizer de outra forma, os primeiros encontros podem ser cruciais para determinar a formação de uma "regra". Assim, por exemplo, se o cão mais velho estava indisposto ou sentia dor quando o filhote chegou em casa pela primeira vez, ele pode ter respondido avançando no filhote quando este chegou perto. O filhote em suas próximas interações com o cão mais velho pode lembrar o matiz de medo que sentiu naqueles primeiros encontros. Se nessas ocasiões o cão mais velho estiver bem e for capaz de comportar-se de modo mais amistoso, aquele medo logo será esquecido. No entanto, transferindo-se esse cenário para o contato com um cão que o filhote só encontra ocasionalmente, talvez o cão de um vizinho, o medo pode se tornar um aspecto permanente do relacionamento. Não apenas isso, mas o filhote pode generalizar seu medo para todos os outros cães similares: "cães marrons de tamanho médio com caudas peludas me deixam apavorado." Esse sentimento pode se tornar muito persistente se nada acontecer para neutralizá-lo, o que enfatiza a necessidade de os donos serem cautelosos ao apresentarem um filhote ou cão jovem a outros cães. Também pode explicar por que dois cães, em certas situações bem-comportados, brigam quando se encontram pela primeira vez, se ambos desenvolveram previamente um medo que é disparado pela aparência do outro cão. Um labrador que tenha sido atacado anteriormente por um pequeno *terrier* marrom começará a ficar ansioso sempre que vir um cão similar, e isso logo se tornará evidente por sua tensa postura corporal. Além disso, se o *terrier* que involuntariamente disparou essa ansiedade tiver uma história que o faz temer cachorros pretos, como aquele labrador, e nenhum dos dois cães estiver em posição de recuar (por exemplo, se o encontro for em um caminho estreito), então ambos podem tentar aliviar seu medo, transformando-o em hostilidade e atacando um ao outro.

Cães que vivem na mesma família normalmente podem superar tais contratempos: eles literalmente aprendem a conviver, buscam formas de relacionar-se que a teoria da "dominação" deixa escapar. Para os observadores, os relacionamentos que surgem podem lembrar um conjunto de "relacionamentos de dominação", que, considerados em seu conjunto, podem parecer uma "hierarquia". No meu estudo sobre buldogues franceses, uma das cadelas poderia ser descrita como "dominante" porque as outras cadelas normalmente (mas em hipótese nenhuma sempre) submetiam-se a ela. Mas não temos evidência de que os próprios cães a viam dessa maneira. É muito mais provável que as outras três cadelas do grupo (uma delas sua própria filha e as outras duas mais velhas e não aparentadas), cada qual do seu jeito próprio, lembrassem dela como tendente a ficar irritadiça em relação a elas quando a comida aparecia. Lembrar-se disso não as deixaria ansiosas, porque o dono delas cuidou para que tivessem o suficiente para comer, de modo que isso não faria — e, na verdade, nunca o fez — com que perdessem nada.

As modalidades segundo as quais os cães interagem entre si quando se encontram podem, portanto, ser explicadas sem referência à "dominação" em geral ou ao modelo do bando de lobos no cativeiro em particular. Mesmo em grupos de cães que vivem juntos, o que poderia parecer uma estrutura hierárquica é quase certamente uma projeção de nossas noções preconcebidas sobre os relacionamentos canídeos. Não há evidência que sustente a noção de que todos os cães são motivados pelo desejo de adquirir status sobre outros cães; muito embora alguns cães decerto pareçam mais competitivos que outros, com toda a probabilidade eles estão apenas mais fortemente motivados para competir por coisas que valorizam muito — brinquedos, por exemplo — sem estarem, sequer de leve, conscientes de que, dessa forma, adquirem algo que nós possamos (equivocadamente) rotular de status. É claro que não podemos estar certos de que os lobos tampouco tenham essa capacidade, de modo que é bem possível que suas "hierarquias" também sejam aparentes apenas para nós e não para eles mesmos. Como está previsto pelo modelo RHP, cada cão (ou lobo) provavelmente usa sua experiência de encontros prévios para calcular como se comportar a cada vez que interage com outro de sua própria espécie; essas "regras de ouro" permitem que ele coexista de forma confortável com os outros indivíduos de seu grupo. O leque de experiências a que cada indivíduo pode recorrer varia e depende de quão familiar ele é do outro cão. Mas seja o outro indivíduo totalmente desconhecido ou um companheiro da vida inteira, o cão usará toda a informação disponível para julgar o comportamento do outro e para proceder da forma mais segura e mais eficiente possível. Considerações com sua própria segurança inibirão a agressão, que é perigosa para ambas as partes, enquanto sua experiência de encontros prévios fará com que se concentre em avaliar se o outro cão parece interessado ou desinteressado no recurso em questão. Assim, a maior parte dos encontros entre cães se passa sem incidentes, com nenhum dos participantes tendo conhecimento se o seu status foi ou não afetado, ou preocupando-se com isso, como querem alguns especialistas.

Infelizmente, a ideia de que os cães veem tudo em termos de status tem sido adotada quase abusivamente nas interpretações do relacionamento entre cães e seus donos. Na concepção popular desses relacionamentos, o cão percebe o dono como apenas outro integrante do bando — e como um obstáculo para a acumulação de status pelo cão. Ao encorajar os donos a acreditarem que seus cães, a certa altura, hão de tentar "dominá-los" e assumir o controle da família, essa ideia promove o uso das técnicas de "redução de status", e do castigo físico se estas falharem. Mas, se o cão não tem um conceito de status — e há razões para acreditar que ele não o tem —, então nenhuma dessas técnicas vai alcançar aquilo a que se propõe. Algumas (particularmente o castigo) vão alterar a conduta dos cães, mas não necessariamente na direção desejada.

Muitos treinadores ainda se apoiam na ideia de que a maior parte dos cães tenta controlar as famílias humanas que os adotaram. Segundo esse modo de pensar, os cães precisam conceber os seres humanos como indivíduos de sua própria espécie, embora muito estranhos, com duas pernas, e o comportamento deles em relação às pessoas deve, portanto, ser derivado do que ocorre na sociedade dos lobos. Este foi chamado de "modelo do lobo".[7] Pode haver alguma verdade nesse modelo. Afinal de contas, se fosse totalmente falso, a ponto de os cães pensarem que os seres humanos são completamente diferentes deles, então os cães teriam de haver criado um conjunto inteiramente novo de respostas comportamentais em relação aos seres humanos em um estágio inicial da domesticação. Mas essa conclusão parece implausível, dada a quantidade de superposições que existem entre o modo como os cães interagem com os seres humanos e o modo como interagem entre si. Ainda assim, alguns treinadores de cães levaram ao extremo a noção de que os cães acham que os seres humanos são seus semelhantes.

O modelo adotado por muitos treinadores geralmente seguiu a obsoleta visão dos cães que lutam constantemente para assegurar a dominação sobre sua própria espécie e também sobre os seres humanos.[8] Para explicar a natureza geralmente harmoniosa da maior parte das famílias que possuem cães, esses treinadores presumem que alguns cães automaticamente "respeitam" o status superior dos integrantes humanos de seu bando, possivelmente porque chegam a entender que os seres humanos são mais espertos que eles ou, alternativamente, porque os seres humanos evidentemente funcionam como pais ao fornecerem comida. No entanto, eles retratam outros cães que tentam adquirir, ou que realmente adquirem, domínio sobre um ou vários membros da família e que repetidamente exibem um comportamento agressivo para afirmar sua posição na "hierarquia social" do bando. Nessa perspectiva, a atenção não dividida que os cães dedicam a seus donos e familiares é uma forma de vigilância constante, através da qual eles esperam uma oportunidade para subir de posição na hierarquia.

Muitos treinadores de cães e especialistas em conduta canina ainda defendem esse conceito de todo coração — apesar do fato de que a ciência o repudiou quase completamente — e até mesmo apareceram com regras projetadas para impedir as supostas tentativas de dominação por parte dos cães. De acordo com esses treinadores, o "cão dominante" quase sempre se trai por sua linguagem corporal. Se o cão põe o queixo ou a pata no joelho do dono, isso significa que ele acha que assume o controle do comportamento de seu dono e, portanto, está a caminho de tornar-se o líder do bando. Para evitar essa tentativa de "dominação", dizem os treinadores e os especialistas, os donos deveriam sempre tirar a pata ou o queixo do cão da sua perna. No entanto, por alguma razão, tais treinadores fazem exceção para os cachorros pequenos: aqueles que estão acostumados a sentar no colo de seus donos não necessariamente hão de achar que estão dominando. Como medida suplementar para impedir os cães de assumirem a "dominação", os donos são instados a sempre cruzarem portas e portões na frente de seu cão.[9] Alguns treinadores até mesmo criaram elaboradas listas de "mandamentos" que supostamente impedirão que o seu cão sinta que o domina. A seguir, uma dessas listas:[10]

1. Não permita que seu cão coma a refeição dele antes que você (o cão superior) tenha feito a sua primeiro.
2. Não permita que seu cão saia de casa (da toca) antes que você (o cão superior) tenha passado pela porta primeiro.
3. Não permita que seu cão suba no sofá ou na cama (somente aos cães superiores é permitido descansar em lugares aconchegantes).
4. Não permita que seu cão suba suas escadas, ou que espreite você do topo da escada.
5. Não permita que seu cão olhe nos seus olhos.
6. Não abrace nem afague seu cão.
7. Não interaja com seu cão a não ser que se trate de alguma espécie de treinamento.
8. Não cumprimente seu cão quando chegar do trabalho, das compras etc.
9. Não cumprimente seu cão pela manhã; ele é que deve cumprimentar você (o cão superior).
10. Não permita que seu cão fique com o brinquedo quando acabar uma brincadeira: ele vai interpretar isso como uma vitória.

Os efeitos desses "mandamentos" variam muito, mas nenhum deles é particularmente construtivo. Na verdade, se os cães não têm um conceito de status, e não há evidência de que o tenham, algumas dessas recomendações são inofensivas ou incidentalmente benéficas para o relacionamento cão-dono. (Por exemplo, muitos donos preferem não encorajar seus cães a subir até o andar de cima ou a dormir na cama com eles, apesar de não haver evidência de que permitir-lhes qualquer das duas coisas teria, por si só, qualquer efeito sobre o relacionamento de um modo geral.) Outras recomendações, no entanto, tais como a advertência sobre abraçar ou afagar o cão, parecem destinadas a tirar muito do prazer de se ter um cachorro e transformam a alegria em um desafio.

Alguns desses "mandamentos" foram investigados cientificamente, mas nenhum daqueles que foram examinados merece qualquer apoio da pesquisa. Em um dado estudo, permitiu-se que os cães algumas vezes vencessem brincadeiras de cabo de guerra disputadas com pessoas. É compreensível que isso tenha feito com que os cães ficassem mais entusiasmados para brincar com as pessoas do que quando eram forçados a perder sempre, mas não houve sinais de que os cães se tornassem "dominantes" como resultado disso. Em outro estudo, donos de cães que informaram que sempre deixavam seus animais ganharem os jogos nem por isso tiveram mais probabilidade de ter cães desobedientes do que os donos que sempre insistiam em ganhar, enquanto os cães cujos donos gostavam de brincadeiras de combate eram notadamente mais ligados a eles do que aqueles que normalmente eram mantidos à distância. Os cães aos quais se permitiu que não respeitassem os dez mandamentos listados no exemplo acima não só não controlavam a conduta de seus donos, como também não eram mais agressivos que outros, o que deveriam ter sido se seus donos inadvertidamente lhes tivessem dado sinal verde para assumir o controle da família.[11]

Há mais um problema com a teoria da dominação no treinamento, e é um problema particularmente significativo: mesmo que os lobos *fossem* inclinados a dominar uns aos outros, parece improvável que os cães domésticos houvessem retido esse desejo de dominar. Mesmo se acreditarmos que os cães podem nos perceber apenas como outros cães (ou lobos) e mesmo se aceitarmos a duvidosa afirmação de que os canídeos têm um desejo de dominar outros canídeos, não há base lógica para presumir que os cães iriam automaticamente querer controlar-nos. A domesticação deveria ter favorecido exatamente o oposto: cães que apaixonadamente querem que nós os controlemos. Parece muito provável que, nos primeiros estágios da domesticação, qualquer cão que tentasse presumir o controle da família humana com a qual vivia teria sido rejeitado em favor de outro que fosse mais dócil. Assim, mesmo que existam alguns lobos que possam nutrir esse desejo hipotético de dominar seu "bando" e que esse traço de caráter seja hereditário, parece bem pouco provável que lobos com esse traço tivessem contribuído de maneira expressiva para a ancestralidade do cão doméstico.

Tornou-se muito claro que o modelo a partir do qual muitas pessoas treinam, comandam ou simplesmente interagem com seus cães é fundamentalmente equivocado. O tradicional modelo do lobo é contrariado tanto pela concepção atual de como os lobos na verdade organizam suas vidas quanto pela lógica do processo de domesticação — e, já que não explica de forma adequada o comportamento social entre cães, também é altamente improvável que seja útil para explicar o relacionamento entre os cães e seus donos. Mesmo assim, esse modelo ainda é defendido por muitos treinadores de cães, que o usam para justificar seus métodos. Esses treinadores com frequência têm em vista um perfil de donos de cachorro que não compreendem as motivações de seus cães e empurram o modelo de "dominação" como o único caminho para restaurar relacionamentos sadios. No mínimo, esse enfoque sabota a alegria de ter um cão. No pior dos casos, é usado para justificar o castigo físico como um componente essencial do treinamento. Muitas pessoas agora pensam que esses métodos de treinamento baseados na punição são desnecessariamente estressantes para o cão. Apesar de parecerem superficialmente efetivos, tais métodos muitas vezes não funcionam bem em longo prazo, por razões que são meridianamente claras para os cientistas que estudam como os animais aprendem.

CAPÍTULO 4

Castigo ou recompensa?
A ciência do treinamento de cães

Atualmente, o treinamento de cães conta com um bom perfil na mídia; evidentemente gera boa audiência, como ficou claro com o surgimento de celebridades como Cesar Millan, o "Encantador de Cães", e Victoria Stilwell, apresentadora do programa "It's Me or the Dog" ["Ou eu, ou o cachorro"]. Mas existe tremenda discordância entre os treinadores de cães sobre a melhor abordagem para conformar o comportamento de um cachorro. Muitos treinadores e famosos behavioristas continuam a promover a ideia de que os cães são animais de bando e que muitos deles só podem ser controlados através da teoria da "dominação" e do recurso a castigos físicos. Por exemplo, Cesar Millan escreve: "Os cães têm uma arraigada mentalidade de bando. Se você não impõe liderança a seu cão, ele vai tratar de compensar isso se mostrando dominador ou apresentando um comportamento instável."[1] Vejam o que diz Colin Tennant, behaviorista e especialista em treinamento de cães do Reino Unido: "A maior parte dos cães se esforçará ao máximo para dominar quaisquer outros cães ou seres humanos com os quais venham a entrar em contato, através da linguagem corporal e/ou rosnando, mordendo, ou através da intimidação física agressiva."[2]

Outros, como Karen Prior, Patrícia McConnell e Jean Donaldson, discordam radicalmente dessa abordagem, rejeitam a analogia com o bando de lobos e defendem que se deve treinar um cachorro como se fosse qualquer outro animal. Além disso, enfatizam que o treinamento deve ser baseado em recompensas e abominam o uso desnecessário do castigo físico. Um dos criadores desse enfoque, o Dr. Ian Dunbar, afirma que a obediência, meta de todo treinamento de cães, é alcançada com mais frequência através de métodos de treinamento positivos, especificamente os métodos de atrair e recompensar, com doces e elogios, nos quais ele é pioneiro. Com mais de 25 anos de experiência como veterinário e treinador de cães e filhotes, Dunbar baseia seus métodos solidamente na psicologia canina, apoiado em seu doutorado em Comportamento Animal na Universidade da Califórnia (em Berkeley) e em uma década de pesquisas sobre comunicação e conduta de cães domésticos. O debate entre os dois campos às vezes se aquece, tornando-se até mesmo pessoal. Dunbar, por exemplo, declarou sobre Millan: "Ele tem muita habilidade com cães, mas, de um ponto de vista científico, o que ele diz é, bem, diferente. Que os céus protejam quem tentar seus métodos, porque muito do que faz envolve perigo."[3]

Essas diferenças de opinião não são apenas do interesse dos treinadores envolvidos — elas têm efeitos reais sobre o bem-estar dos cães. Todos os anos, muitos desses animais são abandonados, e mesmo sacrificados, porque chegam a se comportar de modo inaceitável. Em muitos casos, esses problemas de comportamento são causados por treinamento inepto ou inconsistente. Por essa razão, é importante que tentemos compreender como os cães *realmente* aprendem e, assim, que métodos e filosofias de treinamento são mais eficazes. Contar com o treinamento certo é essencial tanto para o bem-estar dos cães como para a paz de espírito de seus donos.

A noção de que o cão tem um lobo debaixo da pele ainda domina, hoje, boa parte do treinamento de cães, apesar de já ter sido abandonada pelas comunidades científica e veterinária e por um número crescente de treinadores. A abordagem do "bando de lobos" promove duas ideias interdependentes: que os cães, por conta de sua arraigada "mentalidade de bando", só podem ser controlados caso seus donos adotem o papel de líder do bando; e que o modo mais confiável de assegurar esse resultado é o uso do castigo físico. Essas ideias retrocedem pelo menos até o século XIX, mas ganharam reforço adicional, ou assim pareceu na época, dos estudos sobre bandos de lobos no cativeiro que foram realizados em meados do século XX. Agora que se dispõe de um retrato mais preciso da sociedade dos lobos, baseada em laços de família, a credibilidade dessas ideias viu-se seriamente solapada, mas elas ainda são amplamente defendidas.

O uso muito difundido de treinamento de cães baseado na punição normalmente é remontado ao coronel prussiano Konrad Most, cujo livro *Training Dogs: A Manual* [*Treinando cães: um manual*], publicado pela primeira vez em 1910 (na Alemanha), exerceu grande influência e foi traduzido para o inglês, por força da demanda popular em 1944. Most foi assertivo ao afirmar que o relacionamento entre o homem e o cão não era apenas hierárquico — com um só "vencedor" —, mas que só poderia ser estabelecido através da força física, por uma luta real, na qual o homem já entrasse vitorioso. O cão tinha que ser convencido da absoluta superioridade física do homem.[4] Essa abordagem exige que o dono constantemente mantenha e reforce sua posição como chefe do bando familiar. Nessa concepção, o cão percebe as pessoas com as quais vive como companheiros de bando, e considera-se que a má conduta do animal deve-se ao fracasso do dono em imprimir sua dominação sobre o cão. Consequentemente, os métodos de treinamento são projetados para rebaixar a posição do cão na hierarquia ou na "ordem das bicadas", como às vezes é chamada a estrutura de poder, na qual cada indivíduo dá bicadas no que lhe é inferior.[5]

The Monks of New Skete [Os Monges de New Skete], autores de manuais de treinamento de cães de grande sucesso há mais de trinta anos, são influentes defensores dessa filosofia. Eles sustentam que compreender o comportamento do lobo ajudará o dono a compreender seu cão, e que livros sobre lobos são, com frequência, mais úteis para aqueles que desejam entender e avaliar a conduta de seu cachorro do que os manuais de treinamento de cães.[6]

Os Monks são muito específicos quando levam esse princípio à prática. Por exemplo, para cães agressivos eles recomendam o "rolar do lobo alfa". Essa é uma técnica disciplinar — assim designada pelo modo segundo o qual se supõe que o lobo líder deve punir os membros de seu bando que se comportam mal[7] — na qual o cão é agarrado firmemente pela nuca e rolado com vigor sobre suas costas. Para filhotes, eles recomendam o "método da sacudida", que, afirmam eles, se parece com o que a mãe faz com a sua prole para manter a ordem na ninhada.[8] O filhote é agarrado pela pele solta dos lados do pescoço, elevado até que suas patas dianteiras não toquem mais o solo e sacudido.

Treinadores de cães como o Dr. Ian Dunbar, que adotam métodos baseados na recompensa, consideram essa "redução de dominação" como desnecessariamente cruel e baseada em uma concepção totalmente equivocada, devendo ser rejeitada basicamente porque traz implícita a suposição de que, quando um animal se comporta mal, ele o faz pelo desejo de alcançar uma posição mais destacada no bando. Em vez disso, esses treinadores se apoiam em explicações muito mais simples, com fundamento na ciência da aprendizagem dos animais, e enfatizam que muitas das condutas que os animais exibem são desempenhadas simplesmente porque esses comportamentos foram recompensados muitas vezes no passado.[9] Raramente fazem especial referência ao lobo como antepassado do cão, já que os efeitos da recompensa sobre o comportamento são universais entre os animais vertebrados.

Alguns especialistas vão ainda mais longe, afirmando que as técnicas de treinamento derivadas do conceito de dominação podem efetivamente causar dano aos cães a que são aplicadas. Sua maior preocupação é que os métodos que empregam a punição, tantas vezes mobilizados como tentativa de curar um suposto "problema de dominação", podem de início suprimir a conduta, mas depois podem fazer com que o cão se torne depressivo e arredio.[10] Pior é o que pode ocorrer se o "cronograma de redução da dominação" não funciona: se a conduta ruim continua, o dono pode pensar que não afirmou sua posição com força suficiente e se tornar mais e mais agressivo em sua atitude. Finalmente, o cão pode ficar tão temeroso dele que venha a mordê-lo para se defender.[11]

Pessoalmente, fico feliz de saber que as mais recentes evidências científicas dão suporte a uma abordagem sobre controle de cães com a qual me sinto confortável. Como cientista e também como amante de cães, empenho-me em avaliar a melhor evidência disponível para depois decidir sobre a abordagem mais lógica a adotar. Se os bandos de lobos selvagens fossem tão carregados de tensão como suas contrapartidas nos zoológicos, eu teria que concordar que o enfoque da dominação tem seus méritos. Ainda ficaria relutante em adotar a punição, em vez da recompensa, como filosofia para treinar meu cão, porque, para mim, toda a graça de ter um cachorro é a companhia que ele traz, e, para mim, dominação e companhia não são compatíveis. Como dono de cachorro, fiquei aliviado com o descrédito da ideia do bando de lobos, já que poderia, então, explicar a mim mesmo e, mais importante que isso, a outras pessoas por que punir um cão de forma rotineira não apenas é desnecessário, mas também contraproducente.

Ambos os lados do debate sobre técnicas adequadas para o treinamento de cães sustentam que suas abordagens estão fundamentadas em dados científicos sérios. Não é de surpreender que os donos de cachorros tenham dificuldade para avaliar quais afirmações são verdadeiras e, portanto, como melhor treinar seus animais. A questão de saber se a conduta dos cães se alinha à conduta dos seus antepassados lobos acaba sendo uma tergiversação, porque, quando se trata de treinamento, na realidade a pergunta mais importante é: *como os cães aprendem?*

Em primeiro lugar, é importante deixar claro que os cães estão aprendendo o tempo todo — não apenas durante o treinamento formal. Ou, dito de outra forma, os donos de cachorros com frequência fazem coisas que educam seus cães sem terem consciência de que as estão fazendo. Os cães aprendem de maneira particularmente rápida quando estão crescendo; podem modificar os padrões "instintivos" com os quais se comunicam uns com os outros e conosco; aprendem como conviver com outros cães e com gente que encontram. Da perspectiva de um cão jovem, não há muita diferença entre a aula de treinamento e a vida de todos os dias: o cachorro aprenderá sempre. Não importa quão boa a sessão de treinamento tenha sido, os donos precisam ter em mente todas as oportunidades que seus cães têm para aprender e não apenas as que são formalmente rotuladas como "treinamento".

Os cães aprendem, em grande parte, da mesma forma que os outros mamíferos — inclusive os seres humanos. No entanto, as espécies variam ligeiramente em termos do que acham *mais fácil* aprender e do que *motiva* seu aprendizado. Uma razão pela qual os cães domésticos se ajustam tão bem às comunidades humanas é que eles acham o contato humano muito recompensador e assim ficam ansiosos quando separados de seus companheiros humanos. Desse modo, eles são fortemente motivados para fazer coisas que agradem a seus donos ou, se não podem descobrir quais sejam elas, para conseguir, pelo menos, a atenção deles.

Porém, se quisermos treinar qualquer animal para fazer alguma coisa, é mais fácil começar com um comportamento que o animal iria ter de qualquer maneira. É manifesto que nem todos os animais são igualmente fáceis de treinar, em geral ou com respeito a condutas específicas. A herança biológica influi. Por um lado, muitas das coisas que ensinamos aos cães, tais como cercar ovelhas e trazer a caça abatida, fazem uso de traços de conduta que evoluíram há milhões de anos, como parte do natural comportamento de caça de seus antepassados canídeos. Por outro lado, como predadores, os cães normalmente não fogem das coisas, a não ser que estejam com medo delas, de modo que é muito mais difícil treiná-los para puxar uma carroça do que treinar animais de presa, tais como os cavalos, para fazê-lo.[12] Mesmo assim, existem desacordos fundamentais entre treinadores sobre como os cães são motivados para aprender. Os defensores da velha escola, sustentados apenas pela tradição, pensam que os cães precisam aprender seu lugar no bando; os modernistas, apoiados em provas científicas, pensam que os cães aprendem para agradar seus donos.

Então, para um cão, o que significa aprender? Podemos dizer que um cão aprendeu alguma coisa quando sua reação típica a uma situação específica muda. Mudanças de curto prazo, que podem ser atribuídas a processos internos como a fome, não contam. Quanto mais tempo venha a decorrer desde a última refeição de um cão, mais faminto ele ficará, mas seu interesse pela comida desaparece depois que tenha comido. Isso não é aprender. No entanto, quando um cachorro subitamente fica excitado quando escuta sua tigela de comida sendo tirada do armário e quando repete esse comportamento todos os dias, então podemos estar certos de que ele aprendeu alguma coisa.

O tipo mais simples de aprendizagem é a *habituação*, definida como a diminuição de uma resposta a um evento que resulta não ter consequências. A maior parte dos animais tem órgãos sensores que reúnem muito mais informação sobre o mundo do que eles possam possivelmente manejar, e os cães não são exceção a essa regra. Para evitar desperdício de tempo, os animais precisam de um mecanismo que lhes permita poupar-se de responder, repetidamente, a algo a que seus sentidos lhes dizem que deveriam reagir, mas com o que, na verdade, não precisam se preocupar. É uma capacidade muito primitiva e universal: até mesmo animais sem sistemas nervosos podem fazer isso, ou algo parecido.

A habituação explica, por exemplo, por que os cães podem, com rapidez, perder interesse por um brinquedo em particular. Se oferecermos repetidamente aos cães um brinquedo favorito — um ursinho que faz barulho, por exemplo — eles pararão de brincar com ele depois de apenas cinco ou seis vezes. Mas se o brinquedo for trocado por outro, apenas levemente diferente — idêntico em aparência, com exceção, digamos, de uma cor ou de um cheiro diferente — os cães começarão a brincar com o novo de modo tão animado como haviam feito com o primeiro. É claro que logo ficam entediados com o segundo brinquedo também, já que não há nada mais de estimulante nele, se comparado ao primeiro.

Por que demonstram essa rápida perda de interesse? Não sabemos, mas é tentador especular que isso esteja conectado com as origens dos cães como caçadores. Só valeria a pena insistir em algo que foi agarrado com a boca e, talvez, lançado ao ar, se aquilo produzisse comida ou pelo menos começasse a se quebrar e assim, posteriormente, viesse a produzir comida[13] — o que pode ser a razão pela qual muitos cães adoram despedaçar seus brinquedos. Mas se algo permanece sem mudanças, mesmo depois de uma mastigação repetida, na certa não vale a pena incomodar-se com aquilo.

A habituação pode ser útil, tanto para os cães como para seus donos, porque ela reduz a ansiedade do cachorro em reação a episódios inesperados. Claro que a técnica funciona apenas se o gatilho para o medo (digamos, o som de fogos de artifício) não vier a ter consequências reais para o cão (não seja na verdade doloroso). Como técnica de treinamento, o elemento estressante deve ser apresentado em um nível que apenas é alto o suficiente para ser detectado pelo cão, mas não alto o suficiente para assustá-lo. Gravações disponíveis no comércio, de ruídos de tiros e de fogos de artifício, são uma maneira muito prática de reduzir a ansiedade associada com tais ruídos. Uma vez que esse nível inicial tenha sido estabelecido, a intensidade do som pode ser aumentada de forma muito gradual, com intervalos bastante longos, de modo que o cão fique mais e mais habituado a ele, finalmente chegando-se ao ponto no qual até mesmo a intensidade "normal" de todos os dias já não seja bastante importante para fazer o cão ficar assustado.

Tenhamos em mente que muito cuidado deve ser tomado para evitar aumentar a intensidade dos estímulos até o ponto em que o cão fique, mesmo levemente, assustado. Se cruzarmos essa linha, o processo retrocede vários estágios antes que possamos tentar outra vez.

O processo oposto, a *sensitização*, ocorre quando o cão entra em pânico porque não pode escapar do que quer que seja que o estiver assustando — essa é uma causa comum da assim chamada fobia dos fogos de artifício. Muitos cães têm medo de barulhos altos; alguns gradualmente se acostumarão a eles se sua exposição inicial não tiver sido demasiado intensa, por sorte ou porque seu dono teve a precaução de habituá-los deliberadamente. Outros, que podem ser intrinsecamente nervosos ou cuja primeira exposição tiver sido particularmente intensa, ao descobrirem que nada do que tentem faz com que o barulho desapareça, reagirão mais e mais intensamente a todas as exposições sucessivas. Uma vez que isso aconteça, até mesmo níveis muito baixos do estímulo dispararão o sentimento do medo, tornando a habituação quase impossível. A técnica conhecida como "inundação" (exposição a intensidades extremas de estímulos inevitáveis que induzem o medo) pode funcionar no tratamento de fobias irracionais nos seres humanos, mas, quando usada nos cães, ou em outros animais menos racionais do que nós, na certa aprofundará o medo.

Tanto a habituação como a sensitização são formas de aprendizagem — ambas mudam o modo segundo o qual o cão responde a situações de forma emocional. Todas as combinações de eventos externos reconhecidas pelo cão disparam uma emoção — nesse caso, o medo. A combinação específica pode ser importante; por exemplo, um cão pode perder sua sensibilidade a ruídos altos quando está em casa, mas continuar ficando assustado quando está andando de carro. O cão ainda pode não gostar do som dos fogos de artifício, mas aprendeu que nada de ruim acontece depois daquele som *quando ele está em casa*. O carro introduz um conceito novo, um lugar no qual ele nunca ouviu os fogos previamente, e assim o medo reaparece.

O papel do contexto também é essencial para se compreender formas de aprendizagem muito mais complexas, inclusive a aprendizagem associativa. Esta ocorre quando dois episódios até então desvinculados se conectam na experiência do cão. Ele pode aprender que "sou alimentado logo depois que meu dono pega minha tigela no armário", que "logo depois que a campainha toca, a porta se abre e pessoas entram por ela", que "há coelhos naquele bosque", que "quando meu dono diz 'senta!', é divertido que eu sente", que "se eu pegar minha coleira, meu dono pode levar-me para dar uma volta" e assim por diante. Essas são associações simples, entre dois conjuntos de informação (tigela = comida, campainha = pessoas, bosque = coelhos para caçar) ou entre fazer uma coisa e conseguir algo (sentar = elogio do meu dono, pegar coleira = passear).

No jargão dos psicólogos, esses dois tipos de associações ocorrem naqueles condicionamentos que são respectivamente conhecidos como condicionamento *clássico* e condicionamento *operante*. O condicionamento clássico algumas vezes também é chamado de condicionamento pavloviano, por conta dos conhecidos experimentos realizados por Ivan Pavlov nos anos 1900. Tendo notado que os cães antecipavam a chegada da comida babando, Pavlov foi capaz de mostrar, nesses experimentos, que, se a chegada do alimento fosse sempre precedida pelo toque de uma sineta, os cães começariam a salivar sempre que ouvissem a sineta, mesmo sem o cheiro da comida presente no ar. Assim, ele ajudou a estabelecer o fato de que animais como os cães eram capazes de aprender com rapidez o significado de pistas artificiais, para o que a evolução não os podia ter preparado. Estudos subsequentes demonstraram que alguma coisa que, de modo confiável, anuncia uma refeição, tal como a tigela saindo do armário, não só faz o cachorro babar (e a quantidade de baba foi precisamente o que Pavlov mediu), mas, na verdade, forma algum tipo de retrato mental de comida na cabeça do cão. (Conhecendo-se os cães, com certeza há de ser uma representação olfativa, mais que uma imaginária fotografia instantânea de algo marrom em uma tigela.) Assim, algo de que o cão instintivamente gosta (nesse caso, o cheiro de comida) fica vinculado a algo arbitrário, algo que, de outro modo, não significaria muito — o dono que tira alguma coisa de um armário.

O condicionamento clássico é automático; não envolve a reflexão do cão sobre o que acaba de acontecer. Por essa razão, funciona bem apenas quando o estímulo arbitrário vem *imediatamente* — em um ou dois segundos — antes do estímulo ao qual o cão já está programado para responder. Se a tigela aparece e depois o dono tem sua atenção distraída, o cão na certa babará até que a comida finalmente chegue. Se, por alguma razão, o dono muda a rotina e começa a pegar a tigela muito antes de enchê-la, o cachorro acabará por, depois de um período de frustração (e muita baba), desaprender a associação — um processo conhecido como *extinção*. Por outro lado, dado que a comida é muito importante para os cães, eles podem ser condicionados por outro preditor que esteja presente ao mesmo tempo — talvez o dono que pegue o pacote de ração no armário.

O condicionamento clássico também funciona na direção contrária, se a associação é com algo de que o cão *não* gosta. Se um cão pisa em um espinho e fere sua pata, ele irá imediatamente associar a dor com o lugar onde foi ferido e evitá-lo por algum tempo. Tais *aversões* geralmente duram bastante, em parte porque o cão não perde muito se ficar longe daquele lugar por um período — em linguagem biológica, ele tem uma estratégia alternativa disponível. Os cães também não gostam de choques elétricos e aprenderão com rapidez a prever quando os choques vão ocorrer, se for possível que isso aconteça. Esse é o conceito por trás de um produto para cães chamado de "cerca para animais de estimação", que envolve uma coleira que aplica um choque suave no pescoço do cão. O choque é disparado quando o cão chega perto de um fio metálico enterrado que emite um sinal de rádio, visualmente definido por uma linha de bandeiras ou algo parecido. A coleira também emite um bipe logo antes de aplicar o choque; o cão aprende com rapidez que o bipe significa que o choque está por acontecer e também associa o choque com o lugar no qual outro choque ocorreu antes. O cão deveria, então, ser capaz de aprender a se afastar todas as vezes que escutar o bipe, evitando assim o choque. Em resumo, uma estratégia alternativa lhe é proporcionada.

No contexto da aplicação dos princípios do condicionamento clássico ao treinamento de cães, é crucial entender que eles vivem no aqui e agora em muito maior extensão que os seres humanos e, portanto, que eles podem associar qualquer punição (ou recompensa) com algo que nós podemos não esperar. Por exemplo, muitos donos castigam seu cão, verbal ou fisicamente, quando chegam em casa e descobrem que ele fez algo errado. Presumem que o cão será capaz de lembrar qual foi o erro e, assim, associar a punição com sua causa. No entanto, como vimos antes, os cães não são bons em fazer viagens mentais através do tempo. O que o cão faz, na realidade, em tais ocasiões, é associar a situação imediata — o regresso do dono — com suas palavras zangadas e com qualquer castigo físico que as acompanhe. Em resumo, o cão associa episódios que ocorrem um depois do outro de forma imediata. A bagunça no quarto é muito relevante para o dono, mas muito menos importante para o cão, que é incapaz de refletir sobre a causa de o dono estar zangado. O que é diferente da situação da "cerca para animais de estimação" é que, aqui, o cão não tem uma estratégia alternativa; não tem meios de evitar a punição, porque não entende o que a precipitou em primeiro lugar, nem teve qualquer aviso de que o castigo era iminente. Porque não compreende a causa, o cão é incapaz de prever quando seu dono chegará em casa zangado e quando não. É como um rato em uma gaiola, recebendo choques de forma aleatória. Pesquisadores estabeleceram que os ratos podem se tornar bastante tolerantes aos choques elétricos leves, mesmo em situações nas quais não podem evitá-los, se lhes for dado um aviso confiável de quando eles vão ocorrer. No entanto, um rato que receba os mesmos choques, mas dessa vez sem aviso, torna-se cada vez mais ansioso e estressado. O mesmo vale para os cães.

Embora quase toda a aprendizagem dos cães aconteça entre episódios separados por um ou dois segundos, existe uma importante exceção — a saber, quando o "castigo" toma a forma de uma dor de estômago. Um jovem cão inexperiente pode pegar o cadáver em decomposição de um animal durante um passeio, pensar equivocadamente que aquilo é bom para comer, depois sentir náuseas e, uma hora depois, vomitar o que comeu. Mesmo que esses eventos pareçam estar muito mais afastados no tempo para que o condicionamento clássico convencional funcione, seria muito útil que esse filhote pudesse aprender a não comer tais coisas outra vez e, na realidade, é o que acontece. Existe uma regra especial para comida: vincular o gosto ou o cheiro da última refeição com a dor de estômago. Mas está restrita à comida e não parece aplicável a nenhuma outra associação aprendida. Esse necessário relaxamento das regras comuns pode ter consequências não pretendidas: os animais (isso se aplica também aos seres humanos) podem "deixar de ingerir" uma comida específica se forem afetados por um vírus gástrico poucas horas após comê-la, mesmo que a comida não tenha realmente causado os problemas estomacais. Mas essa confusão, presumivelmente, é um preço que vale a pena pagar para aprender a evitar alimentos que sejam mesmo tóxicos.

Como vimos, os cães aprendem de forma contínua como funciona seu meio ambiente. A domesticação fez os cães ficarem mais atentos aos seres humanos do que a qualquer outro animal, selvagem ou doméstico, mas não pôde prepará-los para todas as eventualidades que cada um deles vive, também porque os ambientes produzidos pelo homem mudam demasiado rápido para que a evolução os possa acompanhar. O que a domesticação deu aos cães foi a capacidade de dar sentido ao mundo, ao aprenderem todos os tipos de associações, algumas delas entre eventos e sensações que nenhum cão da geração anterior poderia possivelmente ter realizado. O primeiro cão que se encontrou com um aspirador de pó não estava especificamente pré-adaptado a manejar a situação, mas tinha a capacidade de habituar-se a vibrações e a sons desconhecidos.

Essa aprendizagem simples ajuda os cães a lidarem com ambientes produzidos pelo homem de um modo que poucas outras espécies são capazes de fazer. No entanto, isso não é suficiente para transformar os cães no tipo de cidadãos-modelo que precisariam ser para acomodar-se a esses ambientes. Para isso, eles também precisam comportar-se como esperamos que o façam, e isso raramente ocorre de forma espontânea; mais que isso, os cães precisam ser treinados com intencionalidade.

O *treinamento* do cão, por oposição ao mero aprendizado, fundamenta-se de modo primário no outro tipo importante de aprendizagem associativa, o *condicionamento operante* ou *instrumental*. Esse tipo de condicionamento vincula uma ação que o cão executa com uma recompensa específica. (A recompensa também pode ser a revogação de um castigo.) A ação é algo que o cão faria em outras circunstâncias, mas, até que seja treinado, não especificamente para obter aquela recompensa. Por exemplo, um cão pode ser treinado a sentar-se para obter um bocado de comida, mesmo que se sentar não seja um traço normal da conduta de caçar, ou de se alimentar, dos canídeos. A conduta que não vem naturalmente é muito mais difícil de ser conseguida: por exemplo, é muito mais fácil treinar um cão do que um cavalo para que busque um pedaço de madeira, já que o modelo natural — trazer comida para alimentar os cães jovens — é uma atitude essencial do repertório dos canídeos, mas não dos animais que pastam capim. Os cães estão motivados de forma natural a desempenhar uma ampla gama de tarefas. Para eles, como para todos os animais, a comida pode ser uma recompensa importante, mas os cães são incomuns porque a maior parte deles considera o contato com seus donos como recompensador por si mesmo. Alguns tipos de cão também consideram a oportunidade de explorar ou caçar como recompensadora, independentemente de qualquer alimento que possa, talvez, resultar dessas ações. Essa tendência parece estar particularmente bem desenvolvida nos cães de trenó, por exemplo. Outros tipos consideram a própria brincadeira como uma recompensa, acima e além do contato com seus donos que em geral ocorre ao mesmo tempo. Assim, recorre-se a brincadeiras em alguns tipos de treinamento de cães farejadores.

Nem todo treinamento é deliberado; com frequência um cão "treinará a si mesmo", aprendendo por tentativa e erro que, quando faz uma coisa específica, algo de bom acontece. É assim que surgem as formas mais simples de condutas para atrair a atenção. Por exemplo, cães jovens muitas vezes "experimentarão" fragmentos de comportamentos adultos quando brincarem com seus companheiros de ninhada ou com sua família humana. Uma dessas condutas é a ação de montar, um componente do comportamento sexual que também é encontrado rotineiramente nas brincadeiras. Quando, por acaso, o filhote tenta montar a perna de um dos membros humanos da família, todos os presentes rirão de um modo levemente embaraçado e gentilmente afastarão o cão. Na interpretação bem pouco sofisticada da conduta humana pelo jovem cão, isso é apenas uma brincadeira (isto é, recompensadora), de modo que ele repetirá a atuação subsequentemente estendendo-a aos visitantes, o que deixará o dono ainda mais embaraçado. Quanto mais arraigada a conduta se torne, mais difícil é erradicá-la. Jovens cães violentos podem até mesmo interpretar o tapa no nariz dado pelo dono como apenas um novo momento do jogo, e não como o castigo que o dono pretendia aplicar.

Os cães podem comportar-se muito mal — na perspectiva de seus donos — não apenas de forma espontânea, mas também devido a reforços proporcionados inadvertidamente — e aqui também aprender a teoria pode ajudar a erradicar o comportamento indesejado. Embora a associação entre a ação de montar e o elogio possa ser desfeita pelo fato de simplesmente ser ignorada sempre que acontecer, isso pode ser uma tática difícil na vida real, porque, para começar, o cão pode continuar a tentar obter a recompensa insistindo nessa conduta não desejada e até mesmo aumentando sua intensidade. Algum tipo de técnica de distração (em termos técnicos, treinamento por omissão) quase sempre é necessário nessas circunstâncias — com o propósito de levar o cão a fazer outra coisa igualmente recompensadora, porém mais aceitável. Assim, por exemplo, um cão que caça ciclistas pode ser recompensado através de uma brincadeira com o dono sempre que um ciclista apareça no horizonte. Mas a brincadeira precisa parar logo que o cão comece a reagir à bicicleta; de outro modo, o cão poderia interpretar a brincadeira como um encorajamento para que dê início à caçada. Não deverá ser motivo de surpresa que alguns cães desejem perseguir corredores e ciclistas: perseguir coisas que correm é parte natural da conduta de caça — apesar de não ser desculpa para impedir-nos de treinar o cão para que não o faça.

Os cães, por serem cães, muitas vezes não farão exatamente as associações que nós faríamos na mesma situação. Na maior parte dos exemplos de treinamento na vida real, a ação é precedida por uma deixa que dispara o comportamento, seguido pela recompensa: O dono diz "senta", o cão se senta, é elogiado pelo dono. No entanto, a "deixa" pode não ser tão simples e direta como o dono pensa (ver o boxe intitulado "Eu disse 'senta'!"). Algum aspecto das redondezas pode vir a ser incluído na pista (composta) que o cão constrói. Considerem, por exemplo, o jovem cão que é obediente em uma "festa de mascotes",[14] para a qual foi treinado de forma consistente sob o olhar do organizador, mas que é desobediente em outros lugares, onde seu dono pode ter sido menos consistente em entregar-lhe as recompensas.

Como no condicionamento clássico, o tempo certo para a entrega da recompensa é crucial. Não pode haver mais de um segundo ou dois entre o desempenho, pelo cão, da ação desejada e a entrega da recompensa. Se demorar mais que isso, não só o aprendizado se fará de forma mais lenta, como também existe uma chance maior de que o cão faça associações não desejadas. Tomemos o exemplo de um dono inexperiente, que tenta ensinar a um cão jovem o comando "senta". Quando o cão finalmente se senta, o dono fica tão aliviado que elogia o cão mais de uma vez: "cachorrinho bom, cachorrinho bom, cachorrinho bom..." Enquanto isso, o jovem cão excitável já se levantou e está tentando pular por aí. E o som "cachorrinho bom", cuja intenção era recompensar o cão por haver sentado, torna-se, em vez disso, a deixa para que ele fique dando pulos, uma atividade altamente prazerosa para o cão. Da próxima vez que o dono disser "cachorrinho bom", surpreender-se-á ao descobrir que o cão instantaneamente aumenta sua atividade, ignorando qualquer comando que esteja sendo ensinado naquele momento.

Eu disse "senta"!

Na sua série de televisão *Dogs with Dunbar* [*Cães com Dunbar*], de 1994, o já mencionado Dr. Ian Dunbar, conhecido veterinário norte-americano, especialista em comportamento de cães, fez uma fascinante demonstração de como os cães nos podem levar a pensar que aprenderam uma coisa quando, na verdade, aprenderam outra. A maioria dos donos acredita que seus cães conhecem a palavra "senta". Frente às câmeras, ele pediu a vários desses donos para que ordenassem a seus cães que se sentassem, apenas pronunciando a palavra: sem linguagem corporal, sem gestos, apenas a palavra. A maior parte dos cães não tinha a menor ideia do que devia fazer. Eles aprenderam as "deixas" mais fáceis para eles e não a palavra "senta", que os cães, com seu repertório limitado de sinais vocais, devem achar difícil de distinguir de outras palavras que soem de maneira parecida. Tinham aprendido a observar os gestos que o dono invariavelmente usava para acompanhar a palavra "senta".

Inspirado por essa demonstração, eu quis descobrir o que meu labrador Bruno realmente havia aprendido quando o treinei para sentar-se. O que ele havia registrado, nesse caso, *era* de fato um som — mas tudo o que ele captou foi o final "ta", e também a minha entonação. Se eu dissesse "bala de menTA" do modo adequado, seu traseiro bateria no chão instantaneamente.

Entregar uma recompensa é fácil quando o cão está ao seu lado, mas nem tanto quando ele está a alguma distância — por exemplo, quando está correndo atrás de outro cachorro e o dono quer que aprenda o comando de parar. Esse problema é mais agudo quando se treinam animais aquáticos — normalmente existe uma demora muito grande entre o desempenho bem-sucedido de um truque na água e a entrega da recompensa, um peixe, pelo treinador que está na beira da piscina — e, assim, foram os treinadores de golfinhos, antes dos treinadores de cães, que primeiro procuraram por uma solução na teoria da aprendizagem.[15] Para os golfinhos, a solução era um apito. Primeiro ensinaram ao golfinho, na beira da piscina, que o som de um apito era seguido, de imediato, por um peixe dado de presente. Subsequentemente, quando o golfinho executava um salto particularmente espetacular no meio da piscina, a treinadora podia, com um rápido toque de apito, fazer saber que esse era o salto que ela queria, mesmo antes do golfinho mergulhar

— e a entrega do peixe podia vir apenas algum tempo depois. Aqui, o apito serve como um *reforço secundário*, um evento inicialmente arbitrário que, ao se mostrar confiável e imediatamente seguido por uma recompensa genuína, não apenas se torna associado a esta na mente do animal — um caso de condicionamento clássico simples —, mas também, de algum modo, é recompensador por si mesmo.

Treinamento com *clicker*.

Os apitos já vinham sendo usados por alguns treinadores de cães como deixas, portanto era necessário um som arbitrário diferente nesse caso. Os donos de cães agora podem se valer de um reforço secundário muito efetivo, disponível no comércio, que é conhecido como *clicker*, uma mola plana de metal tensionada em um estojo plástico que faz "clique" quando apertada e liberada com rapidez. Na verdade, qualquer tipo de barulho muito rápido, mas óbvio, funcionará — inclusive o clique mais suave de uma caneta de ponta retrátil, para um cão sensível ao som, ou um único *flash* de uma lanterna cintilante de *LED*, para um cão surdo. Não há nada de mágico em nenhuma dessas coisas; o que importa é que são convenientes e facilmente reconhecíveis pelo cachorro.

O "clique" não tem sentido até que se vincule, na mente do cão, a uma recompensa. De início, muitos treinadores usam pequenos pedaços de algo saboroso como recompensa, porque há poucos cães que não respondam à comida. Mas, à medida que o treinamento avança, é uma boa ideia vincular o clique com outros tipos de recompensa, tais como brincadeiras ou carícias; caso contrário, o cão pode não atender ao clique quando não tiver fome. Claro que é difícil medir a eficácia dessas recompensas alternativas. É fácil ver se comida está funcionando ou não — os cães gostam de comida e a comerão alegremente —, mas o efeito das outras recompensas pode passar despercebido. O treinador precisa ver a cauda do cão abanando para verificar que o cão registrou a recompensa.

Eventualmente, apenas o clique será o suficiente para assegurar a atenção do cão e, assim, funcionar por si só como recompensa. Por exemplo, nos estágios iniciais do treinamento de um cão para que volte para seu dono, o clique pode ser usado como uma recompensa instantânea, tão logo o cão responda ao sinal de "voltar" preferido pelo dono ("Fido, vem!") movendo-se na direção correta. A vantagem é que o clique pode ser dado quando o cão ainda está longe e depois repetido, seguido de perto pelo petisco, quando este alcança seu dono. O princípio importante é que, uma vez que o clique tenha se tornado recompensador por si mesmo, não precisa ser sempre seguido pelo petisco, muito embora, se *nunca* for seguido pelo petisco (o reforço primário), seu valor então pode vir a se perder.

Na vida real, o cachorro não aprende apenas o som do clique: também aprende muito sobre as circunstâncias nas quais o ouve. Isso me foi ensinado forçosamente da primeira vez que presenciei um treinamento em massa com *clickers*, no Waltham Centre for Pet Nutrition [Centro Waltham para Nutrição de Cães de Estimação], em Leicestershire. É nesses cães que é testada a qualidade de todos os alimentos da marca Pedigree® e eles são cuidados como cães de estimação, com muito exercício e contato com pessoas. Os *clickers* são usados todo o tempo, algumas vezes com vários cães ao mesmo tempo, porém é raro que algum cão responda ao *clicker* errado. Nas raras ocasiões em que isso acontece, é claro que ele não recebe a recompensa. O cão aprende com rapidez qual *clicker* significa recompensa e qual não. Como os *clickers* vieram todos de uma mesma fábrica, podemos presumir que soem de maneira idêntica, mesmo para um cão, de modo que o mais provável é que o cão também memorize quem está usando o "seu" *clicker*.

Desde que todos possam ser vinculados à entrega de uma recompensa real, não há razão para que um cão não deva aprender vários reforços secundários. Treinadores profissionais podem usar esse princípio básico para ensinar aos cães tarefas e truques complexos, tais como ajudar um dono cego a evitar obstáculos, e adicionar complexidade ao reunir várias associações aprendidas. O estágio final normalmente é recompensado em primeiro lugar e, uma vez que isso seja estabelecido, os estágios anteriores podem ser acrescentados um a um à medida que o desempenho em cada estágio se torne por si só recompensador. Esse *encadeamento para a frente* é mais fácil que o *encadeamento para trás*, porque a recompensa final está sempre vinculada à mesma ação, em vez de ser atrasada todas as vezes que um novo elemento é adicionado à cadeia. Um cão que não apenas volte para sua dona quando é chamado, mas que também sempre venha sentar-se ao lado dela, aprendeu uma cadeia de comportamento.

A técnica empregada de modo amplo em treinamentos mais avançados é conhecida como "*shaping*". Nela, o primeiro passo é recompensar o cão sempre que este se comporte, de forma espontânea, de um modo que se aproxime à parte da tarefa que precisa ser ensinada — no caso do cão-guia, provavelmente o simples esquivar-se de um obstáculo. Uma vez que essa conexão for estabelecida, o cão só é recompensado se começar a andar em volta do obstáculo e, por fim, só quando se desvia, dá a volta em torno do obstáculo e depois retoma o caminho original. Desse modo, uma série de ações que poucas vezes aconteceriam de forma natural e que seriam difíceis de treinar em uma etapa pode ser construída de modo progressivo, a partir de qualquer comportamento espontâneo que se aproxime, não importa quanto, do resultado desejado.

O *shaping* é uma técnica extraordinariamente poderosa, que pode ser usada, inclusive, para alterar de modo completo a linguagem corporal do cão, que se supõe seja "instintiva" (de acordo com os adeptos do modelo do lobo). Gwen Bailey foi a pioneira, no Reino Unido, da utilização da modificação do comportamento para ajudar a transformar cães resgatados das ruas em mascotes. Originalmente, ela convenceu a organização beneficente que abrigava cães na qual trabalhava de que isso era possível ao reabilitar Beau, um cachorro agressivo. Com um histórico de morder pessoas, cães e gatos, Beau fora abandonado por seus donos, mas Gwen revelou-se capaz de reconstruir sua confiança e remover os medos e as ansiedades que faziam com que ele mordesse. Na verdade, quando uma empresa de televisão quis fazer um documentário sobre essa conquista (extraordinária para sua época), Beau estava tão bem ajustado que nem avançava mais em ninguém, quanto mais morder. Então Gwen começou a treinar Beau para simular esse comportamento (diante das câmeras) ao ouvir uma deixa muito específica, utilizando técnicas padrão de *shaping*, de modo que a disposição original de Beau para avançar pudesse ser simulada para o documentário. Dessa forma, ela foi capaz de transformar o que havia sido um sinal inato de agressão, típico da espécie, em uma resposta sem significado a uma deixa arbitrária, que ela só produzia quando queria.

No entanto, o *shaping* não é criação exclusiva do treinador experimentado — de fato, está longe disso, pois os cães, espontaneamente, mesmo que de modo inconsciente, "formam" seu próprio comportamento. E, se minha experiência serve para alguma coisa, também há muitos donos de cães que moldam seus cachorros sem sequer saber que o faziam. Por exemplo, encontrei vários cães que rosnam e avançam como um jeito (relativamente) inofensivo de fazer com que seus donos os acariciem. O que provavelmente aconteceu nesses casos é que o cão, alguma vez, teve essa conduta para valer, quando estava irritado com alguma coisa, e o dono a reforçou, por acidente, talvez apenas porque tivesse rido alto e depois acariciado o cachorro. Os cães sempre estão procurando meios de obter a afeição de seus donos, de modo que, diante de uma oportunidade como essa, eles podem transferir o "significado" dessa conduta para o novo contexto. Rosnar tornou-se um sinal para "Brinque comigo!" — o que é quase o contrário do seu significado original como alerta. (Isto não quer dizer, porém, que o mesmo cão não continuará a rosnar e avançar como prelúdio de uma agressão real. Na verdade, a formação não intencional desse tipo pode criar a possibilidade de que, talvez, quando uma criança esteja perto, o dono não compreenda o que está acontecendo e, sem querer, coloque a criança em perigo.)

Assim, é possível conseguir que os cães façam a maior parte das coisas que queremos ao recompensá-los. Tais técnicas funcionam bem com cães porque existem vários tipos de recompensas disponíveis — comida, atenção, brincadeira. Também é possível utilizar recompensas para reorganizar um comportamento não desejado, particularmente se esse consistir em uma conduta natural que se manifeste no que os seres humanos considerem um contexto equivocado. Um conjunto simples de métodos de treinamento foi concebido a partir da ciência da aprendizagem baseada na recompensa, ela mesma estabelecida em consonância com milhares de experimentos feitos com ratos, camundongos, pombos e muitos outros animais, inclusive cães — métodos de treinamento que eliminam a necessidade de bater no cachorro. Infelizmente, nosso relacionamento com os cães antecede em muitos milhares de anos a ciência da teoria da aprendizagem, e assim vem com uma bagagem histórica incorporada, de que faz parte a ideia equivocada de que o treinamento pode ser realizado de melhor maneira com castigos físicos.

Até agora, falei sobretudo de como os cães aprendem com base em coisas que gostam de fazer — comer, brincar, receber elogios de seus donos. Os cães devem ter aprendido desse jeito desde que foram domesticados — e, na verdade, os métodos de treinamento mais modernos estão fundamentados em estabelecer associações entre recompensas e coisas que o dono quer que o cachorro faça. No entanto, como vimos, os cães também aprendem a evitar coisas de que não gostam. Até bem pouco tempo atrás, esse era o princípio mais importante do ofício de treinar cachorros com base na aplicação seletiva de castigos físicos.

Pode surgir alguma confusão sobre a diferença que existe entre o uso cotidiano da palavra "castigo" e o uso dado a ela pelos psicólogos. Treinamento de cães fundamentado no castigo implica o significado de senso comum — "tratamento físico rude" — que se refere a ações que podem produzir dor ou desconforto, tais como estrangular a traqueia do cão, beliscar sua orelha, golpeá-lo com uma vara, aplicar-lhe choques elétricos etc. Os psicólogos utilizam o termo "castigo" para descrever todas essas ações, mas também incluem outras sensações de que o cachorro não gosta — na verdade, qualquer uma que leve a emoções negativas, como o medo e a ansiedade. (Para um cachorro sensível, pode ser algo tão pouco perceptível e instantâneo como a sobrancelha erguida de seu dono.) No entanto, a maior parte dos argumentos sobre o que é ou não aceitável no treinamento de cães gira em torno do castigo físico.

A aprendizagem que advém de dor ou desconforto físicos é classificada pelos psicólogos como *castigo positivo*. O "enforcador" comum é um bom exemplo de uma punição positiva — o desconforto de ser estrangulado é planejado para reduzir o desejo do cão de puxar a coleira. Os cães têm pescoços sensíveis, e assim o pescoço é um alvo óbvio para infligir dor. O enforcador tradicional, também conhecido como "coleira deslizante", e sua variante *mais barra-pesada*, o "colar de garras" (enforcador com pinos de metal voltados para dentro), são projetados para infligir dor momentânea no pescoço do cachorro quando este puxa a coleira. Espera-se que o cão aprenda a evitar a dor, através do castigo positivo, não puxando a coleira. Só que esse tipo de treinamento é, em última instância, ineficaz: a maior parte dos cães cujos donos os obrigam a utilizar tais coleiras continua a puxar, sempre que sua motivação para mover-se em direção a alguma coisa supere a dor. Também podem habituar-se ao desconforto da coleira. No caso da "coleira de *spray* de citronela", planejada para suprimir os latidos, que libera um mau cheiro sempre que o cachorro produz sons vocais, um estudo revelou que ela só é eficaz por mais ou menos uma semana. Os cães se habituam ao cheiro e, depois de duas ou três semanas, latem quase tanto como faziam antes de usar a coleira.[16]

Coleiras deslizantes e com pinos podem ser usadas apenas quando o cachorro estiver com a correia e perto do dono (que poderia, portanto, treinar seu cão valendo-se do reforço positivo). Coleiras que produzem choques elétricos permitem que a dor seja proporcionada de longe, por controle remoto. O controle pode ser segurado pelo treinador e o choque programado para suceder imediatamente depois do comportamento não desejado — perseguir o gado é um exemplo comumente citado — ou pode assumir a forma de uma "cerca invisível", um arame enterrado que rodeia uma área a que o cão deve estar confinado, de tal modo que o animal leva um choque todas as vezes que se aproxima da "cerca".

Existe na psicologia animal uma longa tradição de recorrer a choques elétricos suaves para estudar os efeitos do castigo sobre o comportamento, e não há dúvida de que, sob condições controladas de laboratório, os choques alteram a tendência de um animal a comportar-se de um modo específico. O treinamento de cães, no entanto, não é levado a cabo sob condições controladas de laboratório, e assim o que o cachorro aprende com frequência não é o que se pretendia. Por exemplo, a pesquisa mostrou que cães pastores-alemães treinados para serem cães de guarda com a ajuda de coleiras de choque tinham mais medo de seus treinadores ("especialistas"), mesmo que não estivessem usando suas coleiras, do que os cães treinados de forma convencional (com uma mistura de recompensa e castigo).[17] Parece bastante provável que esses cães estivessem associando os choques com seus treinadores, tanto quanto com os erros que houvessem eventualmente cometido e que dispararam os choques.

Quando o choque não está programado de forma adequada, o medo e a ansiedade do cachorro podem ser ainda piores. Donos que acreditam que os cães "sabem o que fizeram de errado" podem continuar aplicando os choques mesmo depois que os cães tenham deixado de desempenhar a conduta indesejada. Mesmo sob condições controladas de laboratório, choques elétricos imprevisíveis fazem com que os animais tenham muito mais probabilidade de reagir com agressividade, de modo que é uma possibilidade real que os donos que utilizam coleiras de choque sem a técnica adequada estão preparando seu cachorro para executar um ataque que o condenará à eutanásia. Foram documentados casos nos quais os choques recebidos por cercas invisíveis aparentemente fizeram com que os cães se lançassem em ataques graves e não provocados contra pessoas.[18]

A dor do próprio choque tem um efeito significativo sobre o bem-estar do cachorro, variando de leve a considerável. Isso depende do choque ser utilizado de modo apropriado ou não. Como os cães podem se habituar a episódios adversos, para que a coleira seja eficaz é essencial graduar o nível do choque de maneira correta na primeira vez que for usada — se for muito fraco, o cachorro pode se habituar à dor, obrigando o treinador a aumentar o nível do choque em uma tentativa de fazer o cão responder ao estímulo. Existe, portanto, a tentação de aplicar o mais potente choque disponível desde o início, mesmo que a dor sentida pelo cão possa variar de forma ampla, dependendo da espessura de seu pelo, da resistência elétrica de sua pele e de sua pelagem estar molhada ou seca. Na pior das hipóteses, isso pode causar desconforto imediato e depois ansiedade, se o cão não consegue prever quando chegará a próxima dor violenta no seu pescoço.

É provável que o uso repetido de choques elétricos leve a graves problemas de medo e ansiedade. É indiscutível que os choques devem ser momentaneamente dolorosos; de outro modo, não teriam qualquer efeito sobre o comportamento. Um único choque aplicado no momento certo para suprimir uma conduta indesejada pode ter apenas um efeito transitório sobre o bem-estar do cachorro e, assim, ser preferível a outros castigos menos eficazes, que precisam ser aplicados de forma repetida. No entanto, se o cachorro recebe vários choques e é incapaz de descobrir a causa, seu batimento cardíaco sobe e seus hormônios do estresse aumentam de modo dramático: ambos são indicadores de que seu bem-estar está sob ameaça. Nas mãos de operadores ineptos, que não entendem os princípios subjacentes a seu uso ou, pior ainda, que usam a coleira como uma válvula de escape para sua própria raiva por um cão que não está fazendo o que se supõe que deva, os choques elétricos podem não só perturbar o cachorro mas também minar o relacionamento entre o cão e seu dono.

O castigo físico pode ser utilizado de outra forma: o cachorro aprende a fazer algo que o capacita a evitar uma sensação dolorosa — ao contrário de *não* fazer algo para evitar dor, como nos exemplos vistos até agora. O termo técnico para isso é *reforço negativo*. O reforço negativo é o princípio subjacente aos métodos de treinamento que ensinam o cão a ter um comportamento destinado a eliminar uma dor que lhe esteja sendo infligida pelo treinador. Um exemplo é o método tradicional de ensinar jovens cães de caça a trazer a presa para o dono. Segundo este método, o cachorro aprende a associar a *remoção* da dor com abrir a boca e abocanhar alguma coisa. O treinador mostra um objeto adequado — quase sempre um "boneco" de pano — alguns centímetros à frente do focinho do cão enquanto, ao mesmo tempo, belisca com força a orelha do animal. O cachorro grita de dor, abrindo a boca, e permite que o treinador coloque o boneco em sua boca aberta. Nesse instante, o estímulo adverso (a dor do beliscão) interrompe-se de forma súbita. Supõe-se que o cão aprenda que abocanhar o boneco resulte na interrupção da dor. (Este é um exemplo de reforço negativo.) No método de "busca forçada", o cão também é golpeado com uma vara quando o beliscão na orelha é aplicado; nesse caso, ambos terminam abruptamente quando o cão desempenha a ação desejada.

Não há dúvida de que tanto o reforço positivo como o negativo, se aplicados com habilidade, podem ser muito eficazes a curtíssimo prazo — desde que ponhamos de lado quaisquer considerações éticas e ignoremos qualquer prejuízo de longo prazo para o relacionamento homem-cão. As coisas dão errado, tanto para o cão como para seu dono, quando o modo pelo qual o castigo funciona não é compreendido de forma adequada, ou, pior ainda, quando a punição é aplicada como uma válvula de escape para a raiva, a frustração ou o constrangimento do dono diante de outras pessoas.

O problema mais grave com o castigo físico é que, de hábito, ele é mal aplicado. Como ocorre com outras formas de aprendizagem, um cão quase sempre há de associar qualquer dor ou medo súbito com o evento imediato que precedeu a sensação. Quase todos os dias, vejo donos de cachorros admoestando seus animais ou batendo neles por haverem tardado a regressar até eles. Essa ação geralmente é posterior a algum incidente um tanto embaraçoso no qual os cães se envolveram e parece ser, em parte, uma resposta emocional de seus donos e, em parte, um sinal destinado a quem esteja observando de que eles estão se dissociando do comportamento de seus cães. O que os animais estão aprendendo de tais incidentes? Que retornar aos seus donos é (às vezes) uma má ideia. Isso fará com que os cães fiquem mais ou fiquem menos ligados a seus donos? Será mais ou menos provável que voltem, quando forem chamados a próxima vez? Os cães não pensam "Fui travesso há um minuto, de modo que mereço ser punido quando voltar para perto de meu dono." Se o fizessem, eles pensariam: "Algumas vezes meu dono me acaricia quando eu volto, outras vezes ele bate em mim; não dá para entender."

Treinamento de busca forçada. O treinador simultaneamente belisca a orelha do cão e bate nele com uma vara até que o animal abra a boca diante do "boneco".

Em resumo, é comum que o castigo seja mal utilizado pelos donos de cães que não entendem como os animais aprendem. Mas, até mesmo quando a punição é aplicada no tempo certo, é difícil prever com que o cachorro associará o castigo recebido. Será com o evento pretendido, com a pessoa que o administrou ou com o lugar onde a punição ocorreu? Um de meus colegas encontrou o pequeno *terrier* de sua vizinha vagando pela rua. Ele o agarrou e levou de volta para a casa da vizinha. Quando ele se aproximou, ela apareceu à porta, apertando repetidas vezes o controle da coleira de choque que o cão estava usando e gritando: "cachorro mau, cachorro mau". O cão estremecia com violência todas as vezes que o choque era aplicado, rosnava e mordia, aterrorizado. Desse dia em diante, o *terrier* passou a rosnar sempre que alguém que ele não conhecia chegava perto dele — havia aprendido que pessoas estranhas significavam dor inescapável.

Também é difícil acertar na severidade do corretivo. De modo típico, os donos de cães vão aumentando de forma gradual o castigo até que consigam o resultado desejado. Infelizmente, ao mesmo tempo, o cão irá se habituando à punição, de modo tal que a intensidade que porventura venha a funcionar (se funcionar) será muito mais alta do que a necessária, se tivesse sido aplicada de forma correta já de início. Compare isso com o uso de recompensas positivas no treinamento de cães: se o dono, por equívoco, dá recompensa demasiada todas as vezes, o valor desta meramente diminuirá — por exemplo, uma recompensa de alimento muito farta apenas fará com que o cão tenha menos fome. Mas, se um castigo é mais intenso do que o necessário, o cão sofre à toa — e se não tiver sido bastante intenso no começo (porque o dono do cachorro, de modo compreensível, erra pelo lado da precaução), poderá levar a uma progressão nociva e, portanto, poderá resultar na aplicação de castigo em excesso.

De fato, um corpo de evidências cada vez maior indica que, em mãos ineptas, o castigo físico não só tem probabilidade de causar dano ao cachorro, mas também é ineficaz. Duas pesquisas distintas feitas com donos de cães revelaram que os animais treinados com castigos tendem a ser menos obedientes e mais temerosos do que os que foram treinados pelo método das recompensas. Na primeira dessas pesquisas, realizada no Reino Unido,[19] perguntaram a 364 donos de cães sobre os métodos de treinamento que usaram para sete tarefas básicas, entre as quais se comportar dentro de casa, vir quando é chamado e ceder um objeto quando isso lhe é ordenado. A punição vocal foi mencionada por 66% dos entrevistados e a punição física por 12% deles. As recompensas também eram utilizadas de forma corrente: 60% faziam elogios verbais ao cachorro e 51% os brindavam com petiscos. Os donos de cães que optaram por recompensas relataram uma obediência muito maior por parte de seus animais do que aqueles que predominantemente recorriam à punição. Já os que preferiam castigos relataram um número maior de problemas de conduta, tais como latir para pessoas, para outros cães, comportamento temeroso e síndromes de separação. A outra pesquisa, levada a efeito na Áustria,[20] também concluiu que o uso frequente do castigo está associado com altos níveis de agressão, sobretudo nos cães pequenos.

No entanto, nem todo castigo é físico, mesmo no treinamento de cães. O treinamento envolve, de maneira quase inevitável, formas mais sutis de punição, que a maioria dos donos de cachorro nem mesmo identificaria como tal. Além dos castigos físicos discutidos até agora, os psicólogos identificaram uma categoria que chamam de *punição negativa*, a qual envolve a remoção de certas recompensas que o cão chegou a esperar que viessem sob um conjunto específico de circunstâncias. Uma boa maneira de fazer um cão parar de pular nas pessoas é, por exemplo, ignorá-lo sempre que fizer isso. Nenhuma dor ou medo está em jogo e, no entanto, o cão presumivelmente fica ansioso quando descobre que sua estratégia para obter interação com seu dono já não funciona mais. Alguns treinadores do Reino Unido até consideram essa mudança emocional como antiética, mas, dado que nem mesmo os psicólogos experimentais podem determinar sempre se a aprendizagem se deve principalmente à punição negativa (breve ansiedade sobre se a recompensa antecipada chegará ou não) ou ao reforço positivo (alegria quando ela chega), é difícil evitar todas as situações de punição negativa durante as interações cotidianas com um cachorro. Talvez o melhor acordo seja nunca usar a punição negativa por iniciativa própria e sempre oferecer ao cão uma recompensa alternativa. Em qualquer caso, a remoção da recompensa, como todas as formas de punição, funciona mais rápido se for facultada ao cão a possibilidade de optar por uma estratégia alternativa, recompensada de forma positiva. Tal estratégia — por exemplo, em casos que envolvam a conduta de pular sobre as pessoas — pode ser acariciar o cão apenas quando este estiver calmo.

Também é possível transferir a punição negativa para um castigo secundário, que é análogo a um reforço secundário. No contexto do treinamento de cães, um som arbitrário, porém diferente, pode ser usado; no entanto, deve ser o oposto exato do som produzido por um clique. Com esse propósito, os donos podem comprar "discos de treinamento",[21] mas uma palavra proferida de modo diferente pode ter a mesma eficácia. Primeiro, é construída uma associação entre a deixa (por exemplo, deixar cair os discos de treinamento no chão) e um evento levemente frustrante (por exemplo, remover de forma temporária a refeição do meio-dia do cão ou oferecer-lhe e depois negar-lhe uma coisa gostosa). A deixa se transforma ela mesma em uma punição secundária e pode ser usada em outras circunstâncias também, tais como fazer o cão parar de latir. Como em todos os castigos, inclusive os reforços negativos, a resposta desejada — tal como "sentar e não latir mais" — também deve ser recompensada. (Esse é um exemplo de reforço positivo.)

A punição, no sentido psicológico, é um componente inevitável do arsenal de métodos de treinamento do dono de um cão. Os mais bem informados treinadores de hoje em dia concordam que é de fato impossível evitar pelo menos algum tipo de punição negativa (a retirada de uma recompensa que o cão está antecipando) quando se treina um cachorro. E poucos argumentariam que é antiético fazer um cão sentir-se levemente incomodado por se retardar por algum tempo uma recompensa que ele esperava. (Na verdade, na vida real isso pode ser virtualmente inevitável. Todas as vezes que os donos dão a seus cães petiscos ou outras recompensas, eles criam expectativas de que a mesma recompensa aparecerá de novo quando a situação vier a se repetir. Se a situação é recorrente e não aparece o petisco, então, tecnicamente falando, os cães estarão sendo punidos.) Muitos treinadores que evitam o castigo físico mesmo assim recorrem à remoção da recompensa como forma de modificar a conduta — uma boa maneira de obter e assegurar a atenção do cachorro[22] uma vez que o treinamento com base em recompensas tenha começado.

É o uso do castigo físico que permanece controverso. É difícil acabar com as tradições, e métodos de treinamento "tradicionais" com base no castigo físico ainda são amplamente empregados. Uma pesquisa recente nos Estados Unidos, feita com clientes de uma clínica de comportamento animal,[23] encontrou grande quantidade de donos de cachorro que usavam métodos de confronto, inclusive "bater no cão ou chutá-lo diante de uma conduta indesejada" (43%), "forçar fisicamente o animal a soltar algo que tem na boca" (39%), o "rolar do lobo alfa", que, como já se disse, consiste em colocar o cão de costas no chão e conservá-lo nessa posição, segurando-o pelo pescoço (31%), "olhar fixamente para o cão ou olhar para baixo" (30%), "dominar o cão, pressionando para baixo" (29%) e "agarrar o cão pelas bochechas e sacudi-lo" (26%). Todas essas ações causaram resposta agressiva de pelo menos um quarto dos cães que delas foram vítimas, o que indica que nenhuma delas pode ser considerada segura.

A razão para a incidência generalizada do castigo físico ficou pouco clara, a partir da pesquisa, já que poucos entre os donos de cachorro entrevistados indicaram que essas técnicas tinham sido recomendadas por treinadores profissionais (embora a televisão tenha sido a fonte citada com mais frequência para a prática de espetar o cão de forma abrupta no pescoço). No entanto, muitos dos conselhos mencionados como provenientes de treinadores envolviam o uso punitivo de coleiras e correias, tais como os "colares de garra" e as que "forçam a cabeça do cão para baixo", as quais também causam respostas agressivas. A pesquisa não descobriu nenhuma ligação entre a agressão e o uso de métodos de treinamento que não envolvem castigo físico. Embora a maior parte dos cães tenha sido levada para a clínica por conta de problemas que envolvem agressão, nenhuma das intervenções não hostis, neutras e com base em recompensa que seus donos utilizaram produziu respostas agressivas em mais do que uma mínima fração dos cães que delas foram objeto, em flagrante contraste com a agressão disparada pelos castigos físicos.

Por que, então, as empresas de televisão parecem preferir a publicidade de métodos com base no confronto e na punição? Talvez porque o conflito e sua solução dramática sejam um divertimento atraente.[24] Os métodos com base em recompensa são mais lentos, mesmo que mais seguros, e muito menos dramáticos. Se os programas de treinamento de cães fossem considerados como mera diversão, nada disso importaria muito. Mas se a prática do castigo físico e de outras técnicas que supostamente reduzem a "dominação" é adotada de boa-fé pelos donos de cães, as condutas problemáticas podem ser exacerbadas com facilidade. Quando tais técnicas não funcionam com a rapidez e a ausência de esforço que a versão da televisão parece prometer, existe o risco de que os donos de animais aumentem o castigo, na crença de que ainda não se impuseram em relação ao cachorro. O resultado pode ser, então, um cão que recorre à agressão porque acha que é a única tática que o faz ser notado. O uso inepto da recompensa, ao contrário, na certa produzirá um cão acima do peso ou excessivamente dependente — duas condições problemáticas que, embora não exatamente desejáveis, podem pelo menos ser resolvidas com rapidez.

Dada toda a evidência científica que se acumula contra o uso do castigo físico no treinamento, a pergunta que deve ser feita é: por que tais métodos fazem tanto sucesso com os donos de cães? A principal questão parece estar em que o treinamento de cães originou-se como um ofício e, portanto, não tem a vocação acadêmica de integrar em seus métodos a compreensão científica dos cães. Nem o treinamento de cães nem o tratamento de desordens comportamentais dos cães são profissões regulamentadas, de modo que estar em dia com os últimos avanços ou, na verdade, ter algum tipo de educação formal na área de atividade não é um requisito legal. As empresas de televisão também parecem não dar valor a qualificações formais. Por exemplo, Cesar Millan e Victoria Stilwell (cujas abordagens sobre o tema — isso deve ser dito — são muito diferentes) não mencionam qualquer qualificação acadêmica em seus *sites* na internet. No entanto, cada vez mais surgem ações, em ambos os lados do Atlântico, para introduzir a autorregulação em todos os níveis. Os encontros bienais da International Veterinary Behavior Society [Sociedade Internacional de Comportamento Veterinário] e a revista *Journal of Veterinary Behavior* (nenhum deles, apesar dos nomes, restritos a veterinários) são apenas dois dos veículos graças aos quais as novas ideias e pesquisas estão sendo intercambiadas internacionalmente.

Como resultado dessas trocas, existe um crescente consenso de que a suposta tendência do cão a "dominar" é, de fato, apenas um mito conveniente para aqueles que pretendem continuar a punir fisicamente os cães — na verdade, um mito que vem sendo demolido por estudos tanto sobre lobos quanto sobre cães. A conduta social natural do lobo, agora se sabe, é baseada em lealdades familiares harmoniosas e não em um desejo avassalador e incontinente de assumir o controle. É concebível que tal desejo de controle tenha sido induzido nos cachorros durante o processo de domesticação? Parece muito mais provável que tenha acontecido exatamente o oposto, já que os cães que mostrassem tendência a controlar seus anfitriões humanos teriam sido selecionados para a extinção, deliberadamente ou por acidente. No entanto, apesar de todas as provas disponíveis, os velhos hábitos estão demorando notavelmente a desaparecer, tanto em termos do treinamento como da percepção do cão como uma espécie de lobo.[25] Agora há sinais de que a maré está começando a mudar. Por exemplo, parece que alguma relação está se desenvolvendo entre a velha escola e os treinadores que se apoiam na recompensa; Cesar Millan até mesmo pediu ao Dr. Ian Dunbar que contribua para seu livro *Cesar's Rules* [*As regras de Cesar*].[26] A esperança é que, em breve, os cães serão retratados em termos universais como os animais completamente domesticados que são, e não como animais bonitinhos na superfície, mas que escondem dentro deles demônios à espreita.

CAPÍTULO 5

Como os filhotes se transformam em cães de estimação

Os cães não nascem amigáveis com os seres humanos. Não, isso não é um erro de revisão do texto. Os cães nascem *para se tornarem* amigáveis com gente, mas isso só acontece se eles conhecerem gente amigável quando ainda são filhotes. Os cientistas sabem disso há meio século, mas as consequências desse conhecimento ainda não são aplicadas de modo universal e sequer são apreciadas de forma ampla. Hoje em dia, muitos filhotes ainda são criados para o mercado de animais de estimação em condições as mais pobres e inaceitáveis — condições que os predispõem a uma vida arruinada pelo medo e pela ansiedade, por estarem na origem de condutas que não os farão ser estimados por seus futuros donos ou, na verdade, por ninguém que cruze seu caminho. E, no entanto, tudo isso é perfeitamente evitável.

A domesticação não adaptou os cães aos ambientes humanos; apenas deu-lhes os meios para adaptar-se. A exposição dos filhotes tanto às pessoas como aos ambientes criados pelo homem deve ocorrer de forma gentil e gradual de modo a capacitá-los a aprender como lidar com tudo isso. Esse processo começa por volta da quarta semana da vida dos filhotes e continua por vários meses. Se a exposição for deficiente ou incompleta, o cachorro desenvolverá ansiedades e medos profundos que podem ser muito difíceis de erradicar mais tarde. Embora alguns pormenores de exatamente como isso acontece ainda não tenham sido avaliados de forma científica, o processo geral dessa "socialização" encontra-se já bem mapeado, e é uma tragédia que tantos filhotes não recebam suficiente experiência da vida cotidiana que lhes permita lidar de modo adequado com sua existência entre os seres humanos.

Em 1961, apareceu na revista *Science* um artigo que revolucionou completamente nosso pensamento sobre a "ligação" entre o homem e o cão.[1] Para estudar o quanto os filhotes são mais sensíveis do que cães adultos à exposição aos seres humanos, um grupo de pesquisadores criou cinco ninhadas de *cocker spaniels* e três ninhadas de *beagles* em campos rodeados por uma cerca alta, para que nunca pudessem ver gente — a comida e a água eram proporcionadas aos animais através de buracos na cerca. Então, de duas em duas semanas, depois que os filhotes já tinham 2 semanas de vida, e até completarem 2 meses de idade, alguns deles foram levados para viver dentro de casa, por uma semana de "férias", e dispunham de uma hora e meia de convívio intensivo com gente todo dia. Ao final de sua semana de socialização, eram colocados de volta no campo cercado com a mãe e os companheiros de ninhada.

O *timing* das "férias" foi absolutamente crucial para os filhotes desenvolverem formas de reagir ao serem tocados. Com 2 semanas de vida, eles eram demasiado imaturos e sonolentos para interagir muito, mas os que foram levados ao convívio humano com 3 semanas ficaram instantaneamente atraídos pela pessoa que cuidava deles. Eles davam patadas, abocanhavam o pesquisador e brincavam com a bainha do seu jaleco. Os filhotes de 5 semanas ficavam alertas por uns poucos minutos, mas logo começavam a brincar com o pesquisador, com alguma rudeza, é verdade. Filhotes de 7 semanas precisaram de *dois dias* de lisonjas antes de serem persuadidos a brincar, e os filhotes de 9 semanas demoraram ainda mais e se tornavam amigáveis somente na segunda metade de sua semana de férias.

O *timing* de sua primeira introdução ao contato humano revelou-se fundamental para como os filhotes reagiram às pessoas posteriormente. Todos os filhotes participantes da experiência foram tirados do campo cercado quando tinham 14 semanas de idade e, a partir de então, passaram a viver com gente, como os outros cães. Os cinco filhotes que haviam passado toda a sua vida até então no campo cercado *nunca* aprenderam a confiar em humanos, mesmo após meses de contato intenso. Os seis que foram levados de "férias" quando tinham apenas 2 semanas de idade e que haviam sido devolvidos ao campo por onze semanas se deram melhor: embora, no início, fossem muito desconfiados, tornaram-se, de algum modo, amigáveis, depois de um par de semanas a mais de gentil atenção. Todos os outros filhotes ficaram instantaneamente amigáveis — coisa notável, dado que alguns deles tinham visto gente pela última vez apenas na primeira metade de suas vidas. Os seis que não tinham visto gente por dez semanas tiveram dificuldades iniciais com o treinamento de correia, mas treinar os outros foi fácil.

De um modo geral, os resultados indicaram que os filhotes precisam de algum contato com gente (mas não muito) se quisermos que reajam de modo amigável conosco. Também parece haver uma idade ótima para que esse contato seja eficaz. Duas semanas parece ser demasiado cedo. Doze semanas definitivamente é demasiado tarde; nessa idade, os filhotes observados no estudo ficaram com temor de qualquer coisa a que não tivessem sido expostos quando eram mais novos. Isso implica uma *janela de oportunidade* entre cerca de 3 semanas e 10 ou 11 semanas de vida — o que os cientistas chamaram de "período crítico".

A ideia de um "período crítico" deriva de um estudo de 1930 do biólogo e vencedor do prêmio Nobel Konrad Lorenz. Ao suspeitar de que alguns animais têm que aprender a identidade de sua mãe, em vez de conhecê-la por instinto, Lorenz criou sozinho uma ninhada de gansos. Suas previsões provaram estar corretas: sem nunca terem visto a mãe, os filhotes de ganso adotaram Lorenz como seu "pai" e o seguiam como um bando de fiéis perdigueiros, sem prestarem nenhuma atenção à mãe biológica.

O que Lorenz havia descoberto era o processo agora conhecido como *estampagem filial*, pelo qual os animais novos aprendem as características de seus pais.[2] Os filhotes de ganso irão estampar o primeiro objeto que se move, que tenha o tamanho certo e que eles encontrem entre aproximadamente 12 e 16 horas depois que saiam do ovo. Na natureza, é tão provável que esse objeto seja a mamãe ganso, que as chances de que alguma coisa dê errado são remotas. É essencial, para a sobrevivência deles, que os filhotes de ganso saibam como a mãe deles é; de outro modo, poderiam facilmente perder-se do ninho e perecer. Mas por que precisam aprender isso? Não teria mais sentido se já nascessem com a imagem da mãe marcada a fogo em seus cérebros? Os biólogos não têm respostas definitivas para tais questões, mas, talvez, aprender seja simplesmente mais fácil; é provável que imagens em três dimensões sejam difíceis de codificar no DNA. De fato, estudos mostram que as aves nascem com *algumas* orientações gravadas do que devem procurar — algo que se mova, que faça ruídos de ave e que tenha uma cabeça e um pescoço. (Mas não muito mais que isso: por exemplo, se impedidos de ver sua mãe, os pintinhos domésticos aceitarão de boa vontade um furão empalhado.)

Originalmente, Lorenz conceituou seu "período crítico" como um rígido calendário de eventos. No exemplo dos gansos, ele capacita um filhote de ave, que pode se mover poucas horas depois de sair do ovo, mas sem probabilidade de sobreviver por muito tempo sozinho, a encontrar sua mãe com rapidez. Agora se sabe que há mais flexibilidade nesse tipo de aprendizagem do que se pensava antes: pesquisas subsequentes mostraram, por exemplo, que um filhote de ganso nascido em incubadora e mantido longe de sua mãe até ter 36 horas de vida pode, mesmo assim, conectar-se com sua mãe de forma imediata. Assim, o calendário não é tão rígido como Lorenz a princípio pensou que era e, por essa razão, essas janelas de oportunidade para a aprendizagem são, hoje em dia, conhecidas como "períodos sensitivos". Eles parecem ser modificáveis de acordo com as circunstâncias, em vez de chegar a um fim abrupto quando um relógio no cérebro diz que o deveriam fazer. Não obstante, é verdade que depois de alguns dias, talvez, a estampagem não possa ser reativada. O jovem cérebro da ave não espera de forma indefinida que a mamãe ave apareça; aquela porta pode se fechar à medida que o cérebro do filhote amadurece.

Uma vez que a jovem ave terminou a aprendizagem, persuadi-la a mudar sua ligação com a mãe é quase impossível. O gansinho normalmente fugirá de outros animais — uma coisa muito acertada a fazer se considerarmos que alguns vão querer caçá-lo e comê-lo. O bloqueio que impede o ganso de esquecer-se acidentalmente de sua mãe e ligar-se a outra coisa é chamado de "exclusão competitiva": uma vez que o retrato completo da mãe foi construído, o processo de estampagem termina de forma automática, impedindo a jovem ave de vincular-se por acidente a outro ganso, se sua mãe estiver temporariamente ausente.

Esse conceito de "período sensitivo" explica o comportamento de muitos animais jovens. Por exemplo, pode explicar por que os macacos *rhesus* criados pelo homem e removidos do contato com suas próprias mães logo depois de nascerem preferem estar com suas "mães" substitutas do que com macacos de verdade, mesmo quando a substituta é apenas um indiferente boneco recoberto de pano.

Os cães também fazem isso: eles fazem a estampagem de suas mães, e vice-versa, ao utilizar seu sentido número um: o olfato. Em um conjunto de experimentos,[3] pesquisadores coletaram cheiros de cães com 2 anos de idade e colocaram pedaços de pano nas suas camas por três noites consecutivas. Todos os cães tinham sido separados de suas mães desde que tinham 12 semanas de idade ou até mesmo mais cedo. Mesmo assim, quando uma seleção desses panos foi apresentada às suas mães, estas se mostraram muito mais interessadas no cheiro de seus filhotes do que no cheiro de cães que não lhes eram aparentados, mas de outra forma similares. Igualmente, o comportamento dos jovens cães mostrou que eles reconheciam o cheiro da mãe. Um segundo experimento, realizado ao mesmo tempo, mostrou que cães de 2 anos de idade eram capazes de reconhecer seus companheiros de ninhada apenas pelo cheiro, mas somente se eles estivessem, naquele momento, vivendo na companhia de outro filhote da mesma ninhada. Isso sugere a existência de um "cheiro familiar", que fazia com que cada cão se lembrasse do irmão ou irmã com quem estava convivendo naquele momento, mesmo que o odor estivesse vindo de um cão que vivia com uma família completamente diferente. Testes similares aplicados a filhotes de 4 a 5 semanas de idade mostraram que, mesmo nessa idade precoce, eles já haviam aprendido o cheiro da sua ninhada. Faculdades inesperadas como essas servem para nos fazer recordar que ainda temos muito que aprender sobre a quantidade de informações que os cães obtêm dos cheiros, mesmo daqueles que são completamente imperceptíveis para nós.

No entanto, o princípio da "exclusão competitiva" não parece aplicável à estampagem do cão doméstico. Os filhotes "estampam" não só suas mães e companheiros de ninhada, mas também seres humanos. (Estritamente falando, esse fenômeno é um pouco diferente da verdadeira estampagem, pois parece não estar restrito a uma só pessoa, mesmo no começo.) De fato, os filhotes também podem "estampar" outros animais com quem tiveram encontros amigáveis durante seu período sensitivo, tais como gatos. Uma das belezas da capacidade de múltipla socialização entre os cães (e os gatos) é que eles se tornam temerosos uns dos outros apenas quando se encontram pela primeira vez já adultos. Normalmente mantenho cães e gatos juntos em casa e, se forem apresentados uns aos outros com cuidado e ainda jovens, podem tornar-se grandes amigos. A ilustração a seguir mostra um de meus gatos, Splodge, esfregando o nariz com o rabo levantado — um sinal de vínculo social — no meu *labrador retriever* Bruno, enquanto este abana o rabo como saudação (embora eu suspeite que nenhum deles compreendeu muito do que o outro dizia).

Socialização interespécie expressa pela conduta de saudação típica de cada espécie.

Algumas funções tradicionais conferidas aos cães tiram partido dessa flexibilidade. As raças que pastoreiam ovelhas, tais como o cão Grandes Pirineus e o *karabash* da Anatólia, se forem criadas com ovelhas crescem comportando-se como se o rebanho fosse sua família, embora é claro que se comportem como cães e não como ovelhas. Digo "é claro" porque a aptidão dos cães para se vincular a duas ou mais espécies ao mesmo tempo é tão óbvia que não a notamos. Tal capacidade, no entanto, é muito incomum no reino animal como um todo. A maior parte dos animais está programada pela evolução para aprender sobre sua própria espécie e nenhuma outra. Na verdade, animais criados pelo homem com frequência têm grandes dificuldades para adaptar-se a viver com sua própria espécie, como os cuidadores de zoológico descobriram em certa ocasião, para seu espanto, quando pela primeira vez tentaram criar espécies de carnívoros ameaçadas de extinção, especialmente alguns gatos selvagens.

Os cães domésticos não parecem perder sua identidade de espécie, quando criam ligações com os seres humanos. Não só aprendem como interagir com outras espécies, como também não há evidência sugestiva de que isso de algum modo os incapacite em termos de como interagir com outros cães.

Cão pastor de ovelhas com seu rebanho.

A capacidade de adotar múltiplas identidades é incomum, mas suas origens devem estar em processos biológicos regulares. Da mesma maneira, como a capacidade de interação com seres humanos não pode ter surgido do nada, seus antecedentes devem estar no comportamento social do lobo. Embora eu seja muito crítico do velho modelo do lobo quando aplicado a estruturas sociais, como biólogo meu instinto é procurar por algo preexistente sobre o qual a evolução tenha trabalhado. Como os cães são lobos que passaram pelo processo de neotenização,* é lógico procurar a resposta no comportamento dos filhotes de lobo e nos lobos jovens, mais que no dos lobos adultos.

Quando os filhotes de lobo nascem, são cuidados por outros lobos. Aprendem as características daqueles indivíduos com base na suposição muito razoável de que devem ser seus pais ou, em um bando grande que disponha de ajudantes, seus parentes próximos.[4]

---

*Processo de retenção de formas juvenis durante a evolução de determinada espécie. [N. do T.]

Quando os filhotes de cachorro nascem, quase sempre são cuidados tanto por sua mãe como por seu dono. As características de sua mãe são arquivadas na categoria "pais", simplesmente porque ela está ali e cuida deles. Essa aprendizagem será conservada durante toda a vida dos filhotes e forma a base para um conjunto de preferências sociais — a saber, por membros de sua própria espécie (como acontece com os lobos e os cães selvagens). As características de seus donos, como não correspondem às desta primeira categoria, serão arquivadas em uma segunda categoria gerada espontaneamente porque eles estão ali e também cuidam dos filhotes. Além desse arranjo paralelo de reconhecimento, não há nenhuma razão para que tudo mais que diga respeito a essas preferências sociais precoces não deva estar baseado no mesmo modelo — o dos pais e filhos. Na verdade, é difícil imaginar qual poderia ser um modelo alternativo.

Colocado de outra forma, nós, humanos, sequestramos os mecanismos normais de reconhecimento familiar dos cães. A incomum capacidade dos filhotes de cão doméstico para a múltipla socialização é o mecanismo pelo qual podemos nos inserir no meio social deles e nos colocar, como substitutos, em um papel que, na natureza, seria desempenhado por seus pais. Até que o desmame se complete, a ligação com o dono humano provavelmente é mais fraca que a ligação com a mãe, mas, depois disso, a ligação com os seres humanos é reforçada a cada dia, quando alimentamos nossos cães, brincamos com eles e os recompensamos durante o treinamento. Há menos oportunidades para que os cães de estimação reforcem as ligações uns com os outros. Mesmo em uma família com vários cães, são os seres humanos que atuam como figuras paternas e maternas, proporcionam a comida, estão inteirados sobre onde os filhotes estão a cada momento do dia etc. (É claro que há algumas exceções intencionais desse cenário, como cães de caça reunidos em matilhas e cães de trenó, onde a liderança de um cão é essencial para a coordenação da equipe.)

Isso é mesmo estampagem? Os cães certamente estampam suas mães, mas a ciência ainda não determinou se eles também estampam seus primeiros donos. A estampagem, no sentido estrito de vínculo formado com um primeiro cuidador, não pode explicar a natureza geralmente extrovertida dos cães nem, de maneira mais específica, a facilidade que muitos cães têm de mudar sua lealdade de um dono para outro. Durante os primeiros estágios de sua vida, a maior parte dos mamíferos aprende sobre a identidade geral de sua espécie e sobre as identidades específicas dos indivíduos que os rodeiam, em especial daqueles que cuidam deles. É normal que a última característica leve a uma ligação mais poderosa — mas não é assim entre os cães, que dão mostras de uma flexibilidade muito maior, a qual, presume-se, seja consequência da domesticação. No entanto, a estampagem, ou algo muito assemelhado a ela, desempenha um forte papel ao orientar as preferências do cão no sentido de quem evitar e de quem se aproximar. Essas preferências são estabelecidas bem cedo na vida do cão — especificamente, durante o período de socialização.

Mesmo que os cães possam ter várias categorias "amigáveis" de forma simultânea (capacidade que é incomum entre os mamíferos), todo indivíduo tem seus limites. Isso está bem exemplificado pela desconfiança que alguns cães nutrem em relação às crianças. Como sabem os cães que as crianças são seres humanos pequenos e não uma espécie inteiramente diferente? A resposta, ao que tudo indica, é que eles não sabem. As crianças *são* marcadamente diferentes dos humanos adultos em muitas coisas — a forma como se movem, os sons que produzem e, provavelmente, o que é de significação específica para os cães, o cheiro que emitem. Cães que nunca estiveram expostos a crianças quando filhotes podem ficar muito desconfiados delas quando as encontram pela primeira vez já adultos, embora, sendo cães, possam vir a ser treinados para vencer essa relutância inicial. Por outro lado, se em seu primeiro encontro com uma criança tiveram seus rabos e suas orelhas puxados, tais cães facilmente hão de se tornar irritáveis e mal-humorados com outras crianças. O cão *generaliza* as crianças, tratando-as como uma categoria e não como indivíduos. Do mesmo modo, durante a socialização, os filhotes precisam generalizar entre um adulto e outro. Embora os filhotes decerto cheguem a reconhecer algumas pessoas como indivíduos, gente estranha será presumivelmente categorizada como "amigável" com base em sua similaridade com as primeiras poucas pessoas que o filhote conheceu.

Por isso é tão importante apresentar (de forma gentil) os filhotes a um espectro tão amplo de gente quanto for possível: tanto homens como mulheres (pessoas que vistam diferentes tipos de roupas), homens com barba, assim como homens bem barbeados, e assim por diante.[5] Esse procedimento ajuda a expandir os limites do que o cão categoriza como "ser humano adulto". Se o gabarito for muito estreito, talvez porque o filhote conheça apenas uma ou duas funcionárias do canil durante todo seu período sensitivo, ele pode reagir à aparição de homens com medo e ansiedade. Essa é uma das (muitas) razões por que os donos têm dificuldades com cães provenientes de "fazendas de criação de filhotes" ou de *pet shops*: o conceito que fazem os filhotes sobre a aparência da raça humana é, com frequência, muito restrito, e eles reagem de forma padronizada ao evitar, com temor, qualquer outro animal de duas patas com que se defrontem.

Como vimos, a organização do cérebro social do cão é diferente daquela da maior parte dos outros mamíferos, na medida em que pode formar representações espaciais múltiplas, por encomenda, para cada uma das espécies que o filhote conheça durante seu período de socialização. Essa capacidade pode encontrar um paralelo na maneira como as crianças aprendem idiomas. Muitas crianças em todo o mundo — não talvez tantas no Reino Unido e nos Estados Unidos como em outros países — crescem ouvindo duas ou mais línguas faladas, e seus cérebros se adaptam bastante bem a essa circunstância: cada idioma parece ser arquivado separadamente, de tal modo que a criança logo se torna competente quanto a não misturar as línguas quando forma frases. A mudança no cérebro social do cão pode ter sido produto da domesticação ou pode ter surgido como uma pré-adaptação à domesticação em certos lobos que não existem mais na natureza hoje em dia. Independentemente disso, qualquer cão que só venha a ter contato com outros cães até 14 semanas de idade desenvolve apenas um de tais espaços — definido inicialmente por seus companheiros de ninhada e por sua mãe, já que estes são tudo o que está disponível, mas extensível, de forma potencial, a todos os tipos de cães um pouco mais tarde em sua vida. A evidência sugere que um cão nascido em uma família humana desenvolve dois desses espaços, um para os cães e outro para gente (cada qual com a capacidade de expandir-se para acomodar outros tipos de cães, e outros tipos de gente, que respectivamente não pareçam, soem ou cheirem como a família do dono). Um cão nascido em uma família humana que também contenha um gato receptivo a cachorros pode desenvolver três desses espaços. E é possível que cães nascidos em famílias com crianças pequenas desenvolvam ainda um outro espaço mais — ou talvez aprendam a generalizar entre os seres humanos adultos e os infantis, e, assim, os concebam, no essencial, como parte do mesmo *continuum* de animais de duas patas.

Em resumo, os cães têm cérebros muito incomuns, que lhes permitem construir vários meios sociais de forma simultânea. É essa capacidade que lhes possibilita serem úteis para nós. Para citar apenas dois exemplos, cães de caça podem correr em matilha, e cães de trenó podem participar de uma corrida enquanto permanecem sob o controle de seus treinadores humanos. Os cães nascem com o potencial de desenvolver múltiplas identidades, mas todos os detalhes e o contexto têm que ser proporcionados pela experiência. Podemos arguir que este é o único modo pelo qual a domesticação teria sido posta para funcionar. A evolução não prevê e não poderia ter proporcionado um conhecimento embutido de antemão sobre como os seres humanos são e como eles funcionam. O melhor que a seleção natural conseguiria proporcionar, na certa, seria o instrumental para adquirir tal conhecimento. Por outro lado, é mais provável que a socialização com os outros cães esteja baseada em mecanismos estabelecidos no início da evolução dos carnívoros, milhões de anos antes da domesticação, e pode, portanto, envolver alguns processos suplementares.

Assim, os cães precisam aprender sobre outras espécies que não a deles, inclusive sobre os seres humanos. Mas precisarão também aprender como é ser um cão? No experimento de 1961, descrito no início deste capítulo, todos os filhotes desenvolveram condutas sociais normais de cão para cão, porque foram criados pelas próprias mães — a circunstância normal para um animal selvagem, ou mesmo para um cão selvagem. Era sua conduta social cão-homem que dependia de sua exposição a pessoas entre 3 e 9 ou 10 semanas de idade. Eles ainda eram cães, apesar do fato de que a capacidade de alguns deles de interagir com a nossa espécie tinha sido comprometida.

O quanto os cães têm que aprender a ser cães só pode ser testado se eles nunca se encontrarem com outro cão a partir do minuto em que nascem. Em uma série de experimentos realizados nos anos 1960, pesquisadores demonstraram que filhotes criados pelo homem com menos de 8 semanas de idade, e mantidos separados de outros cães dali em diante, tendiam a ser agressivos com os demais cães, presumivelmente porque haviam esquecido, ou nunca aprenderam, como interagir com integrantes de sua própria espécie.[6] No entanto, esse não foi um resultado surpreendente: animais de várias espécies, criados pelo homem ou por máquinas, mostram todo tipo de anormalidades por conta de sua experiência precoce restrita (por exemplo, se tiveram oportunidades muito restritas de brincar, o que afeta o desenvolvimento de seus cérebros, bem como sua coordenação física).

Alguns anos depois, um estudo simples, mas elegante, evitou essas anormalidades e proporcionou aos filhotes criação mais normal possível, exceto deixá-los conviver com sua própria ninhada.[7] Em vez de criar os filhotes em isolamento novamente, os cientistas pensaram que um cão bastante pequeno poderia ter uma vida relativamente normal se fosse criado com uma ninhada de gatinhos — normal, claro, fora o fato que estavam testando, que era a oportunidade de interagir com outros de sua própria espécie. Os pesquisadores trabalharam com quatro ninhadas de *chihuahuas*. De cada ninhada, dois filhotes eram escolhidos para serem criados da maneira normal por sua mãe biológica; outro filhote de cada ninhada, no entanto, era introduzido em uma ninhada de gatinhos. O experimento teve início quando os filhotes contavam com 3,5 semanas de idade, no princípio do "período sensitivo". Dali em diante, até que chegasse a 16 semanas de idade (isto é, depois que o "período sensitivo" houvesse terminado), cada filhote teve apenas gatinhos como companheiros. As estoicas mães felinas aparentemente os adotaram sem qualquer transtorno.[8]

Filhote de *chihuahua* adotado por uma gata.

Os comportamentos dos dois grupos de filhotes foram comparados quando tinham 16 semanas de idade, e as diferenças eram notáveis. Cada filhote ganhou um espelho. Isso foi uma experiência muito excitante

Filhote criado com gatos se afasta dos filhotes criados com cães.

para os filhotes que haviam sido criados por sua própria mãe; eles latiam vez por outra para suas imagens refletidas, pulavam no espelho, davam patadas nele, tentavam arranhá-lo e cavavam em volta dele, presumivelmente para chegar até o filhote que eles pensavam que estava do outro lado. Os filhotes criados pela gata ignoraram suas imagens refletidas, ou atuavam como se elas fossem algo estranho e se aproximavam com cautela, o rabo metido entre as pernas. Possivelmente não tinham uma imagem mental de como era um cão, sem nunca ter visto um deles desde que seus olhos começaram a funcionar completamente. Quando duas ninhadas se encontraram, uma criada por uma cadela, a outra por uma gata, os filhotes criados com gatos se amontoaram com os gatinhos e pareciam não saber como brincar com os filhotes criados com cães. Se é que interagiram, comportaram-se exatamente como quando foram apresentados às suas próprias imagens refletidas: em silêncio e com o rabo entre as pernas.

Isso é prova conclusiva de que os filhotes realmente precisam aprender a ser cães: nascem com um repertório básico de reações, mas precisam de experiências com outros cães antes que essas reações possam ser adequadamente expressas. No entanto, o experimento também mostrou que até mesmo com 16 semanas, quando a janela para a socialização com as pessoas está por fechar-se, os cães podem ajustar-se, com rapidez, a viver com sua própria espécie. Depois dos experimentos iniciais de 16 semanas, todos os filhotes foram colocados juntos. Em duas semanas os filhotes criados com gatos brincavam como cachorros e também reagiam às suas imagens refletidas como se fossem outros cachorros.

Essa descoberta sugere que o "período sensitivo" durante o qual os filhotes aprendem como socializar com outros cães é, na verdade, *mais longo* do que o "período sensitivo" para a socialização com seres humanos. No entanto, como essa pesquisa nunca foi, pelo menos até onde eu sei, repetida ou ampliada, muitas explicações alternativas se apresentam. Por exemplo, é possível que os *chihuahuas* desenvolvam suas preferências sociais de forma mais gradual do que os *spaniels* e os *beagles* usados no experimento anterior. Comumente presume-se que os cães têm um único período sensitivo durante o qual aprendem de modo gradual sobre as outras espécies com que se encontram, mas essa possibilidade nunca foi examinada cientificamente e, assim, não sabemos se diferentes raças de cães têm períodos sensitivos de diferente duração. Podemos estar certos, no entanto, de que a socialização com cães e gente ainda está longe de ficar completa em oito semanas, a época em que a maior parte dos filhotes é transferida para seus lares como animais de estimação.

É notável, dado que a personalidade do filhote ainda esteja tão pouco formada com 8 semanas de idade, que os criadores confiem tão convictamente no comportamento do filhote como modo de prever seu possível caráter quando for adulto. Ainda se acredita que os "testes para filhotes", realizados com 7 ou 8 semanas de idade, antes que o filhote deixe seu canil, tenham esse potencial de previsão. Todavia, essa é a idade precisa em que a conduta do filhote é mais maleável. Numerosos estudos científicos fracassaram quanto a descobrir qualquer validade nos "testes para filhotes" como previsão de seu futuro caráter. A maior parte desses testes também tende a prever características que são provavelmente errôneas, tais como a correspondência direta entre agressão e "dominação". O único traço de personalidade que parece ser resistente à mudança depois de 7 semanas é o medo extremo (de base genética), que é muito raro. Esse traço é tão efetivo em inibir a aprendizagem sobre situações novas, que é virtualmente autoperpetuador. No entanto, os testes para filhotes podem ser úteis aos futuros donos do cachorro por indicarem deficiências na socialização dos filhotes, causadas pelo criador, que eles terão de enfrentar. Por exemplo, os testes poderiam revelar se um filhote tem medo de gente ou de crianças por causa da falta de exposição a adultos e crianças — embora os criadores dificilmente venham a fazer testes com esse propósito!

O período sensitivo nos lobos de hoje em dia é muito mais curto do que é entre os cães, o que indica uma mudança fundamental que deve ter aparecido antes ou no começo da domesticação. Os filhotes de lobo normalmente ficam na toca, com sua mãe, até que tenham cerca de 3 semanas de idade e só então dali emergem para conhecer os outros integrantes do bando. Em poucos dias, começam a ficar com medo de todos os novos animais com quem se encontrem. Essa "reação de medo" é que marca o fim de seu período sensitivo. Nessa idade, os cães estão apenas *começando* seu período sensitivo, que continuará por outras dez semanas ou mais. Essa extensão da "janela" de socialização deve ser consequência da domesticação. É possível que os lobos que selecionaram a si mesmos para a domesticação tivessem um período de socialização mais longo do que os lobos selvagens que sobrevivem hoje em dia, o que suavizou a transição inicial do lobo para o protocão, mas também é possível que os protocães com períodos mais longos de socialização fossem mais capazes de prosperar em ambientes humanos. Assim, durante um ciclo de tempo, períodos de socialização cada vez mais longos foram selecionados, vindo a fixar-se quando nenhuma vantagem suplementar significativa pudesse ser obtida.

Os lobos selvagens de hoje podem ligar-se a seres humanos, mas estão bem mais restritos do que os cães quanto ao número de ligações que possam formar. Os lobos, como os cães, provavelmente aprendem um "cheiro familiar" quando estão na toca e assim ficam aptos a vincular-se com o resto do bando quando emergem para a luz do dia e podem aprender como os outros integrantes do bando são e o ruído que produzem. Se forem muito manuseados por pessoas durante esse período, podem tornar-se amigáveis com elas, mas normalmente eles restringem seu comportamento às pessoas que os tocaram, em vez de generalizar para todos os seres similares como os cães parecem fazer. Os lobos também preferem, de modo usual, a companhia do lobo à do ser humano, não importa o quanto familiarizados estejam com pessoas. Dessa forma, a estampagem, nos lobos, é mais similar àquela das aves do que à socialização nos cães.

Mesmo assim, o que vemos agora nos cães deve presumivelmente ter evoluído da estampagem nos lobos. Assim, as mudanças-chave são provavelmente: (a) o atraso no começo da "reação de medo" e (b) a extensão da aprendizagem sobre as características da "família" fechada (seja biológica ou não) a outros seres similares. É bem possível que essas diferenças entre os cães e os lobos modernos já estivessem presentes em seu antepassado comum, tornando mais fácil a domesticação. Como já afirmei anteriormente, podemos apenas adivinhar o que poderia ser o comportamento desse antepassado comum. Presumivelmente, a domesticação teria sido muito difícil se esse ancestral fosse tão resistente à socialização como os lobos modernos, de modo que é tentador especular que o começo da reação de medo pode ter ocorrido um pouco mais tarde em (alguns) lobos de então se comparados com os lobos de hoje.

Os primeiros 3 ou 4 meses de vida são indiscutivelmente os mais importantes na vida de um cão. Nascidos com um poderoso impulso de aprender sobre o mundo que os rodeia, os cães se ajustam, durante esse período, a qualquer tipo de ambiente em que tenham nascido, dos becos de uma aldeia no Punjab a um arranha-céu de Nova York. Como acontece com a maior parte dos animais, sua reação padrão ao desconhecido é o medo. Mas para os cães, ao contrário dos outros animais, essa reação de temor facilmente se anula pelo tipo certo de experiência. Para ser adquirida com rapidez, tal experiência deve ser apresentada de maneira que, por si mesma, não inspire medo. Filhotes criados em um ambiente caótico e imprevisível podem não assimilar as informações com as quais são bombardeados e desenvolver-se como cães ansiosos de um modo geral. Demasiado estímulo pode ser tão prejudicial como a falta dele. Mas a experiência diária nos diz que a maior parte dos filhotes consegue obter *grosso modo* o grau certo de experiências apenas por terem sido criados em lares humanos normais — o ambiente preciso para o qual os cães evoluíram.

O período sensitivo é quando os cães *começam* a aprender sobre gente, não quando essa aprendizagem *termina*. Mais que isso, quando o período sensitivo termina, uma segunda fase começa. Na primeira fase, o "período de socialização", o filhote aprende em quem pode confiar; mas, uma vez que chegue às 12 semanas de idade, ele começará a evitar animais ou certos tipos de pessoas, até mesmo objetos, que nunca conheceu antes. Os relacionamentos individuais com outros cães também começam a se forjar com 11 ou 12 semanas de idade (ver o boxe intitulado "Irmãos e irmãs"). Por muitas semanas depois que o período de socialização tenha terminado, o cão jovem continuará avidamente a reunir informações sobre seus companheiros e o ambiente físico em que vivem, guiado pelas categorias de "amigo ou possível inimigo", sedimentadas durante o período de socialização.

Irmãos e irmãs

A maior parte dos filhotes é separada de seus companheiros de ninhada quando têm cerca de 8 semanas de vida, a típica idade em que vão para seus novos lares. A evidência sugere que, mesmo com 8 semanas, aqueles filhotes apenas começaram a reconhecer-se uns aos outros como indivíduos (por isso as "hierarquias de dominação" são ainda menos prováveis do que em grupos de adultos) e suas "personalidades" ainda não estão totalmente formadas. Dois alunos meus testaram essas ideias ao acompanhar o desenvolvimento de filhotes em duas ninhadas, uma de buldogues franceses e outra de *border collies*. Eles tiraram dois irmãos da ninhada de cada vez e os deixaram brincar juntos com um brinquedo de cabo de guerra por um minuto. Também observaram toda a ninhada brincando em conjunto, e notaram quais filhotes pareciam "vencer" quando brincavam de lutar. Com 6 semanas de idade, quem "vencia", tanto nas duplas como na ninhada inteira, mudava todos os dias, e cada filhote parecia dar início a cada interação de novo, como se não tivesse memória de com que outro filhote competira. Nesse estágio, os filhotes podem distinguir seus companheiros de ninhada dos outros filhotes pelo seu característico "cheiro de ninhada", mas não são capazes de distinguir seus irmãos e irmãs uns dos outros. Com 8 semanas, quem "vencia" começou a estabelecer um padrão, e os filhotes davam sinais de investigar uns aos outros antes e durante as competições, presumivelmente para tentar estabelecer com qual filhote brincavam naquele instante. No entanto, mesmo então não havia indicação de nada que parecesse uma "hierarquia de dominação" dentro da ninhada. Um filhote que tivesse "ganhado" a posse de um brinquedo e depois era posto de volta na ninhada tinha tanta probabilidade de ganhar como de perder em uma luta de brincadeira, mesmo que fosse com o filhote que houvesse sido confrontado momentos antes. Nessa idade, as personalidades dos filhotes ainda estão em formação e eles parecem usar suas brincadeiras para experimentar todas as *personas* disponíveis para eles — cediam, seguravam, mas depois soltavam, tentavam empurrar todos os outros filhotes para fora do caminho em rápida sucessão, e assim por diante. Tudo isso ocorre sob o olhar vigilante da mãe, e nenhum filhote fica seriamente ferido; na verdade, é nesse estágio que, ao escutarem a retroalimentação dos guinchos de suas "vítimas" (tanto humanas como caninas), os filhotes começam a aprender a inibir suas mordidas.

Somente quando as ninhadas chegaram ao redor de 11 semanas de idade é que seus relacionamentos se tornaram consistentes, e os filhotes menores e menos ativos tendiam a dar lugar aos seus companheiros de ninhada mais pesados e mais ativos. Mesmo então, não havia indicação de que os filhotes tivessem qualquer conceito de seu status na ninhada: simplesmente começavam a usar suas memórias de encontros prévios com seus companheiros de ninhada para decidir como melhor interagir com eles.

Nesse "período juvenil", que geralmente se presume dure do começo da reação de medo até a puberdade, que vem com aproximadamente 1 ano de idade, o caráter do cão jovem ainda é muito maleável. As experiências que ele tem durante esse período podem ter um efeito profundo em sua personalidade para o resto de sua vida. De fato, existe alguma evidência de que o mês ou quase isso imediatamente posterior ao período de socialização, entre 12 e 16 semanas de idade, é quase tão importante para o desenvolvimento da personalidade do cão adulto como o próprio período de socialização, mas, surpreendentemente, pouca pesquisa tem sido feita a respeito dos efeitos do meio ambiente sobre a conduta do cão nessa idade. Por exemplo, poucos estudos examinaram os benefícios das "festas de filhotes", que, como observamos no capítulo 4, são sessões de socialização estruturadas para filhotes juvenis (ver boxe intitulado "Festas de filhotes"). Entre aqueles que o fizeram, os pesquisadores descobriram apenas efeitos não muito importantes sobre, por exemplo, a obediência, mesmo que se acredite amplamente que essas sessões de socialização regulares para filhotes sejam parte essencial de "ter um cão".

Em contraste com o período sensitivo, não há evidência de nada especial quanto aos processos pelos quais os filhotes, no período juvenil, ajustam seu comportamento ao ambiente que os rodeia; os processos normais de aprendizagem são bastante adequados para explicar isso. Acontece simplesmente que, à medida que o cão fica mais velho e mais firme em seus modos de ser, sua capacidade de lidar com a mudança diminui gradualmente.

A aprendizagem que se dá durante o período juvenil é, com frequência, designada de modo indefinido como "socialização", mas esse termo na realidade deve ser reservado para o que acontece durante o período sensitivo. O que parece ocorrer no período juvenil é que o jovem cão, já vacinado e capaz de sair e descobrir as coisas, agora aprende mais sobre como é o mundo, como lidar com ele e que estratégias funcionam melhor quando se enfrenta o inesperado. A aprendizagem anterior pode assemelhar-se a um inventário de coisas que o cão reconhece e para as quais tem uma reação adequada; a segunda, a um *kit* de ferramentas de respostas padrão quando as usuais regras de ouro não funcionam. Por exemplo, a pesquisa mostrou que escutar o estrondo de fogos de artifício durante o período de socialização, ou durante as primeiras semanas do período juvenil, protege os filhotes de se tornarem temerosos de ruídos fortes. Filhotes que não ouvem ruídos fortes até mais tarde têm maior probabilidade de desenvolver fobias de ruído. Assim, em geral, os cães que fracassam em desenvolver habilidades para o conhecimento e para a competição tornam-se especialmente vulneráveis ao desenvolvimento de mais ansiedades não específicas e tenderão a adotar estratégias com base na evasão, ou até mesmo na agressão, quando confrontados com algo não familiar e que sintam que não podem enfrentar.

Festas de filhotes

Os estilos de vida modernos e a família nuclear fazem com que os cães jovens ainda não tenham as mesmas oportunidades que muitos de seus antepassados tiveram de encontrar-se com outros cães e com gente além de seus donos. A "festa de filhotes" pode ser uma forma de preencher esse vazio, ao proporcionar ao filhote a gama de experiências de que ele necessita para lidar com a vida adulta. Embora seu nome implique que sejam abertas a todos, essas sessões, para serem eficazes, têm que ser habilmente executadas e estruturadas de forma abrangente. Embora se acreditasse, tradicionalmente, que os cães não podiam ser treinados até que tivessem 6 meses de idade, agora está bem aceito que os filhotes podem aprender comandos básicos muito antes que isso e assim as festas de filhotes incorporam curtas sessões de treinamento, nas quais se lança mão exclusivamente do sistema de recompensas. A punição, que na hora poderia fazer que o filhote desenvolvesse uma aversão a todo esse negócio de dar-se com gente e com cães, nunca deve ser utilizada. Brincadeiras controladas com outros filhotes ajudam a dar continuidade ao processo que começou na ninhada e graças ao qual o filhote aprende a controlar e a inibir seu próprio comportamento. Haver mais gente que, além do dono, toque todos os filhotes do modo que se deve fazer amplia o conceito que cada filhote forma sobre como pode ser agradável estar junto com a espécie humana.

Alguma orientação sobre como escolher uma festa de filhotes pode ser encontrada entre as Leituras Suplementares indicadas no final deste livro.

Cães "problemáticos" — cães para os quais seus donos ativamente procuraram ajuda por questões comportamentais — revelam muito sobre a importância da experiência no começo da vida. Há uma década, fiz uma análise de registros clínicos quando procurava fatores que podiam predispor os cães a exibirem comportamentos de agressão ou de evasão motivados pelo temor.[9] Especificamente, eu pesquisava então cães que haviam sido criados em canis e nunca foram levados até a casa do criador, e que depois foram enviados a lares onde permaneceram por muito tempo longe de pessoas que não fossem os seus donos: por conta de sua restrita experiência anterior, tais cães deveriam achar muito mais difícil lidar com experiências novas do que um cão médio. Nenhum dos cães era "selvagem". Todos haviam tido algum contato com gente durante seu "período sensitivo", ou seria pouco provável que se tornassem animais de estimação.

Sob alguns aspectos, esses cães funcionavam normalmente. Não revelavam mais tendência que o cão médio a serem agressivos com seus donos, com os quais tiveram todas as oportunidades para desenvolver um relacionamento normal. Esses cães criados em canis tampouco estavam predispostos a tornarem-se agressivos com outros cães; afinal de contas, haviam sido expostos à sua própria espécie por um tempo razoável. Mas eles eram diferentes: com frequência eram agressivos com gente que não conheciam, ou tentavam evitar novas pessoas quando as encontravam. A exceção esperada era o pequeno número de cães que haviam deixado os canis de origem com 7 semanas de idade — e não com 8 semanas, como de praxe — e depois foram parar em um ambiente familiar urbano muito movimentado. Filhotes que deixaram os canis ainda bastante novos pareciam capazes de compensar sua restrita experiência inicial.

A grande maioria desses cães tinha sido enviada a lares com 8 semanas de idade, procedimento padrão porque é quando os filhotes podem ser totalmente desmamados. No entanto, essa idade também está bem na metade do "período sensitivo" para a socialização, e por isso tem sido sugerido que uma súbita mudança de ambiente na oitava semana pode ser particularmente estressante para o filhote. Realizaram-se poucos estudos que pudessem testar essa ideia e nenhum no qual a idade de envio aos lares dos donos tenha sido variada sistematicamente. Portanto, não podemos ainda estar certos de qual é a idade ótima para construir a experiência de mundo dos cães — embora saibamos que, para ser mais efetiva, ela deve começar antes da sétima semana e continuar por vários meses depois disso. Também há alguma evidência de que tirar filhotes de suas ninhadas antes de completarem 8 semanas de idade os predispõe a tornarem-se temerosos de outros cães, e assim o ideal seria que toda a ninhada fosse mantida junta até a oitava semana, enquanto, ao mesmo tempo, se começasse a apresentar os filhotes a uma ampla variedade de gente.

Portanto, o processo que leva à ligação entre cão e dono é posto em movimento quando o filhote tem cerca de 3 semanas de idade. As estratégias de conduta firmadas durante o período sensitivo canalizam o comportamento do filhote e estabelecem as regras básicas para a subsequente formação de relacionamentos próximos com seres humanos específicos. Um filhote com experiência muito limitada do mundo humano tem grande probabilidade de falhar ao adaptar-se àquele mundo quando se encontre com ele. Embora seja capaz de formar um relacionamento bem equilibrado com seu dono, pode reagir com medo diante de outras pessoas em razão de sua experiência empobrecida com a espécie humana em toda a sua diversidade. Sua estratégia padrão para lidar com qualquer coisa desconhecida pode ser tentar fugir dela, em vez de adotar a curiosidade cautelosa que é a estratégia padrão do cão bem equilibrado.

Tudo isso pressupõe que a experiência formadora do cachorro inicia-se quando ele completa 3 semanas de idade. No entanto, ele já existiu por doze semanas antes disso: nove semanas como feto e três como filhote aparentemente indefeso. Quando a pesquisa original sobre o período sensitivo do cão foi realizada, há cinquenta ou sessenta anos, pensava-se que fetos e animais recém-nascidos indefesos eram incapazes de aprender muito e que cresceriam seguindo um curso predeterminado, a não ser que sobreviesse alguma catástrofe. Reforçando essa ideia, atuava o modo de ver antropocêntrico que dizia que filhotes recém-nascidos, sendo cegos e surdos, eram incapazes de aprender muito sobre seu meio ambiente. O sentido do olfato foi totalmente esquecido, embora hoje em dia saibamos que os filhotes distinguem cheiros até mesmo antes de nascerem, assim como durante as três primeiras semanas após o nascimento. Em resumo, essa pesquisa omitiu completamente a possibilidade de que as doze semanas depois da concepção podiam ser um período em que as reações ao mundo são influenciadas por eventos externos.

Apesar de os cães não terem sido estudados, em relação às influências externas, durante o tempo da concepção ao nascimento, cientistas acreditam que esse período pode ser crítico para o desenvolvimento da conduta. Estamos cientes agora, por meio dos estudos realizados com outras espécies, inclusive a nossa, de que o ambiente vivido pela mãe pode ter efeitos profundos sobre o caráter de sua prole. Pesquisas feitas com ratos, camundongos, macacos e seres humanos mostraram que o desenvolvimento do cérebro fetal pode ser influenciado, de forma significativa, pelas experiências da mãe durante a gravidez. Não há razão para supor que o mesmo não se aplique aos cães. A maior parte das pesquisas sobre desenvolvimento do cérebro no feto enfocou o estresse severo sofrido pela mãe. Quanto à nossa própria espécie, agora está bem estabelecido que o estresse materno pode ser vinculado a toda uma gama de desordens mentais nas crianças, inclusive ansiedade crônica, transtorno do déficit de atenção/hiperatividade (TDA/H) e conduta social inadequada. Podem vir a manifestar-se problemas a longo prazo, inclusive certas faculdades que ficam prejudicadas, tanto intelectuais como de linguagem, falta de controle emocional e até mesmo esquizofrenia. Estudos com ratos mostraram que esses problemas quase com certeza se originam dos efeitos dos hormônios do estresse produzidos pela mãe, que passam, através da placenta, para o próprio feto. Ali, eles mudam a maneira como o cérebro se desenvolve e causam, depois do nascimento, atividade reduzida de alguns neuro-hormônios (por exemplo, a dopamina e a serotonina) e um sistema hiperativo de reação ao estresse. Embora os detalhes variem um pouco, dependendo do estágio da gravidez em que o estresse ocorrer, o jovem animal pode apresentar aprendizagem comprometida, aptidões medíocres para brincar e uma capacidade debilitada de enfrentar desafios.

Por sorte, esses déficits parecem ser reversíveis se o filhote recebe cuidados maternos suplementares depois do nascimento,[10] mas também podem piorar se o jovem animal é afastado da mãe de forma prematura ou se a vocação maternal desta for muito limitada. Surpreendentemente, pouca atenção tem sido dada a esse fenômeno em animais domesticados, apesar das lições em potencial que poderiam ser aprendidas de tudo isso para criá-los melhor. Houve um estudo, no entanto, que mostrou que porcas domesticadas mantidas em grupos sociais instáveis não somente ficam estressadas, mas sua prole feminina é, por sua vez, mais agressiva que o usual com seus próprios porquinhos, o que implica um profundo e duradouro efeito sobre o desenvolvimento de seus cérebros.[11]

Todos esses efeitos são patologias, ou alguns deles na verdade prepararam o jovem animal para lidar com um mundo mutável? Como grande parte dessa pesquisa foi feita como um esforço para avaliar fatores que afetam a doença mental nos seres humanos, menos tempo foi gasto em tentar entender por que a evolução permitiu que o estresse vivido pela mãe afetasse tão profundamente sua prole. Na verdade, a suposição geral foi que essas são patologias que estão para além do alcance da seleção natural. Mesmo assim, pesquisas sobre porquinhos-da-índia (e aves) sugerem que às vezes pode ser útil, para a prole, ser pré-programada desse modo. As fêmeas de porquinhos-da-índia que dão à luz em grupos sociais superlotados tendem a produzir filhotes fêmeas que se comportam com mais agressividade que a normal. Os filhotes machos, por outro lado, tornam-se "infantilizados" — por exemplo, continuam a brincar de briga na idade em que os filhotes machos normais já competem de verdade com outros machos. Essas mudanças podem, na realidade, preparar os jovens porquinhos-da-índia para o meio ambiente no qual irão viver: se querem encontrar alimento e espaço para procriar em uma multidão, as fêmeas precisam ser agressivas, ao passo que os jovens machos precisam conservar ofuscada sua competitividade natural até que sejam suficientemente grandes e fortes para vencer machos mais experientes.

Dessa forma, é bastante possível que algumas das mudanças no cérebro moldadas pelo estresse materno sejam, pelo menos em parte, adaptativas — no sentido de que preparam a prole para um mundo incerto. No entanto, é provável que isso venha a acontecer mais com animais selvagens do que com animais domésticos como os cães. É improvável que qualquer resposta ao estresse que haja evoluído no antepassado selvagem, o lobo, ainda tenha função adaptativa no meio ambiente humanizado de hoje em dia.

Todas essas descobertas sugerem que os criadores de cães devem empenhar-se no bem-estar psicológico de suas cadelas reprodutoras. Nunca devem induzir o estresse da separação isolando-as por longos períodos, nem permitir que sejam intimidadas por outros cães. Alguns dos déficits que encontrei em cães nascidos em ambientes não domésticos contavam com grande possibilidade de dever-se tanto a estresse vivido por suas mães como à experiência limitada durante as primeiras oito semanas de suas vidas. (Os donos que trouxeram os cães para tratamento não puderam dar-nos informação detalhada sobre o meio ambiente no qual seus cães nasceram.) Os compradores de filhotes também deveriam examinar as condições em que o criador mantém as cadelas, assim como o ambiente experimentado pelos próprios filhotes. É claro que cabe aos donos igualmente o compromisso de assegurar que seu novo filhote tenha as melhores experiências durante seus primeiros meses, mas, por mais que essas experiências sejam boas, existe o risco de que não sejam suficientes para fazerem reverter de forma total as consequências de uma mãe cronicamente estressada ou de um ambiente muito limitado durante as primeiras oito semanas do filhote.

De um modo geral, fica claro que as experiências de um filhote, desde a concepção até cerca de 4 meses de idade, desempenham um papel fundamental na formação do seu caráter. Um cão que recebe um mau começo na vida pode crescer para ser temeroso ou ansioso em demasia. Isso não é inevitável de maneira absoluta, já que a natureza deu-lhe a capacidade, até certo ponto, de compensar reveses anteriores e recolocar seu desenvolvimento em uma trajetória equilibrada. Mesmo assim, ainda há muito que não sabemos sobre o porquê de alguns cães desenvolverem problemas de conduta e outros não.

Por exemplo, por que para alguns cães é relativamente fácil lidar com o fato de serem deixados por sua conta e risco, e para outros isso é difícil? Até hoje, a pesquisa não conseguiu lançar muita luz sobre essa questão. No entanto, uma possibilidade é que os cães tenham sido selecionados com tanto empenho para criarem ligações fortes com os seres humanos que *todos eles* trazem o potencial de desenvolver problemas de separação — os mais afortunados, contudo, têm donos que, por acidente ou por conhecimento, lhes ensinam que ser deixado sozinho não é uma catástrofe.

Os cães, em sua maioria, ficam mais tristes de serem separados de seus donos do que de outros cães. Impõe-se a pergunta: os cães amam gente mais do que amam outros cães? Essa não parece uma pergunta muito científica, mas poderia ser um teste sobre quão domesticados os cães se tornaram. Poucos cientistas já consideraram que essa é uma pergunta à qual vale a pena responder, mas existe um estudo que mostra, de modo conclusivo, que os cães são realmente mais inclinados a criarem ligações mais fortes com gente do que com outros cães.[12] Os objetos do estudo foram oito vira-latas, com 7 a 9 anos de idade, que haviam vivido como pares de ninhada em canis desde que tinham oito semanas; todos foram totalmente socializados com pessoas e tinham sido cuidados por um profissional que era, pelo menos para eles, o seu "dono". Quando o experimento começou, os companheiros de canil não tinham sido separados nem por um minuto nos dois anos anteriores e quase nunca durante suas vidas. No entanto, quando um indivíduo de cada par foi retirado da vista do outro por quatro horas, a conduta do cão remanescente não mudou de forma apreciável. Filhotes afastados dos companheiros de ninhada normalmente iam ficar ganindo até que fossem reunidos aos outros, mas esses cães adultos nem mesmo latiram. Mais que isso, o nível de cortisol (o hormônio do estresse) no sangue deles não variou como resultado da separação, uma vez que foram deixados em suas baias familiares. Portanto, de um modo geral, não havia indicação de que qualquer desses cães estivesse perturbado — isso apesar do fato de que, como não tivessem um histórico de serem deixados sozinhos, não estavam certos de que voltariam a se encontrar com seu companheiro de baia em algumas horas.

Mas, quando os mesmos cães foram levados a um canil desconhecido, ficaram perturbados. Estavam visivelmente agitados, e o nível de hormônio do estresse subiu mais de 50%. De forma notável, isso aconteceu quer estivessem sós ou com seu companheiro de baia. Quando os dois estavam juntos, não interagiam um com o outro com mais frequência do que a usual; qualquer que fosse a ligação entre eles, não era bastante reconfortante ou criadora de confiança para ajudá-los a lidar com o fato de estarem em um lugar novo, fora de seu território familiar. No entanto, se o seu cuidador se sentasse em silêncio com cada um dos cães no novo canil, o cão ficava perto dele e o importunava, pedindo contato (ao que o cuidador responderia com breves episódios de carícias). Isso aparentemente era suficiente para aliviar de forma completa o estresse do cão, porque, quando o cuidador estava ali, seus níveis de cortisol permaneceram perto do normal.[13]

Esses cães, apesar de terem mantido a companhia de outro cão por toda a vida, comportaram-se como se fossem muito mais ligados ao seu cuidador do que ao irmão ou irmã. Apesar de estes cães não terem levado o mesmo tipo de vida que o de um cão de estimação, a experiência cotidiana sugere que o mesmo possivelmente seja verdadeiro para os cães de estimação. Os cães têm territórios, no sentido de que se sentem calmos quando estão em lugares familiares, mas, como os lobos, podem ir, de forma confortável, para novos lugares, se estiverem com seu "bando" — a diferença é que, nesse caso, o elemento-chave do "bando" é quase sempre um ser humano (a saber, o dono) e não um animal da sua própria espécie. Para muitos cães, o dono será um elemento constante de suas vidas, da metade do período de socialização em diante. No entanto, outros serão obrigados, por força das circunstâncias, a alterar suas ligações primárias em várias ocasiões durante sua vida. Assim, além da capacidade de aceitar como parceiros sociais tanto gente como cães, a domesticação deu a eles suficiente flexibilidade social para formar novos laços "familiares" em praticamente qualquer momento de suas vidas.

Já que a necessidade de ligação com uma figura humana parece ser invulgarmente poderosa nos cães domésticos, os que são abandonados por seus donos e acabam em centros de realocação devem sentir isso de forma muito aguda. A pesquisa mostrou que apenas alguns minutos da atenção amigável de uma pessoa, em dois dias consecutivos, são suficientes para fazer com que alguns desses cães sem dono fiquem desesperados para ficar com aquela pessoa: se forem deixados por sua própria conta, esses cães irão uivar, arranhar a porta pela qual a pessoa saiu, ou pular até a janela para tentar ver para onde ela foi. Para muitos cães, essa percepção dos seres humanos como figuras potenciais de ligação pode durar toda a vida; por sorte para muitos deles, um indivíduo ou uma família satisfarão essa necessidade a partir das 8 semanas de idade até o resto da existência deles. Esse desejo certamente explica por que tantos cães desenvolvem desordens de separação em algum momento de suas vidas.

Mesmo que a maior parte da evidência sobre essas ligações tão fortes e que se formam com rapidez venha da conduta de cães que sofreram com separação, o vigor de tais ligações sugere que elas também deveriam estar expressas na conduta normal de animais de estimação. Infelizmente, no entanto, poucos biólogos estudaram as interações cotidianas entre os animais de estimação e as famílias com as quais eles vivem. É provável que exista uma variedade de razões para isso: tais estudos consomem tempo; os biólogos precisam recorrer a técnicas em geral empregadas por antropólogos, que raramente se interessam por animais; os dados que geram são complexos e difíceis de analisar; e existe o risco de que a mera presença de um observador mude a forma como os membros da família se comportem com seu animal de estimação. Por exemplo, algumas pessoas podem sentir-se inibidas, ao passo que outras podem usar a oportunidade para "exibir-se". Mesmo assim, tais estudos são uma contrapartida muito útil para as investigações mais estruturadas das faculdades cognitivas dos cães.

Um dos primeiros desses estudos etnográficos, e ainda um dos melhores, mostra o quanto a maior parte dos animais de estimação está focada em pessoas. Dez famílias de classe média que possuíam cachorros e que viviam nos subúrbios de Filadélfia, na Pensilvânia, foram observadas por um total de vinte a trinta horas, quase sempre no final das tardes e de manhã cedo, quando as crianças estavam em casa. O pesquisador notou que os animais prestavam muito mais atenção nas pessoas da família do que vice-versa: observavam, aproximavam-se ou seguiam uma ou mais das pessoas da casa. Quando descansavam, os cães com frequência ficavam de olho nas pessoas que estavam no mesmo cômodo, ou no cômodo ao lado, através da porta. Quando acontecia de olharem para outro lado, pela janela, por exemplo, os cachorros ainda se mostravam cientes, de forma manifesta, de onde as pessoas estavam e muitas vezes se voltavam para elas e delas se aproximavam. No entanto, os membros humanos da família poucas vezes interrompiam o que estivessem fazendo para procurar o cão quando ele estava em outro cômodo.[14]

Contudo, a vigilância por parte do cão, aparentemente com um só propósito, não era dirigida de forma uniforme. Os cachorros são muito bons quanto a sentir quem da família gosta mais deles. Nas três famílias em que o marido não estava ligado ou interessado no cachorro, este raramente o observava ou seguia. Dessa forma, os cães mostram que são conscientes de quem lhes deu mais atenção no passado. A implicação é que os cães, uma vez que tenham uma figura de ligação, não são indiscriminados em termos de a quem mais se tornarem unidos, e presumivelmente se apoiam em suas experiências com as pessoas para guiá-los em como devem reagir da melhor forma.

O modelo "do lobo" ou de "bando", apesar de falho em muitos aspectos, é correto em um deles: o comportamento dos cães em relação aos seres humanos segue um conjunto de regras e de padrões de conduta que derivam, em última instância, daqueles do lobo e dos antepassados canídeos mais distantes. No entanto, essas não são regras que impõem "dominar ou ser dominado, esmagar ou ser esmagado". São as regras da família, as regras que dizem "aqueles que criam vocês são os que têm mais probabilidade de continuar a querê-los por toda a vida". A conduta de nossos cães de estimação nos mostra claramente que eles nos veem como figuras de ligação, fundamentados em uma estrutura de relação pais e filhos. Na verdade, a dona de um cachorro que diz aos amigos "sou a mãezinha do Fido" não está muito equivocada.

Os cães, a esse respeito, são fundamentalmente diferentes de todos os outros animais. Temos como certo que podemos exercitá-los sem trela e que, uma vez treinados, eles voltarão para nós sem receber nenhuma recompensa imediata senão a de ficarem junto conosco. Os mecanismos que a isso subjazem são essencialmente mecanismos de desenvolvimento; a domesticação incutiu no cachorro a capacidade de adquirir esse comportamento social único, mas é apenas através do ambiente de aprendizagem que lhe proporcionamos que ele chega a compreender como se comportar com as pessoas.

CAPÍTULO 6

Você é amado pelo seu cachorro?

Os cães obviamente são ligados a seus donos — no sentido do modo como se comportam com eles, no sentido de que os seguem por onde estes vão. Mas será que o seu cachorro realmente o ama? É claro que sim! Ele diz isso a você toda vez que você volta para casa só pelo modo como o recebe. O seu cachorro pode ser "apenas" um animal de estimação da casa, mas eu ficaria muito surpreso se a maioria dos donos de cachorro não pudesse dizer que ama o seu cão e que este também o ama. Qualquer coisa menos que isso, e o relacionamento com certeza está com problemas.

Do ponto de vista científico, as emoções não são fáceis de avaliar. Como cientista, posso investigar o quanto você ama seu cachorro e, como ser humano, posso estar razoavelmente seguro de que aquilo que você me descreve como "amor" é quase a mesma emoção que eu sempre senti pelos meus próprios cães. Nós dois podemos entender isso, primeiro, porque somos membros da mesma espécie — portanto, é provável que tenhamos repertórios emocionais similares — e, segundo, porque podemos comunicar nossos sentimentos um ao outro através da linguagem.

No entanto, o amor que vem na direção oposta, do cão para o seu dono, é muito mais difícil de avaliar. Em primeiro lugar, os cães não podem dizer-nos como se sentem, de modo que temos que deduzi-lo de seu comportamento. Podemos estar seguros de que sempre os entendemos bem? Em segundo lugar, como pertencemos a espécies diferentes, não temos o direito de simplesmente supor que os cães experimentam a mesma gama de emoções que nós. Na verdade, eu iria até o ponto de afirmar que é antiético fazer tal suposição. Os cientistas têm a responsabilidade de transmitir tudo o que sabem sobre a *realidade* das emoções caninas para guiar os donos de cachorro a uma percepção apropriada do que seus cães podem e não podem sentir.

Estou convencido de que fazer uma consideração adequada da vida emocional dos cães não é apenas um exercício acadêmico — tem implicações práticas e reais sobre o bem-estar deles e sobre seus relacionamentos com gente. Mas nem todos os cientistas admitem que a emoção canina seja sequer um objeto apropriado de investigação. Alguns cientistas behavioristas pensam que todas as tentativas devem ser feitas para explicar a conduta de outras espécies sem referirmo-nos a nenhuma emoção,[1] porque as emoções são, em última instância, subjetivas e, portanto, não completamente acessíveis à investigação científica. Outros pensam que está certo atribuir emoções a nossos parentes mais próximos — talvez apenas os macacos, ou os primatas superiores —, mas estão mais inclinados a restringir-se a explicações mais mecanicistas da conduta nas espécies menos proximamente aparentadas, inclusive os cães. É claro que a maior parte dos donos de animais de estimação achará esse nível de ceticismo absurdo — eles acreditam firmemente na vida emocional de seus cachorros. Esses pontos de vista são tão divergentes que muitos cientistas chegaram simplesmente a considerar os donos de cachorro como pessoas iludidas, enquanto muitos destes repudiam a ciência por estar muito afastada da realidade de o que é "ter um cão".

Mas o fato é que o espírito humano é bastante flexível para compreender ambas as perspectivas simultaneamente. As visões subjetiva e objetiva da emoção podem existir lado a lado até no interior da mesma pessoa. Os cientistas podem falar casualmente sobre seus próprios animais de estimação como se estes tivessem complexas vidas emocionais interiores, mas, se pressionados, admitirão que existe pouca evidência direta de que os animais de fato experimentam tais emoções.[2] Significa isso que esses cientistas vivem em um mundo de fantasia em casa, onde caem na armadilha de comportar-se "como se" os animais tivessem emoções, mas quando regressam à realidade objetiva, no trabalho, negam que tais emoções existem? Embora essa aparente contradição possa parecer paradoxal, não a vejo desse modo. Antes, considero-a uma expressão natural da complexidade da consciência e do pensamento humanos.

Está bem estabelecido que o espírito humano adora projetar emoções e intenções sobre tudo, especialmente sobre coisas que não pode controlar. O antropomorfismo, vale dizer, a atribuição de características humanas a criaturas não humanas — a fenômenos como o clima e até mesmo a objetos inanimados como rios e montanhas —, é intrínseco à natureza humana,[3] bem como o zoomorfismo e o totemismo, processos complementares pelos quais os seres humanos atribuem características de animais a outros seres humanos.

Falamos de um cão como se fosse "gente", e podemos referir-nos a uma pessoa como "um cachorro" (embora o que isso possa significar venha a variar de cultura para cultura e possivelmente com o gênero do alvo!). Significa isso que não sabemos que os cães e as pessoas são diferentes, não apenas na aparência exterior, mas também nas características interiores? Podemos nos confundir quanto a essa distinção de tempos em tempos, mas quase sempre essas atribuições são metáforas, e as usamos com plena consciência desse fato.

Como seres humanos, temos a capacidade de nos distanciarmos de uma situação, neutralizar seu componente emocional e tomar decisões lógicas sobre o que fazer. Os pais sempre podem, sem deixar de experimentar um forte laço emocional com seus filhos, analisar com objetividade as transgressões destes e as motivações por trás delas. Nossa capacidade para nos distanciarmos de nossa reação emocional automática diante de algo que nossos filhos tenham feito, com o fito de chegar à resposta mais efetiva, não significa que a resposta emocional seja de qualquer forma aviltada ou diminuída. Do mesmo modo, por que não nos expressarmos em termos antropomórficos como amantes de animais tendo a consciência simultânea de que tais projeções podem ser produto de nossas imaginações? Não posso ver qualquer dissonância — como dizem os psicólogos — em tal conduta.

Sem um laço emocional, não haveria animais de estimação — e, no entanto, esse laço pode às vezes criar problemas tanto para os cães como para os seres humanos. O vínculo emocional entre o cão e seu dono é, com frequência e talvez sempre, circunscrito por projeções antropomórficas.[4] Muitas pessoas realmente tratam seus animais como se fossem "gente". Porém, a maioria dos donos de cachorros também é capaz de compreender a conduta de seus animais de um modo lógico, em especial quando têm de ser tomadas decisões que afetam o bem-estar daquele animal. É perfeitamente possível ter uma visão lógica sobre a "alteridade" dos animais sem que isso venha a interferir em nada nos aspectos emocionais do relacionamento. Quando essa discriminação fica pouco nítida, o relacionamento está destinado a ter problemas e mesmo a chegar a uma potencial ruptura. Por exemplo, donos de cachorro que tratam seu animal como se fosse uma pessoa podem projetar sobre ele responsabilidades das quais o cão sequer tem consciência, e muito menos capacidade para responder a elas de forma adequada. E, assim, podem sentir-se justificados ao punirem seu cão por algo que erroneamente pensam que o cão "sabe que fez".

Até mesmo os donos de cachorro que tratam seus animais com bastante racionalidade podem cair na armadilha de presumir que entendem mais do que na verdade entendem sobre como seu cão sente. Em um estudo realizado na Suíça,[5] os pesquisadores mostraram fotos e vídeos de cães que interagiam uns com os outros e com gente para 64 donos de cães e para outros 64 indivíduos escolhidos de modo aleatório, com pouca ou nenhuma experiência com esses animais. Ambos os grupos foram capazes de associar de forma correta as expressões faciais dos cães com emoções e estados óbvios tais como medo e indagação. Mas não aconteceu o mesmo com outras emoções, como raiva e ciúme; além disso, os donos de cães tenderam a ser mais antropomórficos em suas descrições do que os que não possuíam animais. A proximidade de seu relacionamento com cães afetava seu julgamento de maneira evidente.

Os donos de cães podem pensar que são capazes de interpretar a comunicação canina, mas na verdade frequentemente são enganados por seu antropomorfismo. Na segunda parte do mesmo estudo, mostraram aos donos de cães um vídeo de uma mulher que preparava seu cão para ir passear — colocava o casaco, punha a coleira no cão — e, imediatamente depois disso, soltava a coleira, tirava o casaco e ignorava o cachorro por alguns minutos. O cão a seguia para o quarto, depois voltava para onde ela guardava a coleira e finalmente sentava-se, observando-a enquanto ela dirigia sua atenção para outras coisas. Quase todos os participantes que viram a sequência inteira identificaram a emoção do cão, ao ser ignorado, como "desapontamento". Mas, entre os participantes a quem foi mostrada apenas a última parte do vídeo, depois que a dona do cachorro tinha saído de cena, muito poucos identificaram o estado emocional do cachorro desse modo. Claramente, os primeiros participantes projetavam na linguagem corporal do cão sua própria percepção de como se sentiriam naquelas circunstâncias específicas. A conduta real do cachorro era quase irrelevante. A implicação, claro, é que até o mais racional e bem-intencionado dos donos de cachorro pode saber significativamente menos do que pensa que sabe sobre a vida interior de seu cão. Os que veem seu cachorro como uma "pessoa" podem, até mesmo de forma inconsciente, *preferir* explicações para a conduta de seu cão que se apoiem mais sobre as projeções do que eles acham que o cão sente do que sobre o que a linguagem corporal dele lhes diz.

Se houvesse maior compreensão entre os donos de cães sobre a vida emocional destes, seu relacionamento com seus animais de estimação decerto haveria de melhorar. A capacidade de lidar com o comportamento do seu cachorro de um modo mais pensado e bem informado em última instância aumentaria, em vez de diminuir, a profundidade emocional do relacionamento. Alguns donos de cachorro podem tratar seus cães como "gente", atribuindo-lhes faculdades mentais e emocionais que na verdade não possuem, simplesmente porque nunca lhes foi mostrado que existe uma base mais racional para entenderem por que seus cães se comportam do jeito que se comportam. Essa perspectiva mais racional, por sua vez, pode permitir-lhes tomar decisões sensatas sobre como resolver qualquer problema que surja.

Para entender a vida emocional dos cães, primeiro precisamos entender o que as emoções realmente *são*. Infelizmente, os psicólogos ainda não estão de total acordo sobre em que consistem as emoções ou, na verdade, mais precisamente, como elas deveriam ser discutidas. Uma das questões-chave é o papel que as emoções desempenham na orientação do comportamento. Alguns filósofos sugeriram que, mesmo no homem, o cérebro controla o comportamento de forma direta, e o que experimentamos como emoção é apenas nossa consciência que comenta o que acontece. Nessa perspectiva, é necessária a consciência total para que existam as emoções. Como os cães não dão a impressão de ter o mesmo grau de consciência que temos, isso parece sugerir que eles tampouco podem experimentar emoções, ou pelo menos não de uma forma que seria inteligível para nós.

No entanto, já não precisamos pensar sobre os estados emocionais de modo tão abstrato. Novas técnicas agora disponíveis para os neurocientistas possibilitaram uma compreensão mais completa de como são geradas as emoções — especificamente, através de uma ação recíproca entre os hormônios, o cérebro e o resto do sistema nervoso. Por exemplo, o escaneamento por ressonância magnética pode mostrar o que se passa nos cérebros de seres humanos totalmente conscientes (e em breve, esperamos, dos cães também) e ajudar a indicar em que parte do cérebro são geradas as emoções.

Agora é geralmente aceito que o que experimentamos como emoções é parte importante da maquinaria que nos permite levar nossas vidas cotidianas, e não apenas um efeito colateral da consciência. Pensa-se que as emoções atuam como filtros essenciais que nos capacitam a tomar decisões apropriadas no momento certo, sem esperar que nosso cérebro nos apresente todos os possíveis cursos de ação e tentemos escolher logicamente entre eles. Nessa concepção, as emoções existem com o propósito de proporcionar um indicador tosco, porém rápido, de onde estamos em relação a onde deveríamos estar. Se vejo alguém que se aproxima de mim tarde da noite, em um beco escuro, o medo vai me empurrar prontamente para o lado oposto. Se alguém arromba a minha casa quando estou dentro dela, a raiva tomará conta de mim e me fará agressivo contra o invasor. A primeira dessas respostas, na certa, é tão apropriada hoje como o era para meus antepassados caçadores-coletores há 100 mil anos. A segunda talvez não seja tão eficaz agora como era antes, e terei que controlar minha raiva se quero permanecer dentro dos limites razoáveis de uso da força que a lei permite para coibir intrusos. Mesmo assim, a raiva canaliza meu cérebro na direção da ameaça imediata (o intruso), e este não perde tempo com tarefas menos urgentes que podem esperar (tais como descobrir como vou consertar a fechadura da porta ou tentar lembrar onde anotei o telefone do meu agente de seguros).

Se as emoções são realmente mecanismos de sobrevivência, então é provável que tenham evoluído para cumprir funções específicas. E essas funções — evitar perigo, defender de ameaças, formar laços de casal que favoreçam a sobrevivência da prole — não são exclusivas do homem. Elas se aplicam tanto aos lobos como se aplicaram a nossos antepassados humanos. Na verdade, como lobos e seres humanos são mamíferos, e nossos cérebros e sistemas hormonais têm como base os mesmos padrões biológicos, é muito provável que ambos os nossos sistemas emocionais tenham evoluído a partir do sistema emocional do nosso antepassado mamífero comum. Portanto é razoável que nossas vidas emocionais e as dos cães sejam similares. No entanto, como milhões de anos de evolução nos separam, também é altamente provável que elas estejam longe de serem idênticas.

Para investigar mais essas similaridades e diferenças, vou tomar como válida a ideia de que as emoções, longe de serem um luxo que só os seres humanos podem apreciar, são uma parte importante do sistema biológico que regula a conduta. Também vou supor que, como qualquer outro sistema biológico, as emoções têm sido selecionadas e depois refinadas pelo processo da evolução. O modelo que adotarei[6] divide as emoções em três componentes. O nível mais primitivo envolve respostas do sistema nervoso autônomo (das quais não temos consciência, mas que mantêm as várias partes do corpo em funcionamento para nós), que atuam em concerto com os hormônios associados com a excitação, o medo, o estresse, a afeição e assim por diante — chamadas de Emoção I na ilustração adiante.

Como seres humanos, nem sempre estamos conscientes dessas respostas autônomas (as exceções incluem os batimentos cardíacos fortes e o suor nas palmas das mãos, disparados pelo medo), mas, graças às técnicas da fisiologia moderna, todas elas podem ser medidas e compreendidas. A Emoção II é a conduta correspondente — posturas, exibições, sinais (e, no caso dos cães, sinais de cheiro imperceptíveis aos seres humanos). A Emoção III é a que mais nos interessa aqui — os sentimentos que nós, como seres humanos, experimentamos subjetivamente: são aqueles a que nos referimos em termos do cotidiano como emoções e humores. "Sinto-me ansioso" ou "Hoje estou feliz" ou, ainda, "Amo meu cachorro".

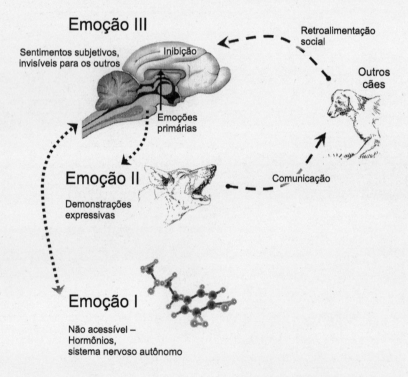

Os três componentes da emoção. Emoção I é a soma de mudanças nos níveis de hormônios e no sistema nervoso. Emoção II é a expressão externa da emoção, por exemplo, em linguagem corporal e vocal. Estas podem ser detectadas por outros cães (e pessoas), cujas reações podem ser percebidas e posteriormente modificar a forma como as emoções são sentidas e como fica a reação a elas. Emoção III é a experiência subjetiva da própria emoção, por exemplo, "medo". As setas indicam as interações.

Qual é o sentido, então, de rotular tanto a fisiologia subjacente como a conduta associada de "emoção"? No contexto do avanço de nossa compreensão dos cães, esse modelo enfatiza que, se pudermos medir uma mudança na fisiologia subjacente (por exemplo, um aumento súbito de adrenalina no hormônio do estresse) e, ao mesmo tempo, observar a conduta correspondente (o animal foge), podemos estar razoavelmente certos de que o cachorro também experimenta a mesma emoção (medo). Exatamente como essa experiência é para o cachorro, nunca saberemos de forma total — assim como não podemos saber, de modo preciso, como um outro ser humano sente. Os sentimentos são privados, mas isso não significa que não possamos nem devamos levá-los em conta. Ao lidar com outras pessoas, apenas fazemos boas conjecturas e procedemos de acordo — e se nossa primeira conjectura está errada, há uma boa chance de que a outra pessoa nos fará saber disso. Os cães, no entanto, podem ser menos capazes de fazer-nos saber quando os julgamos mal, ou talvez não sejamos tão hábeis quanto deveríamos ao decodificar os sinais que eles nos dão. Em qualquer dos casos, o que fica claro é a importância de tentar com afinco entender a vida emocional deles.

Minha segunda razão para considerar como proveitosa essa conceituação em três níveis da emoção é que ela propõe que as emoções são *úteis* ao animal: elas atuam como sistemas de processamento de informação com propósitos especiais, junto com os sistemas gerais de aprendizagem e cognição (aos quais os seres humanos adicionaram a linguagem simbólica). As emoções são uma ajuda essencial para a sobrevivência, e, se os cães possuem os dois níveis "mais baixos" (e decerto os possuem), então é difícil sustentar que eles não experimentam também o terceiro nível, as reações emocionais.

Minha terceira razão é que essa conceituação revela um *continuum* evolutivo. Propõe que as emoções humanas, embora possivelmente únicas sob alguns aspectos, evoluíram das emoções dos mamíferos, que, por sua vez, evoluíram daquelas dos répteis, e assim por diante. A não ser que adotemos a perspectiva de que a consciência humana e a consciência de si mesmo são absolutamente essenciais para experimentar todas as emoções, é muito difícil negar — até mesmo de tal ponto de vista, aparentemente frio e puramente científico — que os cães devem experimentar pelo menos *algum* tipo de emoção.

Junto com as muitas vantagens desse modelo, no entanto, existe uma grande desvantagem: a suposição implícita de que a emoção subjetiva (Emoção III) sempre aparece como conduta evidente (Emoção II). Nos seres humanos, a maior parte das emoções está vinculada a expressões faciais, que variam pouco de cultura a cultura e servem, assim, como uma quase universal linguagem de sentimentos. Contudo, todos podemos pensar em situações nas quais tentamos esconder nossos sentimentos ou projetar emoções diferentes das que realmente sentimos. Os cães também têm feições e corpos expressivos, que denunciam muito, mas talvez não tudo, do que sentem.

Vale a pena considerar de modo breve por que os cães evoluíram com feições tão expressivas. Com os gatos não foi assim. Eles sofrem em silêncio. Os gatos podem comunicar o medo extremo, ou a raiva extrema, mas o que dizer de ansiedade e alegria?[7] Essa notável diferença entre cães e gatos se origina de suas histórias evolutivas. Gatos domésticos descendem de caçadores solitários, uma cultura de "cada um por si": dois gatos machos (ou fêmeas) são essencialmente competidores por toda a vida no negócio de passar adiante seus genes para a próxima geração. Um gene que fizesse com que um gato parecesse estar contente consigo mesmo quando retornasse de uma expedição de caça especialmente bem-sucedida estava fadado a desaparecer, porque contribuiria para o sucesso de seu rival na busca de alimento, não para o seu próprio. Assim, a falta de uma conexão entre comunicação (Emoção II no modelo) e os componentes fisiológicos e subjetivos da emoção (Emoção I e Emoção III) pode ser, algumas vezes, do próprio interesse do animal.

De fato, no reino animal como um todo, a demonstração honesta de emoções só é favorecida em certas circunstâncias bem específicas — a saber, quando a cooperação é o resultado desejado. Os seres humanos estão entre as mais cooperativas das espécies vivas, e realmente muitos desses fatores da espécie se aplicam a nós. Como espécie, nós evoluímos no contexto de grupos de família extensa e assim, de acordo com a teoria da seleção por parentesco, deveríamos tender a ser honestos uns com os outros. Também somos extremamente bons em reconhecer outros indivíduos de nossa própria espécie e em recordar nossos encontros prévios com eles. Por consequência, temos mecanismos cognitivos altamente sofisticados para detectar a tentativa de nos enganar entre aqueles que nos são familiares. Em outras palavras, a maioria de nós, humanos, destaca-se na arte de detectar quando alguém que conhecemos está escondendo seus verdadeiros sentimentos.

Também vale a pena fazer um breve desvio para observar a evolução da linguagem corporal humana — e ver por que a conexão entre a expressão facial e (algumas) emoções deve ser tão transparente em nossa própria espécie — antes de prosseguir para especular se o mesmo poderia aplicar-se aos cães.

A face humana é particularmente expressiva. E nossas expressões faciais para as emoções mais primitivas — tais como o medo, a alegria e a raiva — parecem ser as mesmas em todo o mundo. A expressão humana é claramente um traço evoluído típico da espécie. A ideia que jaz por trás dessa observação foi proposta pela primeira vez por Charles Darwin, que tentou aplicar o mesmo princípio aos cães (ver o boxe intitulado "Cães de Darwin"). Na verdade, pesquisadores descobriram há pouco tempo que os músculos faciais usados para gerar essas expressões em particular são comuns a praticamente todos os seres humanos, ao passo que outros músculos faciais variam muito entre raças e entre indivíduos. Como espécie, não podemos funcionar socialmente sem expressões faciais — a paralisia facial leva quase inevitavelmente ao isolamento e à depressão.

Nossas expressões faciais estão conectadas de forma direta com nossas emoções. Observemos a face de alguém que fala pelo telefone com uma pessoa amiga — ela sorrirá, franzirá o cenho, e assim por diante, como se a outra pessoa pudesse vê-la. Na verdade, uma das funções de nossas expressões faciais — talvez até mesmo sua função primária — é deixar que as pessoas saibam o que sentimos quando falamos com elas. Nessas circunstâncias, de hábito expressamos as emoções que pensamos que deveríamos sentir, mesmo se, na realidade, não as estivermos experimentando. A intenção é convencer quem nos fala não só de que lhe prestamos atenção, mas também de que estamos em sua longitude de onda emocional. Geralmente nossas expressões faciais inconscientes tendem a assegurar àqueles que estão ao nosso redor que somos dignos de confiança.

Também usamos ou suprimimos muitas dessas mesmas expressões faciais, conscientemente, para modificar o comportamento dos outros em nosso próprio benefício. *Existe* uma conexão direta entre a Emoção III (sentimentos) e a Emoção II (expressão facial), mas ela se submete, pelo menos até certo grau, ao controle consciente; na verdade, fazemos uso de nossas expressões para manipular os que estão à nossa volta. Certas expressões de emoção — tais como o rubor na face quando estamos embaraçados — são quase impossíveis de simular ou suprimir, mas algumas pessoas podem produzir à vontade um sorriso aparentemente sincero. (Outras podem conseguir apenas um sorriso falso, conhecido tecnicamente como "sorriso de aeromoça", no qual a boca sorri mas os olhos não.) Também tratamos de disfarçar nossas emoções quando isso for socialmente vantajoso: por exemplo, depois de ganhar um prêmio, muita gente tentará bloquear um sorriso espontâneo, travando seus músculos faciais ou encobrindo o rostos com as mãos, para evitar a evidência de regozijo. Muitos de nós estamos aptos a detectar falsas expressões de emoção nos outros, mesmo que não sejamos capazes de descrever com precisão como detectamos uma insinceridade. Disfarçar totalmente uma emoção requer considerável prática, como é evidente pelo número relativamente pequeno de indivíduos que podem arvorar uma "cara de pôquer". É óbvio que a evolução nos deu um sistema de detecção de mentiras bem afinado — presumivelmente porque o sucesso dos grupos de caçadores-coletores dependia disso.

Cães de Darwin

Em seu livro *The Expression of Emotions in Man and Animals*, Charles Darwin recorreu amplamente ao cão doméstico para ilustrar suas ideias sobre a interpretação de posturas e expressões dos animais. Um de seus preceitos principais era o "princípio da antítese" — a ideia de que emoções opostas induzem posturas exatamente opostas, que desse modo transmitem informações precisas sobre o estado de espírito e as intenções do animal. Ele opunha o cão "que ataca", que fica de pé, inclina-se para diante com o rabo levantado e o pelo eriçado, rosna e arreganha os dentes, ao cão "amigável, submisso", que se agacha até o chão, com o rabo abaixado. Embora o "princípio da antítese" de Darwin raramente seja mencionado hoje em dia, sua interpretação dos estados emocionais dos cães ainda é considerada válida.

O cão "que ataca" de Darwin.

O cão "submisso" de Darwin.

Será que os cães também são igualmente manipuladores? Os cães às vezes parecem "mentir" uns para os outros, especialmente quando há algum conflito de interesses envolvido — embora, até onde eu saiba, ninguém tenha estudado essa questão sistematicamente. Meu *labrador retriever* Bruno adorava gente, mas sempre foi um pouco desconfiado de outros cães, especialmente de outros machos. Quando se encontrava com uma pessoa que não conhecia, Bruno se contorcia até chegar a ela, meio agachado, seu rabo girando e girando, como a hélice de um helicóptero demente. Quando via outro cão macho, Bruno se esticava ao máximo, e o pelo de suas costas se eriçava. Em ambos os casos, ele tentava assegurar que o encontro se daria do jeito que ele queria. Quando se tratava de gente, Bruno sempre queria fazer amigos, de modo que usava a saudação do filhote de lobo. Ele tentava parecer menor do que realmente era (um esforço que quase nunca tinha sucesso, considerando que ele era um labrador bastante corpulento). Quando se tratava de outro cão macho, ele fazia o oposto: tentava parecer maior do que realmente era. Na verdade, estava blefando: se o outro cão persistia, Bruno logo mudava a conduta — não era muito valente — e se afastava com o rabo entre as pernas. Em outras palavras, parece que tentava enganar o outro cão. Não digo que ele se preparava para enganar o outro de forma deliberada e consciente; duvida-se que os cães tenham tal grau de inteligência. Mesmo assim, quando tentam causar uma impressão em um possível rival, a maioria dos cães tenta parecer maior do que realmente é: espera assustar o outro cachorro sem arriscar-se a ser ferido em uma contenda. No entanto, para que isso sempre funcione, o outro cão tem que ser bastante estúpido para ser enganado por essa tentativa tão óbvia de intimidação, o que parece pouco provável.

Então por que os cães simplesmente não sinalizam que não têm intenção de lutar? De fato, os cães parecem não ter meios para negociar tal recuo. Os primeiros que adotaram a tática de eriçar o pelo decerto obtiveram uma vantagem ao fazê-lo, porque seus rivais acreditaram. Uma vez que quase todos adotaram o hábito de eriçar o pelo, vão esperar que seus rivais façam o mesmo. Qualquer cão que não erice seu pelo tenderá, portanto, a ser percebido como *menor* do que realmente é, o que aumenta a possibilidade de que ele venha a ser atacado. Assim, esse tipo de comportamento fixou-se no repertório: quase todos os cães terão essa conduta de tempos em tempos, mesmo que tenham pouca ou nenhuma real intenção de lutar. É preciso ter em conta, no entanto, que, embora sua linguagem corporal sugira que estejam blefando, não temos evidência de que os cães na realidade sejam conscientes dessa tentativa de engano — simplesmente estão fazendo o que a evolução e suas próprias experiências lhes disseram que dará o resultado desejado.

Uma versão mais complexa desse processo com certeza deu lugar ao sinal de "dentes à mostra" que muitos cães usam como próximo passo depois que o pelo já se eriçou. Os cientistas lançam a hipótese de que essa estratégia originou-se porque a mordida dada em outro cão tem que ser precedida da providência de tirar as bochechas do caminho para protegê-las. O sinal de "dentes à mostra" também é útil para o outro cão, porque lhe dá um aviso, de uma fração de segundo, de que o adversário está a ponto de mordê-lo. Presume-se que o arreganhar de dentes quase sempre basta para evitar o conflito. Ao elevar os lábios superiores logo antes de morder, um atacante em potencial pode forçar um oponente sem experiência a recuar sem necessidade de submeter-se ao risco de uma luta real. Mas seria esse realmente um blefe sensato? O cão ameaçado pode agora ver os dentes de seu oponente, bem antes da mordida real. Se estiverem quebrados ou ausentes, então ele constata que a mordida resultante não seria particularmente dolorosa. Dessa forma, ambas as partes obtêm uma vantagem com o sinal: o atacante mostra que está a ponto de morder, e o alvo pode avaliar o dano que essa ameaça há de lhe causar. E assim esse sinal também se fixa no repertório. Tais sinais são muito estáveis, no tocante à evolução, porque eles traduzem um cerne de honestidade em adição ao elemento de blefe. O atacante está *realmente* pronto para morder, e a pretendida vítima pode *realmente* ter uma ideia de como será a mordida.

Dentes à mostra — um sinal honesto de potencial de luta.

O fato de que a evolução favorece um grau de blefe quando dois animais estão em conflito explica por que os estados emocionais dos animais podem, algumas vezes, ser difíceis de avaliar. Mas os cães, como animais altamente sociais, evidentemente têm uma comunicação mais aberta que muitas outras espécies. Se os cães primitivos (e os lobos) estivessem realmente em contínua luta pelo predomínio, a evolução deveria ter favorecido bem mais a sinalização desonesta e o completo mascaramento da emoção — o que não seria um bom começo para a domesticação. Pelo contrário, a cooperação, nos cães como nos seres humanos, tende a favorecer a transparência. Para o ancestral deles, o lobo, sustentar a unidade familiar é essencial para a sobrevivência, de modo que é benéfico para todos saber como os outros se sentem. Esse princípio se aplica igualmente aos nossos antepassados caçadores-coletores. Dessa forma, tanto o *Homo sapiens* como o *Canis lupus* habitualmente mostram suas emoções de forma aberta, embora os lobos (e os cães) utilizem todo o corpo, não só a face, para comunicar seu estado emocional. Essa feliz coincidência deve ter sido um dos fatores que suavizaram o caminho da domesticação e capacitaram ambas as espécies para aprender a ler a mente uma da outra.

Um grau ainda maior de transparência emocional pode ter sido selecionado durante a domesticação quando os seres humanos passaram a favorecer os cães cuja linguagem corporal era fácil de "ler" em detrimento daqueles que eram mais inescrutáveis (isto é, até a nossa propensão para características incomuns começou a conduzir a seleção na direção oposta). Como consequência disso, aqueles donos de cachorros que estejam preparados para gastar seu tempo e aprender os sinais descobrirão que seus animais de estimação são muito fáceis de ler.

Embora observar a conduta e os estados fisiológicos dos cães possa proporcionar pistas sobre as emoções deles, a conexão entre fisiologia e emoção algumas vezes é pouco clara. A linguagem corporal do cão e, mais particularmente, suas tentativas de comunicar-se proporcionam um filamento de informação sobre o que ele sente a cada momento dado (Emoção II). Um segundo filamento vem de seus hormônios e da atividade em seu cérebro (Emoção I): o cachorro está *internamente* estressado, exaltado ou em estado de expectativa? Essas mudanças fisiológicas são invisíveis para seus donos e também não são bem estudadas pelos cientistas, pelo menos não no caso dos cães. Além disso, o que se sabe indica que tais mudanças com frequência não correspondem cada qual a uma conduta específica ou a um único estado emocional. Por exemplo, os hormônios do estresse tais como a adrenalina e o cortisol podem elevar-se não apenas quando o cão está em uma situação que acha desconfortável, mas também quando se aproxima de um potencial parceiro de acasalamento. Os hormônios preparam o corpo para a atividade, sem refletir diretamente uma emoção em especial. Da mesma forma, a maior parte das emoções não é simplesmente associada com substâncias químicas específicas no cérebro. Por exemplo, sabemos que neuroquímicos opioides são conectados a estados emocionais por causa dos efeitos sobre a emoção criados por narcóticos, tais como a heroína, que os imitam. No entanto, a última também reduz a percepção da dor (por exemplo, quando a morfina é utilizada como analgésico), de modo que seus efeitos não são de natureza simplesmente emocional. Os opioides naturais, as endorfinas, são produzidos no cérebro dos mamíferos (sistema límbico) durante as atividades de vinculação social como brincadeiras e contato físico mútuo; o fato de que seus níveis sejam especialmente baixos quando o animal está triste pelo isolamento social sugere vínculos com vários estados emocionais diferentes.

A complexidade dessas relações parece ter surgido quando o repertório emocional dos mamíferos evoluiu pouco a pouco daquele dos antigos répteis, que têm vidas emocionais bem mais simples (ou até mesmo nenhuma, como defendem alguns cientistas). Da mesma forma, cada emoção não está localizada em uma única parte do cérebro dos mamíferos. Em vez disso, a maioria das emoções parece surgir em partes do cérebro médio, que está conectado à medula espinhal através do cérebro posterior e, nos mamíferos, está quase completamente contido dentro do cérebro anterior, a parte "que pensa" do cérebro. Duas estruturas do cérebro médio que são chave para a geração de muitas emoções são o hipotálamo e as amígdalas, mas essas estruturas também estão comprometidas em outras funções, como a fome, a sede, o ciclo dormir-despertar e a aprendizagem.

Apesar dessa complexidade, fica claro que as emoções têm uma presença física no cérebro e que estão associadas a mudanças nos hormônios que circulam pelo corpo; em resumo, as emoções têm manifestações físicas previsíveis. Assim, uma combinação das duas abordagens antes mencionadas — a fisiológica (Emoção I) e a comportamental (Emoção II) — pode ser usada para investigar quais emoções os cães quase certamente possuem e quais não.

As emoções podem ser dispostas em uma hierarquia grosseira desde as mais primitivas (isso é, aquelas que apareceram primeiro na evolução dos vertebrados) até as mais complexas. Como os cães são mamíferos como nós, mas possuem cérebros menos complexos que os nossos, é lógico concluir que compartilhamos as emoções mais simples, mas também que as emoções mais complexas experimentadas pelos seres humanos decerto são somente nossas.

As emoções mais básicas — tais como a fome, a sede, a dor e o desejo sexual — talvez sejam mais bem descritas como "sentimentos" do que "emoções". Elas são processadas primariamente pelas partes mais primitivas do cérebro — o tronco encefálico, o cérebro médio e o hipotálamo. Este último também processa a informação relativa ao castigo e à recompensa; portanto, ele é crucial para o modo como os cães aprendem.

As mais simples das emoções verdadeiras — o medo, a raiva, a ansiedade e a felicidade — são, muitas vezes, designadas como "primárias". Elas são "instintivas", uma vez que não precisam ser aprendidas: ninguém precisa aprender como ficar assustado; apenas acontece. Também são "básicas", no sentido de que são geradas pela parte mais primitiva do cérebro dos mamíferos, o sistema límbico. Este apareceu muito cedo na evolução dos vertebrados, talvez há qualquer coisa como 500 milhões de anos. Portanto, é quase inconcebível que os cães não devessem possuir essas emoções, embora seja difícil medir com precisão como é a experiência subjetiva deles.

O medo, a raiva, a ansiedade e a felicidade evoluíram como formas de responder a ameaças e oportunidades significativas. Uma maneira de considerá-las é vê-las como "atalhos". Por exemplo, um animal não precisa escanear sua memória para encontrar a ameaça específica que enfrente em um momento determinado e depois planejar uma resposta: em vez disso, é levado por sua reação emocional (o medo) a fugir com rapidez, depois do que poderá entender, de uma distância segura, qual era mesmo a ameaça. Isso não significa que a aprendizagem não desempenha um papel na categorização mais meticulosa de tais ameaças com base nas experiências acumuladas; mesmo assim a emoção subjacente sempre permanecerá a mesma de uma dessas experiências para outra.

O *medo* pode ser a emoção mais primitiva de todas. Quanto às outras emoções simples, as amígdalas — um par de estruturas com forma de amêndoa enterradas bem profundamente no centro do cérebro — desempenham um papel importante tanto na formação e na busca de memórias de episódios assustadores como também na geração de respostas. A parte posterior do hipotálamo é outra estrutura-chave, que retransmite informações do e para o cérebro e para outras estruturas que produzem hormônios, tais como as glândulas adrenais que geram o hormônio adrenalina, que define o "lutar ou fugir".

A expressão do medo nos cães segue um padrão que é reconhecidamente similar à expressão do medo no homem. De hábito, começa quando o cão fica subitamente alerta e, depois, congelado, enraizado no mesmo lugar, enquanto as amígdalas sinalizam com furor para o córtex, a parte "pensante" do cérebro, e esperam a melhor resposta para a situação. Enquanto isso, o cão se conserva tenso: é possível que trema intensamente, os olhos arregalados e os dentes à mostra, como uma preparação geral para qualquer coisa perigosa; o ritmo dos batimentos cardíacos e a respiração se aceleram.

Se a situação não tiver precedentes, pode não haver nada útil no banco de dados da memória. Isso pode levar a condutas que tendem a nos parecer bizarras, a nós humanos, que somos mais lógicos. Por exemplo, um cachorro que nunca tenha visto antes em sua vida uma caixa de papelão pode fracassar quanto a identificá-la como um objeto inanimado inofensivo e, por conduta padrão, entrar em uma resposta de medo.[8] O medo é um atalho para categorizar eventos, e o que se enquadra na categoria "assustador" depende do que o cão tenha ou não experimentado antes, especialmente durante os seus primeiros 6 meses de vida. A categoria "assustador" consistirá em dois tipos de coisas: aquelas que assustaram o cão no passado e aquelas com que o cão não teve nenhuma experiência.

A resposta do cão à situação assustadora dependerá do que ele tenha descoberto, no passado, que funcionou melhor. Alguns cães quase sempre ficarão congelados; outros fugirão. Outros ainda, sobretudo se a sua rota de fuga tiver sido bloqueada em ocasiões prévias, podem recorrer à agressão quase imediatamente. Na verdade, muitos médicos dirão que a maior parte dos casos de agressão que examinaram foi motivada pelo medo — não pela raiva, nem por qualquer necessidade de "dominar". O medo também está no cerne de muitas outras desordens de conduta. É indiscutivelmente a mais poderosa das emoções de que o cão é dotado.

O medo é um poderoso gatilho para a aprendizagem. Cães que se assustaram de repente com alguma coisa desconhecida, como uma caixa de papelão, com certeza não só continuarão a se assustar com caixas similares, mas também mostrarão palpáveis sinais de apreensão quando visitarem outra vez o lugar onde sobreveio o medo original, mesmo que o objeto assustador não esteja mais lá. Nessas situações os cães podem desenvolver o que nos parecem medos "irracionais" — embora presumivelmente façam muito sentido para o cão, que se lembra de todo o episódio e não apenas do "óbvio" estímulo desconhecido.

A *ansiedade* é algumas vezes confundida com o medo, porque compartilha algumas de suas manifestações. Porém a ansiedade é a *antecipação* do medo — ela é disparada não por um objeto ou um evento reais, mas, antes, por previsões de um evento assustador que pode produzir-se em um tempo indeterminado no futuro. Meus primeiros dois cães, Alexis e Ivan, ambos produtos de cruzamentos de labrador com *terrier* (*Jack Russell* e *airedale*, respectivamente), tinham confiança em si mesmos, a ponto de eu duvidar que alguma vez tenham sentido muita ansiedade. Meu terceiro cão, Bruno, era um labrador de raça pura, e um animal mais emocionalmente dependente de um modo geral — não facilmente assustadiço, mas muito desconfiado dos seres humanos à sua volta. Antes que chegasse em nossa casa como um filhote de 8 semanas de idade há aproximadamente trinta anos, eu nunca tinha ouvido falar de "ansiedade de separação" — tal como muitos veterinários, inclusive o nosso. Quinze anos mais tarde, comecei um programa de pesquisas que revelou, entre outras coisas, que 50% dos jovens labradores do Reino Unido odeiam ser deixados sozinhos; mas, naqueles dias, não penso que ninguém sequer suspeitasse de que esse era o caso.

Bruno não podia ocultar a ansiedade que sentia sempre que percebia que estávamos a ponto de sair. Procurar as chaves do carro, colocar os casacos, juntar as crianças pelos quatro cantos da casa — essas ações disparavam uma expressão de absoluta infelicidade em suas feições, e ele logo se esgueirava para sua cama, o lugar onde se sentia mais seguro. Os "especialistas" da época nos disseram que isso era apenas um jogo que fazia para impedir-nos de sair, que os cães de caça eram criados para serem deixados em canis por horas a fio e que ficavam perfeitamente felizes com isso. Logo que saíssemos, nos diziam, ele se acalmaria e dormiria até a nossa volta. Errado: sua continuada ansiedade ficava óbvia na cama, nos móveis e até nos vestígios de papel de parede mastigado que encontrávamos quando voltávamos para casa.

Aqueles eram todos sinais de ansiedade. Os cães de busca são muito focados na boca, e mastigar parece ser sua forma preferida de aliviar a tensão. Se Bruno tivesse sido outro tipo de cão, poderia ter ladrado, ter andado de um lado para o outro, ter arranhado as paredes, ter urinado ou defecado no chão. Quando tentávamos colocá-lo em pensões para cães, onde as oportunidades para mastigar eram limitadas, ele se punha a uivar — por horas a fio. Afinal tivemos de aceitar que ele era apenas um cão muito ligado a nós e tentávamos nos assegurar de que ele ficasse sempre com alguém que conhecia. Ele não ficava *assustado* porque saíamos, mas sabia que odiava ficar sozinho em casa, de modo que os sinais que lhe diziam que estava a ponto de ficar só deixavam-no ansioso. Com certeza, ele também ficava ansioso de que nunca mais voltássemos: o conceito de tempo dos cães não é totalmente bem compreendido, mas parece que é menos preciso do que o nosso, por isso é difícil saber o quanto eles podem antecipar coisas que poderão ou não acontecer em um tempo indeterminado no futuro.

A *raiva* não é o mesmo que o medo. Ambos podem conduzir à agressão, o que faz com que as duas emoções sejam confundidas com frequência. Mas na verdade elas são facilmente distinguíveis, com base na linguagem corporal do cão.

O medo surge quando o cérebro do cão identifica situações potencialmente prejudiciais que estão fora de seu controle; a raiva se produz quando o cão sente ameaçadas suas expectativas diante do mundo. Por exemplo, cães que são muito ligados ao que percebem como seu território ficarão com raiva se outro cão (sobretudo se for do mesmo sexo) invadir aquele território. Um cão zangado, da mesma maneira que um cão que tem medo, na certa vai rosnar e arreganhar os dentes, mas esses são, primariamente, sinais de intenção, e apenas de maneira secundária expressões de emoção. É fácil ver a diferença entre um cão com medo e um cão zangado. O cão com medo obviamente tentará fugir — com tudo, das orelhas até os cantos da boca, puxado para trás — e, se lhe for dada a oportunidade, quase certamente fugirá. O cão com raiva ficará rijo e preparado para avançar e enfrentar a ameaça.

A raiva, como todas as emoções, é um mecanismo de sobrevivência evoluído, mas também é um mecanismo que foi radicalmente alterado pela domesticação. Um lobo que nunca defendesse seu alimento ou lugar de descanso dos outros lobos não sobreviveria por muito tempo na natureza. No entanto, a capacidade de sentir e expressar raiva é pouco importante para os cães domésticos, cuja sobrevivência depende, de forma crucial, da boa vontade de seus donos mais do que da competição com outros de sua própria espécie. Na verdade, a domesticação elevou o limiar de raiva dos cães a um ponto tal que, hoje em dia, a maior parte dos cães raramente fica com raiva.

Os treinadores de cães que ainda consideram a dominação como principal motivador da conduta canina tendem a explicar a maioria dos comportamentos agressivos como causados pela raiva — especificamente pela raiva que surge da percepção, por parte do cão, de que seu status na família foi desafiado. Essa noção tem, quase com certeza, sua base na má interpretação do que realmente motiva a maior parte dos cachorros. No entanto, seria irresponsável insistir em que os cães nunca ficam com raiva, que nunca tentam afirmar-se sobre outros cães ou que nunca desafiam pessoas que eles achem que estão tentando negar-lhes algo que valorizam muito. Por exemplo, alguns cães são muito territoriais e latirão quando seu território for invadido para mostrar que estão zangados com a intrusão. Entre animais selvagens, ignorar tal ameaça conduziria a uma agressão real; os efeitos combinados da domesticação e do treinamento fazem com que isso seja muito menos provável de acontecer com os cães domésticos.

Embora os cães sejam muito menos reativos que os lobos, ainda é preciso ensinar-lhes controle emocional para que possam coexistir pacificamente com pessoas e outros cães. Na natureza, uma das lições cruciais que as mães ensinam à sua prole é inibir a mordida: os dentes dos filhotes não podem causar muito dano, mas é essencial que eles aprendam a controlar a quantidade de força que aplicam ao morder para que não machuquem seus irmãos enquanto brincam. De outro modo, poderia iniciar-se uma briga em grande escala. Além disso, uma vez que tenham seus dentes definitivos, a mordida sem inibição pode causar feridas sérias. Da mesma forma que podem aprender a controlar sua mordida, manifestação da raiva, os cães podem aprender a controlar a própria raiva. Um cão ao qual nunca foram ensinadas as consequências de suas manifestações de raiva tem o potencial de tornar-se, pelo menos, um incômodo e, no pior dos casos, um perigo para a sociedade e para si mesmo. Os cães precisam aprender limites, e quero dizer limites emocionais mais que limites físicos; a permissividade, deixar o cão fazer o que quer, não é uma atitude compassiva. Na natureza, tal conduta seria rapidamente enfrentada com agressão ou evasiva, nenhuma das quais promove a sobrevivência de uma espécie social. Na sociedade humana, os cães não podem se permitir tal processo de tentativa e erro, que em última instância leva à reclusão ou ao sacrifício.

Existe uma pequena minoria de cães que, ocasionalmente, tornam-se agressivos sem mostrar qualquer sinal de medo ou raiva. Muitas vezes fica pouco claro se tais cães são verdadeiros "psicopatas", cujas emoções são anormais, ou se simplesmente são capazes de inibir os sinais normais que, de outra maneira, revelariam suas intenções. Tais cães são valorizados em segmentos restritos da sociedade, onde os cães são usados primariamente como armas, mas fora disso são inadequados para viver ao lado de seres humanos. Isso não quer dizer que todos os "cães que lutam" são psicopatas; muitos podem ter sido treinados para tornar-se instantaneamente agressivos com uma ordem, conduta que é, em potencial, reversível.

Essas tendências agressivas não anunciadas não devem ser confundidas com a "agressão" que, em um lobo, é um aspecto essencial da conduta predatória. Um cão que mata uma ovelha pode ser eventualmente tido na conta de "agressivo", mas é muito improvável que se tenha assustado com a ovelha ou que a tenha percebido como um rival: simplesmente obedecia, ainda que de modo inaceitável, ao instinto de caçar. Sob um ponto de vista motivacional, a "agressão" predatória é bastante diferente da agressão guiada pela raiva ou pelo medo — por exemplo, ela é controlada por uma parte totalmente diferente do hipotálamo — e, se tiver um componente emocional, é menos provável que este seja negativo do que positivo. (Os predadores devem ser motivados a achar o ato de caçar "divertido", o que assegura que continuem a praticá-lo.)

Assim, a gama de emoções negativas dos cães é dominada, em grande proporção, pela ansiedade e pelo medo; a raiva aparece de modo mais esporádico. Os cães variam muito, tanto em termos de quão intensamente sentem cada uma dessas emoções, como, em maior extensão, de quais eventos externos as disparam. Todas elas, especialmente o medo, são poderosos promotores da aprendizagem e assim, se uma situação provoca, uma primeira vez, uma dada emoção em particular, é provável que o faça outra vez, se repetida. O medo e a ansiedade estão associados a uma linguagem corporal óbvia, embora a forma precisa na qual esta última se manifesta varie de cão para cão: alguns cães aprenderam que o melhor meio de reduzir seu desconforto emocional é afastar-se da fonte desse mal-estar, enquanto outros, no passado, não tiveram outra escolha senão enfrentar o problema diretamente. Assim, a agressão (a conduta agressiva) pode estar associada tanto ao medo como à raiva — ou até mesmo a nenhuma emoção, como no caso da "agressão" predatória.

A base fisiológica para as emoções positivas é menos bem entendida do que o medo, a ansiedade e a raiva (principalmente porque, na medicina humana, é muito mais importante caracterizar e tratar os últimos, que estão envolvidos em muitas desordens psiquiátricas). Mesmo assim, a pesquisa sugere que o sistema límbico, inclusive as amígdalas e o hipotálamo, figure entre as estruturas-chave e que o neuro-hormônio dopamina também está crucialmente envolvido. Uma região do cérebro que é especialmente importante para as emoções positivas é o *nucleus accumbens*, o "centro de prazer" do cérebro, situado bem perto das amígdalas.

A *felicidade* — a alegria — parece irradiar da maioria dos cães a maior parte do tempo. Cachorros felizes têm caras relaxadas e corpos que se meneiam dos ombros para trás — inclusive o rabo, é claro. (Notem, porém, que o rabo também pode ser abanado quando o cão está inseguro ou em conflito.) Um cínico poderia dizer que os cães nos enganam — que apenas se comportam como se estivessem felizes, porque os cães que parecem felizes têm mais probabilidade de serem bem tratados do que um cão zangado. Mas os cientistas acreditam firmemente que mamíferos como os cães experimentam a felicidade.

Existem bons argumentos evolutivos para entender a felicidade como moduladora ou estimuladora da conduta vantajosa. Em seu nível mais básico, a teoria da aprendizagem postula que todas as condutas precisam ser recompensadas para que sejam repetidas. A fome faz com que um animal procure alimento; uma vez que este é encontrado e comido, hormônios liberados pelo intestino reforçam o comportamento e tornam mais provável que o animal procure e coma aquele alimento outra vez. No entanto, se há algo errado com a comida e o cão fica doente, então outros sistemas de hormônios disparam uma aversão. Não será provável que o cão coma aquele alimento específico por um bom tempo — e pode até mesmo evitar o lugar onde encontrou a comida.[9]

Esses exemplos simples postulam o advento imediato de uma recompensa ou castigo para disparar a aprendizagem. No entanto, outros tipos igualmente importantes de conduta não estão associados a qualquer recompensa óbvia e, portanto, devem ser desempenhados somente porque fazem o animal sentir-se bem — em outras palavras, feliz. No outono, os esquilos enterram nozes no chão em vez de comê-las para terem comida no inverno. É improvável que um esquilo, em seu primeiro ano de vida, tenha o conhecimento antecipado de que: (a) um clima ruim está por vir, (b) não haverá muita comida disponível naquele período e (c) se ele enterrar o alimento que agora é abundante, este ainda será nutritivo alguns meses depois. É mais plausível pensar que a evolução moldou o comportamento do esquilo de tal maneira que enterrar o alimento e memorizar sua localização se tornou recompensador por si mesmo. Em outras palavras, essa atividade faz o esquilo ficar feliz.

Da mesma forma, os biólogos costumavam ter problemas para entender o que motivava a conduta de brincar. Entre os animais selvagens, a brincadeira devia promover a sobrevivência; de outro modo, a evolução teria agido contra ela. Um animal jovem que brinca ao ar livre fica muito mais exposto a um predador do que o que dorme em sua toca. No entanto, os benefícios de brincar comumente não se tornam aparentes até meses mais tarde, quando se revelam sob a forma de melhor integração social ou de técnicas de caça mais sofisticadas. Outra vez, a explicação mais simples está em que brincar é, por si só, compensador. Em outras palavras, é divertido! E não apenas divertido de ver — brincar realmente gera felicidade nos participantes. Na verdade, a brincadeira e a felicidade parecem unidas de forma inextricável nos cães, o que é consistente com a ideia de que são lobos que nunca cresceram. Custa muito pouco dar felicidade a um cachorro bem cuidado. Por exemplo, quando um cão observa um brinquedo favorito e começa a brincar com ele de modo espontâneo, aquela atividade improvisada terá sido gerada pelo sentimento de felicidade de que o cão se lembra da última vez que usou aquele brinquedo. Os cães também ficam presumivelmente felizes quando estão com seus donos, mas a emoção primordial neste caso será o amor.

O *amor* — aquele que os biólogos, temerosos de serem mal entendidos, chamam de "ligação" — abastece o laço entre o cão e seu dono ou dona. Para um lobo jovem, uma forte ligação com seus pais é estratégica em termos de sua sobrevivência. Os pais têm todas as aptidões necessárias para proteger e nutrir o filhote — e, enquanto cresce, o filhote pode incorporar essas aptidões simplesmente observando e imitando seus pais, em vez de ter que aprender uma a uma por tentativa e erro. Se o lobo deixa o grupo familiar muito cedo, as chances de sobreviver o suficiente para tornar-se pai ficam reduzidas de forma significativa. É difícil acreditar que uma ligação tão forte e essencial poderia não ter como base emoções, dada a maquinaria fisiológica subjacente. Se aceitarmos a probabilidade de que os cães derivam grande parte de sua conduta típica do repertório do lobo juvenil, então é lógico que suas emoções deveriam ser derivadas de modo similar. Em resumo, existe uma sólida razão *biológica* para supor que os cães *realmente* nos amam, em vez de apenas parecer que o fazem.

    No plano fisiológico, o amor difere de outras emoções positivas porque envolve especificamente o hormônio oxitocina. Originalmente, pensava-se que esse hormônio era um disparador exclusivo do cuidado com recém-nascidos por parte de suas mães (isto é, conduta nutrimental), mas agora pensa-se que está envolvido em todos os tipos de ligações. De fato, os cães experimentam um influxo de oxitocina durante interações amigáveis com pessoas. Acredita-se generalizadamente que a interação com cães é um bom eliminador de estresse para os seres humanos. Também é provável que o contrário seja verdadeiro. Em um estudo, os pesquisadores estabeleceram uma série de interações amigáveis entre cães e pessoas, que consistiam em carícias e brincadeiras gentis.[10] Durante a brincadeira, a pressão do sangue dos cães caiu ligeiramente, como era de esperar, e os níveis de circulação de vários hormônios aumentaram de forma dramática. (A oxitocina, especificamente, quintuplicou; as endorfinas e a dopamina duplicaram.) De modo similar, embora menos dramático, essas mudanças se produziram também nas pessoas.

O mais notável a respeito dessa forte resposta fisiológica é que ela é disparada pelo contato com o *Homo sapiens*, uma espécie diferente. Como observamos anteriormente, a ligação dos cães com as pessoas é, com frequência, *mais* intensa do que sua ligação com indivíduos da própria espécie. Os cães que ficam muito chateados quando seus donos saem de casa raramente se consolam com a presença de outros cães. É tentador especular que, aos "cães de um homem só", pode faltar a oxitocina, mas até agora ninguém examinou essa possibilidade. O que os cientistas sabem, no entanto, é que todos os cães foram programados pela domesticação para terem reações intensamente emocionais com relação às pessoas. Isso está na raiz do "amor incondicional" que muitos donos de cachorro relatam e consideram valioso em seus animais. Sentimentos intensos como esses não são facilmente desligados, como o atesta a alta proporção de cães que odeiam ser deixados sozinhos (um a cada cinco, de acordo com uma de minhas pesquisas).

Os cães realmente sentem falta de seus donos quando estão separados deles. Muitos cães também parecem ficar muito mais frágeis emocionalmente sob essas circunstâncias. Por exemplo, reagem de forma muito mais negativa a choques súbitos, tais como o barulho de fogos de artifício. Nesse caso, a capacidade de amar, que faz dos cães companheiros tão valorizados, tem um outro lado: eles acham difícil lidar conosco. Como fomos nós, os seres humanos, que programamos essa vulnerabilidade, é nossa responsabilidade assegurar que nossos cães não sofram como resultado disso.

Sem amor, a ligação cão-dono não funcionaria. No entanto, como vimos, existe nos cães emoção tão forte que muitos ficam ansiosos quando adivinham que estão a ponto de se separar de seus donos e depois

Angústia de separação.

permanecem ansiosos até que se reúnam de novo a eles. Isso leva com frequência a condutas que seu dono acha inaceitáveis. No passado, tais condutas problemáticas eram, muitas vezes, julgadas como "fraqueza" por parte do cão, mas agora sabemos que estão profundamente enraizadas nas emoções de amor e ansiedade.

Os cães quase sempre deixam sinais muito visíveis de que odeiam ser deixados sozinhos, embora estes possam ser mal interpretados por seus donos, que não entendem o quanto seus cachorros estão ligados a eles. Os veterinários de hábito se referem a casos de cães que se comportam mal quando estão sozinhos como *ansiedade* de separação, mas como não está claro que todos esses casos são devidos primariamente ao estado emocional da ansiedade (alguns são devidos ao pânico do cachorro quando fica espantado por algum evento externo), prefiro usar a expressão "angústia de separação" ao descrever os sintomas.

A angústia de separação pode assumir uma variedade de formas, dependendo da raça e da personalidade do cão. As manifestações incluem destruição (morder, mastigar e arranhar móveis e outros materiais, com frequência próximos do lugar por onde o dono deixou a casa e, em alguns casos, envolvendo itens que conservam o cheiro do dono), vocalização (latir, gemer e uivar) e eliminação (urinar, defecar ou vomitar). Entre sintomas mais raros estão sinais de estresse crônico e intolerável, como automutilação e andar de um lado para outro.

Comecei a pesquisar problemas de separação há mais de uma década e meia,[11] em resposta a um estudo mal concebido que dava a entender que os cães que haviam passado por resgate das ruas e realojamento em novos lares tinham muita probabilidade de desenvolver a angústia de separação. Essa conclusão colocava diretamente a responsabilidade pelos problemas de separação nas instituições que buscam novos lares para cães abandonados. O estudo até mesmo sugeria que todos esses cães deveriam tomar ansiolíticos (drogas contra a ansiedade) para aguentar as primeiras semanas em seu novo lar. Havia muito pouca pesquisa para sustentar tal afirmativa naquele momento, além de uma investigação que mostrava que os vira-latas tinham mais probabilidades de ter problemas de separação do que os cães com *pedigree*. As instituições de proteção aos animais conseguem muito mais casas novas para vira-latas do que para cães de raça pura, portanto deveria ser culpa delas! De fato, minha pesquisa subsequente detectou que cães alojados em novos lares têm um risco levemente aumentado de desenvolver angústia de separação, mas é possível que essa descoberta possa ser explicada pelo grande número de cães que são abandonados por seus donos porque não podem ser deixados sozinhos.

Na verdade, os cães de *pedigree* estão longe de ser imunes à angústia de separação, como mostrou meu primeiro estudo longitudinal.*[12] Meus colegas e eu seguimos o desenvolvimento de sete ninhadas de *labrador retriever* e cinco ninhadas de *border collies* — quarenta filhotes no total — desde 8 semanas de idade (quando ainda estavam com seus criadores) até os 18 meses. Eu esperava que alguns desses cães pudessem mostrar desgosto por serem deixados sozinhos. Para nosso espanto, bem mais que 50% dos labradores e quase a metade dos *collies* deram mostras de alguma modalidade de angústia de separação que veio a demorar mais de um mês, chegando ao seu ápice perto de 1 ano de idade.

Nossa investigação abriu nossos olhos para o real alcance do problema. Com base em 676 entrevistas com donos de cachorros, descobrimos que 17% de seus cães, naquele momento, mostravam sinais de angústia induzidos por separação e que outros 18% haviam feito isso no passado, mas haviam se recuperado, a maior parte deles sem que os donos procurassem qualquer ajuda especializada. Muitos outros cães, porém, sofrem angústia de separação que não é reconhecida por seus donos. Em outro estudo, recrutamos vinte donos de cachorro que estavam certos de que seus cães ficavam felizes ao serem deixados em casa enquanto eles iam trabalhar.[13] Então filmamos cada um desses cães quando era deixado sozinho. Três cães mostraram sinais de angústia

---

*Estudos longitudinais são aqueles cujo objetivo é estudar o efeito de um ou mais fatores. Nestes estudos os dados estudados são coletados em dois momentos, no ponto inicial da exposição e em um momento posterior. [N. do T.]

de separação (passear de um lado para outro, arquejar ou gemer), da qual seus donos não tinham a menor noção. Um caso era tão grave que recomendamos uma imediata consulta clínica. Como a angústia de separação é, por definição, algo que acontece quando ninguém está lá, observando-a em retrospectiva não é surpreendente que apenas suas manifestações mais óbvias — mastigar, urinar, defecar, latir ou uivar alto o suficiente para que os vizinhos se queixem — cheguem aos ouvidos dos donos. Embora a amostragem tomada nesse estudo tenha sido minúscula, ela sugere que a pesquisa com base em relatos dos próprios donos subestimava de forma considerável o real alcance do problema.

Se presumirmos que aproximadamente 20% dos cães sofrem de angústia de separação, então as implicações disso para o conjunto da população canina são verdadeiramente inquietantes. De uns estimados 8 milhões de cães no Reino Unido, meus números indicam que, a qualquer tempo, mais de 1,5 milhão deles sofrem dessa forma.[14] E dos mais de 70 milhões de cães dos Estados Unidos, é plausível que bem mais de 10 milhões possam sofrer de angústia de separação.[15] Isso acontece agora, hoje. Tais números sugerem uma crise real em andamento, uma crise totalmente evitável. A angústia de separação poderia ser eliminada se todo cão jovem, antes de ser deixado sozinho por qualquer período de tempo, fosse treinado para saber que as partidas levam a reencontros (ver o boxe intitulado "Ficar sozinho em casa: podem os cães ser treinados para lidar com isso?"). Uma vez instalada, a angústia de separação é muito difícil de curar.

Por que tantos cães têm tendência para esse problema? Minha resposta é que não se trata de uma "desordem", mas de uma conduta perfeitamente natural. Afinal, não dizemos que as crianças têm uma "desordem de separação" quando choram por suas mães. Selecionamos os cães para que sejam muito dependentes de nós, para que possam ser obedientes e úteis sem criar dificuldades: por que nos surpreendemos com o fato de que eles não gostam de ficar sozinhos?

> ### Ficar sozinho em casa: podem os cães ser treinados para lidar com isso?
>
> Este livro não é um manual de instruções, mas tantos cães parecem sofrer quando deixados sozinhos — e a prevenção disso é tão simples — que resolvi incluir o seguinte sumário de procedimentos para ensinar um cachorro a ficar por sua própria conta. Orientações mais detalhadas, preparadas pelos meus colegas da Universidade de Bristol para a Royal Society for the Prevention of Cruelty to Animals, podem ser encontrados no *site* da RSPCA http://www.rspca.org.uk/allaboutanimals/pets/dogs/company.
>
> A maioria dos donos de cachorro assimila o treinamento com a obediência — "senta", "fica" etc. No entanto, isso é apenas um dos papéis do treinamento quando se quer cuidar de um animal de estimação com responsabilidade. Os cães aprendem todos os tipos de conexões quase de forma espontânea, e algumas vezes estas precisam ser orientadas para o próprio bem-estar do cão. Muitos cães aprendem que, quando seu dono pega as chaves do carro, segue-se um período indeterminado de solidão. O truque é ligar tais deixas com bons resultados — afeição e a volta do dono — antes que possam ficar associadas com o resultado negativo da separação. Assim: pegue as chaves, vá para a porta, elogie o cachorro. Pegue as chaves, cruze a porta, volte direto para dentro, elogie o cão. Pegue as chaves, vá lá fora, espere uns poucos segundos (depois um minuto, depois alguns minutos, e assim por diante), volte, elogie o cão. Diante de qualquer sinal de ansiedade do animal, não o recompense, mas volte atrás um estágio. Os cães aprendem que esses episódios predizem o retorno do seu dono (resultado bom), e não a partida deste (resultado ruim). Consequência: um cachorro que não fica ansioso quando seu dono sai de casa.
>
> Muitos cães, mesmo aqueles que não são afetados em particular pela ausência do seu dono, ficam entediados quando deixados sozinhos por longos períodos e podem destruir bens valiosos apenas para ter algo que fazer. Tais cães, principalmente aqueles que adoram usar a boca, podem ter sua atração desviada para algo "mastigável" com sabor de carne ou por um "alimentador com quebra-cabeça" cheio de sua comida favorita.
>
> Como os cães dependem muito dos cheiros de seu meio ambiente, às vezes podem obter conforto se, no cômodo em que estão, for deixada uma peça de roupa com o cheiro do dono.
>
> Finalmente, não castigue seu cachorro se chegar em casa e descobrir que ele fez algo que você não queria! Só vai torná-lo mais ansioso.
>
> Assim como podem ser úteis para a prevenção de uma conduta problemática, essas sugestões podem funcionar para acalmar um cachorro que apenas começou a ficar angustiado por ter sido deixado sozinho. No entanto, se elas não funcionarem em uma ou duas semanas, minha recomendação é procurar ajuda de um clínico comportamental qualificado.

Ainda há muito debate sobre quantas modalidades diversas de desordem de separação existem, mas duas em particular foram estudadas. Em uma primeira categoria, estão os cães demasiado ligados que não suportam nem ficar presos em algum lugar que não seja o quarto do seu dono.[16] Se são destruidores, esses cães tendem a tomar como alvo a área ao redor da porta pela qual o dono acabou de sair.

Na segunda categoria, estão os cães que parecem bem confiantes a maior parte do tempo, mas que têm uma fobia — com frequência a ruídos fortes — que os faz entrar em pânico se o dono não está presente para transmitir-lhes segurança. É típico desses animais não mostrar sinais de angústia de separação todas as vezes que são deixados sozinhos, porque o gatilho, seja qual for, nem sempre coincide com a ausência do dono. Tais cães algumas vezes deixam pistas de seu pânico, como uma almofada do sofá rasgada sob a qual tentaram enterrar a cabeça.

Como vimos antes, as desordens de separação, uma vez estabelecidas, podem ser difíceis de curar — em contraste com a facilidade com que podem ser prevenidas. Tais desordens constituem até um terço do número de casos tratados por clínicos de comportamento e, no entanto, é apenas como último recurso que os donos de cachorro pedem ajuda especializada — depois que o cachorro venha tendo esse comportamento por anos, e quando alguma mudança nas circunstâncias os força a tomarem uma atitude. Já então, o comportamento pode ter se tornado habitual, divorciado de sua causa original (como o estereotipado andar de um lado para o outro dos grandes felinos ou o comportamento de balançar-se dos ursos, confinados em celas pequenas e entediantes), e muitas vezes persistirá mesmo depois que a causa original tenha sido há muito removida.

Conquanto a angústia de separação seja observada com muito mais frequência, a desordem de conduta que atrai todas as manchetes é, sem dúvida, a agressão. O que ambas têm em comum é que sua base emocional é, amiúde, deturpada. Cães que mastigam a casa inteira quando seus donos saem são rotulados de "malcriados"; cães que mordem são rotulados de "dominadores" ou "agressivos" e motivados pela raiva. Nenhum dos rótulos é válido, e nenhum dos diagnósticos é útil para encontrar uma solução compassiva.

Embora a agressão canina tenha menor incidência do que a angústia de separação, ela não é incomum. É muito raro que os cães de estimação matem outros cães ou gente (ainda que, quando acontece, deflagre um frenesi na mídia). No entanto, os cães de estimação mordem seus donos e membros da família com bastante frequência: de acordo com uma estimativa recente, 4,5 milhões de pessoas são mordidas todos os anos nos Estados Unidos. Muito embora a maior parte desses acidentes seja pouco relevante, cerca de 1 milhão deles requerem atendimento médico, e as crianças correm mais risco que os adultos. Como um cão que morde, especialmente um cão que morde crianças, é socialmente inaceitável, são estes os que constituem a maior proporção de casos de consultas sobre conduta. Os cães que morderam muitas vezes são sacrificados. Um grande número de cães poderia ser beneficiado se pudéssemos compreender melhor por que eles mordem e, o que é ainda mais importante, o que podemos fazer para sustar a agressão de cães contra as pessoas antes que ela chegue ao estágio de morder.

Há vinte anos, a solução parecia óbvia. Acreditava-se que os cães mordiam quando sentiam que seu *status* na família era ameaçado, e assim a maior parte dos casos nos quais os donos ou membros de suas famílias (por oposição a gente desconhecida) haviam sido mordidos eram descritos como devidos à "agressão por dominação". A maioria dos especialistas em conduta canina agora se arrepende de ter alguma vez usado esse termo. Por que esses especialistas mudaram de opinião recentemente?

Uma breve análise suscita três respostas para essa pergunta.[17] Primeira resposta: os relatos dos donos sobre a conduta de seus cães ao redor da hora dos ataques não são consistentes com a ideia de que eles tratavam de afirmar seu status. Em vez disso, os cães exibiram posturas corporais mais exatamente associadas com medo e ansiedade, com apenas um toque de raiva; por exemplo, muitas vezes se notou que os cães estavam tremendo imediatamente antes de morder. Imediatamente depois de morder, muitos se engajaram na busca de apaziguamento e em "condutas agregadoras", tais como agachar-se, meter o rabo entre as pernas e lamber os lábios. Segunda resposta: a maior parte dos cães que mordem começa a morder antes de 1 ano de idade, muito mais novos do que, por lógica, deveriam ser se estivessem prontos para "assumir a chefia do bando". Terceira resposta, e talvez a mais reveladora: desses cachorros, os que viviam com outros cães não eram especialmente confiantes em si mesmos e, portanto, não se comportavam como um "cão dominante" deve fazer.

Embora cada caso seja diferente, uma explicação lógica da trajetória de um cachorro que morde deve ser algo assim: enquanto são filhotes, os cães tentam muitas estratégias para lidar com situações que consideram ameaçadoras — em outras palavras, para lidar com o medo. Tomemos o exemplo de um cachorro que, para embaraço de seu dono, parta para um ataque não provocado todas as vezes que vê cães de um tipo particular — digamos, pequenos cães brancos. Não é provável que esse cão seja um psicopata; com certeza ele foi atacado por um pequeno cão branco no passado e, como resultado, no início fica temeroso de todos os cães de aparência similar. Depois de vários desses encontros, ele descobrirá que o melhor modo de dominar seu medo é ameaçar um ataque — e, quanto mais bem-sucedida for essa estratégia, é mais provável que o cão a repita. Isso se tornará especialmente certo se o cão não tiver sido treinado de forma apropriada, já que seu dono não poderá intervir com um comando, e no momento em que o cão for afastado sua estratégia agressiva já terá sido reforçada.

De modo semelhante, os filhotes inevitavelmente mordem seus donos como parte da brincadeira. Se descobrirem que morder lhes dá o que querem, e caso seus donos vierem a ignorar todas as suas tentativas de comunicação pela sinalização, em lugar do contato físico, então morder pode tornar-se a sua conduta padrão para lidar com situações que os assustem ou até mesmo que sejam apenas desconhecidas.

Se morder funciona mais que qualquer outra coisa, os cães, de forma gradual, tornam-se mais confiantes para usar a agressão. Eles a usarão sempre que se sentirem ameaçados e não apenas no contexto em que originalmente a aprenderam. Observou-se que as pessoas que têm relacionamentos antropomórficos altamente distorcidos com seus cães têm mais possibilidades de serem mordidas, com certeza porque são muito inconsistentes ao interpretarem a linguagem corporal de seus animais (e assim entende-se por que são os cães pequenos — aqueles mais inclinados, por seu tamanho, a serem antropomorfizados — os maiores responsáveis por morder seus donos). Além disso, os filhotes que têm uma doença grave durante seu período de socialização, e, portanto, não dispõem de tantas oportunidades de entender como lidar com situações ameaçadoras, apresentam mais probabilidade de morder mais tarde na vida do que os cães que tiveram toda a gama de oportunidades para aprender antes que a reação ao medo se estabeleça.

Uma palavra de aviso: as técnicas de treinamento que suprimem a agressão recorrendo a castigo pouco fazem para resolver o problema subjacente nesses casos, embora elas sejam, com frequência, superficialmente bem-sucedidas no curto prazo. O temor de apanhar inibirá o cão, de forma temporária, a desempenhar sua conduta preferida, embora inaceitável, para resolver conflitos. No entanto, ele pode tornar-se ainda mais agressivo, de modo imprevisível, quando mais tarde encontre circunstâncias que não correspondam àquelas sob as quais ele aprendeu que a agressão é seguida de castigo — por exemplo, quando o treinador que batia nele já não está mais por perto. Alternativamente, ele pode descobrir uma válvula de escape para sua condição infeliz em um dos assim chamados transtornos obsessivo-compulsivos,[18] tais como caçar o próprio rabo.

O medo também é a emoção subjacente à conduta ameaçadora de alguns cães com gente desconhecida, a assim chamada agressão territorial. Um cão que late e mostra os dentes, com aparência confiante, quando vê alguém passar pela rua será muitas vezes o mesmo que adotará uma postura muito mais ambígua se a pessoa parar no portão da casa. Ele poderá então começar a agachar-se, mesmo que ainda ladre com força, quando a mesma pessoa efetivamente entrar na casa — daí a verdade do velho ditado "cão que ladra não morde". Aquele cão terá aprendido que latir é uma boa forma de manter à distância gente sobre a qual não está seguro. Apenas se for encurralado ele pode partir para um ataque real.

O medo é também a motivação por trás da agressão no caso de cães que foram especificamente treinados, com o uso de castigos, para atacar intrusos. Nesse caso, o medo é disparado pela memória do espancamento perpetrado pelo treinador, e os cães atacam o intruso para aliviar seu medo. No caso do animal de estimação desobediente, o medo advém não de qualquer ameaça feita pelo dono, mas da ameaça imaginária de gente desconhecida. Mesmo assim, na perspectiva do cão, existe uma similitude subjacente. Perseguir um curso de ação aprendido o capacita a evitar a emoção negativa: o medo.

Até onde podemos dizer, os cães experimentam as mesmas emoções básicas que nós, humanos, tanto as positivas como as negativas. Grande parte da conduta deles, tanto aquelas que apreciamos como as de que não gostamos, é guiada por tais emoções — alegria, amor, medo, ansiedade, raiva. É evidente por si só que a ideia de que os animais são como os robôs, que atuam sem sentimento, não pode aplicar-se ao cão (e portanto não é provável que se aplique a outros mamíferos): simplesmente achamos que os cães são mais expressivos que outros animais, de modo que as emoções deles estão à vista para todos. Essas emoções são parte dos sistemas biológicos que regulam e guiam o comportamento dos cães e, como tal, são essenciais para a capacidade de aprender que permite aos cães adaptarem-se ao mundo em que se encontram hoje.

No entanto, os cães e os humanos podem experimentar até mesmo essas emoções básicas de modos sutilmente diferentes. Um dos paradoxos do comportamento humano é que nós ativamente buscamos e aparentemente apreciamos passar por algumas emoções negativas, como o medo, a raiva e a tristeza: se não, como explicar a popularidade dos filmes de terror, de suspense e que fazem chorar? Mas não há nada que indique que os cães às vezes façam isso, o que sugere que a consciência deu aos humanos a capacidade única de provar tais emoções, e depois tentar distanciar-se delas. Ao contrário, os cães podem experimentar o medo, a raiva, a alegria e o amor mais intensamente e de modos mais matizados do que nós precisamente porque são menos capazes de refletir e amortecer aqueles sentimentos ao racionalizá-los. A diferença de inteligência entre as duas espécies pode, por sua vez, refletir-se em mundos subjetivos diferentes. Embora reconhecendo certas semelhanças básicas entre as nossas experiências com as emoções e as dos cães, precisamos ser cuidadosos ao projetarmos em nossos cachorros nossa própria consciência da emoção.

CAPÍTULO 7

A força cerebral canina

Algumas pessoas tratam os cães como se fossem tão inteligentes como os seres humanos; outras, como se fossem crianças tolas. Os cães não são nenhuma das duas coisas! São tão inteligentes quanto precisam ser — o que significa que sua inteligência não é igual à nossa. Os canídeos evoluíram em ambientes diferentes daqueles que moldaram a raça humana, de modo que dificilmente seria surpreendente que eles não pensem da maneira exata como nós o fazemos. Dito isso, existem algumas semelhanças: por exemplo, sua capacidade de aprendizagem associativa, assim como as emoções que os guiam, seguem o padrão geral dos mamíferos e são, portanto, as mesmas que as nossas. Como nós, os cães tentam evitar situações que os atemorizaram no passado e repetem experiências que tenham considerado recompensadoras. São suas faculdades cognitivas mais complexas que têm probabilidade de ser qualitativamente diferentes das nossas, já que terão sido selecionadas para condizer com o estilo de vida canino.[1] Por exemplo, a utilidade dos cães-guia depende da capacidade deles de usar seu cérebro canídeo para prever o que virá depois, em um ambiente em constante mudança, com o qual seus donos interagem[2] — uma faculdade na certa derivada da capacidade dos canídeos selvagens de prever o próximo movimento de suas presas.

Após décadas de descuido com o tema, os cientistas começaram, faz pouco, a investigar como os cães "pensam". Biólogos e psicólogos interessados na inteligência canina hoje em dia pesquisam as coisas mais complexas que os cérebros dos cães podem fazer — e, também, o que eles aparentemente não podem fazer. O que vem se tornando claro é como a domesticação pode ter afetado a inteligência do cão, e, também, por que esta parece entrosar-se tão bem com a nossa. Há pouco tempo, os primatólogos entenderam que os cães domésticos podem superar até os chimpanzés em alguns aspectos bem específicos (embora haja pouca dúvida de que os chimpanzés são mais "inteligentes", de uma maneira geral, de qualquer modo que isso seja definido). Alguns pesquisadores dessa área[3] até propuseram que os cães têm um tipo especial de inteligência, única no reino animal, que "coevoluiu" conosco, os humanos, como parte do processo de domesticação.

Outros cientistas fazem comparações diretas entre as faculdades cognitivas dos cães e as das crianças, mas essas não são forçosamente úteis. Por exemplo, afirmou-se em um estudo que a capacidade dos cães de "aprender letras" era comparável à de um ser humano de 2 anos de idade; sua capacidade de compreender o comportamento dirigido a um propósito, ao de uma criança entre 3 e 12 meses de idade, e assim por diante. Tais tentativas de associar as capacidades dos cães a um estágio específico do desenvolvimento humano podem ser esclarecedoras em certos aspectos, mas, na medida em que são inteiramente antropocêntricas, também devem subestimar a capacidade do cão de ser apenas um cão. Como, por exemplo, poderíamos usar essa abordagem para quantificar a inteligência de um cão que detecta bombas apenas pelo cheiro, coisa que um adulto humano, e muito menos uma criança, *jamais* poderia fazer sem ajuda? Em todo caso, não fica claro para mim o que essa abordagem nos diz sobre como os cães percebem gente. Parece pouco provável que esse aspecto da inteligência canina possa, alguma vez, ser encapsulado em uma afirmação simples como: "Os cães percebem seus donos da mesma forma que uma criança de 3 anos de idade percebe seus pais." Os cães são muito mais complexos do que tal afirmação implica, e, como já destacamos antes, sua inteligência é única, modelada pela evolução (quando eram lobos) bem como pela domesticação. Mais que isso, parece haver um passo muito pequeno entre comparar a inteligência dos cães com a das crianças e considerá-los *como* crianças, embora tenham quatro patas, e tratá-los como "gente", em vez de tratá-los como os cães que realmente são.

Analisar a inteligência canina não é simples. Assim como nunca poderemos saber precisamente como é o mundo interior da emoção canina, é provável que nunca estejamos certos de que os cães pensem do mesmo modo que nós. A ciência, até agora, tem sido incapaz de dizer-nos o quão conscientes de si mesmos os cães são, menos ainda de explicar se eles possuem qualquer coisa parecida com os nossos pensamentos conscientes. Isso não é surpreendente, já que nem os cientistas nem os filósofos parecem concordar com o que seja a consciência humana, muito menos a dos animais. No entanto, é possível examinar, cientificamente, se os cães podem ou não *fazer* várias coisas e, depois, inferir os tipos de pensamentos que poderiam ter sobre isso, se tivermos em mente que, como cães, podem não ter as mesmas prioridades que nós (ou que outros animais) teríamos, na mesma situação.

Vejo uma boa razão para investigar as verdadeiras faculdades intelectuais dos cães antes de supor, como muitos donos de cachorro e mesmo alguns cientistas parecem fazer, que suas aptidões são apenas marginalmente inferiores às nossas. Se superestimarmos a capacidade de raciocínio deles, então seremos levados à armadilha de fazê-los responsáveis por suas ações, em situações nas quais eles, na verdade, não têm consciência do que fazem. Se um cão pudesse realmente entender o que sua dona achou, quando chegou em casa e encontrou o sapato dela em farrapos, então o castigo por aquele "crime" funcionaria: o cachorro seria capaz de raciocinar que estava sendo punido por algo que havia feito um pouco antes e não pelo que fazia quando a chave girou na fechadura. Quando começamos a tratar os cães como "gente" em vez de tratá-los como os cães que são, nossas ações tornam-se incompreensíveis ou enganosas. Na verdade, nossas ações têm tal importância para os cães (como confirma praticamente toda a pesquisa feita sobre suas faculdades cognitivas), que é inevitável que fiquem confusos e angustiados, quando não conseguem nos compreender.

As formas mais simples de aprendizagem tanto capacitam os cães a montar as peças do mundo, como nos permitem treiná-los para que se comportem como queremos que façam. Mas os cães também podem pensar por si mesmos. Não só têm *sentimentos* sobre o mundo como também, à sua própria maneira, têm *conhecimento* sobre seu ambiente físico e sobre os outros animais à sua volta (inclusive os seres humanos, é claro).

O estudo formal da inteligência canina data do começo do século XX, com a obra de Edward Thorndike. A abordagem de Thorndike para estudar como os animais aprendem era diferente da de Pavlov, pois ele estava mais interessado em como os animais resolviam problemas. Muitos desses experimentos envolviam colocar animais, normalmente cães domésticos e gatos jovens, em caixas que o próprio Thorndike confeccionava, que testavam a inteligência dos animais. Essas caixas quebra-cabeças podiam ser abertas a partir de dentro quando o animal executasse algum tipo de ação. Como pode ser visto na ilustração da caixa quebra-cabeça, a porta estava ligada a um peso, e se abriria automaticamente uma vez que o cão a tivesse destravado. A trava poderia ser um dos sarrafos de madeira dispostos de cada lado da porta, que o cão poderia levantar, empurrando-o com a pata através da abertura entre as ripas de que era feita a caixa. Ou poderia ser uma lingueta no topo da porta, conectada por um laço de corda pendurado do teto, que o cão poderia puxar com os dentes. Ou poderia ser um pedal no meio do chão, que o cão teria de pressionar com a pata para liberar a porta.

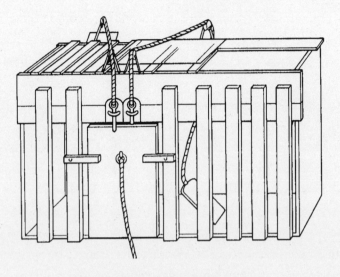
Caixa quebra-cabeça de Thorndike.

Thorndike estava interessado em descobrir como os cães resolviam o problema de sair da caixa e, também, se depois eles se lembrariam de como tinham conseguido. Naquela época, muita gente acreditava que animais como os cães e os gatos eram dotados de uma considerável perspicácia — que eles podiam, por assim dizer, sentar-se e resolver as coisas. Thorndike, no entanto, acreditava que bastava uma explicação muito mais simples.

Thorndike considerou a possibilidade de que a aprendizagem associativa simples, unida à natural curiosidade do cão, poderia, na realidade, explicar tal comportamento aparentemente inteligente. Ele descobriu que seus cães começavam a arranhar a caixa quebra-cabeça até que tropeçavam com o mecanismo que os deixaria sair. Thorndike então os alimentava, como recompensa, e os colocava de volta na caixa, para ver se conseguiam escapar com mais rapidez. Se os cães tivessem compreendido o que haviam feito, iriam imediatamente para a alavanca ou para o pedal que os havia deixado sair antes. Mas, na verdade, os cães raramente faziam o que tinham feito antes. No entanto, depois de repetidas sessões na caixa, eles passavam a levar cada vez menos tempo para escapar e, afinal, começaram a dirigir-se de imediato para o mecanismo que acionava a abertura da porta.

Principalmente com base nesses experimentos, Thorndike criou o conceito de aprendizagem por *tentativa e erro*. Animais diante de um problema tentariam uma variedade de táticas que usassem de hábito em tal situação (neste caso, estarem presos). Quando uma dessas táticas funcionava, ela produzia recompensas (neste caso, serem soltos e depois alimentados). A próxima vez que estivessem em uma situação similar, eles tenderiam a usar a ação que os tinha libertado da última vez, ou pelo menos tenderiam a concentrar-se na área onde estavam no instante em que a porta se abrira em ocasiões anteriores. Ambas as ações são explicáveis por simples condicionamento operativo: repetir qualquer ação que precedeu a fuga prévia ou ir para o lugar onde se estava imediatamente antes da porta se abrir (ou ambos). Essa conduta não requeria perspicácia de parte do cão, nem aptidão para resolver problemas. Com base nos experimentos de Thorndike e em outros similares, os cientistas agora acreditam que os cães têm força de raciocínio muito limitada, com certeza inferior à dos chimpanzés (e até mesmo de algumas aves).

A questão aqui não é que os cães sejam estúpidos, mas sim que sua qualidade de inteligência é diversa da inteligência do primata. Embora os cães de Thorndike tivessem mostrado pouca evidência de possuir aptidões para resolver problemas, fizeram um excelente trabalho ao recordar o método de fuga correto. De fato, eles retiveram essa memória por vários meses, mesmo sem nenhuma exposição posterior à caixa quebra-cabeça. (A retenção de faculdades que os cães tenham *adquirido* é muito boa, em geral, mas eles acham muito mais difícil lembrar-se, por mais de alguns segundos, de coisas que meramente *observaram*.)

Memórias de episódios, em oposição às memórias de suas próprias ações, podem não ser de grande valor para os canídeos; na verdade, elas podem ser confusas. Sabe-se que os canídeos, especialmente as raposas, são capazes de lembrar-se do local onde enterraram comida por dias ou semanas depois de o terem feito. Já que a capacidade de recuperar a comida dessa maneira é claramente adaptativa, acredita-se que as raposas desenvolveram a capacidade de lembrar-se de onde enterraram o alimento. Ao contrário, os canídeos muitas vezes enfrentam o problema do que fazer quando a presa que estão caçando desaparece. Isso não é algo que seja útil lembrar por muito tempo, pois não é provável que a presa fique em um determinado lugar por mais do que um curto período de tempo sem deixar alguma outra pista. Se a presa não estiver onde desapareceu, e se o seu cheiro se desvanece com rapidez, então na certa ela deve estar muito longe — e é melhor mover-se para outro lugar de caça do que aguardar por ali e esperar que ela seja bastante estúpida para voltar ao mesmo lugar onde acabou de ser perseguida. Assim a evolução parece não ter selecionado a retenção desse tipo de informação para que dure mais do que alguns segundos.

A memória recente dos cães foi investigada de forma experimental. Ao usarem um método chamado "deslocamento visual", os cientistas testaram por quanto tempo os cães podem se lembrar de onde alguma coisa desapareceu.[4] Inicialmente, ensina-se a cada cão que seu brinquedo favorito está escondido atrás de uma de quatro caixas idênticas: primeiro, ele observa o pesquisador esconder o brinquedo e, depois, permitem-lhe ir buscá-lo. Uma vez que ele vá com segurança só até a caixa atrás da qual viu o brinquedo desaparecer e não procure mais atrás das caixas de forma aleatória, o cão pode ser testado para determinar-se por quanto tempo ele se lembra de onde o brinquedo foi escondido. Nessa segunda fase do experimento, uma tela é colocada entre o cão e as caixas, imediatamente depois do brinquedo ser escondido, de modo que o cão tenha que se lembrar atrás de que caixa seu brinquedo está. Então, quando a tela é removida, ele precisa mobilizar essa memória para localizar a caixa correta. Se não puder, irá procurar atrás das caixas de forma aleatória. Se a tela é mantida por apenas alguns segundos, a maior parte dos cães irá direto até a caixa certa, o que mostra que eles, de fato, são capazes tanto de memorizar como de lembrar-se da localização, desde que a interrupção seja breve. No entanto, um atraso de apenas trinta segundos é suficiente para induzi-los a erro. (Embora os cães cometam ainda mais erros após um minuto de atraso, eles não pioram muito se a tela for deixada por quatro minutos, quando muitos ainda podem proceder melhor do que por pura sorte.) Experimentos subsequentes mostraram que os cães recordam mais as coisas que desapareceram em relação às suas próprias posições ("para a minha esquerda") do que em relação a pontos de referência ("debaixo da caixa que tem caixas dos dois lados"). Em geral, a memória recente dos cães sobre itens únicos parece ser bem falível, talvez porque eles estão muito mais interessados em adivinhar o que as pessoas querem que façam, aqui e agora, do que em lembrar-se precisamente do que aconteceu há poucos minutos. Isso não quer dizer, no entanto, que eles não prestem nenhuma atenção às características do que os rodeia. Se esse fosse o caso, eles (ou seus antepassados evolutivos) em pouco tempo se perderiam.

Embora a maioria dos cães de estimação não *tenha* de memorizar as características do ambiente em que vive (porque na maior parte do tempo nós, humanos, decidimos onde eles podem ir e onde não), mesmo assim eles retêm a capacidade de seus antepassados selvagens de encontrar seu caminho e podem usá-la quando necessário. De fato, os cães têm muito boa memória para lugares — como era de se esperar dos descendentes de animais que percorriam extensas áreas em busca de comida. Dispõem de uma variedade de métodos cognitivos para esse propósito, tal como a capacidade de memorizar pontos de referência, mas também de faculdades mais complexas, tais como a de construir mapas mentais da distribuição desses pontos. Aprender pontos de referência não requer um cérebro muito elaborado — é como muitos insetos se orientam — mas é útil mesmo assim e, de fato, parte essencial de aptidões mais complexas. Assim como os humanos, os cães memorizam sem esforço, e de maneira contínua, as características de seus arredores. Diferentemente de nós, no entanto, eles se orientam sobretudo pelo cheiro das coisas. Lembramo-nos de que dobramos à esquerda contornando um arbusto verde-escuro; um cão recordará que aquele arbusto cheirava a laranja, com nuances de grama. Mas, apesar dessas diferenças, os cães armazenam de forma continuada (e depois, presume-se, esquecem de forma gradual) informações sobre características do ambiente que frequentaram recentemente.

A propensão dos cães para memorizar pontos de referência pode, na realidade, impedir o treinamento. Cães mais novos são tão bons em aprender localização que, com frequência, memorizam de forma espontânea seu entorno como parte do conjunto de pistas que lhes dizem para fazer alguma coisa. Por exemplo, filhotes que aprenderam o comando "senta" em uma aula de treinamento podem esquecê-lo logo que cheguem em casa — porque, além do comando, memorizaram como pista relevante, de modo involuntário, alguma característica do lugar onde a aula foi dada e, quando estão em um ambiente diferente, não reconhecem o comando.

Muitos treinadores de cães, por esse motivo, repetem os exercícios de treinamento em vários lugares distintos para quebrar tais associações e isolar a pista pretendida — nesse caso, apenas o comando verbal.

Os cães, como descendentes de caçadores que percorriam grandes extensões em busca de presas, devem ter faculdades de navegação mais refinadas que a simples aprendizagem de pontos de referência. E, de fato, foi demonstrado que eles, simultaneamente, constroem mapas dentro da cabeça. O modo-padrão de investigar mapas mentais é ver se os animais podem criar atalhos para si mesmos. Em uma experiência, psicólogos de animais examinaram as faculdades de mapeamento de cães pastores-alemães jovens, mostrando-lhes dois esconderijos de comida, ocultos debaixo da terra em um grande campo coberto de vegetação.[5] (Escolheram cães jovens porque os mais velhos já poderiam ter aprendido algo similar à tarefa com a qual estavam a ponto de testá-los e queriam investigar as faculdades naturais dos cães.) Começando no ponto C, um dos pesquisadores caminhou com cada um dos cães até o primeiro esconderijo situado no ponto A, caminhou de volta para C, e depois andou até o segundo esconderijo situado no ponto B. Após, permitiu-se a cada cão, ainda preso na correia, conduzir o pesquisador para onde o animal quisesse ir. Se os cães estivessem baseando-se em pontos de referência para encontrar a comida, haveriam de refazer os caminhos pelos quais já tinham sido levados. Mas invariavelmente tomaram um atalho. Muitas vezes isso acontecia diretamente no trajeto de A para B, mas nem sempre; algumas vezes um dos cães ia primeiro até B, e depois usava o atalho no sentido inverso para chegar até A. Isso sugere que alguns cães, talvez os mais jovens em especial, podem espontaneamente procurar novas soluções para um problema, sempre que estejam satisfeitos por saber que seu primeiro modo de solucioná-lo funcionou — e que podem voltar àquela solução uma vez que descubram que o novo método não é melhor que o original.

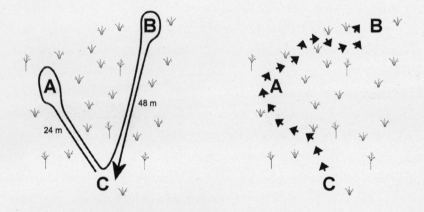

Visão de cima do experimento que demonstra a capacidade dos cães de tomarem atalhos. Esquerda: o cão foi levado primeiramente de C para A, onde o deixaram descobrir a comida escondida, e depois de volta a C; em seguida até B, onde também encontrou comida, e de volta para C. As linhas de visão entre A, B e C estavam bloqueadas pela vegetação. Direita: Caminho típico seguido pelo cão depois de libertado em C.

O fato de que alguns cães pareçam capazes de valer-se de mapas mentais com mais flexibilidade do que outros sugere que essa faculdade se aproxima de um dos limites das aptidões cognitivas dos cães; especificamente os cães mais velhos, assim como os cães que estiveram sob estresse por longo tempo, parecem perder algumas de suas aptidões para orientar-se. Em uma experiência, meus colegas e eu investigamos a habilidade espacial ao permitir que cães de caça procurassem em um quadrilátero de 16 baldes, todos separados por 1,20 metro. Em alguns dos baldes sempre havia comida, que os cães podiam comer uma vez que a tivessem encontrado, mas a maior parte dos baldes apenas cheirava à comida. (Dessa maneira, impedimos que os cães encontrassem os baldes de comida apenas pelo cheiro.)[6] Depois que fosse dada àqueles cães uma única oportunidade de procurar nos baldes, era possível que cometessem dois tipos diferentes de erro: em buscas subsequentes, eles poderiam visitar baldes onde nunca houve comida ou poderiam revisitar baldes onde deveriam saber que já não havia comida pois os tinham esvaziado. Na segunda fase do experimento, tornamos a tarefa ainda mais difícil, soltando os cães no canto do quadrilátero oposto àquele de onde haviam partido da primeira vez: para ter sucesso, teriam de virar seus mapas mentais de cabeça para baixo para saber quais baldes continham comida. Os cães mais jovens aprenderam a tarefa com rapidez e cometeram poucos erros, mesmo quando soltos no canto "errado". Os cães mais velhos, e aqueles cujos hormônios indicavam que estiveram estressados por longo tempo, cometeram a maior parte dos erros. Ficavam particularmente confusos quando o ponto de saída era mudado, o que sugere que parte de sua memória espacial tinha sido comprometida.

Como poderíamos esperar por seu passado evolutivo como caçadores de grandes extensões, os cães parecem memorizar seus arredores de forma contínua e sem esforço, e também parecem fazer referências cruzadas de diferentes memórias para construir "mapas" mentais que os capacitem a orientar-se com eficácia. No entanto, são menos hábeis do que nós para se reorientar quando observam pontos de referência familiares de uma direção inesperada. Os próprios "mapas" são, com certeza, bastante exatos; parece que o que lhes falta é a capacidade de refletir sobre seus próprios mapas.

Quando procuram seu rumo, os cães decerto usam seu agudo sentido do olfato em vez de apoiar-se em como as coisas parecem ser, tal como nós o fazemos. Com certeza, suas memórias também têm, como base, tanto o cheiro quanto a aparência visual, talvez até mais o primeiro. Os cães podem lembrar-se de um cheiro particular — digamos, de um dono anterior ou de um cão com o qual viveram antes — por muitos anos, talvez até por dez anos.

Até os cientistas às vezes não prestam atenção à preferência do cão por concentrar-se nos cheiros. Em consequência disso, pensam que demonstraram haver aptidões complexas nos cães, que não passam, com certeza, de apenas novas evidências de como os cães detectam bem os odores. Em um experimento, cães foram levados a um curto passeio com os olhos vendados e protetores nas orelhas. Mesmo assim foram capazes de refazer seus passos. Os cientistas valeram-se disso para afirmar que os cães haviam memorizado todas as voltas, para a esquerda ou para a direita, e quantos passos deram entre cada volta, que é como eu ou você poderíamos ter procedido naquelas circunstâncias. Mas os cientistas que fizeram essa pesquisa não contaram com o penetrante sentido do olfato do cão. Em resumo, não levaram em conta a possibilidade de que os cães tivessem refeito seus passos ao seguir o cheiro de suas próprias pisadas ou ao usar "pontos de referência" olfativos, que memorizaram quando sua visão e audição estavam bloqueadas.

Outro experimento que ilustra a capacidade do cão de sentir diferenças sutis entre cheiros — embora, outra vez, não destinado a esse propósito — envolve um *border collie* chamado Rico, que foi treinado para buscar seus brinquedos com base nos "nomes" deles. No que dizia respeito ao cão, aqueles não eram com certeza os nomes dos brinquedos, mas apenas comandos, um para cada brinquedo. (Assim, na sua mente, "meia" não era uma designação abstrata do objeto meia, mas de fato significava "Pegue sua meia".) Os pesquisadores espalharam alguns dos brinquedos de Rico e adicionaram um brinquedo que haviam trazido com eles, diferente de qualquer dos outros que havia no apartamento. Quando o dono de Rico disse uma palavra que o cão nunca havia escutado antes, o animal foi pegar o objeto novo. Embora os experimentadores afirmassem que isso era evidência das aptidões linguísticas de Rico[7] e, portanto, por extrapolação, dos cães em geral, uma explicação mais simples é que Rico buscou o objeto novo com base simplesmente no fato de que o achou fascinante, porque tinha um cheiro diferente de tudo o que havia no apartamento (nunca fora manuseado pelo seu dono). Em outras palavras, ele era capaz de categorizar os brinquedos como "meus" e "não meus", por si só uma interessante capacidade cognitiva. Além disso, porém, seu comportamento era explicável pela simples aprendizagem associativa.

Em suma, os cães encontram seu caminho através de uma combinação de faculdades que se sobrepõem às nossas, mas que são diferentes. Eles têm uma boa memória para lugares e uma capacidade para integrar essas memórias em "mapas" que trazem em suas cabeças, de modo que sua habilidade intuitiva para encontrar seu rumo é decerto bastante similar à nossa. Como na nossa espécie, a idade avançada e o estresse crônico prejudicam essas funções, às vezes até o ponto de o cão parecer confuso quando perde seus habituais marcos de referência. No entanto, as características dos "mapas" cognitivos dos cães têm pelo menos a mesma possibilidade de serem olfativas como visuais, ao passo que as representações do meio ambiente que construímos em nossas cabeças são quase inteiramente visuais.

A capacidade dos cães de construir mapas mentais dá a entender que eles compreendem como as coisas estão conectadas no mundo físico, mas, quando testada experimentalmente, essa hipótese não se mostrou verdadeira. A compreensão intuitiva que os cães possuem das formas como os objetos se conectam — sua "física popular" — é bastante diferente da nossa. Eles se lembram de conexões entre ações e consequências, mas sem compreender necessariamente *como* acontecem essas consequências. Um dos procedimentos padrão a que os psicólogos recorrem para testar a capacidade de compreensão das conexões físicas é o teste conhecido como *meios e fim*. Para os cães, isso significa pegar comida inacessível ao puxar um cordão. No teste de meios e fim, em sua forma mais simples, um pedaço de comida é atado a um bloco de madeira por um único cordão. A comida é detectável, mas inacessível (por exemplo, está colocada debaixo de uma tela protetora), enquanto o bloco é deixado acessível. A maior parte dos cães aprende, por tentativa e erro, que, ao puxar o bloco, a comida sai debaixo da tela. Um observador casual concluiria que o cão compreendeu a razão pela qual conseguiu o que fez — especificamente, que a comida estava atada ao bloco pelo cordão. No entanto, se a tarefa for elaborada de maneira um pouco menos direta, os cães logo ficam desconcertados. Se existem dois cordões que se cruzam e apenas um leva à comida, então os cães deveriam, se tivessem entendido as conexões envolvidas, escolher o que está preso à comida. Mas eles não o fazem. Alguns puxam o bloco que está mais perto da comida. Outros apenas desistem e tentam tirar a comida através da tela de arame. (Alguns acham que até um único cordão já é um problema, se ele passar por debaixo da tela em um certo ângulo.)[8] A implicação é que, quando os cães aprendem a conseguir comida, eles o fazem através de uma aprendizagem operativa direta e não através da compreensão de que a comida e o cordão estão fisicamente conectados. O que eles aprendem parece ser simplesmente isso: puxar um bloco de madeira que esteja perto do cheiro de comida produz comida. Outros animais "inteligentes", como macacos, papagaios e corvos, saem-se muito melhor nessa tarefa. Mas significa isso que os cães são estúpidos? É mais provável que o experimento em questão não seja um teste adequado à inteligência deles. O estilo de vida de caçadores dos canídeos não requer uma compreensão detalhada de como precisamente as coisas funcionam — ao contrário das estratégias de alimentação mais oportunistas dos macacos, papagaios e corvos.

Os cães se dão melhor em outro aspecto da "física popular": a capacidade de contar. Como essa capacidade é considerada como um indicador de inteligência, os cientistas a examinaram em uma ampla variedade de animais, inclusive cães. É claro que os cães podem notar a diferença entre uma tigela de biscoitos cheia até a metade e outra cheia até um quarto, mas será que realmente contam os biscoitos ou apenas avaliam o tamanho da pilha? Pesquisadores tentaram responder a essa pergunta usando uma técnica desenvolvida antes para o estudo de bebês humanos.[9] Quando se mostram a bebês de até 5 meses uma boneca e depois outra, e então, depois de um breve intervalo, três bonecas no lugar em que logicamente deveria haver duas, eles olham para as três bonecas por mais tempo que o esperado — parecem surpresos pelo fato de que a terceira boneca tenha surgido do nada. Essa reação sugere que somaram uma boneca mais uma boneca e, portanto, esperavam ver apenas duas. Parece lógico que os cães também deveriam ser capazes de fazer isso. Uma cadela que vê dois de seus filhotes saírem por um momento do seu raio de visão presumivelmente ficará surpresa (e se levantará para investigar) se, digamos, apenas um deles reaparece.

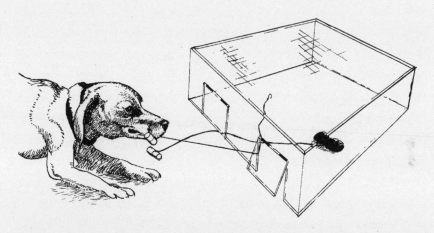

No teste de meios e fim, os cães geralmente puxam o cordão que está mais próximo da comida e não o que está na verdade conectado a ela.

Para testar a capacidade de contar dos cães, os pesquisadores, neste estudo, optaram por petiscos em vez de bonecas. Primeiro mostraram aos cães um petisco, que era posto na frente deles, depois um segundo. Depois disso, uma tela foi introduzida entre eles e os petiscos. Quando a tela era removida e um ou três petiscos eram revelados, eles olhavam para eles por um longo tempo, como se não acreditassem no que viam. Se havia dois, como deveria haver, eles apenas os olhavam rapidamente.

Embora bem poucos estudos tenham sido realizados sobre esse tópico, parece que os cães têm pouca compreensão intuitiva de como funciona o mundo ao redor deles. Essa foi a conclusão a que chegou Thorndike a partir dos experimentos com a caixa quebra-cabeça, confirmada por todas as suas experiências posteriores. É claro que os cães podem aprender facilmente como manipular algum aspecto específico de seu meio ambiente para conseguir o que querem — mas eles parecem não entender por que a manipulação funciona, apenas que dá certo.

É provável que os cães, como descendentes de animais sociáveis, sejam muito mais sintonizados uns com os outros do que são com as características físicas do ambiente em que vivem. A experiência acumulada evidentemente desempenha um importante papel na capacitação de canídeos, como os cães, para que explorem seu ambiente e encontrem o suficiente para comer; na verdade, pareceria impossível se cada animal tivesse que aprender tudo desde o começo. A evolução deve favorecer a transferência de aptidões dos pais para a prole, e quanto mais os jovens são dependentes dos pais, como no "bando familiar" dos canídeos, mais frequentes são as oportunidades para que isso se dê. Assim há boas razões para concluir que os cães devem ter herdado algum potencial para aprenderem uns dos outros.

Isso não quer dizer que um cão deliberadamente *ensina* outro, da maneira como ensinamos nossas crianças. Os biólogos que estudam como um animal aprende de outro habitualmente tentam usar explicações simples, em vez daquelas que requerem a presença de processos mentais complexos. Comece a cavar no seu jardim, e seu cão pode tentar "ajudar", cavando ao seu lado. O cão realmente imita o que você está fazendo? Se for assim, por que ele não tenta pegar a pá com suas patas? É mais provável que o fato de você cavar tenha chamado a atenção dele para a terra fofa — e, na verdade, cavar é uma coisa normal para um cão fazer na terra fofa. Os biólogos se referem a esse processo como *aprimoramento de estímulo*: é sensato que um animal observe o que outros animais estão fazendo, para o caso de verem algo útil. Mas é mais provável que o comportamento posterior do animal que observa seja ditado mais pelo que ele faz de hábito do que por uma ânsia de imitar exatamente as ações dos outros.

Alguns estudos não encontraram evidências sobre imitação. O próprio Thorndike pesquisou a questão da possibilidade de que seus cães pudessem aprender a escapar das caixas quebra-cabeças ao observarem outros cães que já haviam aprendido o truque, mas ele concluiu que não havia evidência de que eles tivessem aprendido alguma coisa por presenciarem o comportamento de outros cães. Em outro estudo,[10] cães de estimação observavam, através de uma porta de plástico transparente, que uma cadela treinada, mestiça de *pastor-alemão*, chamada Mora, desempenhava um de dois truques: deitar sobre a própria barriga e deitar sobre um dos lados do corpo, ou "fingir-se de morta". Ambos são truques que muitos cães podem fazer e, na verdade, podem ter sido treinados para fazê-lo. A novidade era que os treinadores que davam os comandos para Mora usavam palavras arbitrárias (seus próprios nomes) como deixas, que os cães que observavam presumivelmente nunca haviam escutado antes — "Teresa" para deitar sobre a barriga e "José" para fingir de morta. Cada cão que observava pôde ver (e ouvir) a demonstração cinco vezes. Os pesquisadores então fizeram testes para ver se os cães tinham aprendido os comandos observando Mora. Aparentemente não: quando testados com os comandos, nenhum deles parecia saber o que fazer. Alguns se deitaram sobre a barriga, mas não em resposta a "Teresa" (talvez apenas estivessem cansados), e nenhum "se fingiu de morto", com ou sem o comando "José". As crianças ganham a capacidade de aprender pela imitação por volta dos 18 meses de idade, de modo que os cães não se saíram muito bem nessa tarefa se julgados por padrões humanos.

Outra pesquisa,[11] no entanto, veio a mostrar não apenas que os cães podem imitar outros cães, mas também que são seletivos e lógicos sobre o que imitam. Em um estudo, cães entre 12 meses e 12 anos de idade foram treinados para obter comida de uma caixa que se abria quando uma alça de madeira era puxada para baixo. A maior parte dos cães faria isso naturalmente, agarrando a alça com os dentes e puxando-a, mas esses cães em particular foram treinados para puxá-la com as patas. Depois, permitiram que outros cães os observassem enquanto executavam o novo truque. Se tudo o que o truque fizesse fosse chamar a atenção para a alça e para a comida, a maioria dos cães observadores deveria simplesmente ter puxado a alça usando suas bocas. Mas alguns desses cães começaram a usar as patas, como os cães da demonstração haviam feito, o que sugere que estavam imitando a própria ação dos primeiros cães, e não só se empenhando em obter comida.

Os pesquisadores que orientavam o experimento adicionaram mais um elemento a esse teste, que parece indicar *por que* os cães observadores algumas vezes imitavam a ação do cão demonstrador. Cada um dos cães que demonstravam a ação de empurrar a alça com a pata tinha sido treinado para segurar uma bola na boca enquanto fazia isso (como se vê na ilustração). Quando demonstravam o truque, algumas vezes lhes davam a bola para abocanhar e outras vezes não. Quando o cão demonstrador segurava uma bola, os outros cães com frequência usavam suas bocas; era como se pensassem: "O cão usa a pata somente porque a boca está ocupada. Eu usarei minha boca, é mais fácil." Ao contrário, quando o cão demonstrador não segurava uma bola na boca, a maior parte dos cães observadores usava suas patas, como se pensassem: "O cão usa sua pata, e não sua boca, portanto esse deve ser o único modo de conseguir a comida." O experimento, se entendido corretamente, sugere que o cão é capaz de um raciocínio bem sofisticado. (As crianças podem fazer deduções desse tipo a partir dos 14 meses de idade.)[12] Outros experimentos como esse podem levar a melhor compreensão do que os cães são capazes de pensar. Talvez descubramos que os cães são melhores em matéria de imitação quando estão querendo conseguir alguma coisa que podem ver do que quando fazem algo apenas para agradar a seus donos, como deitar de barriga ou fingir-se de morto.

Um cão demonstra como puxar uma alça com a pata enquanto tem uma bola na boca.

De qualquer modo, a capacidade dos cães para resolver problemas e para aprender através da observação de outros cães não devia ser explicada, sem alguma hesitação, pelo menos, em termos da aparição de faculdades similares durante o desenvolvimento dos bebês humanos. Os cães desenvolvem faculdades e entendimentos que são apropriados para a sua própria espécie; nós fazemos o mesmo. Por exemplo, os bebês humanos começam a adquirir aptidões para a linguagem verbal em uma idade precoce (coisa que os cães nunca adquirem), mas são mais velhos que os cães quando adquirem a capacidade de imitar seletivamente. Os cães, por sua vez, herdaram um conjunto de faculdades de aprendizagem de seus antepassados canídeos, que evoluíram por milhões de anos, para a caça cooperativa e a criação dos mais novos. Caçar em bando é algo eficiente para o membro mais inexperiente do grupo, já que ele é o elo fraco que pode permitir que a presa fuja. Os jovens canídeos, portanto, precisam adquirir as aptidões de seus pais tão rápido quanto for possível para que não prejudiquem a eficácia da caça do bando. Os biólogos estão apenas começando a entender a capacidade dos cães de aprenderem uns dos outros: os experimentos necessários são difíceis de planejar e os resultados com frequência estão abertos a mais de uma interpretação.

À diferença de outros canídeos, os cães domésticos têm a oportunidade de aprender também com as pessoas. Na verdade, a cooperação próxima que pode acontecer entre homem e cão sugere que a domesticação na certa reforçou esse aspecto da inteligência do cão. As faculdades que discuti até agora neste capítulo certamente são, em sua maioria, comuns aos lobos e aos outros canídeos — apenas sabemos mais sobre os cães domésticos porque é mais fácil estudá-los. Permanece, contudo, o fato de que os cães são domesticados e os outros canídeos não, de modo que a seguinte questão se levanta: existe algo relativo à inteligência do cão que seja produto único do processo de domesticação, algo que capacitou o cão a interagir conosco em um nível de sofisticação que nenhum outro animal pode igualar? Em proporção ao tamanho do corpo, o cérebro do cão é um pouco menor do que o de seu antepassado, o lobo, então é pouco provável que os cães sejam simplesmente mais espertos que os lobos. Mesmo assim, os cães podem ter desempenho melhor até do que o dos chimpanzés, com certeza os mamíferos mais inteligentes depois do homem em certas tarefas selecionadas. Hoje em dia, os biólogos tendem a pensar sobre os animais não em termos de serem mais inteligentes uns que os outros, mas, em vez disso, em termos de como seus processos mentais se equiparam às demandas de seus estilos de vida. O estilo de vida dos cães é tão intimamente ligado com o nosso que é razoável procurar por capacidades intelectuais especiais que eles podem ter conquistado durante o longo processo de sua domesticação.

Uma área na qual os cães particularmente sobrepujam os chimpanzés é sua capacidade de extrair informação do que os seres humanos fazem — em especial, sua capacidade de ler rostos e gestos humanos. Mesmo os chimpanzés criados pelo homem levam um bom tempo para aprender isso. E podem ficar confusos quando, por exemplo, a pessoa que foi a primeira a treiná-los é substituída, mesmo que o substituto dê o melhor de si para comportar-se exatamente da mesma forma que a pessoa original. Em contraste, os cães treinados por uma pessoa podem aprender com rapidez a versão de outra pessoa dos mesmos comandos. Os cães são particularmente bons em seguir gestos de apontar, e nisso também sobrepujam até mesmo os chimpanzés. Existem atualmente algumas discussões entre os cientistas sobre se essa capacidade é ou não produto exclusivo da domesticação, mas o que parece mais provável é que ela já estava presente na pré-domesticação e foi refinada e desenvolvida desde então (embora ainda não fique claro qual poderia ter sido sua função entre os lobos selvagens).

A capacidade dos cães de seguirem gestos de indicação de direção (e, por inferência, também outros gestos humanos) não é bem o que poderíamos esperar intuitivamente. Como os seres humanos, os cães podem seguir não apenas o gesto de apontar feito com o braço que está mais próximo ao alvo (nos testes, habitualmente um pote que contém um petisco), mas também o gesto de apontar cruzado, feito com o braço oposto. Eles preferem seguir um braço que aponta mesmo quando a pessoa que aponta esteja mais próxima do alvo "errado" ou movendo-se na direção deste. No entanto, os cães têm suas limitações. Eles notam muito menos um dedo que aponta do que um braço (as crianças ficam satisfeitas com ambos) — mas acompanham uma perna que aponta! A regra parece ser "Tome a direção indicada que qualquer membro inteiro aponte de modo óbvio."

Também há discussões sobre se os cães nascem com a capacidade de seguir gestos de apontar ou se precisam aprendê-lo. Filhotes de 6 semanas de idade parecem saber o que significa apontar, mas estão menos prontos a seguir esses gestos do que os cães adultos — os filhotes podem ser distraídos muito facilmente. Há pouca dúvida de que essa capacidade pode ser refinada pelo treinamento: por exemplo, cães de caça, que são altamente atentos a seus treinadores, têm melhores resultados nos testes do que outros tipos de cão. Também é possível que a domesticação tenha preparado os cães para aprender muito rápido o significado de apontar, sem ter-lhes dado uma capacidade instintiva que possam usar na primeira vez que precisem. Mas a resposta ao gesto de apontar não é universal: em alguns estudos sobre cães de estimação, mais da metade não respondeu espontaneamente a esse gesto. É óbvio que um forte componente de aprendizagem está envolvido. Alguns cães parecem encontrar dificuldades para aprender a seguir o gesto de apontar, mesmo quando recompensados por fazerem isso, mas muitos desses cães são provenientes de abrigos e podem ter ficado assustados com mãos estendidas, por conta dos castigos físicos que receberam no passado. A pergunta sem resposta é: (a) se a capacidade subjacente é universal, mas alguns cães aprendem a não responder às mãos estendidas porque elas também distribuem castigo ou (b) se todos os cães precisam aprender o significado de apontar e alguns simplesmente acham a tarefa mais fácil do que outros?

Seguindo um gesto cruzado de apontar.

Embora o gesto de apontar tenha se tornado a ferramenta experimental favorita dos cientistas, não é de nenhum modo a única atividade humana a que os cães são particularmente atentos. Eles também seguem gestos como assentir com a cabeça e movimentos das mãos com muito mais atenção do que a maioria dos outros animais. Além disso, os cães parecem fascinados pelos olhos e rostos das pessoas. Eles seguirão a direção do olhar de seu dono quase com tanta segurança como seguirão os gestos de apontar.

O principal efeito da domesticação nos cães parece ser que ela fez dos seres humanos sua mais relevante fonte de informação. Por exemplo, a maior parte dos cães confrontados com o impossível problema de conseguir um saboroso petisco colocada em uma caixa trancada volta-se para a pessoa mais próxima em busca de ajuda em poucos segundos, quando até mesmo lobos criados em cativeiro continuariam a arranhar a caixa. No entanto, os lobos ganham dos cães quando decisões rápidas precisam ser tomadas, pois os cães tenderão a repetir o que aprenderam com as pessoas, mesmo quando isso é obviamente a coisa errada a fazer.

Em um experimento que sustenta a ideia de que os cães são hiperdependentes das pessoas,[13] uma comparação foi feita entre cães, bebês humanos com 10 meses de idade e lobos, em termos da capacidade que demonstravam de seguir os avanços de uma bola entre duas telas. O pesquisador primeiro escondeu a bola atrás de uma das telas por quatro vezes e, a cada vez que o fazia, falava com os cães e mantinha contato visual com eles. Todas as vezes permitia-se que os cães buscassem a bola atrás da tela e que brincassem com ela. Depois, o pesquisador caminhou por trás da primeira tela, mas, de forma bastante óbvia, deixou a bola atrás da outra tela e finalmente mostrou aos cães suas mãos vazias. Os cães continuaram a procurar a bola atrás da primeira tela, mesmo que a tivessem visto desaparecer atrás da segunda. Claramente, a atenção que receberam do pesquisador, nas primeiras quatro ocasiões, havia marcado a primeira tela como o melhor lugar para procurar primeiro. Os bebês de 10 meses de idade cometeram exatamente o mesmo erro: outra vez, segundo as aparências, priorizando as pistas sociais. Os lobos, no entanto, acreditaram em seus olhos e foram direto para a segunda tela. Dando pouca ou nenhuma prioridade a pistas dadas por humanos, eles, em vez disso, apoiaram-se em sua interpretação do mundo físico — nesse caso, presume-se, uma faculdade que os capacitaria a adivinhar onde um animal de presa poderia, com mais certeza, estar se escondendo.

No entanto, é interessante que os cães tenham sido incapazes de compreender para onde a bola tinha ido. Eles *obtiveram* a resposta certa quando a bola foi movida de uma tela para outra por um fio invisível e não por uma pessoa. Evidentemente, sua primeira prioridade sempre foi fazer o que um ser humano os tivesse encorajado a fazer no passado. Até mesmo lobos criados no cativeiro conservam um grau suficiente de independência das pessoas para aplicarem suas mentes ao problema tal como este lhes foi apresentado; já os cães são demasiado distraídos, demasiado ansiosos por agradar aos seres humanos.

Só porque acompanham um olhar ou um gesto da mão de um ser humano, isso não significa necessariamente que os cães entendem o que a pessoa pensa. Eles podem simplesmente usar os olhos da pessoa como um indicador conveniente, mas arbitrário, daquilo a que devem prestar atenção em seguida. Dois notáveis estudos feitos na França[14] expuseram algumas das limitações dos cães. Comparações detalhadas foram feitas entre cães-guia, que viveram com seus donos cegos por vários anos, e cães de estimação comuns, que moravam com donos que enxergam. Primeiro o pesquisador estudou como os cães tentavam obter comida de seus donos. Todos usaram a rotina canina básica de olhar com desamparo para o dono, para sua tigela e para o dono de novo. *Os cães-guia não deram nenhuma indicação de que soubessem que seus donos eram cegos.* A única diferença era que os cães-guia fizeram ruídos de mastigação mais altos, aos quais seus donos cegos podiam prestar atenção, e prestavam. Essa tática pode ser explicada pela aprendizagem associativa simples — os cães aprenderam que a comida aparecia quando eles faziam os ruídos — e não prova que os cães entendiam a cegueira. Depois, o estudo examinou como os cães chamavam a atenção de seus donos quando queriam agarrar um brinquedo que ficara inacessível atrás de uma pesada caixa de madeira. Aqui também se deu a pantomima de olhar de cá para lá, na direção do dono e do brinquedo, sem importar se o dono podia ver ou não. Outros cenários produziram resultados similares, tais como o dono que oferecia ao cão um brinquedo diferente daquele que o cão queria. Outra vez, nenhuma diferença. Não havia indicação de que os cães-guia sabiam que seus donos eram cegos e que, portanto, deveriam apoiar-se em outros sinais, tais como sons, para dizer-lhes para que lado apontar suas cabeças.

Esses experimentos nos dizem que os cães têm uma paixão por acompanhar o olhar humano, mas não nos dizem se eles nasceram com essa obsessão ou se a aprenderam. Os cães-guia que foram estudados não tinham vivido sempre com pessoas cegas; tinham sido criados por famílias de pessoas que enxergavam durante os primeiros 12 a 18 meses de suas vidas antes de começarem o treinamento para cães-guia. Talvez estes sejam os anos críticos nos quais o hábito de acompanhar o olhar de uma pessoa é aprendido, depois do que é muito difícil desaprender. No entanto, é notável que os cães-guia pareciam não ter mudado nada nos quatro anos, em média, em que viveram com uma pessoa cega.

Esse aparente excesso de confiança nos olhos e braços de uma pessoa propõe uma questão: os cães realmente têm a capacidade de compreender o que pensamos? Claramente eles respondem bem ao que nos veem fazer, mas isso não é o mesmo que entender que todo ser humano tem uma mente — e uma mente que, ademais, é diferente da deles. Tal ideia deve parecer uma heresia para a maioria dos donos de cachorros, mas a ciência até agora não pôde demonstrar a existência de certas faculdades em *qualquer* espécie além da nossa. Até mesmo os muitos experimentos realizados com chimpanzés fracassaram ao não proporcionarem evidência conclusiva de que os grandes macacos saibam que existem outras mentes.

Parte do problema é que é muito difícil planejar experimentos que testem se os cães são capazes de dizer o que estamos pensando — em outras palavras, experimentos que excluam explicações mais simples para o comportamento deles. Por exemplo, em um estudo que examinava se os cães entendem o que as pessoas podem ou não ver,[15] onze cães que tinham sido treinados para não roubar comida foram levados para um quarto onde havia um pedaço de comida no chão. Quando a pesquisadora dizia aos cães para que não comessem o alimento quando ela os estivesse olhando, eles de hábito obedeciam. Mas quando ela não os olhava enquanto dava o comando, eles muitas vezes pegavam a comida. Os cães podem ter "sabido" que não poderiam ser vistos, mas a explicação mais simples é que eles associaram ver um rosto humano com obedecer a um comando — "se o rosto não está lá, então o comando verbal não significa nada". Dado que os cães são tão sensíveis aos rostos humanos e às suas expressões, é muito difícil projetar experimentos que eliminem tal explicação.

No entanto, um experimento posterior mostrou que nem todos os cães são igualmente sensíveis a serem vigiados.[16] Desta vez, cães foram convidados a pegar comida atrás de barreiras de vários tamanhos e formas. Uma barreira, por exemplo, escondia o alimento, mas permitia que o cão visse a pesquisadora quando ela se aproximava da comida; outra era maior, mas com uma pequena janela que bloqueava a visão que os cães tinham da pesquisadora, até que eles estivessem muito próximos da comida. Alguns dos cães se comportaram como se entendessem quais barreiras bloqueavam a visão que a pesquisadora tinha dos alimentos e quais não. Outros pareciam muito mais inibidos, se ela pudesse vê-los começar a mover-se em direção à comida, mas se esqueciam do fato de que na verdade poderiam ser vistos comendo-a (por exemplo, através da janela na barreira). Assim, ainda não está claro se os cães podem saber o que as pessoas veem ou não, ou se respondem a simples "regras" aprendidas tais como "Se posso ver a cara de uma pessoa, então não devo mover-me na direção da comida" ou "Se posso ver a cara de uma pessoa, então posso mover-me na direção da comida, mas não devo comê-la."

Tais experimentos mostram que os cães são muito sensíveis ao fato de as pessoas estarem olhando para eles ou não. No entanto, não proporcionam evidência conclusiva de que os cães saibam o que as pessoas *pensam* — de que eles possuam o que os biólogos cognitivos chamam de "teoria da mente". A maior parte dos cães tem sido alimentada toda sua vida em uma tigela colocada no chão pela mão de uma pessoa, de modo que não é de surpreender que eles gostem de seguir na direção que uma mão humana aponta. Mais que isso, a maioria dos cães aprendeu que o modo como uma pessoa reage a eles será bem previsível segundo a direção em que a pessoa olha e se move. Conscientemente ou não, os seres humanos *esperam* que os cães sejam muito sensíveis à nossa linguagem corporal.

Essa aptidão deve ter sido tão útil para cimentar a ligação entre homem e cão que quaisquer cães que não a tivessem decerto foram eliminados da população pela seleção, há muitas, muitas gerações.

Evidência suplementar de que os cães não possuem uma "teoria da mente" está na sua suscetibilidade ao engano. Em um experimento recente, cães foram treinados para esperar que uma pessoa ("a que fala a verdade") sempre indicasse um recipiente com comida dentro, e que outra pessoa ("a que mente") sempre apontaria para um recipiente igual, mas vazio.[17] Os cães preferiam ir com mais frequência onde apontava "a que fala a verdade", mas de nenhum modo sempre. Quando as pessoas foram substituídas por uma simples associação de que o recipiente branco sempre continha comida (verdade) e o recipiente preto nunca (mentira), os cães marginalmente preferiam o branco, o "de verdade". Assim, não houve evidência de que os cães entenderam a diferença entre gente que fala a verdade e gente que mente; é mais provável que tenham apenas aprendido a associar uma das pessoas com o fato de conseguir comida.

Em suma, a domesticação não parece ter dado aos cães a capacidade de ler nossas mentes, ou sequer de compreender que os seres humanos são capazes de pensamento independente. Eles devem viver, portanto, em um mundo subjetivo muito diferente do nosso, no qual existimos não como entidades independentes, mas meramente como componentes daquele mundo (apesar de, geralmente, sermos os componentes mais importantes). Isso na verdade não é uma surpresa, em vista do que hoje sabemos de que a evolução é capaz. O cão está preso em um cérebro canídeo — e embora isso tenha sido, decerto, modificado pela domesticação, seria pedir muito presumir que um novo e completo nível de complexidade poderia vir a ser adicionado durante o processo de domesticação.

Então, se os cães não sabem o que pensamos, como dão a impressão de que sabem? Quase desde que podem ver, os cães parecem especialmente sensíveis às ações executadas pelos seres humanos. Essa diferença com relação ao lobo é, quase certamente, devida a uma mudança geneticamente programada de foco nas prioridades do cão, guiada pela domesticação. Aqueles protocães que possuíam uma predisposição para atender aos seres humanos ao seu redor teriam sido capazes de aprender o significado de gestos humanos específicos. Essa adaptação, por sua parte, teria dado a esses cães mais sensíveis uma vantagem importante sobre os cães mais assemelhados ao lobo, que estariam mais concentrados na sua própria espécie e no mundo físico.

Hoje, essa concentração quase avassaladora sobre as pessoas e sobre o que elas fazem capacita os cães a aprenderem aspectos muito sutis da linguagem corporal humana, talvez até coisas de que nós mesmos não nos damos conta. Além disso, eles quase certamente reúnem informações sobre nós, usando seu olfato hipersensível, com base em mudanças sutis de odor das quais somos inteiramente inconscientes. (Essa capacidade de reconhecer mudanças sutis no odor do corpo com certeza está por trás da capacidade de cães treinados para detectar ataques iminentes em diabéticos e epilépticos.) Essa mudança no foco de atenção — de outros integrantes de sua própria espécie para integrantes da espécie humana — é o efeito primário da domesticação sobre o intelecto canino. Não houve nenhuma mudança radical na capacidade geral, apenas um ajuste de seu foco primário. Os cães não parecem ser nem mais nem menos limitados do que os lobos em termos do que podem aprender; apenas as prioridades do que aprender e a quem observar foram mudadas pela domesticação. Assim, embora os cães pareçam compreender o que pensamos, nenhuma evidência foi encontrada, até agora, que sugira que eles estejam conscientes até mesmo de que *podemos* pensar. Eles meramente estão muito bem adaptados a responder, da maneira mais produtiva, nove vezes em dez. Deem-lhes uma situação para a qual a evolução não os tenha preparado, tal como um dono que é cego, e eles continuarão a aderir às formas padronizadas de responder às pessoas.

A aparente falta de uma "teoria da mente" nos cães, então, levanta uma nova questão: será que os cães dispõem de conceitos diferentes para "uma pessoa" e "um cão"? O nível de ligação entre o cão e seu dono é diferente da marcada relação entre cão e cão, mas haverá também uma diferença qualitativa? Os cães obviamente se comportam de forma diferente em relação a gente do que em relação a outros cães, mas poderia isso ser simplesmente consequência de uma espécie caminhar na vertical e a outra sobre quatro patas?

A conduta da brincadeira deveria ser uma janela útil para esse aspecto da mente do cão, já que incorpora uma espécie de *lingua franca*,* que cães e gente podem usar para comunicar igualmente bem suas intenções. Claro que os cães podem ser persuadidos com facilidade a brincar com outros cães assim como com gente, e voluntários humanos podem ser persuadidos a brincar como se fossem cães — por exemplo ficando de quatro durante a brincadeira. Junto com meus colegas da Universidade de Bristol, faço comparações entre brincadeiras entre cão e cão e entre cão e homem, para entender se os cães brincam de modo diferente dependendo da espécie com que estão brincando e, por inferência, se eles têm conceitos mentais diferentes de "pessoa" e "cão".[18] Recrutamos uma dúzia de *labradores retrievers*, todos escolhidos por sua reputação de serem particularmente brincalhões, assim como por serem de uma raça muito difundida. Os cães foram soltos, um por um, em um grande terreno gramado, acompanhados por outro cão (que conhecia bem) ou por um de seus cuidadores habituais. Demos aos cães dois minutos para uma exploração inicial da área e depois jogamos no terreno um brinquedo de puxar, que consistia em um curto pedaço de corda com nós. Todos os cães estavam acostumados e gostavam de brincar de cabo de guerra, e assim imediatamente começaram a brincar com a corda, sem se importar se seu parceiro de jogo era outro cão ou uma pessoa.

Os cães passaram a maior parte do tempo engajados no jogo — outra vez, sem se importar se brincavam com uma pessoa ou com um cão. Por outro lado, eles claramente brincavam de modo muito diferente

---

*Em latim no original, *lingua franca*. Língua comum, língua de contato entre grupos diferentes. [N. do T.]

dependendo de quem fosse seu parceiro. Quando brincavam com uma pessoa, os cães estavam mais dispostos a entregar o brinquedo, ao que parece para manter viva a brincadeira. Mas quando dois cães brincavam juntos, cada um deles tentava conservar a posse da corda, tentando escondê-la sempre que o outro cão a soltava.

Essa distinção comportamental ficou ainda mais pronunciada quando adicionamos um novo componente à brincadeira. Três minutos depois de que o primeiro brinquedo de puxar foi jogado no terreno, lançamos um segundo. Agora, cada cão tinha a chance de continuar a brincar com o brinquedo original ou agarrar o segundo e afastar-se para brincar sozinho com ele. Aqui, a diferença entre o modo como os cães brincavam com humanos ou com outros cães era dramática. Quando dois cães eram parceiros de brincadeira, com frequência cada qual pegava um brinquedo e brincava com ele algum tempo, antes de voltarem a brincar juntos novamente. Mas quando o parceiro de jogo era uma pessoa, o fato de haver um segundo brinquedo parecia quase irrelevante: o cão continuava a trazer de volta o primeiro brinquedo para a pessoa e a convidava a continuar puxando.

Em resumo, os cães pareciam ingressar em um estado de espírito completamente diferente, que dependia de estarem brincando com uma pessoa ou com outro cão. Quando o parceiro de jogo é um cão, a posse do brinquedo parece ser o mais importante — e, na verdade, é possível que a brincadeira competitiva seja o modo como os cães avaliem a força e o caráter do outro. (Para os cães, essas brincadeiras são, primariamente, uma forma de avaliar o seu potencial de controle dos recursos.) Quando o parceiro é uma pessoa, no entanto, a posse do brinquedo parece irrelevante; a coisa importante é o contato social que o jogo produz. Essa descoberta é inteiramente compatível com a observação de que os cães não podem acalmar uns aos outros, mas podem ser acalmados por seus donos. Também indica que os cães colocam os seres humanos em uma categoria mental completamente diferente da representação que têm dos outros cães.

Cães que brincam de cabo de guerra realmente competem.

A diferença entre brincar com gente e com cães não é restrita aos labradores; ao contrário, parece ser um atributo universal dos cães domésticos. Como parte do mesmo estudo geral, também pesquisamos donos de cães — e os observamos com seus cães — com o fim de determinar se brincar com gente interfere com a brincadeira com outros cães. Lançamos a hipótese de que, se os dois potenciais parceiros de jogos fossem intercambiáveis, no que se refere aos cães, brincar com gente deveria diminuir seu apetite por brincar com outros cães e vice-versa. Mas não encontramos nenhuma evidência disso: ao observarmos donos que brincam com seus cachorros soltos nos parques, descobrimos que a qualidade do jogo era a mesma, quer o dono tivesse um cão ou mais de um. Em uma pesquisa relacionada, perguntamos a 2.007 donos de um só cachorro e a 578 donos de mais de um com que frequência brincavam com seus animais, e descobrimos que os donos de vários cães habitualmente brincavam um pouco mais com cada um de seus cães do que os donos de um único animal. Embora fosse impossível registrar a qualidade da brincadeira, concluímos que a maior parte dos cachorros fica muito feliz de brincar com seus donos — tenham ou não a alternativa de brincar com um de seus semelhantes. Outra vez, isso sugere que as mentes dos cães contam com categorias distintas para "gente" e "cães".

Brincadeiras entre cães e seus donos são tão comuns que é fácil perder a noção de que a brincadeira interespécies é, em certos casos, muito rara (na verdade, praticamente desconhecida fora do reino dos animais de estimação domésticos). Para ser bem-sucedida, a brincadeira requer uma comunicação bem sincronizada; ambos os parceiros devem ser capazes de transmitir suas intenções com clareza e, ao mesmo tempo, convencer um ao outro de que não iniciam a brincadeira como prelúdio a algo mais sério, tal como um ataque real. A raridade das brincadeiras na certa se explica pelas limitações de comunicação entre membros de espécies diferentes.

Cumprimentos na brincadeira.

A capacidade dos cães de engajar-se em brincadeiras com seres humanos é particularmente surpreendente dada a sofisticação da comunicação do cão com outros cães durante o jogo. Por exemplo, quando dois cães brincam juntos, eles tendem mais a desafiar-se, no jogo, quando estão frente a frente do que quando um deles olha para outro lado, o que indica que os cães são sensíveis ao fato de seu parceiro prestar ou não atenção ao que tentam transmitir.[19] Os cães que querem desafiar o parceiro, mas são ignorados, têm uma variedade de maneiras de chamar a atenção do outro cão, entre as quais beliscar, dar patadas, empurrar com o focinho e jogar o corpo contra o outro. Os seres humanos são muito menos espertos nisso do que os cães, de modo que o apetite sem limites que a maior parte dos cães parece ter por brincadeiras com seus donos e mesmo com gente que não conhecem bem pode ter origem na força de sua ligação com a espécie humana em geral.

No entanto, nosso conhecimento das capacidades cognitivas dos cães não nos dá nenhuma base para pensar que eles sejam conscientes do que fazem quando brincam, da mesma forma que nós estamos conscientes (e assim podemos falar e escrever sobre isso) de como brincamos com um cão. Pode parecer que os cães "enganam" seus parceiros de jogo humanos — por exemplo, ao deixar cair uma bola e depois agarrá-la outra vez antes que o parceiro tenha tempo de pegá-la. Mas existe uma explicação muito mais simples para esse comportamento: sabemos que os cães acham as brincadeiras recompensadoras — "divertidas" — e como são necessários dois para fazer um jogo, qualquer sequência de ações que possa estimular o jogo nos outros irá rapidamente tornar-se parte, por associação simples, do ritual em que aquele cão e aquela pessoa se engajam sempre que brincam. Assim, nesse caso, o cão deve ter deixado cair acidentalmente uma bola perto de uma pessoa no passado e logo a agarrou novamente (como um lobo faria se deixasse cair acidentalmente um pedaço de carne). E, com suas prioridades concentradas na reação humana, deve ter notado a reação excitada da pessoa frente a esse aparente "engano". Portanto, ele repetirá a sequência de ações na esperança de conseguir a mesma reação outra vez, o que, é claro, na certa acontecerá.

Na verdade, embora nós, humanos, decerto não saibamos interpretar o comportamento do cão tão bem como outro cão, os cães estão tão voltados para as reações que conseguem das pessoas que eles são capazes de adaptar sua conduta à nossa. Não quero dizer que o façam de forma consciente; em vez disso, meu argumento é que nosso comportamento lança as mais salientes pistas disponíveis para eles, de tal modo que, sem ter que pensar sobre isso, eles possam ajustar suas reações a nós a partir de uma aprendizagem associativa bem simples.

Muitos cães são amigáveis com gente de um modo geral, mas é óbvio que todos eles sabem a diferença entre estranhos e pessoas próximas, bem como entre os indivíduos que eles conhecem melhor. Até agora, a ciência apenas começou a investigar como os cães diferenciam as pessoas umas das outras. A evidência sugere que eles constroem um "retrato" simples e multissensorial das pessoas que conhecem. Em um estudo, os pesquisadores fizeram com que os cães ouvissem uma gravação da voz de uma pessoa que eles conheciam e, depois, mostraram-lhes o retrato de outra pessoa que conheciam. Os cães lançaram um olhar de surpresa, como se a voz já houvesse conjurado o rosto que deveria acompanhá-la. (Além disso, existe provavelmente uma dimensão olfativa para o retrato que os cães criam de nós — uma dimensão sobre a qual nós mesmos somos totalmente inconscientes.)

Os cães também são muito sensíveis ao que acontece nos limites de um relacionamento — não apenas nos relacionamentos em que estão diretamente envolvidos, mas também naqueles que observam entre as pessoas. Em um estudo recente, deixaram que um cão observasse três pessoas que representavam uma cena de teatro.[20] Nela, uma pessoa atuava como "um mendigo", e cada uma das outras lhe dava o dinheiro que pedia (o "generoso") ou não (o "egoísta"). Logo que o mendigo saía do quarto, o cão era solto e lhe permitiam interagir com as duas pessoas que ficaram. Os cães preferiram interagir com o "generoso"; a maior parte dos cães se dirigia primeiro a ele e escolhia passar mais tempo interagindo com ele do que com o "egoísta". Parece que o simples ato de entregar o dinheiro é que foi importante para o cão, porque quando todo o cenário foi repetido, mas sem a presença do mendigo (o que significa que as relações deviam ser encenadas através da mímica), os cães não revelaram preferência pelo "generoso".

O cão atrás da barreira observa uma brincadeira de cabo de guerra entre outro cão e um parceiro humano.

Os cães também demonstram alguma compreensão de relacionamentos entre gente e outros cães no lar. Em um experimento planejado para verificar isso, um labrador foi colocado em um lado de uma porta transparente e lhe permitiram observar um cabo de guerra entre um ser humano e outro labrador.[21] Sem que nenhum dos dois cães soubesse, as brincadeiras eram manipuladas para que, em algumas tentativas, o parceiro humano sempre ganhasse a posse do brinquedo e, em outras, fosse permitido que o cão ganhasse. Além disso, algumas das brincadeiras foram mostradas como divertidas (o parceiro humano dava sinais de alegria) enquanto outras faziam-se "sérias" (o parceiro humano não dava sinais de alegria). Depois do jogo, deixaram os cães espectadores sair de trás da porta por onde observavam. Após os jogos "divertidos", os cães espectadores prefeririam interagir com o aparente "vencedor", fosse ele o cão ou seu parceiro humano. Já depois dos jogos "sérios", os cães espectadores ficavam relutantes quanto a interagir com qualquer um dos dois. Assim, os cães não reagem apenas a cães e a gente como indivíduos; eles também reagem ao que viram acontecer entre cães e humanos. No entanto, isso não quer dizer que eles necessariamente entendem o conceito de "relacionamento". De forma mais provável, eles simplesmente modificam sua conduta em relação a cada um dos participantes, dependendo do que acabavam de ver que cada um fazia.

Se dei a impressão de que tento retratar os cães apenas como "animais tolos", essa é uma impressão errada. Sei que podem ser muito espertos, mas ao modo deles — e não necessariamente do nosso. Um problema de grande parte da pesquisa sobre a cognição canina é que sempre há uma comparação implícita com a nossa própria cognição: a crianças de que idade os cães são comparáveis? Podem os cães aprender a linguagem humana? E assim por diante. A questão que fica (e à qual é muito difícil até mesmo começar a responder) é: são os cães dotados de faculdades cognitivas que *não* encontram nenhuma contrapartida nas nossas? Por exemplo, sabemos que seu sentido do olfato é muito mais poderoso que o nosso. Serão eles capazes de processar a informação que reúnem através dos seus narizes de um modo que ainda não entendemos?

CAPÍTULO 8

Simplicidade emocional

Os cães são espertos quando se trata de aprender sobre coisas, gente e outros cães. Mesmo assim, têm suas limitações. Sua falta de consciência de si mesmos, sua falta de consciência de que nós temos mentes diferentes das deles e sua impossibilidade de refletir sobre suas próprias ações, tudo isso restringe a capacidade dos cães de compreenderem o mundo da mesma forma que nós, humanos, o fazemos. Além disso, por causa de tais limitações, a vida emocional dos cães decerto é muito mais simples que a nossa, o que significa que talvez não sejam capazes de sentir muitas das emoções mais sutis que achamos tão naturais. No entanto, os cães compartilham nossa capacidade de sentir alegria, amor, raiva, medo e ansiedade. Também experimentam dor, fome, sede e atração sexual. Assim, é perfeitamente possível para os seres humanos tanto compreender como sentir empatia com o que os cães sentem. Mas essa facilidade que temos de fazer isso também é uma armadilha. Pode fazer-nos presumir que a vida emocional dos cães é idêntica à nossa — que, diante de uma dada situação (tal como a vemos), eles sentem o que nós sentiríamos. Em tais instâncias, somos levados a atuar de acordo com essa nossa impressão e a tratar nossos cães como se dispusessem da mesma inteligência e das mesmas faculdades emocionais que nós. Como esse não é o caso, nossas ações podem não fazer sentido para o cão — ou, na verdade, podem significar algo bem diferente do que pretendíamos. Por isso, ter uma compreensão completa de todas as possibilidades emocionais dos cães e saber quais dessas possibilidades são mais restritas e simples que as nossas é essencial para o bem-estar deles e para a honestidade de nossos relacionamentos com eles.

Uma diferença notável entre a vida emocional dos cães e a nossa própria é que o sentido de tempo deles é muito menos sofisticado. Sua capacidade de pensar no passado, meditar sobre o que aconteceu — mesmo que bem recentemente — e tirar algum sentido disso parece quase inexistente. Portanto, os cães são muito mais inclinados do que nós a tirar conclusões de causa e efeito com base na ocorrência de dois episódios, um imediatamente após o outro, mesmo que um momento de reflexão, se eles fossem capazes de tal coisa, tornasse óbvio que tal conexão não era provável. Os cães não "praticam" a introspecção.

Mas o mero fato de que os cães não têm o nível de consciência que nós temos não significa que não tenham vidas emocionais ricas. A ciência que estuda a consciência canina ainda está em andamento, mas o consenso corrente é que os cães possuem algum grau de consciência. Em outras palavras, eles com certeza são conscientes de suas emoções, mas em uma dimensão menor que os humanos. Os cientistas geralmente concordam que nossa consciência é muito mais complexa que a dos outros mamíferos — em parte devido ao tamanho do neocórtex, muito maior no cérebro humano se comparado ao de mamíferos como os cães.[1] Na verdade, nós humanos somos capazes não só de experimentar emoções, mas também de examiná-las desapaixonadamente, de perguntar a nós mesmos coisas do tipo: "Por que eu estive tão ansioso na semana passada?" Os cães parecem ser incapazes desse tipo de consciência de si. Toda a evidência disponível sugere que as reações emocionais deles estão restritas a episódios aqui e agora e envolvem pouca ou nenhuma retrospecção.

Considerem a "culpa", algo que muitos donos de cachorro estão convencidos, sem pensar muito no assunto, que seus animais devem sentir. A cena seguinte parece-lhe familiar? O cão faz algo "errado" (na opinião de seu dono) quando este está fora do quarto; o dono volta, olha para o cão; o cão parece "culpado", e o dono dá um tapa nele. Mas e se os cães não tiverem uma emoção similar ao nosso sentimento de "culpa"? Se for assim, eles não serão capazes de associar sua má conduta com o castigo. Então o tapa lhes ensina o quê? Que tal essa possibilidade: "Quando meu dono entra no quarto, às vezes eu ganho um abraço, outras vezes um tapa. O que vai acontecer da próxima vez?" O resultado: uma pontada de ansiedade que, se repetida o número suficiente de vezes, pode transformar um cão sensível em uma ruína aduladora.

A crença de que os cães podem sentir "culpa" e outras emoções complexas é generalizada entre seus donos. Uma pesquisa com donos de cachorros, na Inglaterra,[2] revelou que quase todos pensavam que seus cães experimentavam afeição (por seus donos, presume-se); quase todos pensavam que seus cães podiam sentir interesse, curiosidade e alegria; 93% acreditavam que seus cães sentiam medo; 75%, que sentiam ansiedade e 67%, que sentiam raiva. A única emoção que a maioria pensava não ser provável que fosse sentida pelos cães era o embaraço.

Surpreendentemente, de certa maneira uma alta proporção desses donos de cachorro também acreditava que seus cães sentiam ciúme, pesar e culpa. Essas, junto com as outras emoções listadas na metade inferior do gráfico a seguir, são classificadas pelos psicólogos como emoções secundárias: exigem algum grau de consciência de si e também uma apreciação do que os outros pensam — a saber, uma "teoria da mente" (de que se tratou no capítulo anterior). Apesar daquilo em que creiam seus donos, não é óbvio que os cães tenham a capacidade mental de experimentar efetivamente todas ou mesmo qualquer uma dessas sete emoções. Como cada uma delas requer combinações levemente diversas de autorreflexão e de outros aspectos da inteligência, merecem ser examinadas separadamente. Considerarei especificamente o ciúme, o pesar e a culpa, todas as três emoções que receberam algum grau de atenção dos cientistas que estudam cães.

O *ciúme* nos seres humanos surge da suspeita de que alguém possa nos substituir em um relacionamento com uma pessoa que amamos.

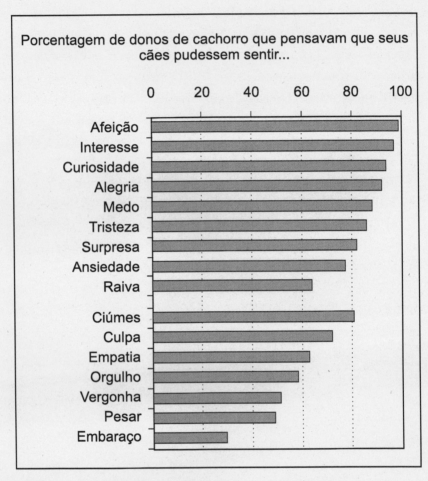

Porcentagem de donos de cachorro, no Reino Unido, que pensavam que seus cães podiam sentir emoções específicas.

O que sentimos, no começo, pode ser medo ou raiva não focalizados — cuja extensão pode depender de nossas prévias experiências com relacionamentos íntimos. No entanto, isso é modificado com rapidez pela nossa avaliação cognitiva da ameaça específica: o que sabemos e pensamos sobre a pessoa que teria feito essa substituição, qual tem sido nosso relacionamento com a terceira pessoa envolvida, e assim por diante. Um momento de reflexão também confirmará que o quão ciumentos nos sintamos, ou o quão culpados, depende de o quanto estamos ligados à pessoa a quem a emoção está dirigida.

Para sentir ciúmes, um animal teria que ser capaz de reconhecer outros como indivíduos e de possuir algum conceito da qualidade dos relacionamentos entre os envolvidos. Como os cães são obviamente muito ligados a seus donos, parece lógico que devem sentir ciúmes quando o dono deles presta atenção a outro cachorro. Também há boas evidências de que os cães têm alguma compreensão sobre os relacionamentos entre gente e outros cães. Assim, existe uma razão *prima facie* para levar a sério a crença de que os cães possam sentir "ciúmes".

Um elemento de evidência vem da consistência com a qual os donos de cachorro descrevem os disparadores do "ciúme" em seus animais de estimação. Em um estudo no qual os pesquisadores pediram aos donos que relatassem em que comportamentos específicos seus cães se engajavam que sugerissem ciúmes e sob que circunstâncias, todos disseram que essas condutas se produziam quando eles (os donos) davam atenção, e especialmente afeição, a outra pessoa ou cão que vivesse na mesma casa.[3] Os donos descreviam em seus cachorros, de forma consistente, o que os clínicos classificam como comportamento de busca de atenção. Metade dos cachorros simplesmente se apoiava ou empurrava seus donos, quase sempre interpondo-se entre o dono e o objeto de seu "ciúme". Mais de um terço deles fazia algum tipo de protesto vocal — latir, ganir ou rosnar. Junto com os rosnados, vários donos de cachorro relataram agressões: alguns animais chegavam ao ponto de morder qualquer outro cão em que seu dono fizesse um carinho. Portanto, a conduta dos cães, quando confrontados com situações nas quais poderíamos esperar que sentissem "ciúmes" de seus donos, parece corresponder a nossas expectativas quanto a essa emoção. Eles se comportam como se tentassem interferir em uma interação que (como eles a veem) ameaça o relacionamento com seus donos. Com frequência, como observamos antes, eles literalmente se interpõem entre seu dono e o objeto da atenção não desejada, que pode ser a mulher do seu dono ou um cão que esteja de visita na casa.

Em resumo, é muito plausível que os cães sintam algo que rotularíamos de "ciúmes". É claro que não podemos saber, em essência, se o ciúme que "sentem" é o mesmo que nós, humanos, sentimos. Nos cães, pode ser um pouco mais complexo que um sentimento de ansiedade. Mas parece dar-se apenas no momento específico da interação entre, por exemplo, o dono e outro cão: não temos evidência de que os cães possam sentir ciúmes em suas lembranças daquela interação, o que é uma característica destacada dos ciúmes nos relacionamentos humanos. Não há, portanto, nenhum sinal de que os cães possam ficar ciumentos de modo obsessivo.

A evidência de que os cães podem experimentar quaisquer emoções mais complexas que o ciúme, no entanto, é inconsistente. Muitos psicólogos acreditam que é necessário ter consciência de si mesmo para vivenciar sentimentos como a culpa, o orgulho e a vergonha. Os cientistas assinalam na evolução da nossa própria espécie a expressiva expansão do neocórtex, que é o sítio físico onde se dá esse avançado processamento de informações. Em comparação, o córtex do cão é minúsculo, o que sugere que ele simplesmente não possui a capacidade de gerar consciência de si.

Mesmo assim, uma minoria de acadêmicos[4] valeu-se de evidência em grande parte anedótica para sustentar a ideia de que alguns mamíferos pelo menos têm bastante consciência de si mesmos para experimentarem mais que o conjunto básico de emoções primitivas (ver o boxe intitulado "A face cambiante da emoção animal"). Por exemplo, os cães foram descritos como capazes de compaixão, gratidão e desapontamento — e todas essas emoções requerem reflexão sobre si mesmo.

Como nossa compreensão da emoção em nossa própria espécie está conectada de forma íntima com a linguagem, não é fácil, para nós, concebermos como as emoções mais complexas poderiam ser sentidas pelos animais. As emoções básicas — inclusive o medo, a alegria e o amor — aparecem durante o primeiro ano de vida de um bebê humano. No entanto, as emoções mais avançadas — a culpa e o orgulho, por exemplo — não estão ligadas a expressões faciais universais. Além disso, exigem a aprendizagem sobre o que se espera e sobre o que é desaprovado na sociedade em que o bebê é criado, e não temos razão para supor que os cães possam formar tais conceitos. A evidência de que as crianças efetivamente tenham tais sentimentos só aparece entre 18 e 40 meses de idade (dependendo da emoção), e poucas crianças podem descrevê-los completamente até que tenham por volta de 8 anos de idade. Parece que elas precisam atravessar um período de educação emocional, fundamentada em reações de outras pessoas, antes que possam indicar com precisão o que sentem. Como nos apoiamos em tão alto grau na linguagem para articular nossos sentimentos mais complexos, é difícil para nós imaginar que forma eles poderiam assumir em uma espécie que não domina a linguagem simbólica. Na realidade, eu até mesmo sugeriria que a linguagem e o pensamento simbólico são tão necessários à produção de emoções humanas como o embaraço, a culpa e o orgulho que é improvável que os cães sejam capazes de senti-las — ou, pelo menos, não de uma forma que fosse reconhecível para nós.

O *pesar*, por exemplo, requer faculdades cognitivas complexas que, até agora, não foram encontradas nos cães. Muitos donos de dois cães relatam que, quando um deles morre, o outro para de comer, perde interesse nos passeios, geralmente perambula pela casa e parece ter pena de si mesmo. Outros donos de cachorro, quando pressionados, admitirão que a morte de um de seus dois cães pareceu ter pouco efeito sobre o cão sobrevivente. Não duvido que muitos cães reajam ao desaparecimento de um cão (ou pessoa) que tenha vivido muitos anos ao seu lado, mas não vejo razão para supor que sua experiência subjetiva disso seja qualitativamente diferente de sua reação a qualquer outra separação prolongada, emocionalmente enraizada na ansiedade. É claro que, se o dono do cão morto está visivelmente triste, o cão sobrevivente pode ter que lidar ao mesmo tempo com o desaparecimento de seu companheiro canino e com uma mudança inexplicável e sem precedentes no comportamento do seu dono. A finalidade da morte é um conceito sofisticado, que até nós, humanos, não desenvolvemos até que tenhamos por volta de 6 anos de idade, e é difícil conceber por que ou como tal capacidade teria evoluído nos cães.

A face cambiante da emoção animal

Parece que Charles Darwin, devotado amigo dos cães, teórico da seleção natural e pai da biologia moderna, tinha dúvidas sobre quão complexas as emoções dos cães poderiam ser. Em seu livro *The Descent of Man* [*A linhagem do homem*] de 1871, Darwin foi veemente ao enfatizar a continuidade evolutiva entre o homem e os outros mamíferos e escreveu: "A maior parte das emoções mais complexas são comuns aos animais superiores e a nós. Todos já viram como um cão tem ciúmes do afeto de seu dono, se dispensado a qualquer outra criatura... [Um] cão que carrega uma cesta para seu dono mostra autocomplacência e orgulho em alto grau. Não pode haver dúvida, penso eu, de que um cão sente vergonha, diferente do medo, e algo muito próximo ao recato quando pede comida com demasiada frequência." No entanto, no livro *The Expression of the Emotions in Man and Animals* [*A expressão das emoções no homem e nos animais*], publicado no ano seguinte, Darwin restringiu sua explicação da linguagem corporal canina a emoções mais simples, tais como o medo e a afeição. Talvez tenha mudado de opinião.

O psicólogo do século XIX Lloyd Morgan, também um devotado dono de cachorro, condenou tais atribuições de emoções complexas aos cães como antropomorfismos. Essa ideia foi levada adiante por alguns psicólogos que trabalhavam com animais, tais como John B. Watson e B. F. Skinner, que restringiram sua concepção de conduta, até mesmo da conduta humana, a processos observáveis e, assim, não tiveram necessidade de construções hipotéticas como as emoções. Na metade do século XX, os zoólogos que estudavam o comportamento animal geralmente desprezavam a inclusão das emoções como explicações para o que observavam — embora o ganhador do prêmio Nobel Konrad Lorenz, em seu livro *Man Meets Dog* [*E o homem encontrou o cão*], tenha escrito: "O ciúme, ao qual os cães são muito inclinados, pode causar efeitos terríveis," o que implica que ele acreditava que os cães tinham a capacidade de experimentar essa emoção complexa. Desde o começo da etologia cognitiva, nos anos 1970, mais e mais biólogos invocam a subjetividade nos animais como um campo de estudo legítimo, e muitos deles agora considerariam a posição mais tardia de Darwin, se não a original, como inteiramente razoável.

A *culpa* é outra emoção que requer aptidões cognitivas para as quais, até agora, não encontramos evidência nos cães. Os psicólogos classificam a culpa junto com o orgulho, a inveja, e uma ou duas mais, como emoções *avaliativas autoconscientes*. Além de demandarem um sentido de si mesmo e uma compreensão de relacionamentos entre terceiros (como no caso dos ciúmes), essas emoções, pelo menos da forma como são experimentadas pelos humanos, carecem de uma capacidade *avaliativa* extra. Por exemplo: para sentir culpa, devemos ser capazes de fazer comparações entre memórias de nossa própria conduta e representações mentais de padrões, regras e propósitos morais. Nos seres humanos, esses padrões são aprendidos e fortemente influenciados pela cultura. Além disso, acredita-se que não comecem a se desenvolver nas crianças até que estas tenham 3 ou 4 anos de idade — um ano ou mais depois do que acontece com as emoções autoconscientes mais simples (não avaliativas), tais como o ciúme.

Acredita-se generalizadamente que a culpa é uma característica da vida emocional do cão. Os donos de cachorro com frequência descrevem seus cães como "com cara de culpados", se regressam ao lar e descobrem que o cão fez algo que não lhe permitem fazer quando estão presentes. Isso pode ser algo simples, como dormir no sofá, ou algo mais sério, como mastigar um dos sapatos do dono. Para sentir-se culpado, um cão teria que possuir alguma representação mental do que pode e do que não pode fazer — o que parece razoável. Mas teria, então, que comparar isso com o que de fato fez nas últimas horas enquanto o dono estava fora. Isso parece mais problemático, pois o cão teria que se lembrar não apenas dos episódios em questão, mas também de seu contexto social (isto é, o dono não estava). Os biólogos não têm certeza de que os cães possuam a capacidade mental de compreender o impacto do contexto social sobre suas próprias ações; se a possuíssem, seriam capazes de enganar, por exemplo. Os biólogos estão ainda menos certos de que os cães possam lembrar-se dos contextos específicos nos quais aconteceram episódios individuais, depois que tais episódios tenham se encerrado. Hoje em dia, portanto, existe uma dúvida considerável quanto à questão dos cães poderem, de fato, experimentar uma emoção similar à nossa "culpa", já que é discutível que eles tenham todas as aptidões cognitivas necessárias.

No entanto, concedamos por um momento aos cães o benefício da (considerável) dúvida e admitamos que eles *possam* sentir culpa. Para que os cães pudessem comunicar esse sentimento de culpa, eles teriam que se comportar de uma maneira específica que expusesse inequivocamente aquele sentimento a seus donos, *antes* que os donos tomassem ciência de que os cães haviam feito alguma coisa para se sentir culpados. Embora os cães pudessem, de uma maneira concebível, ter aprendido algum tipo de comportamento específico que transmitisse essa mensagem, é muito difícil conjecturar por que tal aptidão poderia ter se desenvolvido. Seria sensato, para um lobo jovem, dirigir-se a seu pai e confessar que havia comido o melhor pedaço de carne enquanto o bando estava distraído? Pouco provável. No entanto, deixemos por um momento aberta a possibilidade de que essa é uma das aptidões cognitivas que supostamente os cães ganharam durante o avanço da domesticação. O que acontece *depois* que o cão dá sinais de sua "culpa"? O mais plausível é que seja punido por seu dono. Por que um cão aprenderia um sinal social cuja consequência imediata é acionar um castigo? O castigo deveria *inibir* o desempenho do sinal e não promovê-lo.

Assim, não é de causar surpresa que, em um estudo que examinou as formas de conduta que os donos de cachorro tomam como evidência da culpa que sentem seus animais de estimação,[5] tudo o que os cientistas encontraram foram sinais de medo e de afeição. Pediu-se aos donos que descrevessem o que seus cães haviam feito que os levou a acreditar que os animais se sentiam culpados. Os donos dos cães apareceram com uma longa lista de comportamentos que incluía: evitar o contato visual, deitar-se e rolar, rabo entre as pernas, agitar o rabo com rapidez nessa posição abaixada, manter a cabeça e/ou as orelhas baixas, afastar-se, levantar uma pata, lamber e assim por diante. Mas todos esses comportamentos são manifestados em outras situações também — algumas associadas com o medo, algumas com a ansiedade e algumas com a afeição. Nenhum desses comportamentos poderia, com sensatez, levar ao diagnóstico de "culpa".

A fase seguinte do estudo foi levada a efeito em 14 lares de donos de cães, onde um teste foi montado para fazer os animais parecerem "culpados". Todos os cães tinham sido treinados com antecedência para pegar um petisco somente quando seus donos lhes dessem permissão explícita para tal. Durante a pesquisa, um petisco era devidamente apresentado, e o dono ordenava ao cão que não o comesse. Aí o dono saía do cômodo em que se montava o teste. Enquanto o dono do cachorro estava fora do alcance dos ouvidos, uma de duas coisas acontecia, dependendo do protocolo do experimento: o petisco era removido ou entregue ao cão com o encorajamento para que o comesse. Quando não havia mais nenhuma evidência visível do que podia ter acontecido com a isca, o dono era convidado a voltar ao cômodo.

O comportamento do dono do cachorro era então manipulado para se ver como afetava a conduta do seu cão. Logo antes de lhes ser permitido voltar ao cômodo, dizia-se aos donos ou que o cão havia "roubado" o petisco, ou que não o havia roubado. Depois disso, estes eram encorajados a fazer o que de hábito fariam em tais circunstâncias, isto é: haveriam de elogiar o cão, se lhes fosse dito que o animal não tocara o petisco, ou de repreendê-lo, por haver desobedecido e comido a isca. Qual era a conduta apropriada para a situação dependia, é claro, de haver sido dita ao dono do cachorro a verdade sobre o que acontecera enquanto ele esteve ausente. O detalhe astucioso desse protocolo estava em que todas as combinações possíveis foram apresentadas: "combinações corretas" — o cão é repreendido depois de realmente haver comido o petisco ou elogiado por não a ter comido — e "combinações erradas" — o cão é elogiado depois de realmente ter comido o petisco ou o cão é repreendido sem ter comido nada. Para evitar que a sinceridade de suas reações fosse afetada, somente ao término do experimento foi dito aos donos que eles, às vezes, foram enganados sobre o que seus cães na verdade haviam feito.

Os resultados foram muito claros. A maneira dos cães se comportarem não dependeu do que tinham ou não tinham feito, mas sim da conduta dos seus donos que, por sua vez, estava fundamentada no que estes *acreditavam* que seus cães houvessem feito. Se os cães tivessem mesmo sentido "culpa", sempre teriam parecido culpados depois de comerem o petisco. A verdade é que eles só desempenharam sua conduta de "culpados" (cada um dos cães se comportou de maneira levemente diferente a esse respeito) quando seus donos, tendo-lhes sido dito que seus cães haviam comido o petisco, os repreenderam — mesmo quando não houvesse sido dada a eles nenhuma oportunidade de comê-lo. Além disso, três entre os cães que eram punidos fisicamente (forçados a agachar-se, manipulados com violência ou surrados) com regularidade por seus donos quando desobedeciam foram os que desempenharam a conduta de "culpa" com mais verossimilhança. A conclusão inescapável é que tal conduta de "culpa" é, na verdade, uma mistura de antecipação temerosa do castigo (daí o comportamento exagerado dos cães que de hábito eram punidos fisicamente) com tentativas de restabelecer um relacionamento amistoso com o dono (daí o comportamento "submisso" dos cães, como rolar, lamber e levantar a pata).

Então, o que é que realmente acontece na mente desses cães se não estão se sentindo "culpados"? Admitamos que eles usem sua "regra" padrão de aprendizagem, que associa episódios que sucedem muito próximos um do outro no tempo. Assim, o cão entende o seguinte padrão: meu dono chega em casa, meu dono me castiga, eu posso reduzir a intensidade do castigo ao desempenhar uma conduta submissa. Da próxima vez que o dono chega em casa, a memória de castigos prévios dispara essa conduta submissa, tenha o dono ou não qualquer intenção de punir o cão. Tudo o que o cachorro entende é que, em algumas ocasiões, a chegada do dono é seguida pelo castigo e, em outras ocasiões, não — e que tudo pelo visto é imprevisível. Como consequência, o nível de ansiedade aumenta, a conduta afiliativa torna-se mais frenética e o propósito do animal é conseguir reconciliar-se com o dono para que a ansiedade desapareça. Não dispomos de evidências que apoiem a ideia de que os cães possam, em um momento emocional tão intenso, "pensar para trás" e descobrir que episódio do passado pode ter determinado que a saudação amigável habitual fosse substituída pelo castigo.

Equívocos sobre as emoções caninas são uma questão importante para quem possui animais de estimação. Em geral, os donos querem que seus cães vivam de acordo com as expectativas que têm deles; quando os cães não fazem isso, os donos podem recorrer a castigá-los — ou mesmo a abandoná-los. Se tais expectativas estão fundamentadas em uma interpretação equivocada do que os cães são realmente capazes de fazer, estes últimos têm pouca esperança de retificar a situação, pois não compreenderão a causa pela qual seus donos se comportam de tal ou qual modo. Por isso, é provável que o relacionamento deles se deteriore.

Com certeza, poucos problemas podem ser causados a um cão cujo dono, de forma equivocada, creia que ele está pesaroso, já que a reação de seu dono presumivelmente será de afeição e consolo. Mas a má interpretação da culpa pode causar sérios transtornos para o animal. Muitos cães ficam perturbados quando deixados sozinhos por seus donos. Como consequência da insegurança que sentem quando sós, podem fazer coisas que o dono desaprovará — por exemplo, mastigar o marco da porta pela qual o dono saiu ou tentar enterrar-se debaixo das almofadas do sofá e rasgá-las no processo. O dono que regressa vê o que aconteceu e imediatamente pune o cão, pensando, quase certamente de modo equivocado, que o cachorro associará o castigo com o "crime" e assim não o repetirá. De fato, vai acontecer o contrário: como o castigo é associado com a volta do dono, a ansiedade sentida durante a separação se intensifica e torna *mais* provável que o animal seja levado, por sua insegurança, a fazer algo que o dono desaprova enquanto este esteja fora de casa. Mais castigos são aplicados, e assim cria-se um círculo vicioso (que pode durar anos, a não ser que o dono procure ajuda especializada). Na verdade, a vida de um cão pode ser arruinada por uma simples e facilmente corrigível má compreensão de sua inteligência emocional.

No entanto, não são apenas os donos que têm dificuldade de interpretar e compreender as emoções de seus cães: os próprios cães, dada sua incapacidade de pensar desapaixonadamente sobre como sentem, não são bons em lidar com suas emoções. Sua falta de sofisticação emocional manifesta-se não apenas em sua relativamente limitada gama de emoções, mas também em sua incapacidade de racionalizar emoções mais simples, como o medo. Ao contrário de nós, eles não podem "dizer a si mesmos" que não há nada a temer; não podem acalmar a si próprios. Em nenhuma outra situação isso fica mais evidente do que em seu medo irracional de ruídos fortes.

Dado que os cães há muito são utilizados como ajudantes na caça, é surpreendente que tantos deles tenham medo de barulho. (Se houvesse qualquer base genética para esse medo, a expectativa é que, hoje em dia, já teria sido eliminada pela seleção.) Quase a metade dos cães do Reino Unido reage com temor a fogos de artifício, tiroteios e assim por diante. Embora seja provável que alguns cães se habituem com rapidez a ruídos fortes, a ponto de seus donos sequer notarem o problema, muitos animais se tornam sensíveis. É perfeitamente natural para um cachorro ter medo de um ruído forte que venha sem aviso e sem uma fonte ou causa identificável. Também é essa própria imprevisibilidade que faz com que seja difícil, para o cão, saber como reagir. Infelizmente, faça o que fizer, será apenas parcialmente eficaz. Esconder-se atrás do sofá pode proporcionar um sentimento de proteção, mas não serve para reduzir em muito o volume do próximo estrondo. Essa incapacidade de lidar com aquele barulho desencadeia uma incapacidade de suportar a situação, depois uma escalada da reação emocional e, em alguns cães, o surgimento de tamanha fobia que o ruído disparador, mesmo em um nível baixo, causará uma reação extremamente temerosa. Seres humanos também são vítimas de tais fobias, é claro, mas sua prevalência muito maior nos cães é um sinal de quanto estão à mercê de suas emoções, quando confrontados com situações para as quais a evolução não os preparou.

A limitada capacidade de autocontrole emocional dos cães pode, portanto, ter consequências reais para o bem-estar deles. Os cães não podem "controlar seus nervos". Seus instintos lhes dizem para ter medo de eventos novos e súbitos, e quando acham esses episódios incompreensíveis (por exemplo, quando escutam a forte explosão de fogos de artifício por trás de uma cortina), não são capazes de considerar o episódio como irrelevante. Ao contrário, alguns cães ficam mais e mais assustados a cada vez. De modo similar, como os cães não possuem as aptidões mentais para sentirem "culpa" e menos ainda sua prima mais abstrata, a "vergonha", os donos que os punem porque eles "obviamente sabem o que fizeram de errado" lhes prestam um grande desserviço.

A pesquisa científica das emoções e estados de espírito caninos ainda está na infância, mas haverá certamente novos avanços em um futuro próximo. De forma particular, uma nova técnica que permita que os cães nos digam como se sentem pode ter um grande potencial (ver o boxe intitulado "Animado?"). Mas há poucas dúvidas de que as emoções são parte da experiência minuto a minuto da vida dos cães.

Animado?

Nos seres humanos, a ansiedade e a depressão estão associadas com o julgamento negativo de situações ambíguas: a síndrome de "o copo está meio vazio". Se tais orientações pudessem ser detectadas em animais não humanos, elas poderiam proporcionar um meio de sondar "os estados de ânimo" desses animais. Dando seguimento a estudos feitos com roedores, meus colegas da Universidade de Bristol pesquisaram se os cães também poderiam exibir tais vieses.[6] Vinte e quatro cães que aguardavam novos lares em um abrigo foram submetidos a um teste de separação, projetado para prever se um cão mostrará ou não uma angústia de separação quando deixado sozinho em seu novo lar. Depois, os cães foram treinados para desempenhar uma tarefa de discriminação espacial, na qual em uma dada posição sempre havia comida (no diagrama, a tigela branca à esquerda do animal — embora na realidade todas as tigelas fossem da mesma cor) enquanto em outra, a igual distância do cão, nunca havia comida (no diagrama, a tigela cinza mais escuro).

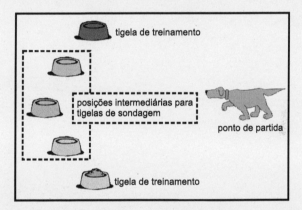

Uma vez que os cães tivessem aprendido em qual das duas posições havia comida, as duas tigelas eram substituídas por outra (vazia), que poderia estar em qualquer das cinco posições — nas mesmas posições do treinamento original ou em três posições intermediárias "ambíguas" (mostradas no diagrama em tons intermediários de cinza). Então testaram os cães para determinar com que rapidez eles corriam para cada uma das posições. Confrontado com uma tigela colocada em uma das três posições intermediárias possíveis, um cão "pessimista" poderia pensar: "Não há nada nessa tigela, ela não está onde a comida estava da última vez", ao passo que um cão "otimista" poderia pensar: "Essa tigela está perto do lugar onde a comida estava da última vez, vale a pena dar uma olhada nela." Os cães que haviam demonstrado angústia de separação quando deixados sozinhos corriam para as tigelas mais devagar que os outros, o que permite supor que fossem mais "pessimistas" que a média. É tentador especular que tal pessimismo é o fator essencial subjacente que diferencia cães que não aguentam ser deixados sozinhos daqueles que suportam isso bem.

Finalmente, devo admitir que até mesmo a imparcial abordagem científica das emoções que tentei adotar conserva, pelo menos, um traço residual de antropomorfismo: analisei as emoções usando os nomes que nós, humanos, damos a elas. As emoções mais básicas estão tão enraizadas na fisiologia dos mamíferos e nas partes mais primitivas de seu cérebro, que é razoável presumir que elas são fundamentalmente as mesmas, sejam experimentadas por um cão ou por um ser humano, muito embora os pormenores dessa experiência possam diferir. No entanto, quando se trata das mais simples das emoções que envolvem a consciência de si, tais como o ciúme, será que podemos ter certeza de que os cães possuem apenas aquelas que nós, humanos, possuímos, e de que podemos dar-lhes nomes? Embora eu esteja razoavelmente seguro de que os cães não sentem culpa (apenas como um exemplo), daí não se depreende necessariamente que sua vida emocional seja menos rica que a nossa — apenas é diferente. Por exemplo, como são animais tão sociáveis, talvez compensem suas aptidões cognitivas menos sofisticadas com emoções mais refinadas. Se o povo inuit pode ter em sua linguagem 15 palavras para designar a neve,[7] por que não poderiam os cães experimentar 15 modalidades de amor?

CAPÍTULO 9

Um mundo de cheiros

Mostrem a qualquer amante de cães uma fotografia de um lindo cachorro e obterão uma reação na hora. Mostrem a mesma foto a um cão e, com certeza, não terão nenhuma reação. (A não ser que seja o seu próprio cão, e neste caso você poderá obter uma expressão confusa que, claramente, significa: "O que você está querendo fazer com isso?")

Os cães podem habitar o mesmo espaço físico que nós, mas não vivenciam o mundo do mesmo modo que nós. Gostamos de pensar que nossa versão do mundo é "a" versão, mas não é. Como qualquer outra espécie, nós pegamos a informação sobre o mundo de que necessitamos para sobreviver e descartamos o resto. Ou, mais precisamente, pegamos a informação que ajudou nossos antepassados primatas e hominídeos a sobreviverem. (Não vivemos nossos estilos de vida atuais por tempo suficiente para que nossos sentidos possam ter sido modificados pela evolução.) Os cães vivem em um mundo que é dominado pelo seu sentido do olfato — um mundo bem diferente do nosso, que é construído em torno do que vemos.

É fácil ignorar o fato de que nós também recebemos uma versão editada do que acontece à nossa volta. Não podemos "ver" o raio de luz que sai do controle remoto da nossa televisão, mas ele é feito de luz — só que seu comprimento de onda é muito longo para que nossos olhos possam captá-lo. O mero fato de que seja invisível para nós não significa que não esteja lá. Portanto, vale a pena lembrarmo-nos do que captamos ou não de nosso ambiente, antes de prosseguir considerando o que os cães nos poderiam contar sobre o que estamos perdendo se pudessem falar.

Antes de mais nada, somos viciados em cores, pelo menos em comparação com a maior parte dos outros mamíferos. Embora tenhamos apenas três tipos de cones de células receptoras, sensíveis ao amarelo, ao verde e ao violeta (muitos animais têm quatro, alguns ainda mais), foi estimado que nossos olhos podem distinguir cerca de 10 milhões de cores diferentes. (Quando digo "nossos", refiro-me apenas aos homens; algumas mulheres, talvez a metade delas em todo o mundo, têm um quarto tipo de receptor, na área do amarelo-verde, e assim são capazes de distinguir entre milhões de nuances de vermelho, laranja e amarelo.)

Nossa capacidade para ver todas essas cores evoluiu apenas há pouco tempo. Embora os répteis (e as aves) possam ver todo o espectro de cores, assim como a luz ultravioleta, em algum momento durante o curso da evolução primária dos mamíferos a capacidade de ver tanto o ultravioleta como o vermelho desapareceu. É possível que, como esses mamíferos primitivos eram noturnos, tivessem precisado de espaço em suas retinas para os bastonetes — as células receptoras que usamos para a visão na penumbra, que só reagem ao preto e ao branco. Os macacos e primatas do Velho Mundo, a maior parte dos quais se alimenta à luz do dia, "reevoluíram" a visão tricromática há cerca de 23 milhões de anos, na certa como um modo de satisfazer a necessidade de distinguir folhas macias e frutos maduros somente pela cor.

O que o olho pode detectar é apenas metade da história: o cérebro ainda precisa transformar os dados brutos em imagens. Toda a informação reunida por nossos olhos é integrada no cérebro para formar a imagem colorida tridimensional que percebemos conscientemente como o ato de "ver". Embora nossos cérebros possam formar uma imagem em 3D ao usar a informação de apenas um olho (tentem fechar um olho e movimentar a cabeça muito levemente), a informação mais exata e instantânea vem da nossa visão binocular. Nossos cérebros comparam de forma continuada os sinais provenientes de cada olho e usam as pequenas discrepâncias entre eles para gerar uma imagem colorida tridimensional. Para tornar esse processo o mais eficaz possível, nossos olhos apontam na mesma direção. (Isso não é comum entre os mamíferos; mesmo os gatos, com caras achatadas como as nossas, têm olhos que apontam de leve para os lados, em um ângulo de cerca de oito graus. Por outro lado, animais como os coelhos, que primariamente usam sua visão para detectar o perigo que se aproxima, têm olhos nos lados da cabeça e sacrificam sua visão binocular para obter o mais amplo campo de visão possível.)

E assim os humanos são criaturas extremamente visuais. Os cientistas estimam que nossos cérebros recebem cerca de 9 milhões de *bits* de informação de nossos olhos a cada segundo — dez vezes mais, por exemplo, que o de um porquinho-da-índia. Há várias teorias sobre a razão pela qual essa capacidade evoluiu. Entre elas está a suposição de que, como a sociedade primata se tornava mais complexa, a necessidade de monitorar todos no grupo aumentou, o que resulta em uma precisão visual especial, orientada para o detalhe.

Embora os seres humanos enxerguem mais do que a maior parte dos mamíferos, não escutamos tanto como eles; evidentemente, ouvir não é tão importante para os primatas como o é para muitos outros mamíferos. Camundongos e morcegos podem ouvir sons mais baixos e muito mais altos do que nós; cães e gatos podem ouvir tudo que ouvimos e muito mais. Também não somos tão bons como a maioria dos mamíferos em avaliar de onde os sons estão vindo. Ao olhar para trás, para nossas raízes evolutivas como caçadores-coletores, podemos conjecturar que a visão teria sido muito mais útil que a audição para coletar plantas e frutos comestíveis — e até mesmo para rastrear a caça. No entanto, é provável que nossos cérebros sejam muito melhores que os dos cães quando se trata de distinguir entre sons muito similares, uma aptidão que adquirimos para decodificar a fala.

Nosso sentido do olfato é realmente fraco, quando comparado ao do resto do reino animal (exceto as aves). Podemos aprender a discriminar diferentes cheiros, desde que sejam bastante fortes para serem notados, mas a maior parte da informação odorífera do mundo à nossa volta passa completamente despercebida por nós. Como consequência, fora alguns profissionais como os *sommeliers* e os perfumistas, sequer temos uma linguagem rica na descrição da qualidade dos odores.

Por que o nariz humano é tão insensível? Para começar, temos um epitélio olfativo minúsculo. O epitélio é a pele que recobre o interior de nossas narinas, que remove as moléculas de odor do ar que respiramos e que envia mensagens para o cérebro com informações sobre elas. Em segundo lugar, as partes do cérebro que lidam com a informação que ingressa sobre os odores são muito reduzidas em todos os primatas e macacos do Velho Mundo — e houve, no mínimo, uma redução ainda maior durante nossa própria evolução. Em terceiro lugar, em comparação com quase todos os outros mamíferos, temos um repertório muito limitado de receptores de odores, o que reduz a sutileza do que podemos extrair de cada cheiro em particular. Ainda possuímos os vestígios dos genes que os camundongos (por exemplo) usam para ter a gama muito mais ampla de receptores que possuem, mas nossa versão desses genes não funciona. Na verdade, eles pararam de funcionar há milhões de anos, durante a evolução dos primatas superiores. Como resultado, embora seja provável que possamos detectar a mesma gama de cheiros que os camundongos, nós o fazemos com menos sutileza de pormenores. E, é claro, também precisamos de muito mais presença ambiente do odor para que possamos cheirar alguma coisa.

A eliminação da percepção do odor nos humanos coincidiu de perto com a evolução da visão a três cores, e os cientistas acreditam que essas mudanças estejam relacionadas. Os primatas originais eram principalmente animais noturnos, como muitos mamíferos então e hoje em dia, e possuíam a visão mamífera habitual a duas cores. Quando a visão a três cores evoluiu em nossos antepassados, essa nova aptidão foi acompanhada por um crescimento substancial do córtex visual no cérebro e uma simultânea contração das áreas que processam a informação olfativa. (Parece que há limites para a quantidade de informação que qualquer cérebro pode processar e, assim, o aumento de uma área com frequência é acompanhado pelo encolhimento de outra.) Então, à medida que os macacos e o homem evoluíram, o cérebro cresceu ainda mais e se tornou um processador de informação social — sobretudo de informação reunida de forma visual. No processo, a "antiga" parte olfativa do cérebro ficou enterrada sob os córtices cerebrais.

Assim, a versão do mundo percebida pela humanidade é bastante atípica mesmo entre os mamíferos em geral. Os seres humanos têm uma visão em cores muito refinada, uma visão noturna razoável (que a maioria de nós raramente usa), uma audição média e um sentido do olfato absolutamente insignificante. Os cães, ao contrário, têm uma visão em cores ruim, uma boa visão noturna, uma audição excelente e um sentido do olfato muito sensível e sofisticado. A humanidade explorou essas diferenças ao longo da história dos cães domésticos valorizando o sensível nariz dos cães, especialmente como um apoio para a caça. No entanto, os cães de estimação são, com frequência, tão antropomorfizados, que é fácil para seus donos ignorar essas diferenças e tratar seus cães como se eles percebessem o mesmo mundo que nós.

O mundo visual que os cães habitam é similar ao nosso de muitas maneiras — na realidade, é tão assemelhado que as diferenças raramente são aparentes e não apresentam problemas para os próprios cães. Os cães podem ver um pouco melhor que nós durante a noite, um pouco menos durante o dia. Com uma notável exceção — a percepção da cor —, as aptidões visuais dos cães não estão tão defasadas das nossas a tal ponto que o mundo subjetivo deles e o nosso pareçam substancialmente distintos. Assim, é plausível que eles também vejam tudo o que podemos ver, com um pouco menos de detalhe.

Para os cães, como para a maior parte dos mamíferos, é mais importante ver o tempo todo do que ver particularmente bem, para que possam permanecer em alerta ante o perigo. Nós, humanos, sacrificamos algo de nossa capacidade de ver no escuro para sermos capazes de olhar, em cores e com grande detalhe, durante o dia; presume-se que nossos antepassados que viviam em árvores enfrentassem poucos predadores noturnos. Por essa razão, os olhos dos cães estão adaptados para ver muito melhor na penumbra do que os nossos, mas não tão bem (embora muito adequados) à plena luz do dia.

Para serem mais eficientes à noite, os olhos dos cães contam com uma estrutura que os nossos não possuem. A maioria dos donos de cachorro que passeiam seus animais à noite deve ter notado que os olhos dos cães brilham quando uma lanterna é apontada para eles. Isso se deve a uma camada de células refletoras, situada atrás da retina, chamada *tapetum*, que quase dobra a sensibilidade dos olhos quando há pouca intensidade de luz. Além disso, os olhos dos cães estão conectados ao cérebro de forma diversa dos nossos. Temos impressionantes 1,2 milhão de fibras nervosas em nossos nervos ópticos, que nos permitem perceber muitos detalhes, desde que haja suficiente luz. Os cães têm meras 160 mil conexões — e, ao contrário de nossos nervos ópticos, as deles estão ligadas a múltiplos cones e bastonetes e podem ser disparadas se qualquer destes receber um fiapo de luz. Isso capacita os cães a ver em níveis mais baixos de luz que nós, mas sua percepção do detalhe fica inevitavelmente reduzida, por um fator de quase quatro, já que seus cérebros não dispõem de meios para saber qual feixe específico de células sensíveis à luz foi ativado. Dito de outro modo, a visão perfeita nos seres humanos é descrita como 20:20, enquanto os cães podem contar apenas com 20:80 no melhor dos casos. Alguns podem ter uma visão pior ainda, mas não estamos seguros disso, já que se mostrou difícil projetar um teste de visão para cães que fosse tão eficaz quanto aqueles a que os oculistas nos submetem. (Os lobos, incidentalmente, têm visão bem mais clara que os cães; é possível que os cães tenham evoluído de um lobo mais noturno do que os que sobrevivem hoje em dia.)

Os olhos dos cães também produzem um quadro mais amplo que os nossos — um quadro menos centrado na visão do que está diretamente à frente. Eles podem ver uma parcela maior do que está em seus arredores sem mover a cabeça. O campo de visão médio do cão é de aproximadamente 240 graus, bem mais que os nossos 180 graus — de modo que podem ver pelo menos uma parte do que acontece atrás deles. Cada olho aponta cerca de dez graus para fora da linha central do focinho, para que haja uma considerável área de superposição à frente, que os cães utilizam para produzir uma verdadeira visão binocular. Algumas raças provavelmente possuem visão binocular melhor que outras; na verdade, como os olhos dos cães estão dos dois lados do nariz, não é de causar surpresa que o grau de superposição seja menor em raças com focinhos longos.

Mas, apesar de o campo de visão dos cães ser maior que o nosso, sua visão de perto não é tão boa. A maior parte dos cães não pode focalizar a menos de trinta ou cinquenta centímetros de seus focinhos, mesmo quando são jovens (muito embora, como nos seres humanos, esse mínimo tende a aumentar à medida que ficam mais velhos). Se colocam seus focinhos a trinta centímetros ou menos de qualquer coisa que lhes interesse, outros sentidos passam à frente — especialmente seu agudo sentido do olfato.

A mais notável diferença entre a visão canina e a nossa, no entanto, está na gama limitada de cores que o cão pode ver. Como a maioria dos mamíferos, eles só possuem dois tipos de células receptoras sensíveis à cor (cones) e assim só podem ver duas cores primárias — violeta azulado e verde amarelado.[1] Claro que, como todos os mamíferos, podem distinguir muitas cores diferentes a partir da força relativa dos sinais que vêm dessas duas cores, mas a ausência do cone amarelo (que os seres humanos possuem) significa que eles não podem distinguir o vermelho do laranja ou o laranja do amarelo. Também existe uma lacuna entre as cores a que seus dois tipos de cones são sensíveis, de modo que os cães veem o turquesa como cinza. Mesmo assim, os cientistas que mediram a visão em cores dos cães descobriram que eles eram mais atentos à cor do que a maior parte das outras espécies de mamíferos (fora nós, humanos, e nossas relações tricromáticas, é claro), de modo que é provável que os cães algumas vezes utilizem a distinção pela cor em sua vida cotidiana.

Assim, por exemplo, um cão que corre em um parque à luz do dia verá muito do que vemos, com algumas pequenas diferenças. Mais, porque podem ver o que está ao lado de suas cabeças tanto como o que está à frente; mas também menos, no sentido de que as folhas das árvores e a grama serão sombras abafadas de verde acinzentado bastante similares, e as flores vermelhas e amarelas serão parecidas umas com as outras no tocante à cor. Como os antepassados carnívoros do cão não precisavam colher os frutos mais maduros ou as folhas mais macias, essas deficiências de visão não tinham, provavelmente, consequência específica para eles e também importam pouco para os cães hoje em dia. Quando a escuridão cai, no entanto, a visão noturna superior dos cães entra em ação e os capacita a continuar a correr alegremente pelo mato muito depois de que seus donos precisem de uma lanterna para encontrar o seu caminho.

Apesar dessas diferenças menores, o grau de superposição entre o mundo visual dos cães e o nosso significa que equívocos sobre o que eles podem ou não ver raramente causam problemas. Qualquer um que tente treinar cães para que respondam a sinais visuais distinguíveis por cores faria bem de evitar tanto o vermelho como o laranja, mas é provável que essa sugestão só se aplique a um punhado de treinadores especializados — a maior parte dos treinamentos de hoje em dia recorre a sinais sonoros e de movimento. Sua falta geral de interesse pelas cores com certeza explica por que poucos cães olham para a televisão — embora a má qualidade do som da TV (no que concerne a eles) também possa desempenhar um papel nesse desinteresse.

Nossa audição restrita, se comparada à dos cães, pode levar a situações em que eles se sintam incomodados ou, no pior dos casos, venham a sofrer. A audição dos cães é significativamente mais sensível e mais versátil do que a nossa. Sua audição de baixa frequência tem um alcance similar ao da nossa, mas eles podem ouvir sons mais altos, que nós não podemos escutar. Referimo-nos a essas frequências como "ultrassom", embora, se pudessem, os cães nos descreveriam como surdos à alta frequência. Os gatos, que podem ouvir sons ainda mais altos que os cães, certamente descreveriam *estes* como surdos à alta frequência.[2]

É fácil esquecer que os cães podem ouvir sons que nós não podemos. Alguns pesquisadores de reações caninas aos sons utilizaram equipamentos comuns de *play-back* de áudio, pelo visto sem se darem conta de que estes aparelhos são projetados para reproduzir o que os seres humanos escutam e, portanto, não reproduzem as altas frequências que, de forma presumível, são parte importante de todos os sons no que se refere aos cães. Não é de surpreender, portanto, que os cães, às vezes, reajam a sons "ao vivo" mas não necessariamente a gravações ou emissões (de TV, por exemplo) que são, para nossos ouvidos, quase idênticos. A experiência equivalente para nós seria algo como a diferença entre a rádio FM e a AM de ondas longas (que não reproduz as altas frequências).

Não fica claro por que os cães (ou lobos) teriam alguma vez necessitado ouvir tais sons agudos; essa capacidade na certa é uma herança de seus antepassados canídeos menores. As raposas, que podem ouvir os guinchos ultrassônicos feitos por camundongos e outros roedores pequenos, usam sua audição de alta frequência para localizar esses animais quando caçam. Mas os lobos não procuram rotineiramente presas tão pequenas. Apitos "silenciosos" para cães emitem sons de alta frequência, que os cães podem ouvir e nós não, mas são uma espécie de ardil: apitos que produzissem pelo menos algum som audível para os ouvidos humanos seriam, para nós, muito mais fáceis de controlar. (Como você pode saber se um apito silencioso está funcionando?) No entanto, os cães são muito aptos a distinguir entre sons bastante similares, com certeza porque processam principalmente informações de alta frequência. Embora a pesquisa sobre como os cães discriminam entre diferentes tipos de latidos ainda esteja em seus começos, existe pouca dúvida de que eles podem extrair muitos detalhes do que escutam, assim como são capazes de detectar sons bem baixos.

Os cães também possuem ouvidos mais sensíveis que os nossos e, como seus donos, deveríamos estar atentos a essa diferença. Dentro de sua gama ótima de frequências, a audição deles é aproximadamente quatro vezes mais sensível que a nossa. Isso significa que a audição dos cães provavelmente fica danificada quando são submetidos ao barulho que se ouve em alguns canis muito ruidosos (que pode ser desagradável até mesmo para os abafados ouvidos humanos). Por causa de nossa própria insensibilidade ao ultrassom, decerto não notamos o incômodo que os cães experimentam quando submetidos a barulhos que contêm muitos sons de alta frequência, tais como o estrondo de portões metálicos ou o arranhar de baldes de metal sobre pisos de cimento.

Em relação ao sentido do olfato, os cães estão quilômetros à frente de nós, humanos. E nós é que somos invulgarmente insensíveis, e não o contrário. Comparados a outros carnívoros, os cães estão dentro da média. Por exemplo, os ursos-pardos têm o olfato mais suscetível do que os cães, o que lhes permite encontrar alimentos debaixo da terra mesmo em pleno inverno. Ainda assim, os cães são dotados de uma combinação única de aptidões olfativas e de treinabilidade, da qual nós, humanos, fizemos amplo uso ao longo da história — e para a qual, na verdade, encontramos novos usos quase todos os dias.

É difícil entender quão sensível é o olfato dos cães sem chegar a números incompreensivelmente grandes. Eles podem detectar alguns cheiros, com certeza a maior parte deles, em concentrações de uma parte por um *trilhão*. Em comparação, os seres humanos de modo geral detectam odores na gama de uma parte por um milhão a uma parte por um bilhão — uma sensibilidade entre 10 mil e 100 mil vezes menor que a dos cães. Os narizes dos cães são tão sensíveis porque eles possuem um epitélio olfativo (superfície que captura moléculas de odor e depois as analisa) muito extenso. Embora a área dessa superfície varie de raça para raça, a do *pastor-alemão*, com 150 a 170 centímetros quadrados, é típica (quase a área de uma capa de CD, distribuída sobre um labirinto de estruturas ósseas chamadas cornetos) e mais de trinta vezes maior que a nossa. E cerca de 220 milhões a 2 *trilhões* de nervos (cem vezes mais que em nossos narizes) ligam o epitélio ao cérebro do cão. Por que tantos? Não apenas a área do epitélio é maior no cão, como também os receptores estão colocados de forma muito mais densa no epitélio do cão do que no nosso. Para que os cães possam processar toda essa informação, seu córtex olfativo — a parte do cérebro do cão que analisa os cheiros — é quase quarenta vezes maior que a nossa.[3]

Os cães também podem tirar informações mais detalhadas dos odores porque contam com uma maior diversidade de receptores olfativos do que nós. Até agora, mais de oitocentos genes receptores olfativos funcionais foram identificados no genoma do cão (junto com duzentos "pseudogenes" que não parecem constituir receptores, embora decerto tenham tido esse papel no passado evolutivo do cão). Cada gene codifica um receptor ligeiramente diferente, cada um dos quais sensível a uma forma levemente diferente das moléculas do cheiro. A maior parte dos odores dispara muitos desses receptores, e o cérebro compara a força relativa de todos os sinais que recebe para caracterizar cada cheiro. Os seres humanos têm um espectro de receptores similar ao dos cães, mas com menos unidades de cada tipo. A implicação disso é que podemos cheirar tudo que os cães podem, mas com menos detalhes. Também precisamos de uma concentração muito mais alta de um dado cheiro antes que possamos detectar qualquer coisa. Os seres humanos podem discriminar entre milhares de cheiros diferentes. A diversidade muito maior de receptores nos cães sugere que eles ainda possam detectar muito mais cheiros que nós.

Na prática, a gama de cheiros que os cães podem detectar parece quase ilimitada, a julgar pela proliferação de tarefas de detecção de odores que lhes pedem que desempenhem. Tradicionalmente, a humanidade explorou o olfato dos cães para localizar comida, desde o rastreamento da caça até a detecção de delícias como as trufas. Recentemente, o agudo sentido do olfato dos cães tem sido usado para detectar vários tipos de câncer (melanomas, tumores de bexiga e de ovário) bem como a iminência de ataques epilépticos nos seres humanos. Os cães são capazes de sentir o cheiro de pragas como os nematódeos que infestam as ovelhas ou como os percevejos que infestam os seres humanos. E até mesmo foram usados para esforços de conservação ambiental. Por exemplo, são empregados para farejar exportações ilegais de barbatanas de tubarão e pepinos-do-mar nas ilhas Galápagos. Os cientistas também se valeram deles para mapear populações raras de lobos-guará e cachorros-do-mato da América do Sul (pelo cheiro de suas fezes).

Os cães são muito mais capazes que os seres humanos de discriminar entre cheiros muito similares. Por exemplo, eles podem distinguir os cheiros de gêmeos não idênticos que vivam juntos tanto como os de gêmeos idênticos que vivam separados. (No entanto, parece que são incapazes de distinguir os odores de gêmeos idênticos que vivam juntos.)[4] Em resumo, os cães podem nos identificar com recurso não apenas de sinais de cheiro derivados do ambiente em que vivemos (por exemplo, a comida que comemos e o amaciante de tecidos com que foram lavadas nossas roupas), mas também de fatores genéticos que contribuem para nossos cheiros individuais característicos. Somente quando os genes são iguais, e os ambientes também, é que os cães começam a ficar confusos. A acuidade dos cães para distinguir odores humanos específicos agora é usada em vários países, inclusive a Holanda e a Hungria, como uma forma de vincular criminosos às cenas dos crimes.

Como utilizamos bem pouco nosso sentido do olfato, temos que exercitar nossa imaginação para compreender como os cães experimentam esse mundo para nós tão pouco familiar. Os cheiros não se comportam da mesma forma que os raios de luz ou as ondas de som: são muito menos previsíveis que ambos. A taxa segundo a qual eles participam do ar varia com a temperatura, a umidade e o tipo de superfície de onde eles vêm. Mais que isso, a velocidade com a qual e a direção na qual os cheiros viajam são muito mais fortuitas do que acontece com a luz e com o som. No entanto, esses fatores não nos importam muito e, na verdade, raramente se impõem à nossa consciência, porque usamos nosso sentido da visão para descobrir nosso caminho. Os cães, ao contrário, desenvolveram, por necessidade, estratégias para captar informações dos cheiros, nas quais se apoiam para localizar objetos de seu interesse — sejam marcas de cheiros deixadas por outros cães, potenciais cheiros de comida ou cheiros que foram treinados especificamente para encontrar.

Encontrar cheiros interessantes não é tão simples ou tão instantâneo como reunir informação visual. Quando vamos a algum lugar novo — digamos um quarto onde nunca estivemos antes — olhamos em torno de nós e constatamos as coisas que estão à nossa volta. Como a luz viaja em linhas retas previsíveis, fica imediatamente óbvio que existem partes do quarto que não podemos ver; por exemplo, sabemos, sem ter que pensar nisso, que não podemos ver dentro dos armários se as portas estiverem fechadas, ou atrás de cortinas ou de grandes móveis. Infelizmente para os cães, os cheiros não viajam de modo tão previsível como a luz. Eles se espalham por si só e muito lentamente, através da difusão molecular, mas as distâncias envolvidas nesse processo são tão diminutas (não mais de poucos centímetros) que se tornam relevantes apenas para pequenos insetos como as formigas, que vivem na fina camada "de fronteira" de ar parado perto das superfícies planas.[5] Para que um cheiro se desloque por qualquer distância maior que essa, teria que ser transportado por movimentos de ar, e esses são muito erráticos.

Para compreender o que um cão experimenta, imaginem abrir a porta de um armário de comida e não ser capaz de dizer instantaneamente se o que procuravam estava em uma prateleira interna, em uma estante atrás da porta ou na bancada de trabalho abaixo. Apaguem a luz e tentem localizar um vidro de perfume apenas pelo seu cheiro. Nós, humanos, retivemos alguma capacidade residual de navegar pelo cheiro, mas é um processo lento e incômodo. Mesmo quando podemos sentir o cheiro de alguma coisa, rastrear a fonte desse cheiro raramente é simples. Os movimentos de ar são muito imprevisíveis, especialmente dentro de casa. É por isso que, se você observar um pouco os cães, verá que eles gastam muito tempo e muita energia procurando indicadores visíveis dos lugares prováveis para descobrir um cheiro interessante. Como eles sabem onde cheirar? Presume-se que isso seja, em grande parte, uma questão de experiência, embora ao deixarem seus próprios cheiros para que outros os encontrem, eles o façam em lugares óbvios (digamos, no proverbial poste) ou deixarão um indicador visível (tal como os "trilhos" que alguns cães arranham na terra e que apontam para onde acabaram de urinar).

Se não há sinais visíveis, então os cães terão que usar suas patas para descobrir de onde vem o cheiro. Se não há muito movimento de ar, eles correrão em volta farejando, e descobrirão, por tentativa e erro, onde o cheiro é mais forte. Nas situações em que o odor vem de uma fonte única, essa estratégia habitualmente é bem-sucedida, mais cedo ou mais tarde. Mas, se não for assim, o cão pode ficar muito confuso e frustrado. Existe uma lenda apócrifa sobre um cão treinado na detecção de narcóticos que ficou louco no interior de um *container* cheio de móveis orientais. Havia um forte odor, mas ele não conseguiu descobrir de onde o cheiro vinha. No final da história, constatou-se que toda a mercadoria tinha sido laqueada com resina de *cannabis* — de maneira que o próprio *container* era a fonte do cheiro!

Os cães gostam de seguir rastros de cheiros, tais como os que são deixados por outros animais, ou, de forma deliberada, pelas pessoas, como na caça de arrasto. Os cães seguirão um rastro fazendo zigue-zagues. Eles descobrem as margens do "corredor" de cheiro ao saírem da senda e, se o perderem, tomarão a direção oposta, e se dirigirão de novo para a trilha invisível. Além de manter-se no atalho, os cães devem decidir-se sobre a direção que o cheiro tomou. É provável que, sempre que possível, eles usem sinais visuais, como o alisamento da relva ou o mato amassado na direção do movimento. No entanto, alguns cães, embora com certeza não todos, parecem ser capazes de seguir uma trilha na direção correta mesmo que as pistas visuais sejam enganosas. Em um conjunto de experimentos, humanos foram persuadidos a caminhar descalços para trás sobre um campo gramado de modo que, se os cães policiais que seguiam a pista recorressem a sinais de calcanhares e dedos para determinar a direção, seriam levados para o lado errado.[6] Eles não o fizeram, indo na direção certa. (É possível, no entanto, que eles prestassem atenção aos detalhes de como a grama tinha sido amassada e não somente às impressões de calcanhares e dedos — mesmo que as trilhas, a essa altura, já tivessem sido produzidas havia uma hora.)

Os cães com frequência enfrentam o problema de encontrar a fonte de um odor quando não há pistas ao longo do terreno. Ao ar livre, de hábito há algum tipo de brisa que traga o cheiro até o cão — mas as brisas não são muito previsíveis quando se trata de transportar cheiros. Poderíamos pensar que o odor viaja em linha reta a favor do vento a partir de sua fonte de origem, mas, na verdade, ele se espalha para os lados enquanto viaja com o vento, e disso resulta uma distribuição cônica que tem a fonte como vértice. Mesmo assim, em um dado instante, a distribuição do cheiro pareceria mais, vista de cima, ter o formato de uma cobra — sólida em alguns lugares e delgada e fina em outros. A razão para isso é que, quando o vento sopra sobre uma superfície, a fricção entre os dois causa o desenvolvimento de redemoinhos.

Alguns têm vários metros de diâmetro e produzem o efeito cobra; outros são menores e fazem com que a cobra se espraie ou se junte. Como resultado disso, um cão que esteja parado diretamente na direção do vento e abaixo da fonte do cheiro ficará fora da pluma de odor por mais tempo do que dentro dela; ao contrário, um cão que esteja a favor do vento, mas, na verdade, bastante afastado para um dos lados poderá receber, ocasionalmente, uma lufada de cheiro, à medida que a cobra se contorça de forma particularmente violenta.

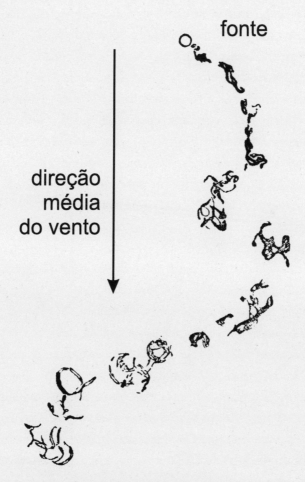

Visão de cima de uma pluma de cheiro. A direção média do vento é mostrada de cima para baixo, mas mudanças de direção que duram poucos segundos fazem com que a pluma "serpenteie". Redemoinhos (causados pelas irregularidades do terreno) fazem com que a pluma rodopie e se quebre em bolsões.

Em resumo, quando os cães sentem pela primeira vez um traço de cheiro que estão tentando localizar, apenas podem adivinhar grosseiramente de onde ele está vindo. É então que seus focinhos úmidos se tornam úteis. Tecnicamente conhecida como *rhinarium*, a área "empedrada" de pele especializada em volta dos focinhos está recoberta de sensores de pressão e de temperatura. (O resto da pele da cabeça dos cães é, em geral, bastante insensível.) Aqueles focinhos úmidos não são apenas diretamente sensíveis ao vento que passa; também se esfriam no lado de onde sopra o vento, dando aos cães uma leitura instantânea da direção a tomar.

Ainda assim, por conta dos caprichos do vento, essa tática quase certamente tirará por alguns instantes o cão do bolsão de cheiro. Cães inexperientes de imediato mudam de posição e tendem a correr junto com o vento em uma tentativa de localizar de novo aquele odor. Assim que captam o cheiro outra vez, eles verificam a velocidade de seus próprios passos e revertem a marcha, correndo contra o vento — até que o cheiro se perca mais uma vez, o que é quase inevitável, e todo o processo recomece. Cães mais experientes — por exemplo, aqueles que competiram com regularidade em concursos de cães de caça — tenderão a continuar a correr contra o vento por alguns segundos depois de perderem o odor, esperando, confiantes, que logo encontrarão outro bolsão de odor. Se não o encontrarem, só aí então optam pela tática descrita acima. Um período prolongado de corridas sem deparar com qualquer odor fará com que a maior parte dos cães desista ou, se sua motivação permanecer forte, que comece uma curva proposital de volta à área geral onde o cheiro foi detectado pela primeira vez.

Uma vez que os cães tenham chegado perto da fonte do cheiro, eles mudam suas táticas. A intensidade média do odor terá aumentado a essa altura, mas é provável que os cães sejam alertados com mais certeza pela súbita desaparição das lacunas de ar puro entre os bolsões de cheiro. Então, eles diminuirão a marcha abruptamente, a cauda agitando-se com fúria, e começarão a usar seus olhos para localizar o alvo, porque a informação olfativa já não será detalhada o bastante para trazer muita ajuda. Apenas se, por acidente, perderem de vista a fonte e não encontrarem mais o odor, os cães voltarão ao corredor de cheiro e a usar seus narizes.

Tanto rastreando no chão como seguindo uma trilha aérea, os cães podem aumentar a sensibilidade de seus narizes. Inspirações rápidas fazem com que o ar que penetre pelo focinho seja mais turbulento, de modo que maior quantidade dele entre em contato com as membranas olfativas. Os cães também podem mudar o fluxo de ar em suas narinas: ao alargarem a válvula nasal, os cães podem mandar mais informações para a área olfativa. Cães que estejam rastreando ao longo do solo precisam andar bastante devagar para manter contato com a trilha e, assim, podem farejar todo o tempo, a uma taxa de seis farejos por segundo. Também podem incrementar essa taxa de forma temporária, se disso precisarem, até vinte farejos por cada inalação. Na verdade, podem até mesmo ser capazes de executar o truque do saxofonista: inspirar através do nariz, aspirando de modo contínuo, enquanto simultaneamente expiram pela boca. Mas os cães não podem farejar todo o tempo, sobretudo enquanto correm, pois ficariam sem ar. Quando tentam seguir um rastro aéreo, e não uma trilha no solo, os cães com frequência trotam. Em tal ritmo, eles precisam de muito oxigênio, o que faz com que respirem mais pesadamente. Por causa disso, precisam criar um sistema de escolha entre maximizar a quantidade de odor que podem analisar e localizar seu alvo com rapidez. Quando cães de caça seguem um rastro deixado no chão, eles farejam cinco a seis vezes por segundo, mas farejam apenas duas vezes por segundo quando seguem um cheiro no vento e até mesmo com menor frequência — uma vez por segundo — quando correm contra o vento, para localizar a pluma de cheiro.

Uma vez inalado pelo cão, o conteúdo de cada farejo é analisado pelo sistema olfativo. O ar de todos os farejos entra pelas passagens nasais e rodopia em volta dos cornetos, que são os ossos em forma de volutas que suportam os receptores olfativos. Os receptores codificam a natureza e a intensidade do odor, e depois passam essa informação aos nervos olfativos e daí para o cérebro, onde a sensação é gerada e comparações podem ser feitas com odores dos quais amostras foram colhidas no passado.

Até pouco tempo atrás, pouco se sabia sobre como os mamíferos detectam e analisam o odor, mas agora que o genoma canino e outros foram sequenciados, um quadro cada vez mais detalhado está surgindo. As moléculas que conformam o odor — e haverá muitos tipos diferentes em qualquer odor natural — primeiro precisam ser extraídas do ar e passadas aos receptores. Como as moléculas de odor se movem muito lentamente, os receptores precisam estar muito perto do ar; de outro modo, levaria tanto tempo para que as moléculas de odor os alcançassem que eles não seriam capazes de proporcionar a reação instantânea que um cão necessita para manter seus seis farejos por segundo. Assim, no focinho do cão, os receptores estão a poucos milésimos de milímetro do ar livre. Expostos dessa forma, os receptores ficam muito susceptíveis de serem danificados. O equipamento olfativo se protege de dois modos. Primeiro, ele limpa, aquece e umedece o ar que entra, passando-o sobre membranas cobertas de muco antes que possa alcançar o próprio epitélio olfativo. Segundo, os neurônios olfativos, sobre os quais os receptores se assentam, são sempre renovados, sendo substituídos aproximadamente a cada mês.

Uma vez absorvido pelo epitélio olfativo, um odor específico dispara os receptores correspondentes. As moléculas daquele cheiro se difundem através do muco que cobre as extremidades expostas dos receptores. No cão, há centenas de tipos de receptores olfativos. Todos os que são de um tipo particular estão conectados a uma única bola de tecido nervoso de cerca de um décimo de milímetro de diâmetro, a qual por sua vez transmite sua informação para o cérebro através de um pequeno número de nervos, as células mitrais. Essa combinação de informação maximiza a capacidade do nariz de detectar quantidades minúsculas de odor. Em contraste com o olho, o que importa não é *onde*, no nariz, cada molécula é capturada, mas sim quantos receptores são ativados a cada momento, de modo que faz sentido que todos os sinais sejam reunidos antes de transmitir-se a informação ao cérebro.

O bulbo olfativo no cérebro, então, compara todos os sinais produzidos pelos receptores específicos para gerar uma informação muito mais matizada — muito semelhante ao que nossos cérebros fazem ao capacitar-nos para "ver" milhões de cores, mesmo que nossos olhos só possam detectar três. Claro que, como os cães podem distinguir dezenas de milhares de diferentes moléculas de odor, mesmo que eles tenham apenas cerca de oitocentos tipos de receptores, não pode haver um receptor para cada cheiro. Além disso, uma molécula de odor específica se vincula a vários tipos diferentes de receptores, em alguma combinação única, e o "cérebro do cheiro", o bulbo olfativo, combina a informação para decodificar o que foi detectado.

Finalmente, uma vez que as moléculas de odor tenham interagido com um receptor, enzimas especiais as degradam com rapidez; de outro modo a sensação do odor persistiria por demasiado tempo. O receptor então é limpo e fica pronto para receber a próxima molécula que nele penetre.

Os cães têm ainda outro modo de perceber cheiros, e esse os seres humanos não compartilham de nenhuma maneira. Correndo entre suas narinas e no teto de suas bocas, logo atrás dos dentes da frente, existe um par de tubos cheios de fluido, os ductos incisivos. De cada um deles sai um tubo em forma de charuto, com uma extremidade fechada, chamado de órgão vomeronasal ou órgão de Jacobson. Se olharmos por trás de nossos próprios incisivos, no espelho, não veremos nada — não possuímos ductos incisivos nem um órgão vomeronasal (OVN) que funcione, embora a maioria dos outros mamíferos (e répteis) o tenha. Como grande parte de nosso sentido olfativo de um modo geral, esse órgão desapareceu já em nossos antepassados distantes durante a evolução dos primatas superiores.[7]

O propósito do órgão vomeronasal não é fácil de determinar. Tanto o OVN como seus ductos estão cheios de fluido, de modo que à primeira vista parecem bastante mal colocados para perceber odores. No entanto, há uma bomba muscular que pode impulsionar o fluido para dentro e para fora do nariz e para o OVN, e proporcionar um mecanismo viável para que as moléculas de odor venham do mundo exterior para o

OVN. Potencialmente, as moléculas de cheiro podem, em primeiro lugar, ser absorvidas pela saliva ou pelo fluido das narinas, e depois bombeadas para o OVN. O atraso resultante significa que o OVN não pode ser de muita utilidade para detectar informação que muda a cada segundo, tal como uma trilha de cheiro aérea, mas deve ser adequado para que um animal analise o cheiro de um outro membro de sua própria espécie, que há de permanecer constante. Assim, pensa-se que o OVN seja o órgão do sentido que se especializa em odores sociais, embora não exclusivamente: os papéis do OVN e do nariz se superpõem de forma considerável a esse respeito.

Ainda não está claro de que maneira os cães usam seu OVN. Parte do problema está em que não há um sinal externo evidente que indique quando o OVN de um cão está sendo usado. Os gatos e alguns outros mamíferos — inclusive um parente próximo do cão, o coiote — exibem uma expressão facial característica quando empregam o OVN: a boca é conservada um pouco aberta, o lábio superior é enrolado para trás, e o gato ou o coiote parecem momentaneamente perdidos em seus pensamentos. Essa expressão não é mostrada quando o animal está farejando comida (os odores dos alimentos são analisados pelo nariz nos gatos e nos coiotes), mas quando frareja uma marca de cheiro deixada por outro membro da mesma espécie. Embora os cães não usem a mesma expressão, alguns deles rangem os dentes quando farejam marcas de cheiro e outros fazem uma espécie de ruído de risada. Esses sons podem ser indicadores de que a bomba que transfere odores para o OVN está sendo utilizada.

O OVN canino certamente faz *alguma coisa*. O mais provável é que seja usado para analisar odores sociais, que o cão lambe ou inala, ao mesmo tempo que ativa a bomba que os leva para o próprio OVN. Os odores assim podem ser analisados duas vezes — primeiro, mais ou menos instantaneamente, pelo nariz e depois, de maneira mais detida, pelo OVN. A informação altamente detalhada que se produz pode, então, ser armazenada no cérebro para uso em encontros sociais futuros. Este é um outro exemplo da superioridade do cão sobre a humanidade na sua capacidade de decodificar a informação trazida pelo cheiro — capacidade que, até agora, mostrou-se difícil de ser decifrada pelos cientistas, talvez porque tenhamos dificuldade em apreciar um sentido que não possuímos.

Sejam eles percebidos pelo nariz ou pelo OVN, os cheiros são muito importantes para os cães, muito mais do que são para nós. Os cães não usam o odor apenas para decidir o que comer ou não: é sua maneira primária de identificar pessoas, lugares e outros cães. O olfato é seu sentido dominante, o que preferem usar entre todos os outros, sempre que podem.

Como os odores são tão complexos, e como diferem dependendo do ambiente em que cada cão vive, seria impossível para os cães nascerem com a capacidade de reconhecer mais que um punhado de cheiros. Os cães, portanto, precisam aprender o que cada odor significa. Eles começam a aprender como usar seu sentido do olfato antes mesmo de nascerem, de uma maneira muito parecida com a de como os bebês humanos aprendem a reconhecer o som da voz de suas mães quando ainda estão no útero. Recorrendo ao ultrassom, os cientistas observaram filhotes que exercitavam seus músculos respiratórios no útero durante duas semanas antes de nascerem.

Essa "respiração" quase certamente permite que o filhote aprenda algo sobre o odor característico de sua mãe, inclusive o tipo de comida que ela mais come. Em um experimento, cadelas prenhes receberam comida aromatizada com anis ao longo das três últimas semanas antes que elas parissem.[8] Apenas um quarto de hora depois de nascerem, e antes ainda de começarem a sugar, os filhotes se moveram na direção do cheiro de anis. O cheiro de baunilha, um odor ao qual os filhotes não tinham sido expostos, não teve o mesmo efeito sobre eles, de modo que, claramente, eles não estavam apenas investigando o anis porque era um cheiro desconhecido. O que causou essa preferência pelo anis? Presumivelmente ele deve ter aromatizado o fluido amniótico da mãe, onde os filhotes o "cheiraram" antes de nascer.

Não está claro por que os filhotes precisam aprender o cheiro da mãe antes de nascer. Isso seria bastante útil depois deles nascerem, já que, nesse estágio, estão demasiado indefesos para se afastarem de sua mãe. (A aprendizagem pré-natal é especialmente útil para animais como as ovelhas, cujas crias já se movem muito logo depois que nascem e, assim, correm o risco de ficarem separadas de suas mães.) Talvez os cães simplesmente tenham retido essa capacidade de seus antepassados mamíferos, mesmo que ela não seja demasiado útil para eles hoje em dia.

Desde o momento em que nascem, os filhotes recorrem aos odores para ajudá-los a entender o mundo que os rodeia. No início, sua atenção é concentrada de forma primária na mãe. Três dias depois de parir, a cadela produz uma substância em volta de suas glândulas mamárias que, por sua vez, é modificada pelas bactérias de sua pele, para criar um odor que faça os filhotes localizá-la e que também parece ter um efeito calmante sobre eles. Conquanto o mecanismo seja de certa forma obscuro, a mesma substância parece ter um efeito calmante sobre cães adultos. Os cientistas não estão seguros sobre se essa mudança de conduta é causada por um efeito instintivo, "feromonal", ou se deve ser atribuída à memória da condição de estar sendo protegido pela mãe, mas o odor extraído das glândulas mamárias de cadelas que amamentam mostrou-se útil no tratamento de medos agudos nos cães.

Tão logo sejam capazes de se mover, os cães começam a farejar tudo que deparam — uma conduta que continua pelo resto de suas vidas. Muitos donos ficam embaraçados pela inclinação de seus cães a farejar entre as pernas de todas as pessoas que encontram; muitos treinam seus cães para não fazerem isso. No entanto, essa é a primeira escolha, para o cão, de um método de identificar outros animais, tanto humanos como caninos. Quando dois cães se encontram no parque, seu primeiro e com frequência único propósito é cheirar-se. Às vezes, eles dão voltas ao redor do outro antes de farejar para valer. Em certas ocasiões, um cão está tão desejoso de cheirar o outro que isso dá margem a uma perseguição. No entanto, oito vezes em dez o propósito do encontro é obter informação olfativa sobre o outro cão.[9]

Os odores em questão evidentemente se originam em ambas as extremidades do corpo. Com frequência, o farejar se concentra em volta das orelhas, o que indica que essa pode ser a fonte de um odor específico do indivíduo. Embora nas orelhas haja glândulas que produzem odores, pouco se sabe sobre o tipo de informação proporcionada pelos odores que elas produzem. Farejar debaixo do rabo de outro cão deve dar acesso a odores provenientes das glândulas do prepúcio (no macho) e da vagina (nas fêmeas), que somam suas contribuições às ubíquas marcas de urina do cão.

No entanto, os principais alvos do farejar canino parecem ser os sacos anais. Localizados de ambos os lados do ânus, como se deduz pelo nome, contêm uma forte mistura de odores (principalmente produzidos por microrganismos) que variam de forma considerável de um cão para outro. Talvez porque os sacos anais estejam normalmente fechados, seus odores não variam muito de uma semana para outra, ainda que mudem gradualmente em escalas de tempo de alguns meses.[10] Portanto, são bons candidatos à condição de cheiro de "assinatura", muito embora venham a requerer, como todos os sinais químicos produzidos pelos mamíferos, uma reaprendizagem por parte dos que farejam, pois mudam gradualmente com o passar do tempo. Essa é, presumivelmente, parte da explicação para as insistentes tentativas dos cães de farejar a extremidade traseira de todos os outros cães que encontrem; se o odor permanecesse igual de um mês para outro, eles só teriam necessidade de fazer isso muito ocasionalmente. Esse farejar, como as marcações com urina, tem origens que chegam ao período anterior à domesticação. Jovens lobos machos têm uma fascinação similar por cheirar essa parte do corpo, e os lobos adultos às vezes convidam ativamente outros membros do bando para cheirá-los nessa área, ao ficarem imóveis com seus rabos elevados.

Como cada qual deles se empenha em cheirar o outro primeiro, os dois cães quase sempre terminam dando voltas um ao redor do outro.

Inspeções de cheiros tendem a seguir padrões previsíveis. Alguns cães, principalmente machos, vão direto para a área debaixo do rabo, que produz um odor rico em informações. A maior parte das fêmeas e alguns machos preferem farejar a cabeça do outro cão antes, e depois ir para a extremidade traseira — desde que o outro cão o permita. Essa diferença entre os sexos até agora não foi explicada, mas também é válida para os lobos, de modo que pode ser simplesmente uma tendência herdada, com pouco significado funcional no que se refere aos cães modernos.

É interessante observar que, embora adorem farejar outros cães, parece que a maior parte dos cães não gosta de ser cheirada. Quase sempre é o cão que está sendo cheirado que tenta romper a interação. Assim, apesar de os cães quererem descobrir o máximo possível sobre as "assinaturas de cheiro" de outros cães, parecem relutantes em revelar a sua própria. (Os lobos jovens compartilham essa relutância, de modo que aí deve ter se originado a conduta.) É como se eles vissem a informação sobre os cães à sua volta como a chave para — bem, para alguma coisa —, já que, uma vez encerrado o farejar mútuo, a interação normalmente acaba. O que é essa "alguma coisa" ainda está por se descobrir. Se forem bem-sucedidos em seus encontros, os cães voltam para casa de seus passeios com muitas informações na cabeça sobre o cheiro dos cães da vizinhança. Não está claro, até agora, o que fazem com essa informação.

De fato, há muita coisa que não sabemos sobre os tipos de informação que os cães podem obter ao farejar o outro. O saco anal pode significar mais que identidade individual; por exemplo, para um lobo poderia indicar também a que bando ele pertence, se os membros de um bando compartilham o mesmo odor. Alguns componentes dos sacos anais do lobo também podem variar de acordo com o gênero e com o estado reprodutivo. O mesmo pode ser verdade para os cães, mas até o presente nada sabemos.

É notável que saibamos tão pouco sobre a atividade a que os cães mais gostam de se entregar: farejar. Não há melhor exemplo de quão centrados nos seres humanos podemos ser quando pensamos em nossos animais domésticos. De alguma forma falhamos quanto a entender a "alteridade" do muito que eles experimentam. É claro que, para os cães, o como alguma coisa cheira não é "outro"; é muito mais importante do que parece.

A fascinação do cão pelos cheiros deve ter-se originado bem atrás em seu passado evolutivo. O cheiro é uma forma importante de comunicação para uma grande variedade de animais (a exceção são os humanos, não os cães). O cheiro é uma boa maneira de transmitir informação entre animais que vivem longe uns dos outros. É muito pouco provável que os carnívoros primitivos, os antepassados remotos do cão, tenham vivido em grupos. Quase com certeza eles eram solitários e defendiam territórios contra outros membros de sua própria espécie. Os únicos grupos seriam as mães e seus jovens dependentes, que ficavam juntos por alguns meses no máximo, antes que os jovens se desenvolvessem o suficiente para dispersar-se. A comunicação entre os adultos, portanto, girava em torno de fixar e manter fronteiras territoriais. Fora das oportunidades de cortejar e acasalar, os encontros cara a cara deviam ser raros. Não só isso, teriam sido arriscados: bem armados de dentes e garras, os carnívoros tentavam evitar disputas que prejudicassem ambas as partes e não apenas o perdedor. Finalmente, aqueles animais provavelmente eram noturnos, o que inibia a comunicação visual. No mundo natural, todas essas questões podem ser contornadas usando-se a marcação pelo cheiro como forma primária de comunicação à longa distância. Uma marca de cheiro feita com esse propósito pode durar dias. Mensagens podem ser deixadas para que outros as recebam em algum momento indeterminado no futuro, evitando a necessidade de qualquer encontro real. Os cães contemporâneos, que evoluíram a partir de animais sociáveis e se tornaram ainda mais sociáveis com a domesticação, podem não necessitar mais da marcação pelo cheiro com tanta frequência como obviamente pensam que precisam; mas seus antepassados selvagens devem ter achado isso muito vantajoso, e seu legado permanece na conduta cotidiana de nossos cães.

De nenhum modo isso fica mais óbvio do que na aparente obsessão dos cães com depositar pequenas quantidades de urina como marcas de cheiro. Os cães machos são famosos por urinarem com a perna levantada e marcar território. As fêmeas também fazem marcas de urina de forma rotineira: embora elas de hábito se agachem para urinar, muitas também usam uma posição de marcação "agachada-levantada". Não fica inteiramente claro por que as fêmeas também deixam marcas de cheiro, mas uma pista pode ser encontrada na observação de que as cadelas das aldeias indianas se agacham e levantam a pata em volta de suas tocas. Os cães machos das mesmas aldeias executam sua característica "urinação de perna levantada" por toda parte, mas de modo especial nos limites dos territórios de sua família-grupo.[11] Os lobos machos, sobretudo os machos reprodutores, também deixam marcas nas fronteiras dos territórios e ao longo de caminhos trilhados com frequência, presumivelmente como modo de se comunicarem com bandos que vivem perto.

Marcação pela urina na posição "agachada-levantada".

A paixão do cão doméstico pelo "correio de urina" pode, portanto, ser rastreada até seu antepassado imediato, mas isso não explica por que os cães de estimação ainda fazem isso com tanto entusiasmo hoje em dia. Talvez eles desejem "possuir" a área onde seus donos os levam para exercitar-se. No entanto, como eles precisam compartilhá-la com outros cães e seu acesso a ela é limitado no tempo por seus donos, acabam presos a um círculo vicioso. Toda vez que saem para passear, descobrem que as marcas de cheiro que deixaram na véspera foram cobertas por outros cães. Desse modo, eles têm que demarcar novamente o território para restabelecer sua reivindicação de propriedade e assim por diante.

Os cientistas ainda não sabem com precisão que mensagem está contida em cada marca de urina, mas parece altamente provável que a urina do cão tenha um cheiro que seja único, próprio de cada indivíduo — um cheiro que possa ser memorizado por outros cães. Também é provável que, nos cães machos, esse odor único encerre contribuições da glândula prepucial bem como da própria urina. O que é menos claro é quanta informação suplementar é transmitida. Por exemplo, pode um cão dizer o quão grande, velho, faminto, ansioso ou confiante o outro cão é simplesmente por ter farejado sua marca de cheiro? Ainda não podemos responder a essa pergunta, mas sabemos que a principal mensagem transmitida pela urina de uma cadela, além da que versa sobre sua identidade, vem dos cheiros produzidos pela sua vagina, que indicam o momento de seu ciclo reprodutivo. Cadelas que querem acasalar-se produzem um poderoso feromônio que pode atrair machos que estejam muito longe. (Os feromônios são sinais químicos similares em todos os indivíduos de uma espécie.) No entanto, o cheiro tem um sério defeito como meio de comunicação — a saber, que a própria mensagem é muito difícil de controlar. Os sinais de cheiro dos mamíferos são produzidos principalmente por glândulas da pele especializadas nisso. Essas glândulas inevitavelmente são invadidas por microrganismos que alteram o cheiro ao lhe adicionarem produtos metabólicos próprios, que podem ser muito marcantes. Se você tivesse um nariz tão sensível como o dos cães, seria como colocar um letreiro na frente da sua casa sobre o qual os grafiteiros, em momentos imprevisíveis, progressivamente iriam alterando qualquer coisa que estivesse nele, até mesmo apagando o seu próprio nome.

Alguns animais, inclusive os cães, passaram a responsabilidade de produzir o cheiro aos próprios microrganismos. Por exemplo, as bactérias na pele da mãe produzem o odor que os filhotes recém-nascidos seguem para orientar-se na direção de suas mães. Da mesma forma, as glândulas anais dos cães, tanto machos como fêmeas (e de muitos outros carnívoros), secretam uma mistura de gorduras e proteínas diretamente nos sacos anais aos quais estão ligadas, o que permite que os bacilos transformem essa mistura em substâncias químicas mais voláteis que constituem o cheiro. (Os cientistas mostraram que, se antibióticos são injetados nos sacos anais, matando os microrganismos, a secreção se torna quase inodora.) Os "grafiteiros" podem agora desenhar o que quiserem, mas podem usar apenas as "cores" (gorduras e proteínas) que lhes são dadas; assim, o cão guarda um elemento de controle.

Esse odor, no entanto, é tanto arbitrário como sempre flutuante, o que põe limites à sua utilidade. É impossível prever como vai cheirar de antemão, de modo que, para ter alguma utilidade ao transmitir informação, os que a recebem primeiro deverão aprender o que significa e depois reaprender a cada vez que ele muda. As marcas de cheiro com as quais se pretende reivindicar propriedade de território apresentam um problema adicional, já que sua razão de ser é identificar de forma permanente indivíduos que estão ausentes. Se o odor do possuidor de uma marca de cheiro se altera de uma semana para outra, um intruso pode deduzir equivocadamente que a propriedade do território mudou há pouco tempo, quando de fato isso não aconteceu.

Um possuidor de território pode vencer esse obstáculo encontrando-se de verdade, em certas ocasiões, com seus vizinhos e dando-lhes assim a oportunidade de fazer a conexão entre sua aparência e seu cheiro. Se esse cheiro muda sutilmente com o passar do tempo, então esses encontros devem ser bastante frequentes para que a conexão seja mantida. Essa conduta é conhecida como "correspondência do cheiro". Difundida entre os roedores e os antílopes, é menos estudada nos carnívoros, e nunca nos cães, embora existam todas as indicações de que eles devem fazer algo semelhante.

Estabelecer e reforçar o vínculo entre odor e aparência parece ser uma atividade predominante para muitos cães sempre que se encontram, o que sugere que os cães se ocupam de algum tipo de correspondência de cheiro. Mais especificamente, é provável que eles memorizem os odores de todos os cachorros que encontram (Por que, se não é assim, o incômodo de todo esse farejar?) e depois comparem esses cheiros com toda a informação indireta que obtêm ao farejarem marcas de cheiro quando saem a passeio. Se não encontram nenhuma correspondência, então podem presumir que os outros cachorros vivem longe dali; se encontram várias correspondências, então aquele cachorro deve viver nas redondezas. Como a correspondência de cheiro está geralmente conectada com conduta territorial, talvez os cães domésticos percebam as ruas e os parques públicos como uma vasta "terra de ninguém" entre territórios, e sempre vale a pena checar sua ocupação, no caso de que cheguem a ter uma chance de viver ali.

Deixados por conta própria, muitos cães preferem usar seu sentido do olfato mesmo quando a visão pareceria ser mais eficaz. Cães treinados para procurar explosivos sempre preferem usar seus narizes do que seus olhos, até nos casos em que as pistas visuais podem levá-los a seus alvos com mais rapidez. No entanto, os cães também são muito flexíveis em sua conduta — e os cães de estimação rapidamente entendem que nós, humanos, estamos muito mais antenados com pistas visuais do que olfativas. Como resultado disso, um cachorro pode ser levado a escolher uma tigela vazia em lugar de uma cheia de comida, simplesmente ao fazermos com que seu dono aponte para a tigela vazia.[12] É claro que os cães poderiam identificar com rapidez a tigela cheia pelo cheiro. Isso exemplifica a alta prioridade que os cães dão à informação social e também o quão bem-adaptados estão a responder às formas pelas quais nós, assim como eles, nos comunicamos.

Além disso, como os cães podem distinguir um ao outro pelo cheiro, eles com certeza podem aprender os odores característicos dos seres humanos com quem vivem ou com quem se encontram de forma regular. E certamente também podem dizer muito sobre nossos estados de ânimo, a partir de como variem as pistas de odor que emitimos. Os cães podem ser treinados para alertar seus donos que são epilépticos ou diabéticos não controlados quando estes estão a ponto de sofrer um ataque hipoglicêmico ou de ter uma crise. Há pouca dúvida de que eles podem fazer isso ao detectarem alterações no cheiro de seus donos (embora mudanças mínimas na "linguagem corporal", inapreensíveis por observadores humanos, possam constituir parte da pista). Até mesmo cães de estimação comuns podem ser treinados para servir a esse propósito, pois nenhuma aptidão olfativa especial parece ser necessária.[13] A implicação é que todos os cães são, pelo menos, potencialmente capazes de monitorar nossos ânimos com base em como mudam os odores de nossos corpos. (É claro que eles precisam simultaneamente permitir e talvez tentar interpretar outras causas da nossa mudança de odor, tais como nosso estado de saúde e os alimentos diferentes que comemos.) Se for assim, eles absorvem uma vasta gama de informações sobre nossas vidas, das quais nós mesmos somos apenas vagamente conscientes, e decerto reagem a ela.

Talvez uma razão que nos faz ser tão desatentos à importância que nossos cães conferem ao cheiro seja quão pouco eles sofrem como resultado de nossa ignorância. No entanto, assim como seus ouvidos podem ser danificados pelos altos níveis de ultrassom produzidos pelo bater de portões e móveis metálicos dos canis, os narizes dos cães com certeza são insultados pelos odores avassaladores de nossos detergentes, amaciantes e "fragrâncias ambientais". É presumível que eles se acostumem a isso e aceitem tudo como um inevitável inconveniente causado por dividirem o espaço em que vivem com os seres humanos a quem estão tão ligados. Em nosso mundo tão preocupado com a higiene, muitos de nós não gostamos de deixar os cães fazerem o que se sintam compelidos a fazer quando nos encontram pela primeira vez, que é farejar-nos. Eu sempre estendo a mão para qualquer cão que venha a conhecer (primeiro apresento-lhe o punho frouxamente fechado, pois talvez ele tenha o hábito de morder dedos). Se o cão quiser lamber minha mão, bem como cheirá-la, eu sempre o deixo — afinal posso lavar minha mão depois, se quiser. Não fazer isso seria tão antissocial como esconder o nosso rosto de alguém a quem estamos sendo apresentados.

Talvez seja bom que há apenas bem pouco tempo tenhamos começado a ter consciência desse "mundo secreto" que os cães habitam; de outro modo, no passado, teríamos sido tentados a interferir nele. Com certeza já tomamos liberdades em demasia com a comunicação visual deles, criando cães de tão diversas formas e tamanhos. O potencial de um *chihuahua* e de um *dogue* compreenderem de forma equivocada os sinais visuais parece quase ilimitado, pois eles em nada se assemelham; na verdade, nenhum dos dois tampouco se parece com um lobo. No entanto, suas glândulas de cheiro e a conduta que lhes permite recorrer a elas para se comunicarem com eficácia parecem, para todos os efeitos, conservar-se intactas. É bastante possível que a confiança que os cães depositaram no olfato tenha sido sua salvação, pois até hoje permite que até mesmo raças que são extraordinariamente diferentes umas das outras possam conversar entre si — em um nível bem básico e cheiroso.

CAPÍTULO 10

Problemas com *pedigrees*

Ao longo de boa parte deste livro, discorri sobre cães como se eles fossem todos mais ou menos equivalentes. E, para nossos propósitos, isso com muita frequência é verdadeiro: conquanto existam algumas inevitáveis variações entre raças, todos os cães compartilham um passado evolutivo, um agudo sentido do olfato, a capacidade para formar fortes laços com gente e a aptidão para reconhecer uns aos outros como membros da mesma espécie e para interagir de acordo com isso. No entanto, os cães decerto não são todos iguais, e algumas vezes são as diferenças entre eles que mais afetam seu bem-estar. As diferenças entre os cães são primariamente impostas por nós e não por eles mesmos. Quando a humanidade não interfere em sua criação, os cães se parecem muito uns com os outros. Cães de aldeia da África, por exemplo, são indistinguíveis no essencial: evoluíram para um tipo que está adaptado ao ambiente em que vivem. Quando os seres humanos começam a escolher os cães a partir dos quais iniciarão uma criação, no entanto, eles geram animais que, por definição, estão menos adequados àquele ambiente. No começo, isso decerto não importou. As aptidões que equipavam os cães para viver nas ruas, *ao lado* da humanidade, foram gradualmente substituídas por aquelas que permitem aos cães viver *com* o homem. Tais aptidões incluem não apenas as mudanças que capacitavam os cães a ganhar sua vida, tais como ajudar no pastoreio, na caça e na guarda (para mencionar apenas três exemplos), mas também as que capacitam os cães a ser bons companheiros.

Mudanças nos ritmos de desenvolvimento levaram aos excessos de tamanho e forma de hoje em dia.

No entanto, uma vez que esse processo teve continuidade, deve ter havido muitos cães cujo bem-estar foi comprometido pelas tentativas da humanidade de produzir formas e tamanhos mais radicais. Por exemplo, os romanos criaram seus mastins cada vez maiores, empenhando-se em conseguir cães mais e mais ferozes. Alguns desses animais devem ter sido aberrações — filhotes demasiado grandes para passar pela pélvis da mãe, ou cães cujos esqueletos eram muito pesados para suas juntas e, assim, viviam com dores constantes. Naqueles dias, em que havia pouco cuidado veterinário, um tipo brutal de seleção natural deve ter prevalecido. Cães que não fossem viáveis nasceriam mortos ou não viveriam o suficiente para procriar, e cães demasiado fracos para desempenhar suas tarefas não seriam selecionados para a procriação.

Como todos os animais, os cães são capazes de produzir muito mais descendência do que a necessária para a continuação de sua espécie. A não ser que a população cresça com rapidez, isso significa inevitavelmente que muitos indivíduos morrem antes de se reproduzir. Como regra geral, os que morrem primeiro são os menos adaptados ao seu ambiente. Muitos terão sofrido antes de morrer. Isso se aplica, é claro, tanto aos cães de aldeia como aos cães criados pelo homem para propósitos específicos. Mesmo assim, a geração de novas formas do cachorro forçosamente há de deixar baixas em seu rastro.

Os tempos mudaram. No Ocidente, agora, acreditamos que os cães têm direito de não sofrer. Os filhotes já não são considerados como itens descartáveis, a serem afogados se não desejados. Há um escândalo na mídia sempre que é proposto qualquer sacrifício de cães, sejam estes ferozes, vagabundos ou cães de estimação indesejados.

Esses são realmente bons padrões. Tomamos para nós a obrigação de assegurar que todo filhote seja desejado e cresça para tornar-se um cão feliz e saudável. Em vários sentidos, tivemos sucesso em cumprir essas tarefas. Desenvolvemos os necessários cuidados veterinários para capacitar a maioria dos cães a levar vidas saudáveis. Nutrição de alta qualidade, projetada especificamente para cães, está disponível em todos os supermercados, a ponto de cães seguirem uma dieta mais saudável do que muitas pessoas.

Sob outros aspectos, no entanto, falhamos com nossos companheiros caninos. Em nossa aparentemente insaciável busca pela novidade, criamos cães que sofrem de um vasto espectro de doenças evitáveis. E em nossa necessidade antropomórfica de ver os cães como extensões de nossas próprias personalidades, geramos cães que são inaceitavelmente agressivos ou que têm outros defeitos de temperamento. Seu papel como companheiros — um papel que precisam desempenhar para estarem seguros de levar vidas física e psicologicamente saudáveis — raramente parece ser a prioridade. Donos novatos podem se ver diante de uma escolha entre filhotes de *pedigree*, criados sobretudo pela aparência e não pelo temperamento, e cães resgatados das ruas, de origem incerta, muitos dos quais foram abandonados por serem filhotes de cães criados para serem agressivos.

Mesmo que os cães alguma vez tenham tomado suas próprias decisões sobre a reprodução, hoje em dia, no Ocidente, a maior parte dos acasalamentos é planejada pelos seres humanos. Nos últimos cem anos, especialistas chegaram cada vez mais a controlar a criação de cães. No presente, nossos animais de estimação são, em sua maioria, cães de *pedigree* ou podem traçar sua ancestralidade, até algumas gerações anteriores, a partir de cruzamentos entre animais de *pedigree*. Em comparação com toda a história do cão doméstico, este é um fenômeno muito recente, e geográfica e culturalmente restrito: tipos de cães genuinamente antigos persistem em muitas partes do mundo. Mesmo assim, a maior parte dos cães disponíveis como animais de estimação para os ocidentais tem antepassados de *pedigree*.

As regras atuais para a criação de cães de *pedigree* causam danos profundos e acelerados à sua viabilidade genética. O sistema de registro para cães de *pedigree* no Reino Unido, nos Estados Unidos e em muitas outras partes do mundo obriga cada cão de raça a acasalar-se apenas com outros integrantes da mesma raça. Se esse sistema fosse totalmente imposto, cada raça ficaria geneticamente isolada, de forma completa, de todos os outros cães. (Na realidade, devido a acasalamentos não planejados e ocasionais cruzamentos deliberados entre raças, apenas as raças de *pedigree* foram sequestradas dessa forma, ficando isoladas pelos seus próprios padrões de raça.)

Apesar de serem bastante novas — e afetarem apenas o mais recente 1% de toda a história evolutiva do cão —, muitas dessas regras de criação já imprimiram marcas profundas nos cães que vemos hoje. O isolamento genético de cada raça causou uma mudança dramática no *pool* de genes do cão ao reduzir maciçamente a quantidade de variações em cada raça. Quanto menor a variação, é mais provável que mutações daninhas afetem o bem-estar de certos cães: para que uma mutação potencialmente prejudicial cause um dano verdadeiro, ela deve, de um modo geral, ter estado presente em ambos os pais — e isso só é provável de acontecer se os próprios pais forem parentes próximos. Em algumas raças de cães de hoje em dia, é difícil encontrar dois genitores que *não sejam* parentes próximos.

Até bem pouco tempo atrás, a quantidade de variações no cão doméstico era suficiente para preservar uma saúde genética. Múltiplas domesticações e cruzamentos com lobos significaram que os cães, em todo o mundo, ainda possuíam os estimados 95% da variação presente nos lobos durante a época da domesticação. A maior parte da variação está hoje nos cachorros de rua e vira-latas, mas os cães de *pedigree* perderam mais de 35% dessas variações. Isso pode não parecer muito, mas imaginemos o cenário em termos humanos. Os mestiços conservam níveis de variabilidade similares aos que são encontrados por todo o globo em nossa própria espécie. Em muitas raças, porém, a quantidade de variação dentro de *toda a raça* chega a pouco mais do que é típico dos primos em primeiro grau, na espécie humana. E nós, humanos, sabemos que casamentos sucessivos entre primos levam por fim à aparição de uma ampla gama de anormalidades genéticas — que é a razão pela qual os casamentos entre parentes próximos são tabu na maioria das sociedades. É surpreendente que os cães não tenham sido objeto da mesma consideração.

Apenas um punhado de reprodutores muito conhecidos, ganhadores de prêmios, é usado para gerar a maioria dos filhotes. Isso restringiu de forma tremenda o *pool* de genes. Por exemplo, quase 8 mil novos *golden retrievers* são registrados no Reino Unido todos os anos, com uma população total de talvez 100 mil. Apenas nas últimas seis gerações, a endogamia removeu mais de 90% da variação que no passado caracterizou a raça.[1] Em uma amostragem recente de cromossomos Y (macho) de cães na Califórnia, *nenhuma* variação foi encontrada em quinze de cinquenta raças, o que indica que os antepassados machos de cada um dos cães dessas raças eram, em sua maioria, parentes próximos uns dos outros.[2] Algumas das outras raças pesquisadas apresentavam apenas uma pequena variação. Entre as raças importadas analisadas no estudo — tais como o *rhodesian ridgeback*, o *boxer*, o *golden retriever*, o *yorkshire-terrier*, o *chow-chow*, o *borzoi* e o *springer spaniel* inglês — isso não surpreende. Admitindo-se que todos os exemplos californianos dessas raças na certa descendam de uma pequena população de fundadores, espera-se que existam *pools* de genes limitados; maior variabilidade poderia ter aparecido se essas amostras tivessem sido tomadas em outros países. Mais preocupante foi a falta de variação nas três raças norte-americanas estudadas, já que os exemplares dessas raças têm mais probabilidade de serem representativos delas em todo o mundo. Não houve nenhuma variação em todos os 15 *Boston terriers* testados e somente uma pequena quantidade nos 26 *cocker spaniels* americanos e nos dez *newfoundlands* (terras-novas). Ao contrário, um par de raças recentemente derivadas de cães de rua — o *africanis* (ou cão *bantu*) e o cão de Canaã — mostrou níveis de variação semelhantes aos dos cães mestiços — mas este é o resultado de uma política deliberada de seus criadores, que viram os problemas que os reprodutores muito conhecidos trouxeram para outras raças de interesse de uma minoria.

A endogamia entre cães — embora terrivelmente deletéria para eles — é, potencialmente, um enorme benefício para a humanidade. O genoma canino foi escolhido pelos geneticistas como um dos primeiros a ser sequenciados, precisamente porque a ocorrência de tantas doenças hereditárias nos cães de *pedigree*, hoje em dia, proporciona aos cientistas oportunidades abundantes de estudar e depois inventar curas para as suas contrapartidas (mais raras) nos seres humanos. O gigantesco experimento global, se bem que não intencional, da moderna criação de cães de *pedigree* promete trazer curas para muitas de nossas próprias doenças — e muitos anos antes do que seria possível se a pesquisa tivesse que ser feita com camundongos ou outros animais de laboratório. Isso decerto beneficiará nossa própria espécie; mas e os cães? Se pudessem compreender as implicações do que fizemos com eles, o que nossos cães teriam a dizer?

Os efeitos da seleção por formas, por conformações e por tamanhos extremos dos cães vêm causando preocupação há mais de duas décadas, em ambos os lados do Atlântico.[3] Até mesmo antes disso, já estava claro que as origens da maior parte das raças — as necessidades do trabalho dos cães — tinham sido avassaladas pelas demandas aparentemente arbitrárias das pistas de exposições caninas. Desde então, como resultado de defeitos devidos à aplicação abjeta de padrões de criação, muitas raças se tornaram caricaturas em comparação com sua aparência anterior.

Outros problemas também surgiram como consequência de tal criação voltada para extremos. Por exemplo, filhotes de muitas das raças de cabeça redonda, tais como *buldogues*, *pugs*, *pekes* e *Boston terriers* tiveram que nascer por meio de operações cesarianas porque suas cabeças eram demasiado grandes para um parto normal. Por volta de 2009, quando um documentário muito conhecido do canal de televisão BBC — *Pedigree Dogs Exposed* [*Cães de pedigree expostos*] — levantou outra vez a questão no Reino Unido, a extensão do sofrimento causado pela criação seletiva ficou melhor documentada.[4] (Essa questão recebeu menos atenção pública nos Estados Unidos, mas isso não quer dizer que o alcance de tais problemas é menor lá do que no Reino Unido.) A responsabilidade pela criação seletiva, bem como por suas consequências, deve descansar diretamente sobre os ombros dos clubes de criadores que a controlam.

Reunidos, os clubes de criadores controlam uma vasta proporção do genoma canino no Reino Unido e nos Estados Unidos. (Isso é válido para a maior parte dos outros países ocidentais também.) A competição é, principalmente, entre uns poucos "criadores importantes" de cada raça, regulamentada por juízes que são (ou foram) eles mesmos "criadores importantes". A criação seletiva voltada para a última versão do "padrão da raça" leva a uma variedade de resultados de saúde que afeta mais e mais cães daquela raça — não apenas aqueles que se tornam campeões, mas também muitos destinados a serem cães de estimação. O Kennel Club do Reino Unido publica padrões de raça que estão disponíveis para ajudar futuros donos de cães a encontrar as raças que se adaptem a seus estilos de vida. Por exemplo, eles descrevem uma raça bem conhecida de cães de companhia, o *spaniel* que leva o nome de *Cavalier King Charles*, do seguinte modo: "Características: brincalhão, afetuoso, absolutamente destemido. Temperamento: alegre, amigável, não agressivo; sem tendência ao nervosismo." Nenhuma menção, aqui, ao fato de que toda essa moderna raça descende de apenas seis indivíduos e que se trata de uma raça inclinada não só a ter problemas cardíacos, mas — o que é mais importante ainda, se você for um desses cães — a desenvolver cistos na medula espinhal que causam dores "fantasmas", as quais, como o comportamento do cachorro mostra claramente, são muito angustiantes.[5]

Os vários relatos sobre os efeitos da endogamia catalogam uma ampla gama de danos ao bem-estar dos cães de certas raças. Tais danos podem ser divididos em dois tipos principais. Primeiro, alguns são efeitos colaterais da criação deliberada, que visa a características exageradas; já foi mencionado o problema dos filhotes com grandes cabeças, que não se encaixam no canal do parto das cadelas. Da mesma forma, uma pele "fofa" dobrada sobre o rosto aumenta o risco de dermatite, as pernas de ossos mais finos das raças "de brinquedo" tendem a sofrer fraturas dolorosas, que podem acontecer durante o comportamento canino normal, tal como pular, e assim por diante.

Em segundo lugar, os níveis extremos de endogamia e consanguinidade (a que os donos do negócio se referem como "criação por linhagem") resultam no aparecimento de muitas doenças hereditárias em numerosas raças. Essas doenças estão amplamente documentadas e, embora os mecanismos genéticos por trás delas possam ser complexos, manifestam-se, no essencial, pela reprodução acidental a partir de cães que são portadores de uma versão defeituosa de um gene. Normalmente, como são apenas portadores, eles não são afetados, e assim o problema fica oculto até que seus descendentes se acasalem e produzam alguns filhotes com *duas* cópias defeituosas do mesmo gene. A atrofia progressiva da retina (uma doença dos olhos) nos *Cardigan Welsh corgis* é um exemplo bem documentado, tal como a "síndrome de raiva" (descontrole episódico) nos *cocker spaniels* ingleses. A moderna tecnologia de DNA, embora cara, tem o potencial para, ao menos, sustar a disseminação das doenças hereditárias — especificamente por sua capacidade de detectar portadores que não exibem sinais externos da doença, assim como defeitos que não se tornam óbvios até mais tarde na vida, quando o cão já foi criado.

Outras desordens são herdadas por processos mais complexos, com a interação de muitos genes, mas o princípio geral é o mesmo. Um defeito comum em muitas raças de tamanho médio e grande é a displasia de quadril, causada por ligamentos soltos em torno da articulação do quadril — uma condição que causa dor, restrição de movimentos e coxeadura. Em algumas raças, existe um número suficiente de exemplares com "genes de quadril bons" para que, se os cães com quadris fracos fossem impedidos de reproduzir-se, o defeito da raça seja eliminado. Em outras, como é o caso dos *golden retrievers*, o principal fator que determina se os quadris falharão resulta de como o cão é exercitado quando jovem; em outras palavras, virtualmente todos os indivíduos dessa raça têm o potencial genético de desenvolver a displasia de quadril, e, portanto, isso não pode ser "eliminado da raça" a não ser que as regras do *pedigree* sejam quebradas.

Corrigir defeitos genéticos nas raças tende a ser difícil. Remover do *pool* de genes todos os indivíduos afetados por um defeito reduz, de forma inevitável, a variação genética dentro da raça e faz com que outros defeitos apareçam ou se tornem mais difundidos. Pensa-se de um modo geral que tal "exogamia" só é verdadeiramente eficaz quando várias cepas diferentes coexistem no interior de uma raça, como nas linhagens de cães de exposição e cães de trabalho — e pode haver resistência a isso por parte de seus respectivos entusiastas. A solução óbvia é abrir os *pools* de genes fechados das raças existentes através do cruzamento de raças — fundindo-se várias raças em uma só, ou seja, criando novas, ou ainda cruzando-se duas ou mais raças remotamente relacionadas por parentesco.[6] Paradoxalmente, embora essas ideias encontrem forte resistência entre os criadores de hoje em dia, foram elas o próprio mecanismo pelo qual os entusiastas de cães do século XIX criaram as raças que existem!

Em retrospectiva, era inevitável que a mudança de ênfase da função para a aparência na criação de cães fosse daninha para o bem-estar destes. Animais selvagens, inclusive os lobos, são selecionados pelo ambiente no qual vivem: é a "sobrevivência do mais apto". Uma vez que uma espécie se torna totalmente dependente de outra, como aconteceu com os cães há mil anos, a seleção natural torna-se relaxada em algumas áreas. Cães que desempenham tarefas árduas, como os pastores de ovelhas, têm que permanecer, sobretudo, em boa forma e saudáveis, e assim seus criadores provavelmente não selecionarão traços que impeçam de modo sério o bem-estar dos animais — daí a relutância de muitos dos clubes de criadores de cães de trabalho quanto a manter qualquer contato com as linhagens de exposição. Nos cães criados para exposições, as deficiências de condicionamento físico podem ser compensadas por seus donos e através de intervenção veterinária. Desde que não afetem o desempenho na pista de exposição, os problemas de bem-estar dos cães podem espalhar-se por uma raça — problemas devidos à seleção deliberada com vistas à aparência, assim como aqueles que surgem por acidente através da endogamia. Embora a maioria das organizações de criadores faça tentativas para sustar esse processo (e algumas tentaram fazê-lo reverter), a prova de que tais esforços não tiveram sucesso no passado está presente nos próprios cães.

A criação seletiva também prejudicou as aptidões dos cães para se comunicar uns com os outros. Como a comunicação é fundamental para uma interação social harmoniosa, são penalizados os cães cujo repertório de sinais visuais fica restrito. Aqueles cujas intenções não podem ser facilmente medidas são, com frequência, evitados pelos outros cães. Outros, tendo estado no lado receptor da agressão inesperada, porque não puderam ler as intenções de outro cão, tornam-se ansiosos em relação a todos os cães.

Na verdade, as estruturas de que o lobo se vale para a sinalização visual foram drasticamente alteradas pelos excessos em termos de conformação do corpo introduzidos pela criação seletiva. As mandíbulas foram encurtadas, as expressões faciais ocultas pela pele solta ou pela cor do pelo, as orelhas ficam permanentemente de pé ou pesadamente caídas, a pelagem mais longa ou dura impede que os pelos do pescoço possam se eriçar, as patas encurtadas não deixam que o cão se agache com facilidade, os rabos cacheados ou encaixados tornam-se inexpressivos. Essas mudanças tiveram um efeito devastador sobre o repertório de sinais visuais de muitas raças; algumas, como o *spaniel* conhecido como *Cavalier King Charles*, parecem incapazes de emitir qualquer um dos sinais visuais do lobo (que chegam a mais de trinta, em uma estimativa conservadora). Assim, esses cães não têm mais acesso ao repertório básico pelo qual os integrantes do bando podem comunicar-se uns com os outros.

Muitas outras raças apresentam um resultado pouco melhor que esse. Numa tentativa de quantificar os efeitos da domesticação sobre a capacidade de comunicação, meus colegas e eu fizemos um estudo que comparava os repertórios de sinalização visual de um amplo espectro de raças, das menos às mais semelhantes ao lobo — isto é, do *Cavalier King Charles* ao *husky* siberiano.[7]

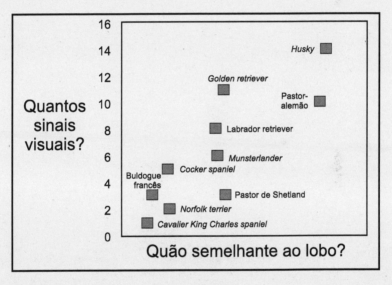

Os números indicam quantos sinais visuais similares aos do lobo estão no repertório de cada raça. A semelhança daquela raça com o lobo em sua aparência geral é marcada pelas posições no boxe (que variam de "nada", à esquerda, até "muito similar", à direita).

Não é de surpreender que os *huskies* tenham sido classificados como os cães mais semelhantes ao lobo na aparência, com uma gama de sinais equiparável. De fato, seu repertório é, em essência, o mesmo do lobo, na certa retido para permitir uma comunicação precisa dentro dos grupos mantidos como equipes de trenó. Raças de cães de caça de tamanho médio, tais como labradores e *golden retrievers*, assim como o *munsterlander*, conservam entre metade e dois terços do repertório do lobo, bem como o *pastor-alemão*, que foi criado deliberadamente para parecer-se com um lobo, mas não para comportar-se como tal. Essas raças retêm um conjunto comum de sinais que permitem uma boa variedade em termos de comunicação visual, embora não tão sofisticada como a que se trava entre lobos (ver o boxe intitulado "Linguagem corporal dos cães").

As raças de menor porte contempladas nesse estudo, do *cocker spaniel* ao *Cavalier King Charles*, fizeram uso de muito poucos sinais visuais discerníveis. O único "sinal" do *Cavalier* foi empurrar outro cachorro para fora do caminho — a linguagem universal do empurrão, não um sinal como tal. E, se houvesse necessidade, eles redobrariam essa conduta com um rosnado. Ainda mais intrigante foi a descoberta de que os sinais utilizados pelas quatro raças com os repertórios mais reduzidos — *Cavaliers*, *Norfolk terriers*, *buldogues franceses* e *pastores de Shetland* — eram, quase invariavelmente, aqueles que aparecem mais cedo nos filhotes de lobo que estão crescendo, tais como lamber o focinho e olhar para outro lado. Essas raças estão em suspenso, não só em termos de padrões de crescimento, mas também em termos do desenvolvimento de sua capacidade para comunicar-se de um modo semelhante ao do lobo. Embora esse estudo não possa ser considerado definitivo, até porque apenas uma pequena proporção das raças existentes foi objeto da amostragem, tudo indica que raças de cães que derivam da suspensão do desenvolvimento físico do lobo — tornando-se, portanto, inevitavelmente, cães menores que a média — são prejudicadas por terem apenas a capacidade de comunicação de um filhote de lobo. Além dessa tendência geral, perdas mais específicas se deram em raças de todos os tamanhos. Por exemplo, o pelo curto do buldogue francês, que o impede de eriçar o pelo do pescoço com eficácia, também é característico de raças muito maiores, como os *weimaraners*.

Linguagem corporal dos cães

Ter um cão pode tornar-se algo muito mais rico e recompensador graças a uma compreensão profunda de como os cães sinalizam entre si. Esse processo seria muito mais direto se todos os cães fossem quase semelhantes, mas felizmente existe uma linguagem comum subjacente que capacita tanto os cães como as pessoas a compreenderem as intenções e os estados de ânimo dos cães.

Primeiro, a *postura geral* do cão é um bom indicador do seu nível de confiança. Cães que estão preocupados com o resultado de um encontro tenderão a conservar seus corpos abaixados, tentando parecer, o máximo possível, menos ameaçadores, até ficarem seguros de que o outro cão não lhes quer fazer mal. Um cão confiante ficará em posição ereta.

Da mesma forma, quanto mais baixo o *rabo*, menos confiante está o cão; cães em retirada geralmente meterão seus rabos entre as pernas traseiras. A medida precisa do que é "baixo" variará de um cão para outro, porque a criação seletiva afetou a posição normal do rabo, quando relaxado, em relação à horizontal. Comparem, por exemplo, a posição do rabo de um *spitz dog* (naturalmente curvo e de pé) com a de um *greyhound* (naturalmente baixo e reto). É a *mudança* de posição que indica a mudança de intenção. O rabo em pé, com a ponta abanando, indica interesse; o rabo relaxado, que está sendo abanado de um lado para outro, mobilizando toda a parte traseira do cão, indica excitação e/ou desejo de brincar. Alguns cães executam uma chicotada exageradamente lenta com seus rabos quando estão pensando em agressão.

Observando o cão de lado, constatamos que a forma de seu *dorso* também pode indicar algo. Se rígido, pode indicar um nível baixo de medo ou ansiedade, embora algumas raças tenham o dorso naturalmente rígido. O dorso curvado pode indicar indecisão — parece que as pernas traseiras do cão buscam avançar enquanto as da frente tentam ficar paradas.

As *orelhas* são fáceis de ler em alguns cães, difíceis em outros; mas, mesmo nas raças que têm as orelhas bastante rígidas, os músculos da base da orelha podem mostrar o que o cão tenta dizer. Orelhas inclinadas para frente sugerem estado de alerta e interesse; orelhas puxadas para trás indicam ansiedade e, se também estiverem achatadas, indicam medo e intenção de retirada. *Sobrancelhas* tensas, estendidas para cima e acompanhadas por um olhar fixo muitas vezes indicam ameaça. Em alguns cães, essa tensão também fará com que o branco dos *olhos* se torne (mais) visível. Um cão que deseja dissociar-se de uma interação olha para outro lado; com frequência gira sua *cabeça* para que fique em ângulo reto com a cabeça do outro cão. Cães relaxados deixarão sua *boca* solta e ligeiramente aberta quando interagem com outros cães; cães tensos manterão a boca bem fechada. Tanto o medo como a raiva podem levar o cão a mostrar os *dentes*; o restante da linguagem corporal do cão, das orelhas para trás, deve proporcionar pistas sobre qual desses dois estados emocionais tão diferentes é aplicável. O amigável "sorriso" ou "sorriso largo", com os dentes levemente à mostra, é a posição da boca na conduta de afiliação, embora muitos cães o usem como sinal próprio quando interagem com gente — presumivelmente porque foi recompensado com uma atenção extra, por conta de sua superficial similaridade com um "sorriso" humano. A "postura fofa" da cabeça inclinada para o lado não é um sinal canídeo típico da espécie, mas antes uma postura que — como alguns cães aprenderam — suscita uma reação recompensadora de seu dono.

Como tantos cães não podem mais desempenhar o repertório completo de comportamento canídeo, nem sempre é fácil para cães de diferentes raças compreenderem uns aos outros quando se encontram pela primeira vez. Apagando e distorcendo o espectro de estruturas de sinalização do lobo, nós embaralhamos o sistema de comunicação visual dos cães a ponto de já não funcionar tão bem como deveria.

Consideremos, por exemplo, os rabos imóveis ou encurtados. Algumas raças, como os *buldogues*, foram criadas para ter rabos muito rígidos, que não abanam facilmente. Em muitas outras raças, como os *spaniels*, é tradicional amputar parte ou quase todo o rabo, supostamente para reduzir o risco de ferimentos. Rabos amputados são mais difíceis de ver do que rabos inteiros, de modo que os cães cujos rabos foram cortados acham mais difícil comunicar-se do que os cães cujos rabos foram deixados como deviam ser. Em 2008, pesquisadores estudaram o impacto da amputação sobre a comunicação: usaram um modelo robótico de um cão cujo "rabo" podia abanar por controle remoto.[8] Depois de colocar o robô em áreas de exercício de cães sem coleira, eles notaram que, quando a cauda do modelo robótico estava abanando, outros cães se aproximavam para brincar, ao passo que, quando o rabo do robô estava de pé e sem mover-se, os outros cães o evitavam. Essas reações são consistentes com o que já sabemos sobre o uso do rabo na sinalização. Então os cientistas substituíram o rabo longo por uma versão amputada. Quando o robô de rabo curto foi deixado solto no parque, os outros cães se aproximaram dele com cautela, estivesse o rabo abanando ou não — como se não pudessem decidir se seriam bem recebidos ou não. Embora um cão verdadeiro com um rabo amputado pudesse talvez vencer esse inconveniente com outros aspectos de sua linguagem corporal, o estudo mostra claramente que a amputação do rabo coloca os cães em desvantagem quando interagem com sua própria espécie. No mínimo, hão de sentir-se ansiosos ao encontrarem outro pela primeira vez; no pior dos casos, a má comunicação pode dar ocasião a uma agressão não pretendida.

A falta de confiabilidade dos sinais visuais pode ser uma razão pela qual os cães se empenham tanto em farejar um ao outro quando se encontram. Até onde sabemos, a criação seletiva teve pouco ou nenhum efeito sobre as aptidões dos cães para comunicar-se pelo odor. No entanto, a própria instabilidade dos sinais de odor, quando alterados por microrganismos, significa que eles devem ser continuamente reaprendidos se um cão quiser manter-se atualizado sobre "quem cheira como o quê". É claro que, para fazer isso, os cães devem chegar perto uns dos outros, e, para melhor avaliar se isso é uma manobra segura, cada cão deve depender principalmente dos sinais visuais, a longa distância, do outro cão. Assim, os cães não podem escapar aos problemas de uma linguagem corporal pouco confiável, mesmo nesse cenário.

Como sabemos por observar suas interações com os seres humanos, no entanto, os cães são muito flexíveis quando se trata de aprender novos sinais e pistas. Essa flexibilidade ajuda a explicar por que a maior parte das interações entre cães — mesmo entre aqueles que dispõem de um repertório limitado de sinais visuais — termina sem incidentes. Os cães aprendem com rapidez e podem lembrar-se das identidades de muitos outros cães, e assim presumivelmente também devem aprender a fazer concessões às inevitáveis deficiências de linguagem corporal dos cães que encontraram antes. Além disso, eles podem modificar, e até mesmo alterar completamente, suas reações, dependendo de outras informações disponíveis para eles. Quem envia o sinal? Já o encontrei antes? Se não, já encontrei um cão similar antes, e como aquele encontro funcionou? O que mais está acontecendo? Por exemplo, qual é o contexto para o sinal: o cão está parado sobre um brinquedo, ou há outros cães nos observando? Normalmente, é vantajoso para o receptor levar em conta todos esses fatores antes de esboçar sua reação — exceto nas raras ocasiões em que o outro cão pareça estar prestes a atacar, em cujo caso a fuga imediata é, com certeza, a opção mais sensata. Além disso, cada encontro proporciona mais informação sobre o sinalizador, que pode ser armazenada para utilização em uma ocasião posterior. Nesse sentido, a inteligência nativa dos cães os capacitou para que compensem, na maior parte do tempo, os efeitos das liberdades que tomamos com suas estruturas de sinalização visual.

A criação seletiva pela aparência é, em grande parte, produto dos últimos cem anos. Antes disso — tudo leva a pensar que desde os estágios iniciais da domesticação —, o homem vinha criando os cães por seu comportamento. Essa tendência permanece até os dias de hoje, na medida em que os papéis atribuídos aos cães continuam a tornar-se cada vez mais especializados e exigentes. Por exemplo, a Guide Dogs for the Blind Association [Associação de Cães-guia de Cegos] do Reino Unido desenvolveu uma cepa de cruzamentos entre *golden retriever* e *labrador retriever* especialmente adequada para o treinamento de cães-guia. Essa linhagem adaptou os cães a desempenharem trabalhos específicos e assim muito contribuiu para fortalecer o vínculo entre homem e cão. Mas no Ocidente contemporâneo, onde os trabalhos dos cães diminuíram, alguns dos traços comportamentais mais exagerados — tais como a caça indiscriminada e a territorialidade forçada — podem ser inúteis para cães cujo papel primário é serem cães de companhia.

Uma clara diferença de personalidade entre raças está na extensão em que exibem a conduta predatória de seus antepassados canídeos. Alguns cães não mostram uma conduta predatória mesmo quando se espera isso deles: os lobos, ao verem um pequeno animal que foge deles, instintivamente lhe dariam caça — como o fariam muitos cães, sobretudo os das raças de caça. Outros, particularmente se pertencerem a certas raças de cães de guarda, pareceriam até desinteressados. Embora o treinamento tenha parte nisso, essas diferenças entre raças são, em seu cerne, genéticas.

As raças de pastores de ovelhas são exemplos extremos desse tipo de falta de capacidade de resposta. Originários da região do Mediterrâneo, esses cães incluem o cão de montanha dos Pirineus, o cão de Marema italiano, o *kuvasz* húngaro e o *karabash* e o *akbash* turcos. Muitos deles são inteiramente ou quase todo brancos, criados para parecer-se mais com ovelhas e menos com lobos. Tradicionalmente, esses cães eram criados junto com as ovelhas e depois mantidos com o rebanho para protegê-lo contra os predadores. Assim, eles tratam os membros do rebanho como parte de seu próprio grupo social e limitam sua agressividade a reagir contra qualquer coisa que percebem como ameaça para eles mesmos ou para seu rebanho. É verdade que eles atacam e matam coelhos, de modo que parte de sua conduta predatória deve permanecer intacta. No entanto, relata-se que eles não sabem o que fazer com os animais que matam: simplesmente carregam suas presas até que essas caiam em pedaços. Todos os cães podem nascer com a capacidade de pôr em prática os vários elementos envolvidos na conduta predatória, mas, em algumas raças, alguns desses elementos não aparecem até a adolescência e assim nunca se integram ao restante de seu comportamento.[9]

Na outra extremidade do espectro estão os *collies* de trabalho, os quais exibem uma modificação diferente da conduta predatória — embora também para fins pacíficos. *Hounds* e *terriers* usados para a caça completarão toda a sequência de caça do lobo, até mesmo devorar sua presa, a não ser que sejam treinados para não fazê-lo, mas isso é, essencialmente, uma conduta predatória canídea não reconstruída. Os procedimentos de caça antes mencionados estão marcados no *collie*, mas sutilmente reorganizados. Pastorear ovelhas à maneira *collie* envolve três elementos-chave da conduta predatória: o "olho" (fixar o olhar, o que parece ser intimidante), a espreita e a perseguição. Os filhotes de *collie* começam a desempenhar essas condutas muito cedo e integram todas as três em suas brincadeiras. Então, é possível para o pastor treinar o jovem cão para desempenhar cada uma delas separadamente, ao seu comando. As últimas e mais violentas partes da sequência predatória — morder e, eventualmente, matar — são suprimidas, se necessário pelo treinamento, apesar de que muitos *collies* pareçam deter-se naturalmente depois da perseguição. A capacidade de pastorear dos *border collies* é surpreendentemente hereditária (em outras palavras, alguns *collies* nascem melhores pastores que outros), o que indica alguma variação residual até mesmo no interior da raça. Assim, a seleção para essa capacidade tão importante, embora tenha sido e com certeza seja intensa, ainda não se concluiu.

Um *collie* no trabalho.

Entre os cães que não trabalham, muitas das aptidões graças às quais eles foram originalmente criados se tornam redundantes — ou pior — em seu papel de cães de companhia. Algumas vezes, essa redundância não parece apresentar nenhum problema: por exemplo, muitas das raças de cães de companhia mais conhecidas — como os *spaniels* e os *retrievers* — são descendentes de animais que trabalhavam. Mas mesmo nessas raças, houve uma tendência a distinguirem-se linhagens separadas — "de trabalho" e "de exposição" —, provindo a maior parte dos animais de estimação desta última. Isso implica que os cães selecionados especificamente para o trabalho podem não se adaptar ao papel de companhia tão bem como poderiam. O conflito entre os traços de trabalho e as demandas dos donos de animais de estimação pode ser ainda mais óbvio nas raças de pastoreio, como a dos *border collies*, e nas raças de caça, como a dos *beagles* — cães dessas raças podem requerer bastante mais exercício e estimulação do que um dono mediano seja capaz de lhes proporcionar.

Em anos recentes, aqueles que regulam a criação de cães assumiram maior responsabilidade quanto a informar os futuros donos sobre as origens de trabalho das raças e os problemas que estas podem causar a um dono de cachorro que não está preparado para adaptar-se a elas. Por exemplo, o Kennel Club do Reino Unido descreve assim o *border collie*: "Ele precisa de muito exercício, prospera com a companhia e participará de qualquer atividade. É dedicado a servir o homem, mas é o tipo de cão que precisa trabalhar para ser feliz e não fica contente de sentar-se em casa ao pé da lareira o dia inteiro."[10] Comparem isso ao padrão oficial da raça no Reino Unido, que diz simplesmente: "Temperamento: agudo, alerta, reativo e inteligente. Nem nervoso nem agressivo" — dando a entender ao não iniciado que nenhum *collie* ficará nervoso ou agressivo, mesmo que alguns deles, aos quais seja negada a vida ativa que desejam, possam vir a tornar-se ambas as coisas. (Algumas referências a desvantagens de uma raça são mais oblíquas: "Não existe melhor visão do que um bando de *beagles* em perseguição total, suas cabeças baixas no rastro, seus rabos de pé em rígida ordem, enquanto se concentram na caça. Esse instinto é imitado em seu comportamento diário no parque: o homem com a coleira na mão e nenhum cão por perto é o dono de um *beagle*.")[11] Apesar disso, futuros donos de cachorro que se dão ao trabalho de investigar as necessidades de comportamento de uma raça que lhes seja simpática deveriam, hoje em dia, ser capazes de encontrar informação bem mais precisa.

No entanto, muitos dos traços que tornam o cão adequado para o papel de cão de companhia — força da ligação com pessoas, capacidade de lidar com mudanças inesperadas em seu ambiente, treinabilidade e assim por diante — parecem variar tanto dentro de cada raça como entre elas. Embora sem negar que algumas raças só se adaptam a estilos de vida ativos, enquanto outras acham mais fácil adaptar-se às demandas da moderna vida na cidade, apresso-me a acrescentar que, com frequência, não é tanto a raça de um cão, mas, antes, sua personalidade própria que determina o quão recompensador ele será em seu papel de animal de estimação — e quão feliz ele próprio será nesse papel. Parece que os padrões e descrições da raça falam de uma personalidade fixa (por exemplo, "Ágil, alerta... Deve impressionar como ativo, corajoso e ousado... Disposição alegre e destemida; assertivo, mas não agressivo" — texto retirado do padrão da raça *cairn terrier* do Reino Unido[12]), mas o estudo científico do temperamento canino tem mostrado como isso não é confiável.

O estudo mais abrangente já realizado sobre a genética da conduta do cão foi o projeto Bar Harbor, que começou em 1946 e continuou até meados dos anos 1960.[13] Na época, psicólogos e biólogos defendiam opiniões diametralmente opostas sobre o fato de a genética influenciar a personalidade: os biólogos afirmavam que muitas diferenças de caráter entre os animais de uma espécie (o que inclui gente) eram influenciadas pelos genes, enquanto a maior parte dos psicólogos sustentava que a personalidade era o produto das experiências precoces do animal. As raças de cães, naquela altura geneticamente isoladas umas das outras por meio século ou mais, eram escolhidas como o ponto de partida ideal para responder a essa questão.

Cinco raças de cães e os cruzamentos entre elas foram examinados em busca de diferenças consistentes no comportamento. Os cientistas escolheram raças de porte pequeno a médio, com reputações de terem estilos de conduta contrastantes: o *cocker spaniel* americano, o *basenji* africano, o *pastor de Shetland*, o *fox terrier* de pelo duro e o *beagle*. Eles criaram mais de 450 filhotes; alguns de raça pura, outros resultantes de cruzamentos entre duas das raças escolhidas. Criaram todos eles sob condições padronizadas, permitindo que os efeitos de qualquer diferença genética aparecessem. Enquanto cresciam, os filhotes passaram por uma ampla gama de testes comportamentais. Alguns desses testes examinaram a conduta espontânea, como a brincadeira entre filhotes em cada ninhada e a reação quando um ser humano os pegava nas mãos. Outros testaram a facilidade de treinar cada cachorro para desempenhar tarefas simples de obediência, como andar junto com gente. Outros ainda testaram a capacidade cognitiva, como, por exemplo, a rapidez de cada cão para aprender a atravessar um labirinto ou a puxar uma tigela de comida debaixo de uma cobertura de malha de arame.

Surpreendentemente, quando todos os resultados foram compilados, a raça veio a ser menos relevante para a formação da personalidade do que se havia esperado no começo. Embora se descobrisse que cada raça tinha algumas características comportamentais distintas (por exemplo, os filhotes de *cocker* eram muito menos brincalhões do que os outros), foram os *basenjis* que se destacaram do resto. Ainda que as descrições usuais de seus padrões de raça dissessem outra coisa, os caracteres dos cães das quatro raças americanas em grande medida se superpunham.[14] Somente os *basenjis*, uma antiga raça com um característico DNA de "cão de aldeia", eram muito diferentes em seu comportamento. Algumas de suas diferenças podiam ser traçadas até um único gene dominante, que se manifestava como uma tendência dos filhotes de *basenji* a não gostarem de ser manuseados até que tivessem mais de 5 semanas de idade.

Fora os *basenjis*, muitos dos traços comportamentais que foram medidos variavam quase tanto dentro das raças quanto entre elas. Descobriu-se que as diferenças entre os indivíduos eram relativas a sete traços emocionais diversos (impulsividade, reatividade, emotividade, independência, timidez, calma e apreensão) e a apenas dois traços de aptidão (inteligência e capacidade de cooperar com gente). O fato de os cães se saírem bem ou mal na maior parte dos testes dependia não de diferenças em sua "inteligência", mas, antes, de suas reações emocionais às situações em que eram colocados e de sua capacidade de captar indicações dos pesquisadores sobre o que se supunha que deviam fazer. Assim, embora os traços de trabalho possam ser característicos de raças ou tipos, os traços emocionais mostram maior superposição entre as raças.

Além disso, aquele estudo — intencionalmente — não levou em conta um fator muito importante entre os que influenciam o caráter do cão: as experiências vividas durante os primeiros meses de vida. Todos os filhotes foram criados sob condições padronizadas para minimizar o efeito de tais experiências. No mundo real em que os futuros donos de cachorro procuram seus animais de estimação, essa experiência precoce pode avassalar a maior parte dos fatores genéticos. Um filhote de *cocker* nascido e criado em um galpão isolado comportar-se-á de forma bem parecida com um *beagle* criado sob condições similares — tímido e assustado com qualquer coisa fora do normal — e será igualmente inclinado a desenvolver, mais tarde na vida, problemas de agressão ou de evitação temerosa.

Basenji.

Algumas organizações de criadores não dão ênfase suficiente ao papel do ambiente na formação do comportamento do cão. Isso não é de surpreender, já que relutam em admitir que qualquer de seus associados crie os filhotes sob condições que não sejam as ideais. O caráter de um cão é produto de uma complexa interação entre a genética e as experiências do cão enquanto cresce. Nenhum padrão de raça relativo ao caráter pode proteger contra o dano feito a um filhote que cresce em um ambiente empobrecido durante suas primeiras 8 semanas de vida.

Talvez o mais importante traço de personalidade sobre o qual um futuro dono de cachorro vai fazer perguntas é se os cães de uma certa raça têm inclinação para a agressão. Mas será que existem distinções significativas entre as raças a esse respeito? As contribuições relativas da genética e do meio ambiente para determinar se um cão terá tendência a morder ainda são motivo de acalorado debate: um dos mais controvertidos aspectos da questão que opõe personalidade e conduta própria da raça é se a agressividade é um traço genético entre os cães. É universalmente aceito que a agressividade pode ser afetada pela experiência, mas as opiniões diferem no que diz respeito a outras contingências. Muitos especialistas agora concordam que grande parte da agressão nos cães é motivada pelo medo, não pela raiva, e que a experiência precoce e a aprendizagem desempenham um tremendo papel para determinar se um dado cão vai transformar seus sentimentos agressivos em ataque real. Ao mesmo tempo, no entanto, é difícil ignorar as influências genéticas. No caso das raças projetadas para briga e para guarda, elas devem desempenhar um papel, embora não forçosamente um papel determinante.

Como as diferenças no plano da experiência foram minimizadas no projeto Bar Harbour, os dados produzidos pelos cientistas deveriam constituir um bom campo para procurar efeitos genéticos sobre a agressividade. Todos os cães envolvidos naquele estudo foram testados para verificar se possuíam tendências agressivas em uma variedade de cenários. Mas essas tendências não aparecem na análise como uma das sete dimensões emocionais subjacentes. Antes, a agressividade viu-se fortemente relacionada à reatividade em geral, caracterizada por uma taxa de batimentos cardíacos acelerada, um rápido avanço em campos de obstáculos e assim por diante. No entanto, nenhuma das cinco raças selecionadas para o projeto Bar Harbour, com a possível exceção da *basenji*, foi especialmente observada com o fim de verificar sua agressividade, de modo que esse estudo não pode excluir a possibilidade de que a genética venha a influir na agressividade em alguma outra raça, sobretudo as raças de cães de briga e as de cães de guarda.

A agressão de que são capazes esses cães ainda é uma questão de preocupação pública real, embora muitas medidas tenham sido tomadas para reduzir os riscos que possa representar. Exceto em circunstâncias definidas com muito cuidado e severamente reguladas, tais como o treinamento de cães policiais para o controle da ordem pública, os cães agressivos são inaceitáveis para a maioria da sociedade. Em anos recentes, tentativas de remediar os problemas causados pela agressão de cães geralmente assumiram a forma de leis específicas sobre certas raças, muitas das quais se revelaram difíceis de implementar. Essas leis variam consideravelmente, em detalhes, de país a país, mas a maior parte delas proíbe ou impõe rigorosas restrições à posse e/ou à circulação de *pit bull terriers* e raças similares. Mas os *pit bulls* são realmente diferentes de outros cães, ou simplesmente têm a "cara" certa para aqueles que desejam utilizar os cães como armas? A verdade, decerto, está em algum lugar no meio.

Cão de briga.

Os relatos de incidentes em que houve mordidas são notoriamente pouco confiáveis,[15] de modo que devemos ter cuidado ao considerar se um cão que atacou alguém foi de fato um *pit bull*. Como os tipos de *pit bull* geralmente não possuem *pedigrees* autenticados, eles não podem ser chamados de "raça" no mesmo sentido que, digamos, os *cocker spaniels*. Assim, é difícil identificar um *pit bull* como tal; outras raças, mais comumente os *staffordshire terriers*, são muitas vezes confundidas com *pit bulls*. Dois outros fatores de confusão também podem ter contribuído para a reputação do *pit bull*: (1) relatos exagerados de incidentes em que alguém foi mordido, depois de uma ocorrência com boa publicidade na mídia e (2) a escolha deliberada desse tipo de cão por donos irresponsáveis.

Legislar contra uma raça inteira só pode ser justificado se existirem razões biológicas subjacentes consoantes as quais essa raça será agressiva. Se, por outro lado, a causa principal for a posse irresponsável, manifestada como um desejo de usar o cão para brigar (ou meramente dar a impressão de fazer isso), então proibir por lei uma raça com certeza não vai resolver nada: ou a raça será desenvolvida clandestinamente, o que aumentará a posse irresponsável, ou outras raças ocuparão seu lugar.

Os *pit bulls* certamente descendem de cães criados para brigar. Os ancestrais dos *pit bulls* de hoje podem ser traçados até os *buldogues*. Os *buldogues* foram usados em lutas com touros no Reino Unido até que o esporte foi declarado ilegal em 1835; depois disso, foram usados em briga de cães dos dois lados do Atlântico. Tais cães foram selecionados, ao longo de muitas gerações, por suas características específicas: baixo nível de inibição para a luta, escalada rápida em qualquer conflito, com frequência omitindo a normal comunicação de ameaça, e ausência de inibição para morder, também observada em muitas raças de cães de guarda, tais como os *pastores-alemães*, que abocanham e seguram suas vítimas, mas, de hábito, não as sacodem nem rasgam como os *pit bulls*. (A "mandíbula que trava" do *pit bull*, no entanto, é um mito.) Os criadores supostamente tentam selecionar contra a agressão dirigida a pessoas, pensando em maior segurança para os donos dos animais e suas famílias pelo menos. Mas não está claro se tal seleção é eficaz. Como os cães em geral tendem muito mais a escolher seus alvos com base na experiência e não na preferência geneticamente guiada, estão aptos a atuar contra qualquer um que percebam como ameaça — inclusive o seu próprio dono.

Embora alguns *pit bulls* sejam indiscutivelmente perigosos, muitos não o são. É certo que, em 1986, os *pit bulls* foram responsáveis por sete dos onze ataques fatais perpetrados por cães nos Estados Unidos, o que faz com que essa raça apresente pelo menos trinta vezes mais probabilidade de morder gente do que qualquer outra. No entanto, nenhum desses sete cães era registrado em clubes de criadores, de modo que foi impossível quantificar a contribuição de sua ancestralidade para esses níveis de agressão. Além disso, é provável que o modo como seus donos os tratavam, e especialmente o modo como os treinaram, tenha proporcionado o subsídio mais importante para sua extrema agressividade. Apesar dessa temível reputação, na certa a grande maioria dos 1 ou 2 milhões de *pit bulls* que viviam nos Estados Unidos naquela época nunca tinha mordido ninguém.

A conexão entre raça/personalidade e incidentes reais de cães que mordem é pelo menos imprecisa, mesmo que aceitemos que algumas raças sejam geneticamente predispostas a se conduzirem de maneira mais agressiva que outras, ou que exista algo como um traço de personalidade agressiva nos cães. Mesmo entre os que pertencem a raças ditas agressivas, os cães que realmente atacam são flagrantemente discrepantes. Além do mais, as razões para a sua conduta extremada poucas vezes são investigadas com profundidade — a maior parte desses cães é simplesmente sacrificada.

Em resumo, não há evidência direta de que as diferenças de raça, no que se refere à agressão, tenham muito que ver com a genética. Por um lado, uma percentagem muito alta dos cães de qualquer raça, inclusive dos que pertencem àquelas tidas como as mais "perigosas", não se envolve em ataques (ver tabela na página ao lado). Por outro lado, as circunstâncias nas quais os cães manifestam a agressão são altamente modificáveis pelas experiências da história de cada cão, inclusive a experiência de treinamento, mas não só ela. Na verdade, nenhuma das estatísticas sobre ataques de cães distingue entre a hipótese "genética", na qual a legislação se baseia, e a possibilidade de que algumas raças têm mais probabilidade de serem escolhidas por donos de cachorro irresponsáveis.

Em contraste com isso, os fatores genéticos são muito mais evidentes na agressividade inerente aos híbridos de lobo, ou "cães-lobo". Potencialmente mais perigosos para seus donos e para o público do que os *pit bulls* e outros cães de briga, esses híbridos de lobos e cães adquiriram um status de *cult* no último quarto de século — especialmente nos Estados Unidos, onde pode haver até meio milhão deles. Os lobos e os cães estão adaptados a ambientes tão diferentes que essa extrema exogamia com certeza haveria de produzir animais que não se adaptam ao contexto selvagem nem ao doméstico — e, na verdade, os cães-lobo são conhecidos pela imprevisibilidade de seu comportamento.

Quantidade de cães envolvidos em ataques a pessoas e a outros cães em New South Wales, Austrália, em 2004-2005[16]

Raça	Quantidade (tal como foi registrado)	Percentagem da raça
Pastor-alemão	63	0,2
Rottweiler	58	0,2
Cão de gado australiano (Kelpie)	59	0,2
Staffordshire bull terrier	41	0,1
Pit bull terrier americano	33	1,0
Outros	619	

Os cães-lobo foram responsabilizados por um número desproporcionado de ataques contra seres humanos. Por exemplo, nos Estados Unidos, entre 1989 e 1994, acreditava-se que eles tivessem sido responsáveis por mais mortes de pessoas (doze) do que os *pit bulls* (dez). Parece haver duas motivações distintas por trás de tais ataques. Alguns parecem ter seu motivo em desafios sobre recursos, o que acontece quando, por exemplo, uma pessoa tenta tirar a comida de um cão-lobo. Outros ataques parecem originar-se na percepção dos cães-lobo sobre os seres humanos (especialmente as crianças) como presas potenciais, e nesse caso, ao que parece, eles expressam sua gama completa de conduta predatória até a matança. De acordo com isso, a Humane Society of the United States, a Royal Society for the Prevention of Cruelty to Animals, a Ottawa Humane Society, a Dogs Trust e a Species Survival Commission do Wolf Specialist Group da International Union for Conservation of Nature (IUCN) consideram os cães-lobo como animais selvagens e, portanto, não adequados para serem animais de estimação. Embora o modo como um cão-lobo é criado, sem dúvida, afete o fato de ele ser perigoso ou não, os genes de lobo que ele porta são, indubitavelmente, a principal influência sobre sua conduta.

Mas, fora esses híbridos, a falta de qualquer base genética bem estabelecida para a legislação sobre "cães perigosos" a torna injusta com relação aos cães. Além do mais, a lenta maquinaria do sistema legal pode significar que a implementação de tal legislação tornará uma situação que já é ruim ainda pior para os cães que são "presos" por morderem. A maior parte desses cães fica alojada em canis por meses ou até por anos, enquanto espera que os tribunais decidam sua sorte, o que torna um novo treinamento e a reabilitação muito mais difíceis ou até mesmo impossíveis.

Cães agressivos são, obviamente, uma questão de importância pública, mas, de modo paradoxal, eles podem não ser a maior ameaça para o bem-estar dos cães trazida pela criação seletiva. Sempre que os cães são selecionados por aspectos especiais de conduta, existe um risco, até agora apenas vagamente percebido, de que eles possam vir a sofrer. Isso porque as escolhas que muitas vezes os animais têm que fazer entre uma ou outra reação a uma situação dada são frequentemente guiadas pela emoção. A seleção natural conserva essas conexões funcionais. Um lobo que é hiperansioso, temeroso ou zangado — ou que, em sua infância, era demasiado dependente de sua mãe — ficaria prejudicado em seus relacionamentos com outros lobos e, assim, não seria provável que se tornasse o reprodutor em um bando. Criar cães para que tenham condutas específicas tem o potencial de distorcer os controles e equilíbrios herdados de seus antepassados selvagens. Como se sentirão os *collies* quando não podem perseguir alguma coisa? Os lobos não se incomodariam, pois só sentem uma necessidade aguda de perseguir quando têm fome. Mas, nos *collies,* as conexões entre a perseguição, a caça e a fome devem ter sido rompidas; de outro modo, não conseguiríamos levá-los a trabalhar de modo seguro com as ovelhas. E, só pelo fato de tais conexões terem sido rompidas, podemos estar certos de que os *collies* não sentem perpetuamente necessidade de perseguir alguma coisa? A facilidade com que ficam frustrados quando não lhes é permitido trabalhar, a ponto de apresentarem conduta repetitiva estereotipada, sugere que isso é inteiramente possível. Igualmente, é plausível que cães de proteção, criados e treinados para terem uma sensibilidade elevada a desafios, sintam-se ansiosos e/ou zangados grande parte do tempo sem necessariamente mostrar quaisquer sinais externos dessas emoções. Se tais distorções dos controles e equilíbrios naturais dos cães são disseminadas, e a especificidade por raça de muitas desordens de conduta sugere que o sejam, então *todos* os criadores, e não apenas os que criam cães para exposições, precisam pensar sobre o que estão fazendo.

Na verdade, se os cães devem continuar tão apreciados como animais de estimação, eles precisam de alguma seleção concentrada nas qualidades específicas que fazem deles companhias gratificantes. Já não basta colocar essas qualidades em terceiro lugar, depois da aparência externa e dos traços de conduta que refletem a sua função de trabalho original. A seleção em busca desses traços pode ser complexa, mas é possível, como fica evidenciado pelos muitos cães que (talvez mais por acidente do que por planejamento) se adaptam confortavelmente a esse nicho hoje em dia.

Futuros donos de cachorro, no entanto, com frequência selecionam seus animais mais pela aparência do que pela personalidade. Talvez se os cães não fossem tão variáveis na aparência, oferecendo assim aos seus futuros donos tantas escolhas quanto ao "lado exterior", mais apreço poderia ser atribuído ao "lado interior". A raça muitas vezes determina quão ativo um cão precisa ser e, assim, se um tal tipo de cão irá adaptar-se ao estilo de vida do seu dono. Mas a personalidade e a probabilidade de que uma ligação duradoura com o dono se desenvolva são muito menos influenciadas pela genética do que pelo ambiente, de modo que os donos de cachorro fariam bem empenhando-se em saber se o meio ambiente em que os cães foram criados lhes propiciou o melhor começo possível para uma vida de animal de estimação.

CAPÍTULO 11

Os cães e o futuro

Os cães têm sido o melhor amigo do homem por milhares de anos, e talvez por isso não lhes damos o merecido valor. Eles se mostraram supremamente versáteis e levaram a cabo uma vasta gama de tarefas, além de serem um gratificante companheiro social. Mas terão a capacidade de continuar se reinventando quando a sociedade humana muda cada vez com maior rapidez? Sim, mas com certeza vão precisar de ajuda ao longo do caminho — uma ajuda que a ciência que estuda os cães está pronta para proporcionar. Os cães e os seres humanos têm se dado bastante bem até agora, sem que nenhum deles compreendesse completamente o outro. Da maneira como vejo, nós humanos, como parceiros mais velhos neste arranjo, devemos assumir a responsabilidade básica de assegurar que esse relacionamento efetivamente prossiga no futuro. Na realidade, deveríamos trabalhar para melhorar a compreensão entre humanos e cães, recorrendo à ciência mais atualizada, para que os cães possam continuar a viver harmoniosamente ao nosso lado.

Os cães proporcionam muitos benefícios à humanidade. Não apenas continuam a trabalhar para nós, nos padrões antigos e tradicionais, como ininterruptamente descobrimos novas funções para eles — tarefas para as quais sua agilidade, inteligência e capacidade de interação com o mundo são superiores às nossas. Eles também nos brindam com os benefícios psicológicos da companhia, proporcionando-nos relacionamentos que complementam os que temos com membros de nossa própria espécie. Além disso, se os compreendermos adequadamente, eles podem nos propiciar um olhar fascinante sobre um mundo diverso, fisicamente o mesmo, mas percebido graças a sentidos que são diferentes dos nossos.

As pesquisas científicas sobre os cães nos trouxeram perspectivas novas e ricas sobre a singularidade do cão. Até cerca de cem anos atrás, a compreensão que o homem tinha sobre os cães não era mais que uma vertente da psicologia de senso comum, uma tradição construída ao longo de milhares de anos de tentativa e erro. A ciência começou a introduzir-se no assunto por volta do final do século XIX em duas frentes: vários dos primeiros estudiosos de psicologia comparada, Thorndike e Pavlov entre eles, utilizaram cães como animais experimentais convenientes, enquanto os funcionários de zoológicos e os naturalistas vitorianos contribuíam com as primeiras comparações do cão com o lobo. Uma explosão suplementar de atividades na metade do século XX — com a troca de ideias e concepções entre biólogos especializados em lobos, geneticistas de cães e os primeiros veterinários a demonstrar interesse pela conduta de seus clientes — levou a uma primeira compreensão sistemática do processo de socialização dos cães, mas também contribuiu com uma má interpretação da conduta do lobo que assombrou insistentemente a biologia canina desde então.

Agora, no começo do século XXI, surgiu uma nova oportunidade para integrar conceitos pertencentes ao comportamento do lobo e do cão à moderna ciência do bem-estar dos animais e ao novo conhecimento sobre aprendizagem e cognição — e essa oportunidade permitiu que atualizássemos nossa compreensão sobre os cães e sobre como eles gostariam que nós cuidássemos deles. Como sempre é o caso quando se trata de ciência, esse entendimento vai precisar de revisões constantes à luz de novas informações. Mesmo assim, sabemos muito mais agora do que sabíamos há cem anos sobre como tratar nossos companheiros. Em primeiro lugar, os cães são canídeos, mas não se comportam como os lobos. Comparações superficiais entre qualquer animal selvagem e o cão, que é talvez o animal mais definitivamente domesticado, raramente são úteis. Em segundo lugar, os cães possuem uma capacidade única de criar ligações com os seres humanos, e suas fidelidades básicas estão dirigidas às pessoas. Mas é apenas a capacidade de formar tais ligações que é inata: elas precisam ser nutridas, de forma elementar, durante os primeiros 3 ou 4 meses de vida do cão. Em terceiro lugar, o sentido do olfato do cão é muito mais sensível que o nosso e deveria ser respeitado como tal, e não simplesmente explorado.

Essas ideias são demasiado simples e não requerem nenhum esforço mental: são noções que qualquer pessoa que goste de cães deveria achar fácil de aceitar se tem respeito pela ciência que as concebeu. Uma vez que a pesquisa científica se torna mais amplamente disseminada na academia e na orientação dominante da mídia, essas ideias serão incorporadas cada vez mais pela bem conhecida psicologia do cuidado dos cães.

O treinamento é uma área em que a nova ciência sobre cães encontrou forte resistência, a ponto de alguns treinadores e autoproclamados "especialistas em comportamento" terem atacado aberta e deliberadamente as credenciais daqueles que tentavam disseminar informação confiável, fundamentada na ciência. A ideia de que a maior parte dos cães continuamente tenta assumir o controle dos lares em que vivem está demorando muito para desaparecer. Assim também o uso do castigo físico: coleiras de choque, já amplamente disponíveis nos Estados Unidos, estão começando a ficar populares em alguns lugares do Reino Unido.

No entanto, a oposição não é simplesmente "punição para impedir a dominação" *versus* "recompensas para encorajar a ligação". Na verdade, alguns treinadores desacreditam o uso de qualquer tipo de castigo físico. Outros o veem apenas como último recurso, e outros ainda o consideram recurso essencial e cotidiano do arsenal do treinador. Desacordos sobre métodos algumas vezes descambaram para ataques pessoais. Aqueles que desacreditam o castigo físico retratam-no como desnecessariamente cruel, algumas vezes chegando a sugerir motivos vis por parte daqueles que se valem dessas técnicas, acusando-os de praticarem a crueldade pela crueldade.[1] Por outro lado, alguns treinadores acusam seus oponentes de promover ativamente o mau comportamento dos cães.[2]

Toda essa polarização e recriminação mútua podem esconder o fato de que existem vários métodos não cruéis para o treinamento de cães, embora sua eficácia relativa ainda esteja por ser avaliada. Pode-se dizer que haverá tantas formas de conceber como treinar um cão quanto existam treinadores, mas destacam-se quatro facetas específicas dos cães sobre as quais os treinadores e os especialistas em conduta discordam com mais veemência.

A primeira delas diz respeito a se devemos ou não entender os cães como "animais de bando". Aqueles que acolhem a noção de "bando" com frequência parecem usá-la como um grito de alerta para aqueles donos de cachorro que antropomorfizam seus cães em demasia, que os tratam como gente. Como os cães não são gente e, na verdade, podem acabar vindo a sofrer se tratados assim, tais lembretes podem ser salutares se aplicados com moderação, mas não para justificar o castigo físico.

A segunda dessas facetas é uma dimensão filosófica e ética relacionada ao bem-estar e ao conforto do animal. Alguns treinadores não dão importância alguma à questão de saber se o castigo físico causará sofrimento ou não, racionalizando-o como uma experiência que o cão, sendo um lobo mal reconstruído, está preparado para vivenciar como parte de sua criação. No extremo oposto, estão aqueles treinadores que abominam todas as formas de punição, na suposição de que estas — por definição — causam sofrimento ao cão. Outros ainda adotam uma abordagem mais moderada, sustentando que certa dose de sofrimento pode ser contrabalançada com os benefícios que vão advir para o cão se este corrige sua conduta. Estes consideram o castigo físico como uma técnica de último recurso, justificada apenas quando o bem-estar do cão a longo prazo ficaria, de outra maneira, ameaçado.[3] Por exemplo, alguns justificam o uso de coleiras de choque para punir a perseguição de rebanhos, argumentando que, se os cães insistem em engajar-se nesse comportamento, correm o risco de serem mortos por um fazendeiro, ou de serem sacrificados. (Tenham em mente que é virtualmente impossível, em qualquer regime de treinamento, preservar os cães de todos os sentimentos negativos; mesmo o fato de apenas ignorá-los quando estão desempenhando um tipo não desejável de busca de atenção é suficiente para torná-los ansiosos.) Onde esses treinadores podem discordar é quanto ao modo de equilibrar essa troca: sofrimento agora *versus* benefícios mais tarde.

A terceira faceta é que os treinadores fazem suposições muito diferentes sobre as aptidões cognitivas dos cães. De forma paradoxal talvez, os treinadores que trabalham com o pressuposto da dominação têm que presumir um nível quase maquiavélico de inteligência canina: o cão precisa ser realmente muito esperto para enganar seu dono e assim conquistar o status de "dominador" no lar. No outro campo, os treinadores de cães de estimação que preferem as recompensas dependem de contar com uma aprendizagem associativa bastante direta, tanto porque ela funciona como porque é fácil para os donos de cachorro entender como devem proceder. Seus métodos tocam de leve em algumas das partes mais primitivas do cérebro do cão; no essencial, seus procedimentos desconhecem a questão de quão espertos os cães podem ser ou não e confiam em métodos de aprendizagem que evoluíram há muitos milhões de anos. Não é que os treinadores que preferem as recompensas pensem que os cães sejam estúpidos, mas sim que os métodos de treinamento simples são mais fáceis de ensinar aos donos de cachorro do que os complexos. O treinamento de cães-guia, por exemplo, embora tenha como base as recompensas, recorre bem mais às aptidões cognitivas dos cães.[4] Mas, idealmente, todo treinamento poderia aproveitar essas aptidões — inclusive, por exemplo, a capacidade do cão para a aprendizagem social que a ciência canina ainda está tratando de revelar. Explorar tais possibilidades deveria ser mais produtivo a longo prazo do que perseguir ideias para as quais a ciência não encontrou evidências que as sustentem.

Em quarto lugar, alguns treinadores — especialmente aqueles que treinam cães de caça, de pastoreio e de guarda — vêm de uma tradição que encara os cães primariamente como se fossem ferramentas. Um dos métodos que defendem é manter o cão em canis, longe do que consideram influência humana excessiva. Outros veem o lugar natural do cão como o de um integrante da sociedade humana e insistem em que o treinamento deveria servir, acima de tudo, para reforçar essa ligação, mesmo que o cão também cumpra uma função. Por exemplo, os serviços de segurança no Reino Unido estão divididos, atualmente, sobre se os cães de patrulha devem viver na casa do seu cuidador ou devem ficar confinados em canis quando estiverem de folga. Como tais cães precisam estar finamente sintonizados com as pessoas quando estão trabalhando, parece pouco provável que essa aptidão possa ser refinada com longos períodos de isolamento; além disso, não se apresentou nenhuma prova de que o cão que vive em canis seja realmente o trabalhador mais eficaz.

As diferenças entre várias escolas de treinamento de cães são, pois, muito mais complexas do que a questão de saber se a punição é cruel ou não, ou se os treinadores concebem ou não os cães como se fossem lobos. Suas filosofias subjacentes e pontos de vista éticos também são diferentes, de tal forma que talvez não seja surpreendente que eles tantas vezes se compreendam mal ou mesmo que uns desvirtuem o que dizem os outros. Isso em nada ajuda, em uma época em que a sociedade alimenta expectativas de que os cães se submetam ao controle de seus donos como nunca se pretendeu antes.

O que é preciso é disciplina no sentido do controle e não disciplina como resultado de castigo. É claro que um cão não vai aprender como se comportar bem apenas porque é amado, embora eu suspeite de que isso é o que muitos donos gostariam que acontecesse — e podem até *esperar* que aconteça. Hoje, quando fui correr no parque perto da minha casa, no primeiro dia ensolarado do ano, encontrei nove cães levados a passear sem coleira pelos seus donos. Apenas um desses cachorros respondeu imediatamente a um comando de seu dono para que voltasse. Todos os outros causaram pequenos embaraços a seus donos, pulando em cima de crianças, perseguindo ciclistas, atravessando o caminho de gente que passeava, tentando surrupiar comida de quem fazia piqueniques e assim por diante. Presumindo-se que esta amostra não representativa é bastante típica, essas condutas decerto contribuem para dar aos cães uma má fama.

Não sei que métodos aqueles donos de cachorro usaram, se é que usaram algum, para tentar treinar seus animais a voltarem quando chamados, mas estou pronto a apostar que muitos deles tentaram o castigo. Com certeza vi vários deles admoestarem seus cães depois que conseguiram afastá-los do que estavam fazendo. Embora isso tenha sido feito mais para dar uma espécie de satisfação às pessoas que os seus cães importunavam do que para o benefício dos próprios cães, é pouco provável que tenha fomentado nos cães o entendimento de que voltar para seus donos é uma coisa agradável de ser feita. É mais lógico e simples treinar cães para que voltem para seus donos porque querem fazê-lo do que porque estão com medo de não fazê-lo. Claramente existe um abismo entre o ideal e a realidade de "ter" um cão.

A compreensão adequada das técnicas de treinamento e sua aplicação diligente não só são essenciais de uma perspectiva social, mas também são boas para o relacionamento cão-dono.[5] A maior parte dos cães e seus donos, saibam eles disso ou não, precisa desesperadamente de um acesso mais fácil a melhores padrões de treinamento de cães — mas, no presente, enfrenta uma variedade desconcertante de afirmações e contra-afirmações por parte das várias escolas de treinadores.

Infelizmente não há padrões universalmente reconhecidos para treinadores de cães.[6] As profundas divisões entre vários campos no mundo do treinamento de cães, alimentadas pelo surgimento da Internet, resultaram, em vez disso, em uma explosão de "registros", "associações", "corporações" e "institutos", e cada um deles reivindica ter a última palavra no treinamento e no tratamento de desordens comportamentais. Diante desse confuso conjunto de nomes e de siglas ainda mais ambíguas, como poderiam os donos de cachorro novatos escolher um treinador que não apenas satisfaça suas necessidades de treinamento, mas também corresponda a seus padrões éticos? O Animal Behaviour and Training Council [Conselho de Conduta Animal e Treinamento], do Reino Unido, e pelo menos três conjuntos de diretrizes para o treinamento de cães, nos Estados Unidos, tentam trazer alguma clareza a essa confusão: um desses conjuntos de diretrizes está na declaração de propósitos da Association of Pet Dog Trainers (APDT), outro foi publicado pela Delta Society e outro distribuído pela American Humane Association. No entanto, a pletora de organizações, tanto no plano local como em nível nacional, acaba por militar contra a adoção de qualquer conjunto universal de padrões. A autorregulação efetiva da indústria do treinamento de cães será essencial se quisermos melhorar a vida dos cães (e a de seus donos) no século XXI.

Tão complexa como a questão das técnicas adequadas de treinamento é a questão de como serão as próximas gerações de cães e de onde elas virão. Os cães dos países ocidentais são, em sua maioria, cães de *pedigree*, produzidos por criadores que, em maior ou menor extensão, estão associados com o mundo das exposições caninas e dos padrões de raças. E já ficou bem claro que este viés e suas consequências genéticas não estão a serviço dos melhores interesses dos cães.

Dito isso, os cães retirados das ruas também são problemáticos. Muitos dos cães que ficam em abrigos já foram psicologicamente atingidos. Portanto, estão mal equipados para lidar com o próprio "resgate", que envolve um período indeterminado nos canis e, se tiverem sorte, um novo lar. Tais cães acham os ambientes não familiares e as novas rotinas altamente estressantes, de modo que o processo de resgate, por mais que necessário, deve ser conduzido com muito cuidado para não golpear ainda mais uma personalidade já fragilizada e levá-la à instabilidade. Alguns cães são forçados a mudar de lar por efeito de alterações inevitáveis das condições dos seus donos, mas muitos dos que são abandonados têm esse destino por conta de problemas de comportamento. Dos cães entregues em 2005 à instituição de realocação Dogs Trust, do Reino Unido, que trata de conseguir-lhes novos lares, 34% foram abandonados por causa de sua conduta problemática e 28% porque "precisavam de mais atenção do que lhes poderia ser dada"[7] — uma categoria que dá a entender que dela participam muitos cães com desordens de separação.

Uma compreensão melhor de como lidar com desordens comportamentais e de como de fato preveni-las poderia, portanto, revolucionar o "salvamento" de cães. Por agora, no entanto, a melhor estratégia é a prevenção — a mitigação das circunstâncias que prioritariamente levam os cães a abrigos. Todos os anos, milhões de cães terminam em canis controlados pelas autoridades locais, por instituições particulares e por organizações não governamentais, em muitos casos porque seus donos, muito por ignorância, geriram mal seu comportamento. Se um número suficiente de pessoas for adequadamente treinado para reconhecer e lidar com os problemas de conduta mais simples dos cães, será possível que as instituições possam repensar seu atual padrão de levar os cães para albergues. Poderiam então concentrar-se mais em trabalhar com os donos, ajudando-os a corrigir a conduta dos cães em seus próprios lares, eliminando dessa forma a necessidade da estressante intermediação dos canis. (Os cães que suportam a permanência nos canis desses abrigos de maneira menos estressante são, em geral, reincidentes — fato que só fortalece nosso argumento.)

É claro que, mesmo no Ocidente, os cães que nascem a cada ano excedem à quantidade disponível de futuros donos, e assim muitos cães abandonados nunca chegam a novos lares. Só nos Estados Unidos, mais de 1 milhão de cães abandonados são sacrificados todos os anos. Embora cerca de um quarto desses animais nunca pudesse mesmo conseguir um lar por serem portadores de doenças crônicas ou já estarem na extrema velhice, o número dos que são eliminados sem necessidade evidencia uma séria incompatibilidade entre a oferta e a demanda de cães de estimação. A eutanásia, quando realizada adequadamente, não deveria propor uma questão de bem-estar em si mesma, pois os cães em princípio não têm consciência de seu destino. No entanto, ela é mais definitivamente uma questão ética — cuja aceitabilidade deve ser decidida, em última instância, pela sociedade humana e não pela canina. A própria ciência canina não pode proporcionar nenhum tipo de resposta.

Os dilemas morais relativos à eutanásia de animais mudaram de forma considerável com o passar do tempo e, hoje em dia, variam substancialmente entre as diferentes culturas. Em muitos países não ocidentais (e, ainda que de forma declinante, em alguns países ocidentais também) os cães enfrentam um espectro de questões de bem-estar muito diferentes das que vigoram nos Estados Unidos e na Europa Ocidental. Em algumas sociedades, ainda é comum deixar que os cães vagueiem pelas ruas, e as tradições relativas à posse de cães podem ser bem diversas; por exemplo, cães podem ser alimentados por uma comunidade inteira, em vez de terem um único "dono" legalmente identificável. Mas cães que deambulem em liberdade criam numerosos problemas: podem transmitir, potencialmente, doenças como a raiva; tornar-se um transtorno devido à sujeira ou ao barulho de latidos; causar acidentes de trânsito; e atacar os rebanhos ou as pessoas. O controle de população sob essas circunstâncias é com frequência uma necessidade, com o que a ênfase na questão do bem-estar tem que mudar do cão para a população como um todo: se um cão é sacrificado em uma aldeia, isso pode melhorar o bem-estar de outro cão, já que a competição reduzida permite uma partilha adequada dos recursos da comunidade. (Isso é verdadeiro principalmente se um programa de esterilização for posto em prática simultaneamente para impedir que a população de cães volte ao seu nível anterior.)

Embora os cães de aldeia tenham mais controle sobre suas vidas do que os animais de estimação, e nesse sentido sejam mais "naturais", seu bem-estar individual com frequência fica comprometido: têm pouco ou nenhum acesso ao tratamento veterinário por doenças ou ferimentos; podem passar fome; podem ser maltratados por pessoas que sabem que não serão penalizadas por fazê-lo. Os cães de aldeia que estão vivos hoje são uma população de sobreviventes; ao longo das gerações, um grande número de indivíduos menos adaptados ao ambiente em que viviam (por exemplo, menos resistentes a doenças ou a parasitas locais) terão morrido sem deixar descendência, e a maioria terá sofrido antes de morrer.

O moderno cão de *pedigree* está do outro lado do espectro, na medida em que nos empenhamos em proteger o bem-estar de todos eles por todo o seu tempo de vida. Protegemos esses cães dos mais perigosos aspectos do ambiente feito pelo homem: por exemplo, fazendo-os usar coleiras perto do tráfego, proporcionando-lhes alimentos nutritivos e biologicamente seguros e pondo à sua disposição tratamento veterinário que procura reduzir o desconforto e a dor. Os cães de aldeia rotineiramente não contam com nenhuma dessas vantagens.

Ao colocar os cães na posição de totalmente nossos e remover seu "direito" de reproduzir-se à vontade, deveríamos nos comprometer a melhorar seu bem-estar. Infelizmente, embora todos os envolvidos digam que se preocupam com o bem-estar dos cães, o resultado geral não tem sido um grande sucesso: um conjunto de desafios ao bem-estar dos cães — os que são impostos pelo mundo exterior e pela competição entre os cães — foi substituído pelos desafios que surgiram como consequências inexoráveis da endogamia.

Ninguém defende a volta a uma liberdade total, em que os cães de estimação poderiam escolher seus próprios parceiros para acasalar-se como o fazem os cães de aldeia. A reprodução controlada não é inerentemente má para os cães. Ao controlarmos a reprodução de modo artificial, temos o poder de impedir o nascimento de cães que estejam mais inclinados a sofrer e aumentamos assim o nível geral do bem-estar canino. Mas, apesar de todas as boas intenções, a humanidade não teve sucesso nessa empresa. Muitos cães de *pedigree* sofrem de condições debilitantes, resultado direto de nossa escolha de que animais devem acasalar-se ou não.

É preciso mudar de forma radical o modo como os cães são criados — não só para eliminar os defeitos de base genética, mas também para favorecer temperamentos que maximizem a capacidade dos cães de se tornarem animais de estimação gratificantes. Atualmente, a maior parte dos cães que nascem todos os anos é resultado da mentalidade de "pista de exposição" ou de acasalamentos não planejados. Nenhuma dessas práticas destina-se a produzir animais de estimação.

Uma alternativa possível é a criação comercial de cães pensados especificamente para serem animais de estimação, sem nenhuma preocupação com as demandas artificiais da pista de exposição. Afinal de contas, se os donos estão dispostos a pagar uma elevada soma de dinheiro por um filhote cujos pais foram selecionados primariamente para conformar-se aos padrões de uma raça, não poderiam ser persuadidos a pagar a mesma quantia por um cão projetado especificamente para a vida de um animal de estimação? Até agora, a criação comercial de animais de estimação ainda não está nem próxima de seu potencial. As "fábricas de animais de estimação" começaram a aparecer na Europa continental e produzem cães especificamente para este mercado: alguns derivam de raças existentes, como os *golden retrievers*, mas há outros também, como o *boomer*, um cachorro de companhia adorável, em geral branco, que aproveita da popularidade do cachorro "Boomer", estrela da televisão, e pode assim reivindicar o lugar de novo tipo de cão de companhia sem *pedigree*. No entanto, há poucos indícios, até agora, de que os produtos de novos estabelecimentos que cuidam disso sejam melhores animais de estimação que o cão médio das raças de "exposição".

Embora fosse teoricamente possível colocar a genética correta em um cenário comercial, há dúvidas de que um dia seja comercialmente viável produzir filhotes que possam passar por toda a socialização de que eles precisam durante suas 8 primeiras semanas de vida, antes que sejam colocados à venda. Em um cenário estritamente comercial, seria proibitivamente caro assegurar todas as experiências que os filhotes requerem durante seu período de socialização, para não falar das dificuldades logísticas que se seguiriam quando os filhotes estivessem na idade certa para serem exibidos para a venda. Portanto, é pouco provável que a criação comercial produza cães de estimação perfeitos para ninguém mais que uns poucos ricaços.

Para que "ter um cão" mantenha seu apelo de massa sem comprometer o bem-estar dos próprios animais, criadores entusiastas de pequena escala devem ser encorajados a continuar fornecendo a maioria dos cães de estimação. Esses criadores não profissionais, que criam cães porque os amam, têm a oportunidade de proporcionar uma socialização adequada sem nenhum custo financeiro para si mesmos, simplesmente cuidando dos filhotes e da mãe deles dentro de casa, em vez de isolados em um curral ou canil. Na verdade, os pequenos criadores — desde que comecem com a raça certa e sigam a mais atualizada informação sobre como promover a socialização — ainda detêm o potencial de proporcionar os melhores cães de estimação.

Por outro lado, é improvável que a engenharia genética melhore o bem-estar dos cães. Apesar das miríades de formas e tamanhos com que os cães já chegam, algumas restrições ainda permanecem, impostas pelas trajetórias de desenvolvimento do lobo. Tipos de cão radicalmente novos poderiam ser gerados, de forma hipotética, se o período de gestação do cão, atualmente fixo entre 60 e 63 dias, pudesse ser alterado com relação ao lobo.

A incorporação de genes de outros canídeos poderia tornar possível gerar cães que se parecessem mais com as raposas, ou com o cachorro-do-mato, de cabeça redonda e inegavelmente fofo.[8] No entanto, embora essa abordagem fosse, decerto, gerar novidades e controvérsias, não é disso que se necessita para salvar o cão. Já existe alteração genética mais do que suficiente entre os cães de hoje para gerar uma ampla variedade de indivíduos bem adaptados para a vida de animais de estimação; o que se precisa fazer, então, é reconhecer esse papel como a função principal do cão e tomar a iniciativa das mãos daqueles que entendem os cães como meios para ganhar prêmios ou ter lucros, seja na pista de exposição ou no teste do trabalho.

A outra aplicação da engenharia genética, a clonagem, tampouco é a solução para produzir o cão de companhia perfeito. O bilionário texano John Sperling clonou sua cadela Missy, cruza de *border collie* com *husky*, e os clones com certeza se parecem com ela. Mas de que é que ele gostava? Da aparência de Missy ou de sua personalidade? Porque a personalidade de um cão em grande parte é o produto de sua experiência de vida e não pode ser replicada graças à genética *in vitro*.

Quais são, pois, as barreiras que impedem o desenvolvimento de um melhor cão de companhia? Deixando de lado, por um momento, as características desse tipo de cachorro, parece haver pelo menos duas barreiras. A primeira é que os criadores de cães raramente tomam suas decisões sobre que cães criar com base em quais deles se revelaram melhores companheiros. Simplesmente podem não ter informações sobre como os animais que venderam desempenharam suas funções como tal. Ou podem estar primariamente concentrados nas possibilidades de que seus cães sejam ou não competitivos na pista — mesmo que a maior parte dos cães não seja adquirida para participar de competições. Além do mais, é difícil fazer com que os criadores sejam responsáveis pela qualidade dos filhotes que produzem. Eventuais fracassos podem ser prontamente atribuídos a erros cometidos por pessoas inexperientes que compram filhotes — que os alimentaram com a dieta errada, que não lhes deram exercício suficiente, que lhes deram demasiado exercício e assim por diante.

A segunda barreira é um clássico Ardil 22:* quanto mais responsável for o dono de um cão, maior a probabilidade de que esse cão seja castrado. Em resumo, muitos dos cães mais cuidadosamente selecionados e nutridos, aqueles que se adaptam perfeitamente ao âmbito da companhia, quase nunca passam adiante seus genes para a geração seguinte. Ocupando o lugar dessa prole que não há de nascer na população canina estão filhotes produzidos mais ou menos por acidente, por causa de donos irresponsáveis, muitos dos quais são atraídos por cães com *status*, como os *staffordshire bull terriers* e os *pastores-alemães* (daí a quantidade de exemplares dessas raças e de seus cruzamentos acidentais que acabam em abrigos, onde com frequência terminam seus dias). Como todos os donos de cachorro são encorajados, de modo correto, a castrar seus animais para reduzir a superpopulação de cães, fazer isso infelizmente trabalha contra o propósito de criar uma população de cães mais voltada para a companhia.

Também é problemático o fato de que a criação de cães com base na personalidade não seja tão simples como criar cães com vistas à sua aparência. Parte da explicação está em que os genes não codificam os comportamentos como tais — mas outra parte está em que o próprio papel do cão, de acompanhante, não está claramente definido. Presume-

---

*Menção a um livro de sátira de Joseph Heller, intitulado *Catch 22*, publicado em 1961. A expressão equivale a "se correr o bicho pega; se ficar o bicho come". [N. *do T.*]

se que cada dono ou futuro dono de cachorro tenha um cão ideal em mente, de modo que existem muitos desses cães ideais. No entanto, certos traços são universalmente desejados. A maioria das pessoas acredita que cães de companhia devem ser amigáveis, obedientes, robustamente saudáveis, fáceis de controlar, seguros com crianças, facilmente treináveis em casa e capazes de mostrar afeição por seus donos.[9] Muitos donos também valorizam o contato físico com seu cachorro — uma descoberta que não deve surpreender, pois agora sabemos que acariciar um cão não só reduz os hormônios do estresse como também leva ao surgimento do hormônio do "amor", a oxitocina.

Outras características são avaliadas diferentemente por donos distintos. Algumas pessoas preferem um cão que seja amigável com todo mundo; outras, especialmente os homens, valorizam um alto sentido de territorialidade no cão, que eles veem como uma ajuda para a proteção de sua casa. Os homens também tendem a expressar uma preferência por cães enérgicos e leais, enquanto muitas mulheres dão mais valor à calma e à sociabilidade.

Mas a maior parte dos donos de cachorro não prioriza a personalidade quando escolhe um cão. Por exemplo, muitos valorizam mais a aparência do que o comportamento e consideram a treinabilidade como relativamente sem importância, mesmo que esperem que os cães sejam obedientes. Além disso, se é verdade que um tipo de cão se adapta melhor ao estilo de vida de uma dada pessoa, isso pode mudar à medida que mudem as circunstâncias de vida dessa pessoa. Embora o tempo de vida dos cães seja menor que o nosso, ele ainda é bem longo se comparado com o moderno ritmo de mudança nos estilos de vida.

Dito isso, a seleção com base na personalidade torna-se ainda mais desafiadora quando consideramos quantas variações existem, mesmo dentro de uma raça específica. Muitos dos traços "de companhia" listados acima são influenciados pela genética apenas de forma marginal. Anormalidades físicas e predisposições a doenças com base na genética podem — e devem — ser objeto dos cuidados de uma criação mais esclarecida; muitos outros traços desejáveis, porém, tais como afabilidade, obediência, falta de agressividade e uma predisposição para a afeição, são fortemente influenciáveis pelo ambiente e pela aprendizagem precoces. É difícil ver como esses traços podem ser ativamente selecionados sem que paralelamente melhore a compreensão dos donos de cachorro sobre como inculcá-los em seus novos cães ou filhotes.

Traços de companhia podem ser difíceis de selecionar, mas com certeza outros traços comportamentais específicos das raças precisam ser *reduzidos* nos cães de companhia. A maior parte da seleção genética imposta aos cães durante sua longa associação com o homem tem sido dirigida para traços úteis, como a habilidade no pastoreio, na caça e na guarda. Mas agora que os cães no Ocidente, em sua maioria, não mais se destinam a cumprir essas tarefas, precisamos reduzir esses vínculos, pois de outra forma a frustração prevalecerá. Perdi a conta das vezes em que me pediram conselho sobre se um lindo filhote de *sheepdog* daria um bom animal de estimação. Eu sempre disse que não, que esses cães são criados para trabalhar no campo e decerto achariam intolerável a vida na cidade. No entanto, quase todas as pessoas que aconselhei dessa forma foram em frente e compraram *sheepdogs* de qualquer maneira, e muitos se arrependeram disso — mas não tanto como decerto fariam os próprios cães se o arrependimento estivesse em seu arsenal emocional. Se tais cães devem adaptar-se ao âmbito da companhia, precisamos reconfigurar a raça para que eles não se sintam mais tão frustrados.

Finalmente, embora a extensão em que podemos criar cães de companhia seja limitada, também devemos ser cuidadosos para não ir longe demais na direção oposta — aumentando a capacidade de afeição de nossos cães até o ponto de se tornar uma carga para eles. Já existe uma epidemia de desordens de separação entre os cães de companhia; aqueles que sejam avassaladoramente motivados para estar com gente iriam, presume-se, sofrer de forma desproporcionada se deixados sozinhos. A maior parte dos donos não quer que seu cachorro seja demasiado "pegajoso". (Ou, por falar nisso, demasiado saltitante: pede-se que os cães de companhia fiquem inativos, em média, durante três quartos de suas vidas.)

Não há razão para que mais cães não possam ser melhor adaptados ao papel de companheiros que tantos deles já desempenham hoje em dia. Esperemos que a pressão hoje exercida sobre os clubes de criadores para que os cães sejam mais felizes e mais saudáveis não apenas tenha sucesso, mas também desencadeie uma reavaliação do que a pista de exposição deve produzir: maior ênfase no papel dos cães como companheiros e menor preocupação com o seu bastante ultrapassado papel de animais de trabalho. Além disso, os cães não apenas necessitam ser procriados como acompanhantes, mas *criados* como companheiros — e o modo mais eficaz para que isso aconteça é que os filhotes nasçam em ambientes domésticos e não em canis externos áridos ou em unidades de produção comerciais estéreis. Há consideráveis desafios a serem enfrentados antes que os métodos de criação melhorem, não só porque muitos criadores ainda subestimam a necessidade de socialização dos filhotes, mas também porque existe um óbvio mecanismo pelo qual a melhor prática se tornará disseminada, graças simplesmente ao número de pessoas envolvido. A informação de que os criadores precisam para produzir filhotes bem socializados agora está amplamente disponível — esperemos que sua adoção universal seja apenas uma questão de tempo.

Mesmo que essa informação seja cuidadosamente difundida, não é provável que a criação irresponsável desapareça. As instituições de realocação inevitavelmente arcarão com o peso de lidar com os cães não desejados que resultarem dessa criação. Mas, felizmente também, elas têm à sua disposição cada vez mais a informação necessária para adotar métodos de bases científicas para reabilitar esses cães, e para garantir a compreensão, entre os donos adotivos, do que faz os cães se comportarem como o fazem.

Olhando para o futuro, vejo que os cães vão precisar de toda a ajuda que puderem conseguir, tanto dos cientistas como dos entusiastas. Os cães foram domesticados inicialmente para viver em pequenas aldeias e comunidades rurais, e não há dúvida de que as tensões aumentam quando os cães vivem nas cidades modernas, tanto entre o cão e seu dono como entre os donos de cachorro e quem não tem cachorro. À medida que o mundo se torna cada vez mais urbanizado, esse mal-estar pode se expandir.

No Ocidente os cães nunca serão capazes de retornar à liberdade que desfrutavam na primeira metade do século XX, quando a muitos deles era permitido vagar pelas ruas da cidade durante o dia, encontrando (ou evitando) outros cães como e quando assim o decidissem antes de regressarem para seus donos ao entardecer. A sociedade exige muito mais dos cães e de seus donos do que fazia naquela época. As atitudes públicas em relação à higiene em particular endureceram nos últimos vinte anos. Leis sobre saquinhos para recolhimento de excrementos são hoje quase universalmente adotadas, e mais pessoas expressam abertamente seu desagrado ao serem tocadas ou lambidas por um cão. E parece que hoje em dia mais gente é alérgica a cães do que nunca antes (embora, paradoxalmente, muitos cientistas agora pensem que o contato na infância com os alergênicos do cão constitui na verdade uma proteção contra o desenvolvimento dessa alergia). Espera-se agora que os cães se comportem bem o tempo todo, sobretudo em público, e o número de lugares onde os donos podem exercitar seus cães sem coleira reduziu-se de forma considerável. Se essa tendência continuar, os cães de estimação podem transformar-se, potencialmente, em um interesse minoritário apenas tolerado, especialmente nas cidades.

Houve um momento, nos primeiros anos deste século, em que parecia que as populações de cães do Reino Unido e dos Estados Unidos estavam começando a encolher, como se os cães já tivessem tido a sua época. As melhores estimativas agora sugerem que a população de cães pode estar se estabilizando. Os gatos agora são pelo menos tão numerosos quanto os cães em ambos os países, principalmente porque eles se adaptam melhor aos estilos de vida modernos em que todos os membros da família trabalham, e o tempo e o espaço para exercitar um cão ficaram restritos. Quão difundidos serão os cães no final do século XXI? Enfrentar a dupla pressão da reprodução equivocada e da má compreensão da psicologia canina é crucial para assegurar que os cães continuem sendo parte tão significativa da vida humana como têm sido nos últimos dez milênios. Minha esperança é que este livro contribua para esse propósito.

Notas

Introdução

1. Inclusive, devo confessar, por mim mesmo: Um artigo que escrevi para um simpósio do Waltham Centre for Pet Nutrition em 1990 segue essa abordagem. Na época, não havia pesquisa em contrário. A situação é muito diferente hoje em dia.

1. De onde vieram os cães

1. Carles Vilà, Peter Savolainen, Jesús Maldonado, Isabel Amorim, John Rice, Rodney Honeycutt, Keith Crandall, Joakim Lundeberg e Robert Wayne, "Multiple and ancient origins of the domestic dog", *Science* nº 276, 13 de junho de 1997, p. 1.687-1.689.
2. Os biólogos frequentemente nomeiam grupos inteiros de animais pelo seu membro mais conhecido. Por isso o nome latino para o cão doméstico — *Canis* — é usado para referir-se a todos os parentes do cão doméstico: *Canis* para os mais próximos, *Canid* para a família estendida. A confusão que isso causa não é deliberada.
3. Michael Fox, um dos pioneiros nos estudos da conduta canina nos anos 1960, pensava que, para cada espécie, havia um limite distinto para quão grande e complexo um bando poderia tornar-se, com o lobo no ponto mais alto. Suas teorias ainda são referência até hoje em livros sobre cães, mas, no tempo decorrido desde que ele formulou suas ideias, muito mais foi descoberto sobre o comportamento de muitas dessas espécies.
4. Esse termo aparece no livro do especialista húngaro Dr. Ádám Miklósi, *Dog Behaviour, Evolution and Cognition*, Nova York: Oxford University Press, 2009.
5. Randall Lockwood, "Dominance in wolves: Useful construct or bad habit?" *in* Erich Klinghammer (org.) *Behaviour and Ecology of Wolves*, Nova York: Garland STPM Press, 1979, p. 225-243.

6. Ver o esclarecedor artigo do Dr. David Mech sobre a nova concepção da biologia do lobo em http://www.npwrc.usgs.gov/resource/mammals/alstat/alpst.htm (acessado em 25 de agosto de 2010).
7. Existe alguma controvérsia sobre quantos tipos de lobo selvagem existem na América do Norte hoje em dia, mas apenas o lobo cinzento é suficientemente disseminado para que sua conduta social tenha sido estudada. A quantidade de tipos de lobo cinzento no continente norte-americano está sendo reavaliada constantemente. Pode haver cinco (lobo do noroeste, da planície, do leste, mexicano e do Ártico), mas eu me referi aos primeiros dois genericamente como lobo timber. Há um sexto tipo, o lobo vermelho, frequentemente considerado uma espécie distinta. Apesar de ser chamado às vezes de lobo vermelho "do Texas", no princípio do século passado vagueava pela Carolina do Norte. Algumas pessoas sustentam que é um animal raro que corre risco de extinção, e um grande esforço vem sendo feito para sua reprodução no cativeiro e sua conservação. Tenham em mente, no entanto, que o lobo vermelho se parece suspeitamente com uma mistura entre um lobo cinzento e um coiote — e seu DNA parece apoiar a ideia de que seja um híbrido. Lobos e coiotes podem acasalar-se e produzir descendência, com certeza nos zoológicos e provavelmente também na vida selvagem. O lobo do leste ou lobo algonquino que vive nas regiões de Ontário e do Quebec provavelmente é um híbrido, embora também tenha sido considerado como uma terceira espécie verdadeira de lobo. Para confundir ainda mais o quadro, o DNA dos lobos vermelhos sugere que eles possam ter se acasalado com coiotes uma segunda vez, no século XIX, quando mudanças nas práticas da agricultura e da pecuária começaram a favorecer os coiotes em lugar dos lobos no sudeste dos Estados Unidos. E dado que muitos coiotes aparentemente de raça pura também possuem DNA de lobo (assim como do cão doméstico), o cruzamento entre lobos e coiotes parece vir ocorrendo por milhares de anos — o que levou à cunhagem do termo *"Canis soupus"* para descrever tanto o coiote como o lobo do leste e o lobo vermelho.
8. Como, muito provavelmente, é a história do gato doméstico; ver *Science* n° 296 (5 de abril de 2002), p. 15, para um sumário do estudo realizado pelo meu grupo de pesquisa sobre essa questão.

2. Como os lobos se tornaram cães

1. Os participantes dessa equipe internacional liderada por Carles Vilà, da Universidade da Califórnia em Los Angeles, publicaram suas descobertas no volume 276 da revista *Science*, 13 de junho de 1997, p. 1.687-1.689.
2. Com a notável exceção dos egípcios, que mumificaram uma ampla gama de animais, inclusive grande quantidade de gatos domésticos.

3. Na verdade, tais comutadores de longa distância eram raros até bem recentemente, quando os cães europeus foram introduzidos como parte da colonização. No entanto, verifica-se que, na maior parte das regiões, os cães de estimação que escapavam, assim como os híbridos entre os animais de estimação e os cães do lugar, não tendiam a prosperar; evidentemente eram menos eficientes que os cães de rua para explorar as condições ambientes. O DNA de muitas populações locais ficou assim bem preservado em sua forma original.
4. Ver Peter Savolainen, Ya-ping Zhang, Jing Luo, Joakim Lundeberg e Thomas Leitner, "Genetic evidence for an East Asian origin of domestic dogs", *Science*, nº 298, 22 de novembro de 2002, p. 1.610-1.613; e Adam Boyko *et al.*, "Complex population structure in African village dogs and its implications for inferring dog domestication history", *Proceedings of the National Academy of Sciences*, 19 de agosto de 2009, p. 13.903-13.908.
5. Ver, por exemplo, Nicholas Wade, "New Finding Puts Origins of Dogs in Middle East", *New York Times*, 18 de março de 2010.
6. Ainda mais macabra é a prática zoroastrista de permitir que os cães, considerados animais sagrados, disponham dos cadáveres humanos.
7. Este cenário também explicaria convenientemente por que as sequências de DNA mitocondrial de cães e lobos parecem ter divergido em uma data inviavelmente precoce. A divergência teria predado as mudanças genéticas que separaram os lobos "normais" dos lobos "sociáveis", porque hoje não há sobreviventes destes últimos, à exceção dos poucos que se transformaram em cães. Acasalamentos entre fêmeas "sociáveis" e machos "normais" poderiam bem ter continuado por muitos milênios depois da separação, mas não seriam detectáveis no DNAmt (herdado maternalmente) dos cães modernos.
8. Ludmilla Trut, "Early Canid domestication: The farm-fox experiment", *American Scientist,* nº 87, 1999, p. 160-169.
9. Alguns antropólogos brincaram com a noção bastante romântica da coevolução homem-lobo, sugerindo que os lobos nos ensinaram como caçar em grupo e até mesmo como formar sociedades complexas. No entanto, parece muito pouco provável que qualquer humano bípede pudesse haver "adotado" o estilo de vida do lobo. Os lobos o teriam deixado ficar para trás antes que tivesse tempo de piscar. Quando finalmente ele os alcançasse, os lobos já teriam terminado a caçada, e por que a dividiriam com ele? As espadas e facas primitivas que ele tinha à sua disposição dificilmente seriam adequadas para afugentar um bando de lobos famintos. Além disso, desenhos de homens caçando com cães não estão presentes nas paredes de cavernas até 5 ou 6 mil anos atrás, o que corresponde a quase metade do caminho ao longo da história dos cães domésticos, tal como nos é revelada pelo registro arqueológico. Decerto é verdade que os lobos ocupam um lugar de destaque no simbolismo das sociedades recentes de caçadores-coletores. Mas os mitos não recapitulam as origens, na verdade eles apenas inventam um quadro para explicar o incontrolável.

3. Por que os cães infelizmente voltaram a ser lobos

1. Aqui fico em dívida com o biólogo Dr. Sunil Kumar Pal e seus colegas, que vêm estudando os cães urbanos ferozes da Bengala Ocidental por mais de dez anos.
2. O santuário é mantido pela instituição de realocação Dogs Trust, à qual sou muito grato por me haver proporcionado essa oportunidade.
3. Ver http://www.inch.com/~dogs/taming.html, acessado em 28 de setembro de 2010.
4. Ver http://drsophiayin.com/philosophy/dominance, acessado em 16 de dezembro de 2009.
5. Essas ideias relacionadas com RHP foram desenvolvidas primeiramente por meu colega Dr. Stephen Wickens; ver o capítulo que escrevi em James Serpell, *The Domestic Dog: Its Evolution, Behaviour and Interactions with People*, Cambridge: Cambridge University Press, 1995.
6. Ver, por exemplo, John Bradshaw e Amanda Lea, "Dyadic interactions between domestic dogs", *Anthrozoös* nº 5, 1992, p. 245-253. Os resultados desse estudo foram confirmados pela análise suplementar dos dados apresentada em Carri Westgarth, Robert Christley, Gina Pinchbeck, Rosalind Gaskell, Susan Dawson e John Bradshaw, "Dog behaviour on walks and the effect of use of the leash", *Applied Animal Behaviour Science* nº 125, 2010, p. 38-46.
7. Especificamente por Ádám Miklósi, em seu livro *Dog Behaviour, Evolution and Cognition*, Nova York: Oxford University Press, 2009.
8. Para um exemplo dessa abordagem e de como foi inicialmente adotada até mesmo pelos veterinários especialistas em cães, ver o artigo de Amy e Laura Marder "Human-companion animal relationships and animal behavior problems", publicado em *Veterinary Clinics of North America—Small Animal Practice* nº 15, 1985, p. 411-421.
9. O texto foi resumido do verbete intitulado "Understanding Your Dog" na enciclopédia *online* da British Broadcasting Corporation h2g2 em http://www.bbc.co.uk/dna/h2g2/A4889712, acessado em 20 de agosto de 2010.
10. Transcrito de http://www.acorndogtraining.co.uk/dominance.htm, acessado em 18 de março de 2010. A autora desse *site*, Fran Griffin, não é ela própria adepta desses "mandamentos".
11. Ambos esses estudos foram dirigidos por um colega meu da Universidade de Bristol, o Dr. Nicola Rooney.

4. Castigo ou recompensa? A ciência do treinamento de cães

1. Cesar Millan com Melissa Jo Peltier, *Be the Pack Leader*, Londres: Hodder & Stoughton, 2007, p. 11.
2. Colin Tennant, *Breaking Bad Habits in Dogs*, Dorking, Reino Unido: Interpet Publishing, 2002, p. 18. As designações "especialista em treinamento de cães" e "behaviorista canino" são da capa do próprio livro.

3. Transcrito de um artigo de Louise Rafkin no *San Francisco Chronicle*, 15 de outubro de 2006, intitulado "The Anti-Cesar Millan: Ian Dunbar's been succeeding for 25 years with lure-reward dog training; how come he's been usurped by the flashy, aggressive TV host?". Ver http://articles.sfgate.com/keyword/puppy, acessado em 15 de novembro de 2010.
4. De fato, Konrad Most também promoveu a ideia de moldar a conduta "instintiva" dos cães dando-lhes recompensas, e discutiu os benefícios de permitir que os cães tomem suas próprias decisões. É verdade que Most chegou a ser um pioneiro no treinamento de cães-guia, mas sua filosofia do relacionamento entre o cão e o homem é talvez seu maior e mais infeliz legado.
5. The Monks of New Skete, *How to Be Your Dog's Best Friend: A Training Manual for Dog Owners*, Boston: Little, Brown & Co, 1978, p. 13.
6. Ibidem, p. 11-12.
7. Ibidem, p. 46-47.
8. The Monks of New Skete, *The Art of Raising a Puppy*, Boston: Little, Brown & Co, 1991, p. 202-203.
9. A veterinária especialista em conduta canina Sophia Yin explica isso com detalhes em seu *website*; ver http://drsophiayin.com/philosophy/dominance, acessado em 16 de dezembro de 2009.
10. David Appleby, um dos fundadores da Association of Pet Behaviour Counsellors, do Reino Unido, escreve no *site* da associação: "Parece haver poucas dúvidas de que os programas introduzidos para curar problemas de dominação podem resultar em depressão e em uma conduta de renúncia". Ver http://www.apbc.org.uk/articles/caninedominance, acessado em 18 de março de 2010.
11. Fran Griffin, uma das fundadoras da Association of Pet Dog Trainers, do Reino Unido, escreve: "Com o passar dos anos tenho ouvido inúmeras histórias de donos de cachorro que seguiram o 'itinerário da redução de dominação' por orientação de treinadores/behavioristas, e acabaram muito desapontados. Uma vez estabelecido que o cão havia fracassado em responder ao novo regime, os donos de cachorro mostravam-se mais e mais agressivos em sua atitude, na crença de que estavam 'afirmando sua posição de alfa sobre o cão'. Às vezes, o cachorro chegava a mordê-los 'sem ser provocado'. Em muitos casos isso resultava na morte do cão, ao passo que outros eram despejados no canil de resgate mais próximo." Ver http://www.acorndogtraining.co.uk/dominance.htm, acessado em 18 de março de 2010.
12. Outra razão para a treinabilidade dos cavalos, nesse contexto, tem a ver com a sensibilidade de suas bocas. Os cães têm muitos dentes e ficam felizes quando carregam coisas agarradas entre eles; os cavalos têm um espaço entre seus dentes para pastar e mastigar que permite que o freio se assente justamente sobre suas sensíveis gengivas.
13. De acordo com Sarah Hall, uma ex-aluna minha do curso de graduação, essa é a explicação mais provável de por que os gatos ficam entediados tão rapidamente com os brinquedos — é, pois, razoável que o mesmo princípio se aplique aos cães.

14. As "festas de filhotes" são sessões de socialização organizadas para filhotes em seu período juvenil.
15. Karen Prior escreveu vários livros sobre o assunto, inclusive *Don't Shoot the Dog! The New Art of Teaching and Training* (edição revisada), publicado em 1999 pela Bantam nos Estados Unidos e em 2002 pela Ringpress Books no Reino Unido.
16. Esse estudo foi realizado pela Dra. Deborah Wells na The Queens University, de Belfast; ver "The effectiveness of a citronella spray collar in reducing certain forms of barking in dogs", *Applied Animal Behaviour Science*, nº 73, 2001, p. 299-309.
17. Matthijs Schilder e Joanne van der Borg, "Training dogs with help of the shock collar: Short and long term behavioural effects", *Applied Animal Behaviour Science*, nº 85, 2004, p. 319-334.
18. Richard Polsky, "Can aggression in dogs be elicited through the use of electronic pet containment systems?", *Journal of Applied Animal Welfare Science*, nº 3, 2000, p. 345-357.
19. Elly Hiby, Nicola Rooney e John Bradshaw, "Dog training methods: Their use, effectiveness and interaction with behaviour and welfare", *Animal Welfare* nº 13, 2004, p. 63-69.
20. Christine Arhant, Hermann Bubna-Littitz, Angela Bartels, Andreas Futschik e Josef Troxler, "Behaviour of smaller and larger dogs: Effects of training methods, inconsistency of owner behaviour and level of engagement in activities with the dog", *Applied Animal Behaviour Science*, nº 123, 2010, p. 131-142.
21. O disco de treinamento não deve ser confundido com o "distraidor", que normalmente é uma lata cheia de pedregulhos jogada no chão em frente ao cão e que alguns treinadores de cães recomendam. Esse método é uma forma de conseguir que o cão pare de fazer algo indesejável e dá ao dono uma oportunidade de recompensar o cão por fazer outra coisa. No entanto, na prática, tem pouca utilidade porque a maior parte dos cães rapidamente se habitua aos ruídos. Entre os que não o fazem, a própria falta de habituação é evidência de que o "distraidor" acaba sendo, na verdade, um castigo, que induz medo nesses cães em particular.
22. Sobre isso, ver a introdução do *blog* escrita por David Ryan, presidente da Association of Pet Behaviour Counsellors, do Reino Unido, em http://www.apbc.org.uk/blog/positive_reinforcement, acessada em 16 de agosto de 2010.
23. Publicado por Meghan Herron, Frances Shofer e Ilana Reisner, do Ryan Hospital da Universidade da Pensilvânia, no artigo intitulado "Survey of the use and outcome of confrontational and non-confrontational training methods in client-owned dogs showing undesired behaviours", *Applied Animal Behaviour Science*, nº 117, 2009, p. 47-54.
24. Nas palavras de David Ryan, presidente da Association of Pet Behaviour Counsellors: "Dá boa televisão bater de frente com um cão e dominá-lo. Infelizmente, a televisão não é a vida real e tende a mostrar breves interações onde o cão é forçado a submeter-se. Não é impossível para donos "habilidosos" forçar seus cães a submeterem-se repetidamente, mas essas medidas desnecessárias e desagradáveis não são representativas da vida que a maioria dos donos de animais de estimação quer viver com

seus cães. Lamentavelmente o alcance que tais programas de televisão conquistaram faz pensar que o aviso que se vê na tela e que diz "Não tente fazer isso em casa" com frequência não é atendido. Ver a esse respeito http://www.apbc.org.uk/sites/default/files/Why_Wont_Dominance_Die.pdf, acessado dia 9 de abril de 2010.

25. Como o biólogo de lobos David Mech assinala em um recente artigo na *International Wolf*, pode levar duas décadas para que novas ideias científicas sejam totalmente aceitas. E prossegue dizendo: "Felizmente levará menos de vinte anos para que a mídia e o público adotem totalmente a terminologia correta, e assim, de uma vez por todas, fique esquecida essa visão fora de moda do bando de lobos como um grupo de lobos agressivos que competem entre si para assumir a liderança." Ver "Whatever happened to the term 'alpha wolf'?", *International Wolf*, outono de 2008, p. 4-8; disponível em http://www.wolf.org/wolves/news/pdf/winter2008.pdf.

26. Ver http://www.youtube.com/watch?v=5z6XR3qJ_qY, acessado em 17 de novembro de 2010.

5. Como os filhotes se transformam em cães de estimação

1. Daniel G. Freedman, John A. King e Orville Elliot, "Critical period in the social development of dogs", *Science*, n° 133, 1961, p. 1.016-1.017. Os autores trabalharam em Bar Harbor (Maine) nos Jackson Laboratories, onde se fizeram muitas descobertas inovadoras sobre cães.

2. Surgiu depois que essa ideia foi inicialmente proposta, quase um século antes, pelo biólogo Douglas Spalding. No entanto, não há indicação de que Lorenz sabia disso, e a imagem de Lorenz nadando em seu lago, acompanhado de seu séquito de fiéis gansinhos, será sempre a primeira que vem à mente sempre que a estampagem for mencionada. Igualmente evocativos são os gansos canadenses órfãos do filme *Fly Away Home* [Voando para casa], que foram estampados com um avião ultraleve.

3. Peter Hepper, "Long-term retention of kinship recognition established during infancy in the domestic dog", *Behavioural Processes*, n° 33, 1994, p. 3-14.

4. Embora a pesquisa para provar a ocorrência de tal aprendizagem não tenha sido, até onde sei, feita com os próprios lobos, existe uma extensa literatura científica sobre mecanismos de reconhecimento de parentesco de outros mamíferos com base em experimentos de promoção de cruzamentos. Algo similar acontece em nossa própria espécie — daí o *efeito Westermarck*, pelo qual indivíduos não relacionados por parentesco que passam sua infância no mesmo lar acham-se sexualmente pouco atraentes.

5. Dada a confiança dos cães em seu sentido do olfato, é surpreendente que ninguém tenha levado em conta o papel do cheiro no conceito que fazem do que constitui um ser humano. Talvez desconhecidos por nós, com nossos narizes comparativamente pobres, existam um ou dois cheiros que definitivamente signifiquem "humano".

6. Ver, por exemplo, John L. Fuller, "Experiential deprivation and later behavior", *Science* n° 158, em 29 de dezembro de 1967, p. 1.645-1.652.
7. Michael W. Fox, "Behavioral effects of rearing dogs with cats during the 'critical period of socialization'", *Behaviour*, n° 35, 1969, p. 273-280.
8. As gatas mães parecem confiar em uma regra de ouro para identificar sua prole: "Se é do tamanho de um gatinho e está vivendo perto de onde guardo os meus, então deve ser um deles." Daí a facilidade com que Michael Fox foi capaz de persuadir gatas com ninhadas, ditas "rainhas", a aceitarem filhotes de *chihuahua* como se fossem seus. Muitas "rainhas" também aceitarão a introdução de gatinhos mais jovens que os seus — um fenômeno que algumas organizações de resgate de animais capitalizaram para criar órfãos.
9. David Appleby, John Bradshaw e Rachel Casey, "Relationship between aggressive and avoidance behaviour by dogs and their experience in the first six months of life", *Veterinary Record*, n° 150, 2002, p. 434-438.
10. Tal resultado foi inicialmente relatado como um efeito do simples manuseio por pessoas que cuidavam de ratos; no entanto, soube-se depois que o regresso dos filhos trazendo cheiro de seres humanos estimulou a mãe a tomar cuidados suplementares com eles. O cuidado extra, mais que o próprio manuseio, foi o que corrigiu seu desenvolvimento.
11. Ver Susan Jarvis *et al.*, "Programming the offspring of the pig by prenatal social stress: Neuroendocrine activity and behaviour", *Hormones and Behavior* n° 49, 2006, p. 68-80.
12. David Tuber, Michael Hennessy, Suzanne Sanders e Julia Miller, "Behavioral and glucocorticoid responses of adult domestic dogs (*Canis familiaris*) to companionship and social separation", *Journal of Comparative Psychology*, n° 110, 1996, p. 103-108.
13. Pesquisas posteriores mostraram que os níveis de hormônios do estresse dos cães variam não apenas conforme o gênero de seus donos ou cuidadores (é mais baixo se são mulheres), mas também de acordo com as personalidades destes (mais baixo se os donos são extrovertidos).
14. Sharon L. Smith, "Interactions between pet dog and family members: An ethological study", *in* Aaron Katcher e Alan Beck (orgs.), *New Perspectives on our Lives with Companion Animals*, Filadélfia: University of Pennsylvania Press, 1983, p. 29-36.

6. Você é amado pelo seu cachorro?

1. Essa tradição é normalmente atribuída a C. Lloyd Morgan, um dos fundadores da psicologia comparada (vale dizer, da psicologia animal). Ao escrever em 1894, propôs o que se tornou conhecido como o cânone de Morgan: "Em nenhum caso podemos interpretar uma ação como o resultado do exercício de uma faculdade psíquica mais elevada se pode ser interpretada como o resultado do exercício de

uma que esteja mais abaixo na escala psicológica." (As palavras "mais abaixo" hoje em dia seriam substituídas por "mais simples".) Morgan chegou a entender, porém, que isso era desnecessariamente restritivo e, em 1903, declarou: "A isso, contudo, deve ser agregado (...) que o cânone de nenhum modo exclui a interpretação de uma atividade específica em termos do processo mais elevado se já tivermos evidência independente da ocorrência desses processos mais elevados no animal sob observação." Em outras palavras, se pudermos mostrar que os cães experimentam uma emoção específica, essa emoção pode ser invocada como explicação potencial de qualquer conduta do cão.

2. Em seu livro *The Emotional Lives of Animals: A Leading Scientist Explores Animal Joy, Sorrow and Empathy — and Why They Matter* (Novato, Califórnia: New World Library, 2007), o etólogo norte-americano Marc Bekoff, ele próprio um ardoroso defensor da realidade das emoções animais, descreve sua perplexidade diante da conduta aparentemente contraditória de um colega, ao qual se refere simplesmente como Bill (presume-se que para evitar embaraços). Ao que parece eles se encontraram imediatamente antes de Marc dar uma conferência sobre cognição animal, e, por cinco minutos, Bill lhe contou histórias sobre seu cão Reno: sobre como Reno gosta de brincar, como ele sente falta de seu dono, com ansiedade, quando Bill não está, como fica ciumento quando Bill fala com a filha e assim por diante. No entanto, na sessão de debates que sucedeu à conferência, Bill acusou Marc de ser demasiado antropomórfico em suas explicações sobre a conduta animal. Em resposta, Marc lembrou Bill da conversa sobre Reno que haviam travado apenas uma hora antes. Bill, algo embaraçado, respondeu que, apesar de ter discutido a conduta de Reno em termos de emoções, não tinha ideia do que Reno sentia na verdade e duvidava que quaisquer das palavras que usara para descrever as emoções de seu cachorro formassem um quadro preciso do que realmente se passava dentro da cabeça do cão naquele momento.

3. Stephen Mithen, professor de arqueologia da Universidade de Reading, chegou a ponto de argumentar que o antropomorfismo pode ser rastreado até 100 mil anos atrás, até a fusão da parte de nosso cérebro que lida com a conduta social com a parte que é usada para identificar e classificar animais, dando-nos a capacidade de "pensar como pensam os animais". Ver seu livro *The Prehistory of the Mind*, Nova York: Thames & Hudson, 1996.

4. De acordo com James Serpell, diretor do Center for the Interaction of Animals and Society, da Universidade da Pensilvânia, e especialista mundial em interações homem-animal: "[O] antropomorfismo é a força básica que cimenta esses relacionamentos [animal de estimação — dono]." Essa citação vem de seu capítulo "People in Disguise: Anthropomorphism and the Human-Pet Relationship," que aparece em Lorraine Daston e Gregg Mitman (orgs.), *Thinking with Animals: New Perspectives on Anthropomorphism*, Nova York: Columbia University Press, 2005, p. 131.

5. Zana Bahlig-Pieren e Dennis Turner, "Anthropomorphic interpretations and ethological descriptions of dog and cat behavior by lay people", *Anthrozoös*, nº 12, 1999, p. 205-210. Este é um de poucos estudos sobre as aptidões dos donos de cachorro para entender a linguagem corporal de seus cães. É surpreendente que sejam poucos, tendo-se em vista o quanto essa aptidão é importante para assegurar que as necessidades emocionais dos cães sejam atendidas.
6. Esse modelo foi proposto — por humanos — entre outros, por Ross Buck, professor de ciências da comunicação da Universidade de Connecticut e autor do texto clássico *Human Motivation and Emotion*, publicado por Wiley, de Nova York, em 1976.
7. Apesar de os donos bem sintonizados com seus gatos poderem provavelmente detectar a ansiedade a partir da linguagem corporal dos felinos, a alegria é mais difícil de perceber. Por exemplo, ronronar não significa alegria, embora muitas vezes se presuma isso — os gatos ronronam mesmo quando sentem dores extremas. Parece ser um sinal de solicitação multipropósito de cuidado e conforto, significando qualquer coisa entre "Posso deitar-me ao seu lado?" e "Por favor, me ajude. Estou em dificuldades."
8. Patricia McConnell faz uma explicação gráfica dessa reação, exibida por sua cadela Tulip, da raça Grandes Pirineus, em seu maravilhoso livro *For the Love of a Dog: Understanding Emotion in You and Your Best Friend*, Nova York: Ballantine Books, 2007, p. 115-116.
9. Por outro lado, permitir que os coiotes encontrem e se alimentem de carcaças de ovelhas impregnadas de um vomitivo (cloreto de lítio), embora com certeza os faça deixar de comer carne de ovelha, não os impede de caçá-las e matá-las. (Na verdade, o ato de caçar e o fato de comer obedecem a motivações distintas em muitos carnívoros.) Assim, a mortalidade de ovelhas não foi afetada, e outros meios tiveram que ser encontrados para limitar o dano causado pelos coiotes ao gado que pasta solto.
10. Esse estudo foi realizado pelo recentemente falecido Professor Johannes Odendaal, pioneiro da pesquisa sobre a interação homem-animal, que trabalhou com o professor Roy Meintjes da Escola de Veterinária de Pretória, na África do Sul. Seu artigo, intitulado "Neurophysiological correlates of affiliative behavior between humans and dogs", foi publicado na revista *The Veterinary Journal*, nº 165, 2003, p. 296-301.
11. Essa pesquisa deve muito aos esforços de meus colegas Emily Blackwell, Justine McPherson e Rachel Casey.
12. Ver o artigo de John Bradshaw, Justine McPherson, Rachel Casey e Isabella Larter, "Aetiology of separation-related behaviour in domestic dogs", publicado em *The Veterinary Record*, nº 151, 2002, p. 43-46.
13. Esse estudo inédito, que realizei em 2004 em colaboração com Emily Blackwell na Universidade de Bristol, foi encomendado pela instituição de realocação Blue Cross. Todos os vinte donos de cachorro que participaram do estudo informaram inicialmente que seu cão não dava sinais de conduta de separação, mas descobrimos

que três dos cães mostravam algum tipo de conduta de separação quando filmados durante meia hora de isolamento da companhia humana. Desses cães, dois exibiram sinais de ansiedade moderada ("moderada" em função da duração total da conduta), enquanto um deles dava sinais de ansiedade mais severa.

14. Ver o artigo de John Bradshaw, Emily-Jayne Blackwell, Nicola Rooney e Rachel Casey, "Prevalence of separation-related behaviour in dogs in southern England", publicado nos *Proceedings of the 8th ESVCE Meeting on Veterinary Behavioural Medicine* (Granada, Espanha, 2002), em edição organizada por Joel Dehasse e E. Biosca Marce.
15. Os últimos números baseiam-se em uma quantidade relativamente limitada de entrevistas similares feitas por um aluno meu no norte do Estado de Nova York em 2001.
16. No entanto, paradoxalmente, alguns cães que se comportam assim quando seu dono está em casa não parecem angustiados quando são deixados sozinhos.
17. Andrew Luescher e Ilana Reisner, "Canine aggression toward familiar people: A new look at an old problem", *The Veterinary Clinics of North America: Small Animal Practice*, n° 38, 2008, p. 1.115-1.116.
18. Alguns veterinários behavioristas rotulam a conduta repetitiva, que os biólogos chamam de "estereotipada", de "obsessivo-compulsiva", por analogia com o comportamento humano. Outros, no entanto, argumentam que tais síndromes requerem um pensamento consciente e que essa terminologia, portanto, não deveria ser aplicada aos cães.

7. A força cerebral canina

1. Ao longo dos séculos, por tentativa e erro, os humanos já toparam com essas aptidões — mas sem necessariamente entender o que elas são ou por que elas evoluíram em primeiro lugar.
2. Ver, por exemplo, o livro do usuário e treinador de cães-guia Bruce Johnston, *Harnessing Thought: Guide Dog — A Thinking Animal with a Skilful Mind*, Harpenden, Reino Unido: Lennard Publishing, 1995.
3. Particularmente o Dr. Brian Hare, do Max-Planck-Institut für Evolutionäre Anthropologie, de Leipzig. Ver seu artigo escrito em colaboração com Michael Tomasello: "Human-like social skills in dogs?", *Trends in Cognitive Sciences*, n° 9, 2005, p. 439-444.
4. Sylvain Fiset, Claude Beaulieu e France Landry, "Duration of dogs' (*Canis familiaris*) working memory in search for disappearing objects", *Animal Cognition*, n° 6, 2003, p. 1-10.
5. Nicole Chapuis e Christian Varlet, "Short cuts by dogs in natural surroundings", *Quarterly Journal of Experimental Psychology (Section B)*, n° 39, 1987, p. 49-64.
6. Essa técnica foi adaptada para utilização com cães pela minha ex-colega da Universidade de Bristol, Dra. Elly Hiby; os experimentos descritos são de sua tese de doutorado, "The Welfare of Kennelled Domestic Dogs", de 2005. Em outros experimentos, mostramos que o estresse de curto prazo torna os cães mais alertas

para a aprendizagem, provavelmente porque eleva sua percepção do mundo à sua volta, embora eles também cometam mais erros que os cães mais relaxados. Ver, por exemplo, Emily-Jayne Blackwell, Alina Bodnariu, Jane Tyson, John Bradshaw e Rachel Casey, "Rapid shaping of behaviour associated with high urinary cortisol in domestic dogs", *Applied Animal Behaviour Science*, nº 124, 2010, p. 113-120.

7. Especificamente, afirmaram que Rico na verdade conhecia as palavras para cada objeto e podia aprender novas palavras para novos objetos, reconhecendo-os só porque eram novos; ver a esse respeito Juliane Kaminski, Josep Call e Julia Fischer, "Word learning in a domestic dog: Evidence for 'Fast Mapping'", *Science*, nº 304, 11 de junho de 2004, p. 1.682-1.683. Estudos posteriores lançaram dúvidas sobre essa afirmação (ou seja, os dados sobre Rico também são explicáveis por uma combinação entre a simples habituação e uma capacidade de identificar objetos não familiares pelo seu cheiro). Mesmo assim, a memória daquele cão era extraordinária.

8. Britta Osthaus, Stephen Lea e Alan Slater, "Dogs (*Canis lupus familiaris*) fail to show understanding of means-end connections in a string-pulling task", *Animal Cognition*, nº 8, 2005, p. 37-47.

9. Rebecca West e Robert Young, "Do domestic dogs show any evidence of being able to count?", *Animal Cognition*, nº 5, 2002, p. 183-186.

10. Claudi Tennie, Josep Call *et al.* (do Max-Planck-Institut für Evolutionäre Anthropologie, de Leipzig), "Dogs, *Canis familiaris*, fail to copy intransitive actions in third-party contextual imitation tasks", *Animal Behaviour*, nº 77, 2009, p. 1.491-1.499.

11. Friederike Range, Zsófia Viranyi e Ludwig Huber, "Selective imitation in domestic dogs", *Current Biology*, nº 17, 2007, p. 868-872.

12. Quando crianças de 14 meses de idade observaram uma demonstradora adulta acender uma luz inclinando-se para frente e tocando o interruptor com a testa, enquanto suas mãos estavam ocupadas (a demonstradora estava enrolada em um cobertor que segurava com ambas as mãos), as crianças não a imitaram, e em vez disso usaram as mãos. No entanto, quando a pessoa fazia a demonstração sem nenhuma razão óbvia para o seu modo de proceder, as crianças a imitavam, usando suas testas. Ver György Gergely, Harold Bekkering e Ildikó Király, "Rational imitation in preverbal infants", *Nature*, nº 415, 14 de fevereiro de 2002, p. 755.

13. József Topál, György Gergely, Ágnes Erdöhegyi, Gergely Csibra e Ádám Miklósi, "Differential sensitivity to human communication in dogs, wolves, and human infants", *Science*, nº 325, 4 de setembro de 2009, p. 1.269-1.272.

14. Ambas foram realizadas pelo Dr. Florence Gaunet, um etólogo da cognição que trabalha no Musée d'Histoire Naturelle de Paris. Ver "How do guide dogs of blind owners and pet dogs of sighted owners (*Canis familiaris*) ask their owners for food?", *Animal Cognition*, nº 11, 2008, p. 475-483, e "How do guide dogs and pet dogs (*Canis familiaris*) ask their owners for their toy and for playing?", *Animal Cognition*, nº 13, 2010, p. 311-323.

15. Josep Call, Juliane Bräuer, Juliane Kaminski e Michael Tomasello, "Domestic dogs (*Canis familiaris*) are sensitive to the attentional state of humans", *Journal of Comparative Psychology*, n° 117, 2003, p. 257-263.
16. Ver Juliane Bräuer, Josep Call e Michael Tomasello, "Visual perspective taking in dogs (*Canis familiaris*) in the presence of barriers", *Applied Animal Behaviour Science*, n° 88, 2004, p. 299-317.
17. Mark Petter, Evanya Musolino, William Roberts e Mark Cole, "Can dogs (*Canis familiaris*) detect human deception?", *Behavioural Processes*, n° 82, 2009, p. 109-118.
18. Nicola Rooney, John Bradshaw e Ian Robinson, "A comparison of dog-dog and dog-human play behaviour", *Applied Animal Behaviour Science*, n° 66, 2000, p. 235-248; Nicola Rooney e John Bradshaw, "An experimental study of the effects of play upon the dog-human relationship", *Applied Animal Behaviour Science*, n° 75, 2002, p. 161-176.
19. Alexandra Horowitz, "Attention to attention in domestic dog (*Canis familiaris*) dyadic play", *Animal Cognition*, n° 12, 2009, p. 107-118.
20. Os resultados desse estudo foram relatados por Sarah Marshall e seus colegas no 2nd Canine Science Forum realizado em Viena em julho de 2010.
21. Nicola Rooney e John Bradshaw, "Social cognition in the domestic dog: Behaviour of spectators towards participants in interspecific games", *Animal Behaviour*, n° 72, 2006, p. 343-352.

8. Simplicidade emocional

1. Para mais detalhes sobre essa abordagem, ver o fundamental artigo do eminente psicólogo de animais e neurocientista Jaak Panksepp, "Affective consciousness: Core emotional feelings in animals and humans", *Consciousness and Cognition*, n° 14, 2005, p. 30-80.
2. Realizado por Paul Morris, Christine Doe e Emma Godsell, psicólogos da Universidade de Portsmouth, no Reino Unido, e publicado em *Cognition & Emotion*, n° 22, 2008, p. 3-20. Eles perguntaram a 337 donos de cachorro, todos os quais tinham seus cães há mais de seis anos, para que dissessem o quão convictos estavam de que seus cães experimentassem cada uma das 16 emoções da tabela (na verdade eram 17, mas uma delas, o desgosto, foi retirada porque era difícil de interpretar: o próprio termo pode ser usado em dois sentidos diversos). Quarenta desses donos de cachorro participaram do estudo de acompanhamento sobre sinais de ciúmes.
3. Ibidem, p. 13-16.
4. Inclusive Marc Bekoff, autor de *The Emotional Lives of Animals* (Novato, Califórnia: New World Library, 2007), e Jeffrey Masson, um filósofo da Universidade de Auckland, na Nova Zelândia, e autor de *Dogs Never Lie About Love* (Nova York: Three Rivers Press, 1998).

5. Esse estudo foi realizado por Alexandra Horowitz, uma professora de psicologia cognitiva do Barnard College de Nova York; ver seu artigo: "Disambiguating the 'guilty look': Salient prompts to a familiar dog behaviour", *Behavioural Processes*, nº 81, 2009, p. 447-452.
6. Ver Mike Mendl, Julie Brooks, Christine Basse, Oliver Burman, Elizabeth Paul, Emily Blackwell e Rachel Casey, "Dogs showing separation related behaviour exhibit a 'pessimistic' cognitive bias", *Current Biology*, nº 20, outubro de 2010, p. R839-R840).
7. E não mais de cem, como reza a lenda urbana. Mesmo assim, os linguistas concordam que a língua yupik, do Alasca Central, tem entre uma e duas dúzias de tais palavras, dependendo do método de contagem adotado.

9. Um mundo de cheiros

1. As observações definitivas foram feitas sobre dois *greyhounds* italianos chamados Flip e Gipsy, e um *toy poodle* chamado... Retina. (Somente um estudioso da visão daria esse nome a um cão.) Aos cães foram mostradas três janelas, duas iluminadas com uma cor e a terceira com outra, e eles foram treinados para empurrar com a pata a janela diferente. Se o fizessem direito, ganhavam uma gostosa recompensa. Ao fazerem variar a intensidade de uma das cores, os pesquisadores podiam dizer se os cães realmente estavam distinguindo as janelas por suas cores: se estivessem vendo em preto e branco, uma alteração apareceria exatamente no mesmo tom de cinza. Os cães não podiam distinguir sempre o azul-esverdeado do cinza, ou o laranja do vermelho, mas sempre distinguiam o vermelho do azul. Ver Jay Neitz, Timothy Geist e Gerald Jacobs, "Color vision in the dog", *Visual Neuroscience*, nº 3, 1989, p. 119-125.
2. A gama de audição dos humanos se estende até 23 quilohertz, a dos cães até 45 quilohertz, e a dos gatos até 80 ou mesmo 100 quilohertz. Nos cães, a sensibilidade máxima é atingida entre 0,5 e 16 quilohertz.
3. É claro que os cães também têm um sentido do paladar, que, exceto por ser bastante insensível ao sal e mais sensível a compostos chamados nucleotídeos, que são comuns no sangue — um vestígio de suas origens como predadores —, é bastante parecido com o nosso. Os cães diferenciam entre sabores de alimentos utilizando uma combinação de odor e gosto, assim como nós fazemos.
4. Peter Hepper, da The Queen's University, de Belfast, "The discrimination of human odour by the dog", *Perception*, nº 17, 1988, p. 549-554.
5. Podemos ver quão estável é a camada limite ao observarmos as gotas d'água no capô do nosso carro quando saímos de uma chuva. É preciso alcançar uma boa velocidade antes que elas comecem a sair do lugar por efeito da ação do vento.
6. Debbie Wells (uma especialista em conduta canina da The Queen's University) e Peter Hepper, "Directional tracking in the domestic dog, *Canis familiaris*", *Applied Animal Behaviour Science*, nº 84, 2003, p. 297-305.

7. Embora nosso órgão vomeronasal tenha desaparecido, ainda temos alguns de seus receptores (V1Rs) — mas eles agora se encontram no epitélio olfativo comum. Não fica claro para que eles são usados, mas alguns cientistas os implicam na percepção dos "feromônios" humanos que podem afetar nossa conduta reprodutiva.
8. Deborah Wells e Peter Hepper, "Prenatal olfactory learning in the domestic dog", *Animal Behaviour*, nº 72, 2006, p. 681-686.
9. Esse estudo foi feito por minha aluna Amanda Lea, que foi capaz de definir o padrão básico desses encontros entre cães, depois de algumas dezenas de horas sentada em bancos de parques, fingindo desenhar cães (no caso de alguém ficar curioso sobre o que ela fazia no mesmo lugar dia após dia). Ver seu artigo "Dyadic interactions between domestic dogs during exercise", *Anthrozoös*, nº 5, 1993, p. 234-253.
10. Stephan Natynczuk, então aluno da Universidade de Oxford, e eu passamos muitas horas felizes coletando amostras do conteúdo de sacos anais de *beagles* e depois colocando-as em um espectrômetro de massa para demonstrar cientificamente essa mudança gradual. De quando em quando errávamos ao alinhar corretamente o pote de coleta e terminávamos com um avental muito cheiroso — ou pior.
11. Sunil Pal, "Urine marking by free-ranging dogs (*Canis familiaris*) in relation to sex, season, place and posture", *Applied Animal Behaviour Science*, nº 80, 2003, p. 45-59.
12. Ádám Miklósi e Krisztina Soproni, "A comparative analysis of animals' understanding of the human pointing gesture", *Animal Cognition*, nº 9, 2006, p. 8-93.
13. Medical Detection Dogs é uma instituição do Reino Unido (http://hypoalertdogs.co.uk) que treinou recentemente um *affenpinscher* para alertar seu dono contra episódios de hipoglicemia. Esse cão de brinquedo de cara chata pode parecer um candidato pouco provável para tal tarefa, mas o resultado bem-sucedido do treinamento mostra que o sentido do olfato da raça não pôde ser totalmente prejudicado.

10. Problemas com *pedigrees*

1. Federico Calboli, Jeff Sampson, Neale Fretwell e David Balding, "Population structure and inbreeding from pedigree analysis of purebred dogs", *Genetics*, nº 179, 2008, p. 593-601.
2. Danika Bannasch (veterinária geneticista que trabalha na Escola de Veterinária de Davis, na Califórnia) em colaboração com Michael Bannasch, Jeanne Ryun, Thomas Famula e Niels Pedersen, "Y chromosome haplotype analysis in purebred dogs", *Mammalian Genome*, nº 16, 2005, p. 273-280.
3. Durante a semana da exposição nacional de cães da Crufts em 1989, Celia Haddon apresentou o seguinte comentário no jornal *Daily Telegraph*: "A questão do que um cientista, mexendo em um laboratório, pode ser capaz de fazer com uma vaca, uma ovelha ou um porco vem sendo regularmente levantada pela mídia. Mas uma forma de engenharia genética já está em andamento e vem mudando a cara do mais popular

animal doméstico da Grã-Bretanha, o cachorro, há décadas." Ver também o artigo do veterinário Koharik Arman, "A new direction for kennel club regulations and breed standards", publicado na revista *Canadian Veterinary Journal*, nº 48, 2007, p. 953-965.

4. Resumos estão disponíveis em vários informes de especialistas, inclusive aqueles comissionados pela Royal Society for the Prevention of Cruelty to Animals [RSPCA] (http://www.rspca.org/pedigreedogs), pelo Associate Parliamentary Group for Animal Welfare (http://www.apgaw.org/reports.asp) e pelo UK Kennel Club, em parceria com a instituição de realocação de cães Dogs Trust (http://dogbreedinginquiry.com/).
5. Tal como relatado pela RSPCA: "*Siringomielia*, formação de cavidades no tecido nervoso da medula espinhal. Nos cães, isso é, com frequência, mas não sempre, acompanhado de dor ou irritação 'reflexas' (percebidas em um lugar adjacente, ou a uma certa distância do lugar da cavidade). O cão está claramente desconfortável e tenta coçar o ombro e a face, ou por perto, no lugar em que percebe que a dor se origina."
6. *Pools* de genes têm sido abertos com sucesso por várias associações de cães-guia, por meio dos seus cruzamentos de labrador com *golden retriever*.
7. Publicado como "Paedomorphosis affects agonistic visual signals of domestic dogs", *Animal Behaviour*, nº 53, 1997, p. 297-304.
8. Steven Leaver e Tom Reimchen (da Universidade de Victoria, Columbia Britânica), "Behavioural responses of *Canis familiaris* to different tail lengths of a remotely-controlled life-size dog replica", *Behaviour*, nº 145, 2008, p. 377-390.
9. Ray e Lorna Coppinger explicam essa teoria em seu livro *Dogs: A New Understanding of Canine Origin, Behaviour and Evolution*, Chicago: University of Chicago Press, 2002.
10. Ver http://www.the-kennel-club.org.uk/services/public/breeds/Default.aspx, acessado em 6 de dezembro de 2010.
11. Ibidem
12. Ibidem
13. Esse estudo foi publicado como um livro; ver John Paul Scott e John L. Fuller, *Genetics and the Social Behavior of the Dog*, Chicago: University of Chicago Press, 1965.
14. Como observamos, à exceção dos *basenjis* (que eram muito mais reativos e inquisitivos que as outras quatro raças), as personalidades de todas as outras raças se superpunham consideravelmente. Por exemplo, embora uma personalidade "típica do cocker spaniel" posse ser identificada nesse estudo ("muito dependente das pessoas, bastante não reativo e com uma inteligência geral baixa"), nove dos 17 *shelties* (pastor de Shetland) puros-sangues, dez dos 25 *beagles*, três dos 16 *terriers* — e até dois dos 16 *basenjis* — também tinham personalidades desse tipo.
15. A raça do cão frequentemente é lembrada pela equipe do hospital a partir de relatos de testemunhas ou por agentes da lei. Raramente há um especialista na identificação de cães envolvido nesses informes.
16. Essa tabela foi tomada de empréstimo ao artigo de Stephen Collier "Breed-specific legislation and the pit bull terrier: Are the laws justified?", publicado na revista *Journal of Veterinary Behavior*, nº 1, 2006, p. 17-22.

11. Os cães e o futuro

1. O texto seguinte é parte de uma declaração emitida pelo Centre of Applied Pet Ethology, do Reino Unido: "Com certeza é hora de questionar por que essas pessoas estão aí, abusando dos cães e explorando seus donos. Por que qualquer treinador/encantador/behaviorista ou qualquer outra pessoa iria querer aplicar algum tratamento doloroso quando, presume-se, eles estão trabalhando com cães e donos sobretudo porque gostam deles? Talvez não vejam os cães e suas emoções do mesmo modo que o resto de nós. Ou talvez estejam tão atrelados ao que pensam que funciona quando se dá castigo no treinamento que ficam relutantes em olhar à sua volta para ver que todo mundo já partiu há muito tempo para o uso de métodos mais gentis e mais eficazes. Ou talvez — e isso é triste — existam razões mais insidiosas para que queiram continuar valendo-se de tais métodos, além da simples ignorância ou de uma simples relutância em entrar na idade moderna do treinamento. Claramente, pessoas que recorrem a tais métodos na realidade não entendem como os cães aprendem nem se preocupam com o que os cães sentem. A ignorância não é desculpa nessa era de informação amplamente disponível em tantas mídias. Essas pessoas estão simplesmente praticando a 'crueldade pela crueldade'." Ver http://www.capbt.org/index.html, acessado em 21 de setembro de 2010.
2. Por exemplo, o treinador do Reino Unido Charlie Clarricoates é citado na revista *Your Dog* (dezembro de 2009, p. 44-46) dizendo: "Vemos agora cães que estão totalmente estragados e nunca tiveram nenhuma disciplina principalmente porque seus donos são nutridos à força com informação incorreta e pouco prática (...). Essa atitude moralista de que só é possível treinar cães amando-os e sendo gentil com eles é ridícula. Existem alguns cães com os quais não se pode fazer isso porque não funciona, mesmo que você passe um ano com eles."
3. Veterinária e especialista em conduta, a norte-americana Dra. Sophia Yin resume sua posição sobre o castigo da seguinte maneira: "O castigo nem sempre é inapropriado. Ele apenas é incrivelmente usado em demasia — e na maioria dos casos é executado de forma incorreta (...). Meu propósito é lançar mão de quaisquer técnicas que funcionarão melhor com a menor probabilidade de efeitos colaterais no animal de estimação. Se a melhor técnica envolve um castigo tal como (...) uma puxada no colar de garra, uma reprimenda, uma armadilha de algum tipo ou mesmo uma coleira eletrônica (de choque), eu a usarei. Mas isso raramente acontece. Em consequência, eu uso o castigo cem ou mil vezes menos que um treinador tradicional e recompensas relevantes mil vezes mais." Ver http://drsophiayin.com/philosophy/dominance, acessado em 20 de setembro de 2010.
4. Ver, por exemplo, Bruce Johnston, *Harnessing Thought*, Harpenden, Reino Unido: Lennard Publishing, 1995.

5. Ver, por exemplo, Pauleen Bennett e Vanessa Rohlf, "Owner-companion dog interactions: Relationships between demographic variables, potentially problematic behaviours, training engagement and shared activities", *Applied Animal Behaviour Science*, n° 102, 2007, p. 65-84.
6. De acordo com Jean Donaldson, diretora da San Francisco SPCA Academy for Dog Trainers: "O treinamento de cães é uma profissão dividida. Não somos como os bombeiros, os dentistas ou os exterminadores de pragas que, se você colocar seis em uma sala, concordarão em quase tudo sobre como realizar seu trabalho. Os campos de treinamento de cães parecem mais com Republicanos e Democratas: todos concordam que o trabalho precisa ser feito, mas diferem de forma selvagem em como fazê-lo." E prossegue explicando que "o treinamento de cães é, hoje em dia, uma profissão não regulamentada: não há leis que orientem a prática (...). Desde que seja em nome do treinamento, alguém sem nenhuma educação ou certificação formal pode estrangular seu cão literalmente quase até a morte e possivelmente sair impune." Ver http://www.urbandawgs.com/divided_profession.html, acessado em 24 de setembro de 2010. Da mesma forma, o Companion Animal Welfare Council do Reino Unido concluiu recentemente que "não há uma marca de referência aceita nacionalmente para qualificação e capacidade no treinamento e na modificação da conduta (...). Sem um padrão mínimo, não pode haver certeza de qualidade." Ver *The Regulation of Companion Animal Services in Relation to Training and Behaviour Modification of Dogs*, publicação do Companion Animal Welfare Council, Cambridge, Reino Unido, julho de 2008, p. 5; disponível *on-line* em http://www.cawc.org.uk/080603.pdf.
7. Gillian Diesel, David Brodbelt e Dirk Pfeiffer, "Characteristics of relinquished dogs and their owners at 14 rehoming centers in the United Kingdom", *Journal of Applied Animal Welfare Science*, n° 13, 2005, p. 15-30.
8. O cachorro-do-mato é um raro canídeo sociável encontrado na América do Sul. Seu rabo curto, cabeça redonda e pés peludos os fariam bastante atraentes, se casados com um temperamento adequado.
9. Essa lista de traços desejáveis deriva de pesquisa feita pelos australianos Paul McGreevy e Pauleen Bennett; ver o seu "Challenges and paradoxes in the companion-animal niche", *Animal Welfare*, n° 19(S), 2010, p. 11-16. Pauleen Bennett e os seus colegas da Monash University, na Austrália, apresentaram refinamentos suplementares às ideias que existem por trás dessa lista no 2nd Canine Science Forum organizado em Viena em julho de 2010.

Leituras suplementares

A maior parte do material usado como fonte de referência para este livro compreende artigos publicados em revistas acadêmicas que muitas vezes são de difícil (e caro!) acesso sem uma filiação universitária. Embora eu tenha incluído referências aos mais importantes deles nas notas finais, também posso recomendar os seguintes livros, muitos dos quais foram escritos por conhecidos intelectuais, que tinham em mente um público mais amplo.

O livro *Wolves: Behavior, Ecology and Conservation*, organizado por L. David Mech e Luigi Boitani (Chicago: University of Chicago Press, 2003), proporciona informação atualizada e detalhada sobre a biologia do lobo relatada por uma hoste de especialistas. Livros mais antigos sobre lobos são menos úteis porque encerram equívocos sobre a organização dos bandos de lobos.

O livro de Ádám Miklósi, *Dog Behavior, Evolution and Cognition* (Nova York: Oxford University Press, 2009), é atualmente o manual-padrão sobre a conduta do lobo. Traz muita informação detalhada sobre a domesticação, a cognição canina e as maneiras pelas quais os cães percebem as pessoas, embora suas conclusões não sejam idênticas às minhas.

Além do livro de Ray e Lorna Coppinger, *Dogs: A New Understanding of Canine Origin, Behavior and Evolution* (Chicago: University of Chicago Press, 2002), existem poucos relatos acessíveis sobre a conduta social dos cães inspirados pela produção científica mais atualizada.

Carrots and Sticks: Principles of Animal Training (Cambridge: Cambridge University Press, 2008), dos professores Paul McGreevy e Bob Boakes da Universidade de Sydney, na Austrália, é um livro fascinante, dividido em duas partes: a primeira metade explica a teoria da aprendizagem em linguagem acessível, e na segunda sucedem-se cinquenta estudos de casos de animais (doze deles cães) treinados para propósitos específicos, que variam de trabalho em cinema à detecção de bombas. Cada história é ilustrada com fotografias coloridas que mostram como os animais foram treinados.

Karen Prior, Gwen Bailey e Pamela Reid estão entre os especialistas em treinamento de cães cujos livros valem a pena serem lidos.

O livro de Paul McGreevy, *A Modern Dog's Life: How to Do the Best for Your Dog* (Nova York: The Experiment, 2010), está repleto de conselhos indispensáveis para donos de cachorro.

Para mais informações sobre os efeitos dos episódios do começo da vida sobre os seres humanos e os animais, recomendo o livro de Patrick Bateson e Paul Martin, *Design for a Life: How Behaviour Develops* (Nova York: Vintage, 2001). Se você estiver procurando por orientações práticas para escolher e criar um filhote, sugiro o livro de Ian Dunbar, *Before and After Getting Your Puppy: The Positive Approach to Raising a Happy, Healthy, and Well-Behaved Dog* (Novato, Califórnia: New World Library, 2004), ou o de Gwen Bailey, *The Perfect Puppy: How to Raise a Well-Behaved Dog* (Nova York: Readers Digest, 2009).

O livro de Patricia McConnell, *For the Love of a Dog: Understanding Emotion in You and Your Best Friend* (Nova York: Ballantine Books, 2007), é um relato excelente e acessível da compreensão que se tem atualmente das emoções dos cães. Alexandra Horowitz proporciona uma avaliação integrada e esclarecida da pesquisa recente sobre as aptidões sensoriais e cognitivas dos cães em seu livro *Inside of a Dog: What Dogs See, Smell, and Know* (Nova York: Simon & Schuster, 2009). O livro de Sophie Collins, *Tail Talk: Understanding the Secret Language of Dogs* (San Francisco: Chronicle Books, 2007), é um bom guia pictórico para a linguagem corporal canina. O livro de David McFarland, *Guilty Robots, Happy Dogs* (Nova York: Oxford University Press, 2009), embora seja mais sobre robôs do que sobre cães, traz a discussão de várias filosofias altamente complexas sobre consciência e consciência de si.

Os mundos sensoriais dos animais são ainda um tópico bastante negligenciado. Para uma introdução geral sobre as maneiras pelas quais os mundos sensoriais dos animais afetam seu comportamento, uma fonte excelente é o manual do recentemente falecido Professor Chris Barnard, *Animal Behavior: Mechanism, Development, Function and Evolution* (Upper Saddle River, Nova Jersey: Prentice Hall, 2003). Além disso, o livro de Tristram Wyatt, *Pheromones and Animal Behaviour: Communication by Smell and Taste* (Cambridge: Cambridge University Press, 2003), faz uma meticulosa cobertura da comunicação pelo cheiro em todo o reino animal.

O trabalho pioneiro sobre as diferenças de raça na conduta dos cães, de John Paul Scott e John L. Fuller, *Genetics and the Social Behavior of the Dog*, foi reimpresso (Chicago: University of Chicago Press, 1998). Informação ainda mais atualizada pode ser encontrada no capítulo sobre personalidade de Kenth Svartberg no manual de vários autores, cuja edição foi organizada por Per Jensen, *The Behavioural Biology of Dogs* (Wallingford, Reino Unido: CAB International, 2007).

Índice

abandono, 140, 200, 329, 365, 366
abordagem do bando de lobos, 141
  acasalando, 322, 329
africanis, 332
agressão territorial, 240
agressão, 46, 52, 193-195
  e castigo, 239
  e criação seletiva, 349-354, 353 (tabela)
  e criação, 330
  e leis, específicas sobre raças, 351, 355
  e medo, 223, 227, 240
  e método de treinamento, 169
  e mordida, 238, 240
  e raiva, 225, 227
  e resolução de conflitos, 129
  territorial, 240
alergênicos, 374
American Humane Association, 364
amizade, 106, 180-181
amor, 230
Anatólia, *karabash* da, 177
ancestralidade, 28, 34, 56, 58
  e domesticação, 60
  e *pedigree*, 330
angústia de separação, 232-238
animais de bando, 31, 33, 42, 46, 359
Animal Behaviour and Training Council, 363
ânimo, 324

ansiedade de separação, 199-201, 233, 236
ansiedade, 199, 221, 224, 227
  e drogas contra a ansiedade, 233
  e mordida, 238
  Ver também emoções
ansiolíticos (drogas conta a ansiedade), 233
antítese, princípio da, 215
antropomorfismo, 205, 207 294
aparência, 89
  criação seletiva para, 329, 333, 338, 371
  versus traços de personalidade, 355
APDT. *Ver* Association of Pet Dog Trainers
apitos, 155-156, 303
aprendizagem associativa, 152-156
  e castigo, 150
  e condicionamento clássico, 148-151
  e condicionamento operante, 148-152
  e extinção, 149
  e recompensas, 149, 154
  e reforços proporcionados inadvertidamente, 153
  não intencional, 154
  Ver também aprendizagem
aprendizagem por tentativa e erro, 152, 226, 230
aprendizagem, 143-150
  e contexto, 148
  e habituação, 146

potencial, herdado, 258, 262
sensitização, 147
Ver também aprendizagem associativa
aprimoramento de estímulo, 258
aptidões para enfrentar, 192
Association of Pet Dog Trainers (APDT), 364
atração sexual, 279
atrofia progressiva da retina, 334
audição, 254, 297, 299, 302-303
autoconsciência, 286-287
autocontrole, 292
aversão, 228

Bailey, Gwen, 158
bando de lobos, 44
　como grupos familiares harmoniosos, 18-19
　e a seleção de parentesco, 46
　e agressão, 46
　e criação cooperativa, 45
　em cativeiro, 47, 52
　estrutura familiar do, 121 (fig.)
　hierarquia do, 119, 121 (fig.)
　o alfa *versus* o modelo familiar, 52
　organização social do, 113-118
　Ver também grupo familiar; lobo
banheiro de porcos, 78, 81
barreira da raça, 100
basenji africano, 346, 348 (fig.), 349
basenji, 346, 348 (fig.), 349
beagle, 344
bem-estar, 140, 360, 366
　e criação, 327-329, 331, 336
bonobo, 30
border collies, 234, 343-344
borophaginae, 32
Boston terrier, 332
brinquedo de cabo de guerra, 271-272, 273 (fig.)
brinquedos, 146, 272

buldogues franceses, 338, 340
buldogues, 338, 340, 351

caçar em grupo, 45
cães de caça, 263, 336, 343
cães pastores de ovelhas, 177, 178 (fig.), 343
cães resgatados, 329
cães-guia, 243, 266, 342, 361
cães-lobo, 353
cairn terrier, 345
Canis, 28, 31-43
　social, 28, 58
Canidae (também conhecido como família do cão), 28, 31. Ver também *Canis*
cão *bantu*, 332
cão pelado mexicano. Ver *xoloitzcuintli*
cão de aldeia (também conhecido como cão selvagem), 67, 74, 75 (fig.), 80, 109 (fig.)
　bem-estar do, 366
　e dominação, 124
　organização social do, 110-111
　Ver também cão pária
cão de briga, 227, 350 (fig.), 352
cão de Canaã, 332
cão pária, 111-115, 111 (fig.). Ver também cão de aldeia
cão selvagem africano, 39-40, 40 (fig.)
cão selvagem. Ver cão de aldeia
cão, conceito de, 270-276
capacidade para contar, 257
castigo positivo, 161, 164
castigo secundário, 167
castigo, 139, 160
　e agressão, 239
　e aprendizagem associativa, 150
　e dominação, 170, 360
　e gestos, apontar, 264
　incidência disseminada de, 169
　negativo, 167
　positivo, 161, 164
　versus disciplina, 363
　vocal, 166

ÍNDICE • 397

castração, 370
cativeiro, 47, 51-53, 58, 79, 109, 113, 119
cavalos, 63
cerca invisível, 162
cerca para animais de estimação, 149
cérebro social, 181
cerimônia de grupo, 49
Cesar's Rules (Millan), 170
chacal de Simien, 33
chacal dourado (*Canis aureus*), 30, 33, 34 (fig.), 35, 41
chacal, 30, 33. *Ver também* chacal dourado
cheiro familiar, 176
chimpanzés, 30, 244
choque elétrico, 161-164
ciúmes, 281, 283, 294
clonagem, 369
clubes de criadores, 333
cocker spaniel americano, 332, 346
cocker spaniel inglês, 334
cocker spaniel, 332, 334, 346
cognição, 243-245, 254, 278
    e conduta social, 266-276
    e emoção, 211
    e navegação, 250-253
coiote (*Canis latrans*), 30, 32, 38, 39 (fig.), 63
coleira de choque, 149, 163
coleira de *spray* de citronela, 161
coleira deslizante, 161
coleiras, 161-162
collies, 234, 343, 345
companheirismo, 357, 367-373
companheiros de ninhada, 190
comunicação, 320-325, 336-342
condicionamento clássico, 148-151
condicionamento operante (também conhecido como condicionamento instrumental), 148, 152
conduta cooperativa, 110
conduta de afiliação, 49-50 (fig.), 51
conduta de barriga para cima, 51, 51 (fig.)
conduta de brincadeira, 229, 271-276

conduta entre pais e filhos, no lobo, 46, 48, 58
conduta predatória, 227, 342-343
conduta sexual, 113, 153
condutas expressivas, 210
condutas submissas, 48-52
condutas, 210. *Ver também* sinais
conexões físicas, compreensão das 256
conhecimento, 192
consciência de si, 211, 245, 279-281
consciência, 208, 211, 242, 245, 280
consciência. *Ver* consciência de si
contexto, e aprendizagem, 148
corgis, 334
correspondência do cheiro, 373
criação por linhagem, 334
criação seletiva, 354
    e agressão, 349-354, 353 (tabela)
    e comunicação, 336-342
    e farejar, 341
    e sinais visuais, 336-342
    e sociabilidade, 336
    e traços de personalidade, 342-354, 371
    pela aparência, 330, 333, 342, 371
    pela mansidão, 87-92
    pelo temperamento, 330
    Ver também criação; seleção deliberada; endogamia
criação, 327-333, 365
    como companheiro, 367-373
    controlada, 367
    cooperativa, 45
    e agressão, 330
    e bem-estar, 327-331, 336
    e doenças, 330
    e mutações genéticas, 331
    e papel de companhia, 330
    e raças antigas, 94-100, 328
    e seleção deliberada, 93-102
    e sistema de registro, 331
    endogamia, 334
    exogamia, 335

intervenção humana na, 95
pedigree, 102
reprodução acidental, 334
restrições, 100, 102
Ver também endogamia; criação seletiva
vira-latas, 100, 102, 335
cruzamento de raças, 100, 102, 335. Ver também criação
culpa, 280-281, 283, 285-291, 294
má atribuição de, 291
cumprimentos na brincadeira, 274 (fig.) 275

Darwin, Charles, 31, 213, 215, 286
defeitos genéticos, 330-336.
  Ver também questões de saúde
dentes, e linguagem corporal, 217, 338
dependência, dos humanos, 224, 238, 265.
  Ver também desordem de separação
descontrole episódico, 334
desenvolvimento de conduta, 195
desenvolvimento do cérebro, 195-198
desenvolvimento seletivo demorado, 93, 103
deslocamento visual, 249
desordens de conduta, 355
desordens de separação, 235-236, 372
desordens mentais, 195
desordens. Ver também problemas de conduta
  comportamentais, 365
  mentais, 195-198
  obsessivo-compulsivas, 240
  separação, 235-236, 372
  Ver também questões de saúde
detecção de bombas, 245
dingos, 83, 109
disciplina, *versus* castigo, 363
displasia de quadril, 334-335
DNA, 29-31, 54-56, 94
  e domesticação, linha do tempo da, 28, 30
  e domesticação, localização da, 75-76
  e seleção deliberada, 98-99, 101

Dogs Trust, 353, 364
domesticação, 28, 30
  condições para, 42
  da raposa culpeo, 37-38, 41
  da raposa prateada, 35-38
  de canídeos, 32-43
  de cavalos, 63
  de porcos, 63, 78
  deliberada, 77
  do cão selvagem africano, 39-41
  do chacal dourado, 35, 41
  do coiote, 38
  do lobo *timber* americano, 53-56
  do lobo, 42, 44, 58-64, 67-72, 76, 79-82, 83, 93
  do lobo-guará, 37
  e "gargalos" genéticos 57 (fig.)
  e amor, 231
  e ancestralidade, 60
  e aparência, 88
  e cérebro social, 181
  e comunicação, 336
  e dominação, 136
  e emoções, 219
  e estrutura familiar, 123
  e identidade dual, 85
  e inteligência, 244, 262, 269
  e neotenização, 92
  e sepultamentos, 65-68, 68-72
  e sociabilidade, 87, 103
  e socialização, 188
  e variação de tamanho, 92
  espontânea, 77
  linha do tempo da, 60-75
  localização da, 60, 75-77
  múltipla, 64-65, 66
  processo da, 60, 102
  teoria dos comedores de lixo, 79-81
  versus mansidão, 90
dominação, 106, 117-125, 136, 170, 238, 359
Donaldson, Jean, 140
dor, 279

drogas, contra a ansiedade, 233
Dunbar, Ian, 140, 142, 155, 170
Dusicyon, 32

emoções avaliativas autoconscientes, 286-287
emoções secundárias, 281-282, 282 (fig.), 294. *Ver também* emoções; *emoções individuais*
emoções, 203-208, 208-219, 241
　avaliativas autoconscientes, 286-287
　básicas, 221, 284, 294
　como filtro, 208
　como mecanismos de sobrevivência, 209
　conceitos errôneos sobre as, 290-291
　conceitualização em três níveis das, 209-212, 210 (fig.)
　controle das, 226
　e antropomorfismo, 294
　e autocontrole, 292
　e cognição, 211
　e crianças, 284, 287
　e domesticação, 219
　e expressões faciais, 212-218
　e fisiologia, 210, 211, 212, 219, 227
　e limites, 226
　e sofisticação emocional, 290
　exploração científica das, 292-294
　funções das, 209
　hierarquia das, 220-221
　instintivas, 221
　limitações das, 280
　má interpretação das, 207
　Ver também emoções individuais; emoções secundárias
　versus sentimentos, 221
empresas de televisão, 169-170
endogamia, 330-333
　e defeitos genéticos, 330-332, 333-337
　nos humanos, 331
　Ver também criação; criação seletiva
enforcador com pinos, 161

enforcador, 161
engano, 217, 246, 269, 275, 308
engenharia genética, 369
espaços, representações, 182
estampagem filial. *Ver* estampagem
estampagem, 174-180, 188
estranhos, 134, 276
estresse maternal, 195-197
estresse, 195-197
estrutura familiar, 121 (fig.), 123
eutanásia, 141, 162, 226, 360, 365
　e morder, 238
eventos, associação de, 131. *Ver também* condicionamento clássico
evolução, 177-178, 182, 196-197, 269
　da cognição canina, 152, 244, 248-253, 257, 262, 270, 285, 361
　da humanidade, 41, 61, 64-65, 212-215, 284, 295-299, 313
　da socialização, 188
　das emoções, 209-212, 217-221, 225, 229, 286-288, 292
　do cão doméstico, 43, 60, 77, 108, 115, 125, 134, 148, 320, 327-328, 330
　do lobo, 42, 53, 57 (fig.), 79, 103
　dos *Canidae*, 28, 29-34, 37, 47, 145
　dos sentidos, 305, 319-320
exclusão competitiva, 175, 176
exogamia, 335. *Ver também* criação
experiência, começo da vida, 193-193
experimento da raposa siberiana, 87-91
experimentos com caixas quebra-cabeças, 246, 247 (fig.), 258, 259
expressões faciais, 206, 212-219. *Ver também* linguagem corporal
extermínio do lobo, 36, 87
extinção (aprendizagem), 149

faculdade de navegação, 250-253, 255
família do cão. *Ver Canidae*
família, regras da, 202
farejar, 316-320, 324, 341
fazenda de raposas, 87-91, 92

felicidade, 221, 224, 228-229. *Ver também* emoções
feromônios, 322
ferramentas, cães como, 361
festa de filhotes, 192
feto, 315, 316, 194-195
figura de ligação, 198-202
filhotes
　e companheiros de ninhada, 190
　e contato humano, 171-183
　e status, 190
　e período juvenil, 191
fisiologia, 92, 229
　e emoções, 210, 211, 212, 219, 227
fobia a ruídos, 191, 237, 291
fobia de fogos de artifício, 147
focinhos, úmidos, 310
fome, 279
forma do dorso, 339
formação, 157-160
fox terrier de pelo duro, 346

gatos, 212, 302, 374
generalização, 180
gente, cães como, 205, 207, 244, 245. *Ver também* antropomorfismo
gesto cruzado de apontar, 264, 264 (fig.)
gestos de apontar, 263-264
gestos de mão, 264, 266
gestos
　de apontar, 263-264
　humanos, 263-270
　mão, 264, 266
golden retriever, 331, 335
Grandes Pirineus, 177
grupo familiar, 12, 46, 48. *Ver também* bando de lobos
Guide Dogs for the Blind Association, 342

habilidade espacial, 253
habituação, 145-147
hierarquia de dominação, 117. *Ver também* hierarquia

hierarquia social. *Ver* hierarquia
hierarquia, 113, 115-120, 123, 132, 190
　compreensão dos cães sobre a, 125
　do bando de lobos, 47, 53, 120, 121 (fig.)
higiene, 325, 374
hormônios, 209-211, 210 (fig.), 219
Humane Society of the United States, 353
humano(s)
　brincadeira entre cães e humanos, 271-276
　cheirar os, 316, 324-325
　conceito do cão sobre, 270-276
　contato, 171-183
　dependência de, 198-202, 265
　e a socialização entre o cão e o adulto, 171-183
　endogamia em, 331
　gestos, 258-270
　intervenção na reprodução, 95, 100
　intervenção, ausência de, 107-110
　linguagem corporal, 269, 270
　olhar fixo, 264, 266
　pensando nos, 267-269. *Ver também* evolução
　rostos, 264, 268, 269

identidade da espécie, 177, 180
identidade dual, 85
identidade(s)
　espécies, 177, 180
　múltiplas, 177-178, 180, 182
identidades múltiplas, 177-178, 180, 182
imitando, 259-262
impressões digitais, 61
indicadores de dominação, lobo, 48, 113
inteligência, 243-245
　análise da, 245
　comparada à das crianças, 181, 243, 244, 259, 261, 263, 278
　e a aprendizagem por tentativa e erro, 248
　e a brincadeira, 271-276

e a capacidade de contar, 257
e a domesticação, 244, 262, 269
e a faculdade de navegação, 250-253, 255
e a habilidade espacial, 253
e a memória de pontos de referência, 251, 255
e a memória recente, 248-251
e a resolução de problemas, 245-248
e a retenção de aptidões, 248
e a teoria da mente, 267-270
e conexões físicas, compreensão de, 256
e gestos, humanos, 262-270
e imitação, 259-262
e o aprimoramento do estímulo, 259
e o cheiro, sentido do, 253-255, 269
e o potencial de aprendizagem, herdado, 258, 262
e o raciocínio, 248
e os métodos de treinamento, 361
limitações da, 279
interesse, perda do (brinquedos), 145
inveja, 286
irmãos, 190

javali selvagem, 77, 78
Journal of Veterinary Behavior, 170

karabash, 177, 342
Kennel Club do Reino Unido, 333, 345

labrador retriever, 337, 342
latir, 161
leis, específicas sobre raças, 351, 355
ligação, 230, 231, 359
e recompensas, 359
superligação, 237
limites territoriais, 320, 322-323
linguagem corporal, 225, 268, 269, 339
e emoções, 207, 217, 218, 227
Ver também expressões faciais; posturas; sinais

lobo cinzento (*Canis lupus*), 32, 43 (fig.), 44
domesticação do, 43, 44, 102
e DNA, 29, 30, 56
sociabilidade do, 43, 87
Ver também lobo
lobo de aldeia, 78, 79-81
lobo *timber* norte-americano, 53-54, 55, 77.
Ver também lobo
lobo
conduta de pais e filhos no, 46, 48, 58
domesticação do, 58, 76, 79-81, 83, 93
e desenvolvimento seletivo demorado, 93
e dominação, 124
e estampagem, 188
e mansidão, 91, 102
e maturidade sexual, 93
e o DNA, 62, 63
e o odor, família, 188
em cativeiro, 124
extermínio local do, 56, 58
lobo cinzento; bando de lobos
medo no, 188
perseguição do, 87
sinais sociais do, 48-52
sociabilidade do, 85-88
socialização do, 188
sozinho, 43
Ver também lobo *timber* norte-americano;
lobo-guará, 37
Lorenz, Konrad, 31, 33, 36, 173-174, 286

Man Meets Dog (Lorenz), 31, 286
mansidão, 88-91, 102
manuais de treinamento, 107
mapas mentais, 252, 252 (fig.), 255
marcas de cheiro, 306-307, 319-325. *Ver também* cheiro, sentido do
maturidade sexual, 93
McConnell, Patrícia, 140
mecanismo de sobrevivência, 209, 225
medo, 187, 221-224

de outros cães, 194
e agressão, 223, 227, 241
e morder, 239
no lobo, 188
Ver também emoções
memória de pontos de referência, 251, 255
memória recente, 248-251
memória, 248-251, 255
mentalidade de bando, 85, 139, 140
mente, teoria da, 268-270, 279, 281
método da sacudida, 142
método de treinamento baseados na recompensa, 142
método(s) de treinamento
   atrair e recompensar, 142
   baseados na recompensa, 141, 142, 169
   baseados no castigo, 133, 137, 141, 142, 160-170
   diferenças nos, 139, 140-143
   divergências sobre, 359-363
   e agressão, 169
   e bem-estar, 360
   e inteligência, 361
   e problemas de conduta, 141
   normas para, 363
   Ver também treinamento
Millan, Cesar, 118, 139, 140, 170
modelo alfa, 53
modelo de bando. *Ver* modelo do lobo
modelo de dominação, 124, 126
modelo de potencial de retenção dos recursos (RHP), 127-129, 133
modelo do lobo, 127, 134, 137, 178
modelo familiar, 52
modelo RHP. *Ver* modelo de potencial de retenção dos recursos
Monks of New Skete, 141
montar, 153
morder, 237-241
Morgan, Lloyd, 286
Most, Konrad, 141
movimento do ar, e odores, 305-312, 309 (fig.)

mudança, resistência à, 187
munsterlander, 338
mutação. *Ver* mutação genética
mutações genéticas, 63, 85-86, 330

neotenização, 92
newfoundland, 332
Norfolk terrier, 338

odor(es), 210, 245, 305-312, 307 (fig.)
   análise do, 311-312, 313-315
   família, 176, 188
   importância do, 315-320
   Ver também cheiro, sentido do
olfato, sentido do, 253-255, 269, 295, 297, 303-306, 323-325, 359
   e farejar, 316, 319
   e o feto, 315-316
   e rastrear, 310-311
   usos para, 305, 323-324
   Ver também odores; marcas de cheiro
olhar fixo, humano, 264, 266
organização social, 110, 112-117
órgão vomeronasal (OVN), 313
orgulho, 284, 285, 286
Ottawa Humane Society, 353
OVN. *Ver* órgão vomeronasal
oxitocina, 230-231

padrão de raça, 348
papel de companhia, 329, 344, 345
pastor-alemão, 304, 338
Pastores de Shetland, 338, 346
Pavlov, Ivan, 148, 358
pedigree, 330, 364, 366
Pedigree Dogs Exposed (documentário), 333
pelo do pescoço, eriçado, 215
pensando, sobre os humanos, 268-270, 281-283
período crítico, 173-174
período juvenil, 191-195
período sensitivo, socialização durante o, 175, 183, 188, 189, 191, 194

perseguição, 87
pesar, 281, 285
pesquisa científica sobre cães, história, 358
pessimismo, 293
pit bulls, 350, 351, 352
pontos de referência olfativos, 254. *Ver também* memória de pontos de referência
população, de cães, 374
porcos, 63, 78
posição da boca, 339
posição da cabeça, 339
posição de marcação agachada-levantada, 320, 321 (fig.)
postura de marcação com perna levantada, 320
posturas, 210, 215, 320, 338, 339, 340
    enganador, 216-219
    Ver também linguagem corporal; expressões faciais
preferência social, 178
Prior, Karen, 140
problemas de conduta, 140, 193-195, 198, 231
projeto Bar Harbor, 346-347, 349
promiscuidade sexual, 94
protocães, 67, 74, 188, 270
    e sepultamentos, 70, 72
psicopatas, 226-227
punição negativa, 166-168
punição secundária, 167
punição vocal, 166

questões de saúde, 329. *Ver também* desordens; defeitos genéticos

rabo(s)
    abaixando, 339
    abanando, 228
    imóvel, 340
    perseguindo, 241
    sinais, 339-340
rabos amputados, 340

raças criadas para o trabalho, 342-345, 344 (fig.)
raças de pastoreio, 344
raças
    antigas, 95-100, 327-329
    especializadas, 99
    medievais, 98, 98 (fig.)
    Ver também raças individuais
raciocínio, 248
raiva, 209, 221, 225-227
    e agressão, 225-226
    e mordida, 238
    Ver também emoções
raposa *culpeo* (*Dusicyon culpaeus*), 37, 38, 38 (fig.)
raposa da América do Sul, 33
raposa prateada, 87
raposa vermelha, 33, 36, 87
raposa, 38, 248. *Ver também* raposa *culpeo*; fazenda de raposas; raposa vermelha; experimento da raposa siberiana; raposa prateada; raposa da América do Sul
raposas de fazenda, 87-91, 92
rastreando, 311
reação de medo, 187-188
realocação, 200, 364, 373
reatividade emocional, 88
recompensa positiva, mau uso da, 166
recompensas, 149, 151, 166
    e formação, 158-160
    e ligação, 359
    e reforço secundário, 156-158
    positivas, mau uso das, 166
    retirada das, 167, 168
    tempo certo das, 155
reconhecimento de parentesco, 179
redução de dominação, 142
reflexão sobre si mesmos, 280-281, 283-284
reflexão, 279
reforço negativo, 163
reforço positivo, 167

reforço secundário, 155-158
reforço, 153, 163, 167
reforços proporcionados inadvertidamente, 153
regras de conduta, 130-133
relacionamentos sociais, 117-125
relacionamentos, 277
representações espaciais, 181
reprodução cooperativa, 45
reprodutores, conhecidos, 331, 332
resolução de conflitos, 127-129
resolução de problemas, 246-248
retenção de aptidões, 248
retrievers, 234, 337, 338, 342
reuniões da International Veterinary Behavior Society, 170
rhinarium, 310
rostos, humanos, 262, 264, 268
Royal Society for the Prevention of Cruelty to Animals, 353

santuário do cão, 114-117
sede, 279
seleção deliberada, 93-102. *Ver também* criação seletiva
seleção natural, 97, 129, 182, 196, 286, 328, 335, 354
seleção por parentesco, 106, 213
sensitização, 147
sentido do cheiro. *Ver* cheiro, sentido do
sentimentos, 210, 211, 221. *Ver também* emoções
sepultamentos, 65-67, 67-72, 70 (fig.)
sinais sociais, lobo, 48-52. *Ver também* sinais
sinais visuais, 336-342
   parecido ao lobo, 337-338, 337 (fig.)
   Ver também sinais
sinais, 50, 210, 262
   dentes à mostra, 217
   Ver também linguagem corporal, pistas; expressões faciais; posturas; sinais sociais; sinais visuais

sinal de dentes à mostra, 217, 339
síndrome de raiva, 334
sistema de registro, 330
sistema imunológico, 64-65
sistema olfativo, 312. *Ver também* cheiro, sentido do
Skinner, B. F., 286
Smith, Charles Hamilton, 37
sobrancelhas, 339
sociabilidade, 32-43, 85-87, 107, 336
   das raposas de fazenda, 89
   e domesticação, 87, 102
socialização múltipla, 176, 179
socialização, 368
   do lobo, 188
   e domesticação, 188
   e período sensitivo, 175, 182, 188, 189, 191, 194
   e problemas de conduta, 192-195
   e testes para filhotes, 187
   entre cães, 182-187
   entre o cão e as crianças, 180
   entre o cão e o humano adulto, 172-182
   múltipla, 176, 179
sofisticação emocional, 291
spaniel Cavalier King Charles, 333, 336-337, 338
Sperling, John, 369
staffordshire terrier, 350
status, 128, 134, 135, 190, 239
   e manejo da conduta, 132
   e raiva, 225
Stilwell, Victoria, 139, 170
submissão ativa, 49
submissão passiva, 49, 50-52

técnica de inundação, 147
técnica disciplinar do lobo alfa de rolar no chão, 142
técnicas de redução do *status*, 133
técnicas de treinamento, compreensão das, 363

tédio, 236
temperamento, 329-330
tempo, sentido do, 280
Tennant, Colin, 139
teoria de treinamento pela dominação, 133-137, 139, 142, 169, 225, 359-360
teoria dos comedores de lixo, 79-82
ter animais de estimação, 82-84
terriers, 331, 337-338, 343, 345, 346, 350
teste de meios e fim, 256, 257 (fig.)
testes para filhotes, 187
The Descent of Man (Darwin), 286
The Expression of Emotions in Man and Animals (Darwin), 286
Thorndike, Edward, 246, 258, 358
totemismo, 205
traços de personalidade, 187, 355
　e a criação seletiva, 342, 346, 346-349, 349-354, 370-372
Training Dogs: A Manual (Most), 141
transtornos obsessivo-compulsivos, 241
travois, 95, 97 (fig.)
treinamento baseado no castigo, 133, 137, 141, 142, 160-170
　ineficácia do, 166-168
　mau uso do, 163-166
　severidade do, 166
treinamento com base na recompensa, 141, 142, 143, 160
treinamento com *clicker*, 156-158
treinamento de busca forçada, 164, 165 (fig.)
treinamento
　busca forçada, 164, 165 (fig.)

clicker, 156-158
deliberado, 151
e sociabilidade, 107
papel do, 236
teoria da dominação, 133-137, 139, 142
　Ver também métodos de treinamento
trilhos de bonde, 307
turnespete, 101

variação de tamanho, 28, 92, 328 (fig.)
vergonha, 284
viagem mental através do tempo, 130
vínculo, 28, 50, 194, 198
visão binocular, 296-297, 300, 301
visão colorida, 296-299, 299-300, 301, 302
　Ver também visão
visão, 296-297, 297-302
　binocular, 296-297, 300-301
　e campo de visão, 296, 300
　noite, 298, 299-300, 302
　Ver também visão colorida

Watson, John B., 286
weimaraners, 338
Wolf Specialist Group of the International Union for Conservation of Nature Species Survival Commission, 353

xoloitzcuintli (também conhecido como cão careca mexicano), 54

zoomorfismo, 205

Este livro foi composto na tipografia Minion
Pro, em corpo 11,5/16, e impresso no Sistema
Digital Instant Duplex da Divisão Gráfica da
Distribuidora Record.